BEYOND QUALITY IN EARLY CHILDHOOD EDUCATION AND CARE

폭넓게 접근한 『*Beyond Quality in Early Childhood Education and Care*』는 유아교육·보육의 이슈를 아동기에 관련된 사회학, 철학, 윤리학, 정치학 등 다른 분야, 그리고 오늘날 우리가 살고 있는 세계에 대한 분석과 결부시키고 있다. 이 책은 이러한 이슈를 세계적 맥락에 두고, 널리 알려진 레지오 에밀리아의 유아원(nusery)을 캐나다, 스웨덴, 이탈리아에서의 작업과 연결시켰다.

이 책은 포스트모던 관점에서 유아교육·보육의 질을 정의하고 측정하는 연구와 이의 철학적 가치에 대한 이슈를 전문가의 지식과 측정의 기술적·관리적 이슈로 축소시키는 경향성에 질문을 던지고 있다.

저자들은 이 고전 문헌을 새롭게 소개함과 동시에 유아기 교육 작업을 이해하고, 평가하는 '질의 담론' 외에 다른 방법이 있음을 논하고, 이러한 방법을 유아기 그 자체와 유아교육·보육기관의 목적을 이해하는 대안적 방법과 관련짓고 있다.

Gunilla Dahlberg는 스웨덴 스톡홀름대학교 사범대학의 교수이다.

Peter Moss는 영국 런던대학교 사범대학 유아교육과 명예 교수이다.

Alan Pence는 캐나다 빅토리아대학교 아동·청소년 보육학부 교수이다.

재개념화 시리즈 6 〈제3판〉

포스트모던 유아교육

새로운 이해와 실천을 열어가기

- 평가의 언어 -

Gunilla Dahlberg, Peter Moss and Alan Pence 지음

김희연, 신옥순, 염지숙, 유혜령, 정선아 옮김

Beyond Quality in Early Childhood Education and Care

Languages of Evaluation

창지사

Contents 

제3판 저자 서문

1990년대 *Beyond Quality in Education and Care*를 저술했을 때, 우리는 이 책이 이처럼 가장 널리 인용되는 유아관련 서적 중 하나가 되고, 10가지의 언어로 번역되며, '고전(classic)'이 될 것이라고는 기대하지 않았다. Routledge의 교육 고전 시리즈 중 하나로 재발간을 앞두고, 우리는 이 책이 왜 이처럼 성공적일 수 있었는지 다시 자문했다. 우리의 짐작에 저자가 훌륭했기 때문은 아닌 것 같다! 2007년에 발간된 이 책의 제2판 서문에서 말했듯이, 아마도 *Beyond Quality*가 세계적 헤게모니를 추구하는 주류 담론(narrative)에 대한 환멸과 저항의 물결을 탔기 때문인 것 같다. 여기서 주류 담론은 규정된(prescribed) '인간 기술(human technology)' (Rose, 1999)을 규정에 따라 유아에게 적용하면 그후 삶에서 다양한 영역에 걸쳐 규정된 결과를 얻게 될 것이라는 간단하지만 설득력 있는 이야기이다. '기준(standard)'과 '성과(performance)'를 향상시키고, 높은 '투자에 대한 수익(returns on investment)' 즉, '경제적 수익(economic payoff)'을 성취하는 '인간자본(human capital)'에 대한 '투자'의 담론이다. 그리고 이 담론이 말해주듯이, 높은 수익의 비밀은 '질(quality)'이며, 질은 '인간자본'을 최대 활용하기 위해 필요한 조건(condition)과 과정

(process)을 구성한다.

이 담론에서 '질'은 맥락 또는 복잡성, 다양성 또는 민주주의를 필요로 하지 않는다. '질'은 표준화된 결과를 성취하기 위해 언제 어디서나 적용되도록 전문가에 의해 확인되고 추출된 보편적인 공식(formula)이기 때문이다. '질'은 정치학이나 윤리학이 아닌 기술적인 실천이 최우선인 유아교육의 표현이다. 정치적 질문은 "전문가에 의해 해결될 단순한 기술적인 이슈가 아닌 … (중략) 그러나 그 질문은 항상 갈등하는 대안 사이에서 선택을 요구하는 결정을 수반한다"(Mouffe, 2007, np). "무엇이 효과가 있는가?"를 알기 위해 운영적 요구(managerial demand)에 도움이 되도록 이러한 정치적 질문은 무시된다. 요컨대, 이러한 '질'은 확실하고, 입증되고, 변하지 않는 형식에 영구적으로 고착되므로 유아교육에서 다양성, 움직임(movement), 실험은 더 이상 기대할 수 없다. 또는 그렇게 이야기는 전개된다.

이 이야기는 설득력이 있고, 많은 추종자들이 있다. 이것은 환원적 사유, 탈맥락적 연구, 보편적 주장에 의해 힘을 얻고, 전문가 집단으로부터 자문을 받는 영향력 있는 국제기구에 의해 확산되며, 그러한 국제기구에 좌우되는 정부는 이를 무비판적으로 적용한다. 그래서 오늘날 세계 어디서나 이 이야기를 들을 수 있다. 이 담론은 간단하고 분명한 수익성 있는 답을 제공하며, "조기개입: 똑똑한 투자, 막대한 절약(Early Intervention: Smart Investment, Massive Savings)" (Allen, 2011)이라는 최근 영국 정부 보고서 제목으로 요약된다. 우리가 지적했듯이, 질은 이러한 메시지의 중심에 있다. 질은 '똑똑한 투자'와 '막대한 수익'의 비밀을 가지고 있다고 여기는 조망 기술(perspective technology)의 약칭이기 때문이다.

이 매력(appeal)은 이해하기 어렵지 않다. 오늘날 우리는 불평등과 경쟁 속에서 자라고, 이긴 자가 모든 것을 취하고 진 자는 뒤처지며, 환경과 자원은 점차 긴장에 놓이게 됨을 경험한다. 이에 따라 주류 담론은 질 좋은 유아교육 · 보육이 치열하게 경쟁하는 세계 시장에서 개인적 또는 국가적으로 생존을 장담하고, 사회악을 위한 진정제를 제공하는 기술적 해결책이 될 수 있음을 약속한다. 그것은 전문가와 기술자에게 맡겨진 효과적인 성과(performance)의 유혹, 질 보장을 위한 통제와 예정된 결과의 확실성의 결합, 정치학 및 윤리학의 복잡성과 혼란에 대한 회피를 지속한다.

그러나 이해와 동의는 별개의 것이다. *Beyond Quality*는 이 담론에 대해 이의를 제기한다. 그리고 우리가 늘 강조하듯이 '바로 그(the)' 다른 것이 아닌, 하나(an)의 다른 담론을 제안한다. 우리는 이 책의 성공은 여기에 있다고 단정한다. 이 책은 다른 방식, 다시 말해 우리를 주류 담론의 다양성, 복잡성, 맥락에 대한 혐오와 단선적이고 환원적이며 기계적인 패러다임으로부터 벗어나게 하는 방식으로 사고하고, 말하고, 유아교육과 보육을 실천하는 여러 사람들이 느끼는 열망으로 가득하기 때문이다. 이러한 열망은 여러 나라의 많은 사람들(교사, 학생, 교수, 부모)이 느낀다. 점점 더 개개인은 이와 같은 열망을 공유하는 타인과 서로 연결되고, 저항 운동 또는 움직임을 형성한다. 여기에서는 몇 가지 예시만을 제시한다.

영어권 국가에서 1991년은 매우 의미 있는 해였다. 위스콘신주 메디슨에서 유아교육 연구와 실천 재개념화하기(RECE: Reconceptualizing Early Childhood Education Research and Practice) 콘퍼런스가 처음으로 열렸고, 《주요 특별 쟁점 학술지(key special issue journal)》가 출간되었다(Swadener and Kessler, 1991). 발달심리의 지배에 대한 우려와 유아교육 · 보육의 주류에 대한 논쟁의 필요성의 영향으로 지금 RECE 콘퍼런스는

석학과 교육자의 세계적 네트워크를 연결하는 연중 국제 행사가 되었다. 학술지 쟁점은 활발하게 성장하는 문헌의 선구자로 주류 담론을 비판하고, 유아교육에서 다른 가능성의 잠재성을 탐색하였다. 이것은 이 책의 저자 모두가 참여해 1994년에 출판한 편집본 『유아교육 · 보육 서비스 질 평가하기(*Valuing Quality in Early Childhood Services*)』(Moss and Pence, 1994)와 우리 중 둘이 편집한, 『유아교육 · 보육에 대해 논쟁하기(*Contesting Early Childhood*)』 시리즈를 포함한다. 이들은 "유아교육 · 보육을 둘러싼 지배적 담론에 대해 이의를 제기" 할 뿐 아니라 "다수의 관점과 토론으로 구성된 대안적 담론 영역" 을 제공한다.

같은 시기, 이탈리아의 도시인 레지오 에밀리아의 유아교육/교수법(early childhood pedagogy)에 대한 세계적 관심은 더 커지고 있다. *Beyond Quality*는 이에 대해 중요한 통찰(insight)을 제공한다. 레지오에서 시작되었지만 지금은 세계 곳곳의 여러 사람에게 영감을 주고 있는 교육적 기록작업은 어린이의 학습과정을 연구하고 지배적 담론이 당연시하는 가정에 도전하는 데 매우 건설적(productive)임을 보여주었다. 레지오로부터 영감을 받은 많은 사람과 지역은 우리가 저항 운동(resistance movement)이라 부르는 것 중 가장 크고 널리 확산된 한 갈래(strand)를 형성하고 있다.

스웨덴은 이 운동에서 주목할 만한 또 하나의 갈래이다. 레지오 에밀리아에 대한 지대한 관심과 함께 1980년대부터 지배적 담론에 저항하는 다른 접근법에도 관심을 가져왔다. 이 관심에 대한 하나의 조짐으로서 1996년에 60명이 참여한 일주일에 걸친 정기 여름 심포지엄이 처음 시작되었고, 지금은 약 350명 정도가 참여한다. 이 심포지엄은 연구자와 유아교사에게 Michel Foucault와 Gilles Deleuze의 관점과 같은 대안적인 이론적 관점을 바탕으로 한 연구물을 공유하고, 이에 대해 논의할 수 있는 기회를 제공한다. 이 심포지엄은 스웨덴과 그 외 여러 나라 유아교육 분야에서 후기구조이론 연구에 대한 관심이 확장되고 있음을 보여주는 예시이다(예컨대, Dahlberg & Moss, 200; MacNaughton, 2005; Lenz-Taguchi, 2010; Olsson, 2009; the Contesting Early Childhood 시리즈에서 출판된 서적을 참고할 것).

마지막 예로 이 책에서 논의된 발생적 교육과정(generative curriculum)에 대한 연구는 범위를 점차 넓혀왔다. 또한, UNESCO 및 다른 국제기구로부터 지역의 목소리, 가치, 지식을 지원하는 데 효과적인 실천으로 인정받았다. 캐나다의 원주민 공동체와 함께한 연구를 통해 시작된 이 접근법은 아프리카와 다수세계의(개발도상의) 다른 지역에서도 단일의 패권주의적 이해에 대한 강요보다는 맥락과 다양성의 중요성에 대해 말하는 문헌과 관점의 성장을 지원하기 위해 활발하게 적용되고 있다(Pence, 출간 예정).

이 예시들이 제안하듯이 저항은 다양한 형식을 취하지만, 다음의 몇 가지 공통된 의견을 공유한다; 지배적 담론의 주장에 대한 불신과 그 결과에 대한 두려움, 보편적, 탈맥락적, 객관적이라고 여기는 진리 주장에 대한 회의적인 태도와 더불어 권력과 지식 간의 관계인식, 지배적인 담론과 질의 개념을 만들어 낸 모더니즘의 패러다임(modernist paradigm)에 대한 이해와 이 패러다임에 대한 깊은 환멸, 다른 패러다임의 입장(position)과 새로운 이론적 관점의 잠재성을 탐색하고자 하는 바람, 복잡성, 다양성, 불확실성에 대한 즐거움이 그것이다. 이러한 저항은 유아교육이 '질'에 대한 집착, 어린이(그리고 성인)를 길들이고 지배하는 위험한 수단(mean), 타자(the Other)를 통제하고 타자를 같게 만드는 것, 표준화된 범주와 결과로 다름을 억압하는 것을 포함한 지배 담론에 노출되어 있음을 인정한다. 대신에 다름을 존중하는 유아교육을 추구하고 불확실성과 복잡성, 놀라움과 기적 같은 것/경이로움(wonder)을 환영한다.

*Beyond Quality*는 '질'이 중립적이지도 당연하지도 않은 개념이라고 주장한다. 그보다 질은 원거리 통치와 성과 관리를 위해 질을 표준화와 통제를 위한 강력한 도구로 만드는 가정과 가치가 담긴 구성된 개념이다. '질'은 우리가 정말 원하고, 가치를 두고, 희망하는 것을 위해 멈추고, 생각하고, 명확하게 표현하고, 주장해야 할 때, 우리가 안전한 기술적(technological) 영역으로부터 불안한 정치의 무대로 스스로를 안내해야 할 때, "우리가 가지고 있는 어린이의 이미지는 무엇인가?", "우리는 '교육'과 '보육'을 어떻게 해석하는가?", "우리 아이들에게 바라는 것은 무엇인가?" 등과 같이 상충되는 대안을 가진 정치적 질문에 대해 묻고 논의해야 할 때 발생하는 혼란스러움과 논쟁으로부터 우리를 보호한다. 요컨대, '질'은 사고(thought)와 의무(responsibility)를 대신하며, 이 두 가지를 다시 전문가들에게 위임하여 우리가 어디로 가야 하는지, 어떻게 가야 하는지를 말해주는 객관적이고 자명한 진리로 가장한 편파적인 관점이다.

이 책의 핵심은 간단하다. '질'은 필수가 아닌 선택이라는 것이다. 여러분은 그것을 선택할 수도 있겠지만, 반드시 이 개념을 취해야 하는 것은 아니다. 이 책을 집필한 하나의 소박한 목적은 사람과 조직이 '질'을 사용하기 전에 두 번 생각하게 하고, 지배 담론에서 말더듬이(stutter: Nicholas Rose의 은유를 사용하면)를 두는 것이었다. 우리는 그 개념이 버려지는 것이 아닌, 그것의 사용이 가정, 가치, 실천에서 보다 민주적이고 대화적인 방식과 같이 우리에게 중요한 것이 무엇인지에 대해 이야기하는 다른 방식이 있음을 인식하고 이루어지는 의도적이고 정치적인 선택이길 바랐다.

우리는 이 소박한 목적을 이루지 못했을 수도 있다. '질'은 여전히 개인의 그리고 집단의 입에서 생각 없이 술술 나오고, 유아교육 · 보육 분야를 지배하고 국내 및 국제 정책 문서에 가득한 실용적인 연구는 끊임없이 반복된다. *Beyond Quality*에 대한 언급은 이러한 정책 문서에서는 찾아볼 수 없다. 실제로 여러분이 저항 운동으로 수행되고 있는 연구의 중요 부분에 인용된 참고문헌을 찾는 것만큼 어렵다. 그러나 이러한 비가시화를 합의로 받아들여서는 안 된다. 이 책의 예상치 못한 성공은, 세계의 다양성과 복잡성을 반영하고, 뜻밖의 일과 놀라움을 환영하며, 민주주의와 실험에 가치를 두는 새롭고 다양한 접근에 대한 열망으로 매년 자라나는 활발한 움직임의 분명한 징후이다. 우리는 이 활기로부터 혜택받았을 뿐 아니라, 그 활기와 주류 담론에 저항하고 유아교육을 재개념화하는 노고에 기여했기를 바란다.

들리는 단 하나의 목소리이기를 원하고 부당한 합의를 강요하는 중에 지배적인 담론은 다른 목소리는 들리지 않게 하고, 그것들을 무시한다. 우리는 이것이 위험하며, 교육의 병든 민주정치의 징후를 보이는 것으로 생각한다. 교육의 민주정치를 되살리기 위해서는 목소리의 폴리포니(polyphony: 다성 음악)와 귀 기울이는 능력이 필요하다. 우리는 *Beyond Quality*가 새로워진 교육의 민주정치에서 그러한 폴리포니(다성음악)의 한 부분이 되는 것만으로도 충분히 만족한다.

Gunilla Dahlberg, Peter Moss, Alan Pence

2012년 8월 13일

참고문헌

Allen, G. (2011) *Early Intervention: Smart Investment, Massive Savings (the Second Independent Report to Her Majesty's Government)*, (http://www.cabinetoffice.gov.uk/sites/default/files/resources/earlyintervention-smartinvestment.pdf, accessed 23 July 2012).

Dahlberg, G. and Moss, P. (2005) *Ethics and Politics in Early Childhood Education*, London: Routledge.

Lenz-Taguchi, H. (2010) *Going Beyond the Theory/Practice Divide in Early Childhood Education: Introducing an Intra-active Pedagogy*, London: Routledge.

MacNaughton, G. (2005) *Doing Foucault in Early Childhood Studies: Applying Poststructural Ideas*, London: Routledge.

Moss, P. and Pence, A. (eds) (1994) *Valuing Quality in Early Childhood Services*, London: Paul Chapman Publishing.

Mouffe, C. (2007) 'Artistic activism and agonistic spaces' *Art and Research*, 1 (2), Summer (http://www.artandresearch.org.uk/v1n2/mouffe.html, accessed 23 July 2012).

Olsson, L.M. (2009) *Movement and Experimentation in Young Children's Learning: Deleuze and Guattari in Early Childhood Education*, London: Routledge.

Pence, A. (in press) 'Voices less heard: The importance of critical and 'other' perspectives', in Britto, P., Super, C. and Engle, P. (eds) *Handbook of Early Child Development Research and its Impact on Global Policy*, Oxford: Oxford University Press.

Rose, N. (1999) *Powers of Freedom: Reframing Political Thought*, Cambridge: Cambridge University Press.

Sellers, M. (forthcoming) *Young Children Becoming the Curriculum: Deleuze, Te Whariki and Curricular Understandings*, London: Routledge.

Swadener, B.B. and Kessler, S. (1991). Reconceptualizing early childhood education (Special issue), *Early Education and Development*, (2) 2.

제2판 저자 서문

이 책의 초판은 7년 전에 출간되었다. 이 책은 유아교육에서 질 개념의 확산에 대한 우리의 공유된 우려(concern)로부터 성장했다. 우리에게 이러한 확산은 비판적 성찰도 질과 관련하여 문제점이라 할 수 있는 것에 대한 해답도 수반되지 않은 것으로 보였다: "질 개념과 실천은 맥락과 가치, 주관성과 다양한 관점, 복잡성과 불확실성, 참여와 논쟁을 환영하고 포함하는가?", "만약 그렇다면 어떻게 하는가?" 설득력 있는 대답 없이, 질은 다음의 두 가지 우려되는 과정에 기여하며 우리를 위험한 길로 이끄는 것 같았다. 개인주의, 다양성, 선택의 미사여구가 수반되는 현대 삶의 표준화 및 규제의 증가와 관리적 통제로 대체된 (참여, 귀 기울임, 자능화(empowerment)의 미사여구가 수반되는) 민주주의가 그것이다. 요컨대, 질에 관한 담론 역사(the age of quality)는 사회통제(질에 의한 통제를 가져오는 질 통제)의 완벽한 보완물이 되기 시작한 것처럼 보인다.

놀랍고 기쁘게도 이 책은 세계적 화음(global chord)에 충격을 준 듯하다. *Beyond Quality* 영문 원판은 여섯 번이나 재인쇄되었고, 여러 나라의 저자들에 의해 널리 인용되었다. 그것은 온라인 토론에서 중요한 역할을 하고 있으며, 점점 더 많은 유아교육 · 보육학과 과정에서 필독 도서로 권장되고 있다. 또한, 이 책은 여섯 가지 언어(카탈루냐어, 이탈리아어, 노르웨이어, 포르투칼어, 스페인어, 스웨덴어)로 번역되었다[1).

이러한 반향의 이유는 아마도 이 책이 유아교육과 보육에서 점점 더 지배적이 되어가는 영·미 담론에 대한 대안을 묻고, 구하는 움직임의 일부이기 때문일 것이다. 이 담론은 합리성에 있어 도구적이고, 가치에 있어 신자유주의적이며, 실천에 있어 기술적이고, 통제에 있어 관리적이다. 그것은 불평등, 불공정, 착취의 근본적인 구조적 결점을 고민해야만 하는 사회는 빼놓고, 후기 산업사회의 많은 문제 해결을 도울 수 있는 기술로서 유아교육과 보육의 실용적인 이야기를 한다. 이 이야기에서 기술의 임무는 준비도(readiness)를 나타내는 일련의 예정된 결과 또는 목표를 성취하여 의무교육 체계를 위해 동등하게 준비되도록 하는 주제/과목(subject)을 전달하는 것으로, 질은 이러한 기술의 보증인(guarantor)으로서 핵심적인 역할을 한다.

그러나 이러한 초판의 고무적인 반응에도 불구하고, *Beyond Quality*가 미치지 못한 유아교육 분야의 중요한 영역이 있다. 우리는 비교연구의 금자탑(landmark achievement)이라 할 수 있는 OECD 회원국의 〈유아교육과 보육에 대한 주제별 연구 보고서〉에서 이 책에 대한 언급에 주목한다(OECD, 2001). 그러나 일반적으로 국제기구 또는 정부의 정책 문서에서 이 책에 대한 언급과 이 책이 가진 관점을 발견하는 것은 그리 쉽지 않다. 이번 판에서 늘어난 지지(endorsement)가 보여준 것처럼 몇몇 지지자가 있지만, 여전히 북미에 널리 영향을 주어야 한다. 이것은 우리를 걱정하게 만든다. 북미 특히 미국은 유아교육·보육 정책과 서비스에서 부유한 사회에 대한 반성이 이루어지지 않고 있음에도 불구하고, 연구와 학문적 출판물의 우세를 통해, 국제기구에 미친 미국적(신자유주의적인 그리고 실용적인) 사고방식의 영향을 통해, 유아교육·보육의 세계적 아젠

1) 역자 주: 본서의 초판과 제2판이 대동소이하여 초판만 한국어로 번역하고, 제2판은 번역하지 않고, 제3판으로 이어져 번역·출간됨.

다를 형성하는 데 중요한 역할을 하고 있기 때문이다(Penn, 2005). 전반적으로 우리는 질 개념에 대한 보다 회의론적인 접근의 징후를 찾아보기 힘들다. 질은 여전히 곳곳에서 나타나고, 우리가 초판을 집필했을 때만큼 당연시된다.

그래서 출판사에 *Beyond Quality*의 제2판을 제안했을 때, 우리는 비판적 성찰 대신 기술 개발에 중점을 두는 유아교육·보육 분야의 이러한 부분 그리고 다른 부분에까지 미칠 기회를 염두에 두었다. 우리에게는 유아교육·보육 a분야가 질 개념으로 평가되기 위해 보편적이고, 멍청하게 만드는(stultifying) '최상의 실천(best practice)'의 기술 추구에 지배되는 잠재적으로 불안한 전망에 직면한 것처럼 보이기 때문이다. 따라서 우리의 바람은 이번 제2판을 통해 토론을 보다 활발하게 하고, 다른 무엇보다도 우리가 기술적이 아닌 정치적, 철학적, 윤리적인 선택에 직면한다는 인식이 고조되는 것이다.

Beyond Quality 다시-보기

2002년 Reggio Children은 *Beyond Quality*를 이탈리아어 판으로 번역, 출판하였다. Reggio Children은 지자체의 유아교육·보육 서비스와 그들의 교육적 이론과 실천에 대한 늘어가는 국제적 관심 간의 관계를 지원하고 관리하기 위해 레지오 에밀리아 지방당국에 의해 설립되었다. 이탈리아어 번역본의 서문은 이번 판 Carlina Rinaldi의 서문(preface)의 토대가 된다. 우리는 Reggio Children이 이 책의 출판을 정당화할 만큼 레지오 에밀리아에 대한 우리의 해석을 충분히 흥미롭게 여긴 것에 기뻐했지만, 이것이 우리의 해석과 특히 레지오의 교육적 실천을 포스트모던주의로 여길지도 모른다는 우리의 주장에 대한 Reggio Children의 완벽한 합의가 아님을 깨달았다; Rinaldi(2006)가 후에 전하듯이 "레지오는 그 관점에 있어서 포스트모던적일 수 있다. 그러나 우리가 포스터모더니즘을 지지하는 것은 아니다. 왜냐하면 '~주의들(isms)' 은 위험하기 때문이다". 그러나 우리는 또한 그들이 이 책의 부제를 바꾼 것이 매우 흥미로웠다(영문판에서 '포스트모던 관점' 이었던 것이 '평가의 언어(I linguaggi dell vautazione: language of evaluation)' 가 되었다.

생각해보니, 우리는 이것이 매우 좋은 대체(substitution)인 것 같았다. 이 책에서 주장하는 핵심이 구현된 것으로 보이기 때문이다. 그 핵심은 질의 개념이 특정 패러다임(모더니티)으로부터 생산되었고, 보편성, 객관성, 확실성, 안정성, 폐쇄의 중요성을 포함한 이 패러다임의 가치와 가정이 담긴 평가에 대한 하나의 특정 담론(또는 언어)이라는 것이다. 질의 언어는 전문가에게서 나온 보편적 규준(norm), 질 성취를 측정하기 위한 기준, 서비스 또는 실천이 이러한 규준을 따르는 정도의 크기(종종 숫자로 표현된다)가 되는 질에 대해 말한다. 이것은 자율적인 관찰자에게 사실에 대한 탈맥락적이고 객관적인 진술을 하길 요구한다.

질의 언어는 성과를 평가하는 규준을 세우고, 정책과 실천을 구성하는 표준화의 기술(technology of normalization)만이 아니다. 이것은 맥락과 상관없이 세계 어디에서나 성과를 비교할 수 있음을 표방하는 거리의 기술(technology of distance)이기도 하다. 그리고 수행 규준의 환경 설정(setting)과 측정을 통해 원거리 통치 관리가 가능한 강력한 도구를 제공하는 규제의 기술(technology of regulation)이다.

논의로 돌아가서, 우리는 질의 언어를 금지하는 것을 원하지 않는다. 그것은 그것의 자리가 있다. 실제로 우리의 포스트모던 관점은 우리가 이원론적(둘 중 어느 것 하나) 사고에 빠지는 습관에 대해 경고한다.

그보다는 *Beyond Quality*는 평가에 대해 말하고, 평가를 실천하는 다른 가능한 언어가 있음을 주장하는 것이다. 이 책에서 우리는 하나의['바로 그(the)' 가 아닌] 다른 언어를 제안하고, 또 다른 것이 있을 것이라는 것을 인정한다: 그것은 이중 언어 세계가 아닌 다중 언어 세계이다. 우리는 그 언어를 이 책의 스웨덴 판 제목[문자 그대로 '질에서 의미 창조로(From Quality to Meaning Making)' 로 번역된다]에서 강조된 언어적 전환(linguistic turn)인 '의미창조(meaning making)' 라고 부른다. 그러나 예컨대 참여적 또는 대화적 평가의 언어와 같이 다른 이름으로 부를 수도 있다.

우리는 의미창조의 언어는 우리 포스트모던이라 부르는 아마도 오늘날 후기구조주의(post-structural) 또는 후기기초주의(post-foundational)로도 불릴 수 있는 또 다른 패러다임으로부터 생겨난 것임을 주장한다. 질과 마찬가지로 의미 창조도 특정 패러다임으로부터 비롯된 가치와 가정이 담겨 있다. 그러나 질과는 매우 다르게 의미 창조는 맥락성, 가치, 주관성, 불확실성, 잠정성(provisionality)을 환영한다. 의미창조의 언어는 해석의 민주적 과정, 실천을 가시화함으로써 (항상 논쟁의 대상이기 때문에) 맥락화되고, 잠정적인 가치 판단으로 이어지는 성찰, 대화, 논쟁을 요하는 과정으로서의 평가를 가능하게 한다.

이 두 언어는 매우 다른 방법(method)과 도구로 일한다. 질은 상황에 본보기(template)를 적용하는 것에 의존한다. 본보기는 이미 정의된 규준을 구현하고, 측정을 위한 기준을 제시한다. 평가 척도, 체크리스트, 표준화된 계획안(protocol)과 절차, 감독에 대한 구체적 체계가 질의 방법과 도구이다. 의미창조는 상당히 다른 접근법을 취한다: 이것은 교육적 기록 작업과 성찰과 함께 일하고, 귀 기울임을 통해 일한다.

우선 이러한 도구는 여러 형식의 기록 작업(쓰이거나 기록된 노트,

어린이들의 작품, 사진 또는 비디오, 기록 작업으로 가능한 것은 다양하다)을 필요로 한다. 그런 다음 이것은 해석, 비평, 평가의 협력적 과정을 요구한다. 이 과정에서 대화, 성찰, 논쟁이 중요하며, 다양성과 불확실성은 통제해야 하는 약점이라기보다는 중요한 가치로 다루어진다. 만약 질의 도구가 설명서를 따르는지를 측정하는 과정을 포함한다면, 교육적 기록 작업은 잠정적이고 논쟁이 가능한 결론으로 이어지고, 이에 가치를 두는 연구 과정이다.

교육적 기록 작업은 강력한 조합[현장에서의 실천(actual practice), 민주적 심의(democratic deliberation), 성찰]을 한 데 모으는 것이다. 이는 "영원하고, 당연한 것이며, 의심할 여지가 없으며 우리의 현재 경험에 주어진 것들에 대해 비판적 태도"(Rose, 1999: 20)를 갖도록 한다. 교육적 기록 작업은 가정과 가치를 비가시화하고, 주관적인 관점과 이해를 객관적 진리가 되게 하며, 어떤 것은 자명하고 현실적인 반면 다른 어떤 것은 미심쩍고, 비현실적이며 심지어는 상상할 수조차 없는 것으로 결정하고 명명하고 말하는 방식인 지배적인 담론에 도전하는 데 기여한다. 이러한 방식으로, 교육적 기록 작업은 우리가 구성해온 어린이의 이미지, 지식, 학습, 환경 더불어 교사로서, 부모로서, 학생으로서, 연구자로서 우리 스스로를 어떻게 구성해왔는지를 생각하고 실천을 확인하도록 도울 수 있다. 그렇게 다른 가능성을 우리에게 열어준다.

이러한 조합(실천, 민주주의, 성찰을 조합하기)은 레지오 에밀리아 유아교육 · 보육 서비스의 첫 교육적 지도자이자 평가의 도구로서 교육적 기록 작업의 창시자인 Lois Malaguzzi에게 큰 호응을 얻었다. 그의 전기를 저술한 작가는 기록 작업이 어떻게 Malaguzzi 철학의 핵심 중 하나였는지 다음과 같이 묘사한다.

> 나는 이 실천의 이면이 투명한(transparent) 학교와 투명한 교육의 이념적이고 윤리적인 개념이라 믿는다. (중략) 다양한 형태의 기록 작업 또한 대화, 교류, 공유를 위한 훌륭한 도구의 전형이다. Malaguzzi에게 이것은 '모든 것에 대해 모두와 함께(everything with everyone)' 논의하고 대화하기 위한 가능성을 의미한다. (중략) 기록 작업을 통해 의견을 공유하는 것은 단지 이론이나 말뿐이 아닌 실제적이고 구체적인 것에 대해 논의할 수 있음을 전제로 한다.

Malaguzzi의 후임자인 Carlina Rinaldi는 기록 작업의 통합적이고 민주적인 본질을 더욱 강조하였다: "기록작업의 독자는 어린이, 부모, 그리고 이 과정에 참여하고 있거나 참여하고자 하는 사람 모두가 될 수 있다. 기록 작업의 자료는 열려 있고, 접근 가능하며, 사용 가능하다." 그녀는 다른 데서 질을 위해 사용된 것과 유사한 평가도구와 기록 작업을 대조한다: "나는 기록 작업 평가를 위해 가능성 있는 도구로 인식하는 것이 점점 더 특색을 잃어가고, 탈맥락화되며, 단지 외적으로만 객관적이고 민주적인 평가도구의 급증에 대한 강한 항체를 제공하는 것 같다" (2006; 62).

평가의 다른 언어는 별개로 존재하지 않는다. 각각은 어린이, 유아교육 · 보육 서비스 종사자, 서비스 그 자체에 대해 말하기 위해 이에 대응되는 언어를 찾는다. *Beyond Quality*는 질, 의미 창조, 교육적 기록 작업에 대한 논의(5, 6, 7장)에 앞서 여러 다른 사회적 구조 또는 유아기와 유아교육 · 보육기관에 대한 이해에 대해 논의한다(3, 4장). 우리는 다양한 평가의 언어와 같이 이러한 여러 구성은 서로 다른 패러다임의 입장에서 만들어졌음을 주장한다.

유아교육 · 보육기관이 어떻게 다르게 이해될 수 있는지 그리고 이러한 다름은 평가에 대한 접근에 어떠한 영향을 미치는지 예를 들어보

자. 이 기관은(nursery, day care centre, nursery calss, school, preschool, kindergarten 등으로 다양하게 불리는 서비스 포함) 미리 결정된 결과를 만들어 내기 위해 어린이들에게 기술을 적용하는 울타리로 둘러싸인 공간으로 이해될 수 있다. 이러한 이해는 앞서 언급한 영미 담론에서 흔히 나타난다. 평가는 다음의 몇 가지 목적에 맞는 기술 · 운영 방법으로 이해될 수 있다. 규정된 결과를 성취하기 위한 여러 가지 기술 효과 평가하기, 서비스가 기술을 효율적으로 적용하는지 측정하기, 서비스는 목표를 달성하였는지, 비용에 합당한 가치를 제공하는지, 적절한지와 관련하여 책무성의 척도(measure) 제공하기가 있다. 서비스는 기계처럼 기능하고, 질은 객관적이고 확실하다고 하는 증거를 제공함으로써 그 기계가 잘 작동하는지를 말해준다: 예컨대, 질이 좋다고 평가된 유아원(nursery)은 더 나은 발달적 결과를 낳는다. 근대의 교육 방법은 매우 강력하고 특정 결과를 만들어 내기 위해 특별히 계획되었기 때문에 이러한 관계는 논란의 여지도 없으며 놀랍지도 않다.

그러나 우리는 유아교육 · 보육기관에 대한 다른 이해를 가지고 있다. 예를 들어 *Beyond Quality*에서 우리가 논의한 것처럼 "어린이와 성인이 사회적, 문화적, 정치적, 경제적 의미의 프로젝트에 함께 참여하는 시민사회에 위치한 공공의 포럼" 으로 유아교육 · 보육기관을 이해할 수 있다. 이 광범위한 프로젝트와 함께하는 공공의 포럼은 다양한 결과의 가능성이 있으며, 실제로 그 가능성은 무한하다. 이 중 몇몇 가능성은 미리 결정될 수도 있다. 그러나 많은 경우 그렇지 않을 것이다. 우리는 이러한 기관에서 일어나는 만남으로부터 비롯될 수 있는 모든 것을 상상할 수 없고, 놀라운 것과 예기치 않는 것에 열려 있길 원하기 때문이다. 만약 우리가 기대하고 있는 것에만 주의를 기울이고, 미리 결정된 목표에만 가치를 둔다면, 여러분은 많은 것을 놓치게 될 것이다! 의미 창조는 여러분이 새로운 지식과 통찰에 개방적이도록 하고, 어린이의 학습과정과 관점에 대해 연구하고 배워서 교육적 작업(work)을 개선할 수 있도록 하는 평가 접근법을 제공한다. 질과 같이 의미창조 또한 증거를 제공하지만, 기록 작업이라는 형태의 증거는 해석을 필요로 해서 이 증거가 서로 다른 해석과 결과에 열려 있다는 것을 인정한다.

질은 기계로서의 기관(institution-as-machine)이 설명서에 따라 작동하는지를 말해준다: 목표 a, b, c를 달성하고 있는가? 의미창조는 복잡한 유기체로서의 기관(institution-as-complex organism)이 어떠한 가능성을 인식하고 있는지를 이해하고 판단할 수 있도록 도와준다: 그것은 무엇을 만들어 내고 있는가? 질은 객관적인 진리로서 제공된 다른 누군가의 관점을 가지고 일하는 것을 의미한다. 의미창조는 철저히 주관적인 것으로 제공되지만 항상 다른 사람과의 관계를 통해 구성된 자신만의 관점을 발전시키기를 요구한다. 평가에 대한 이러한 다양한 언어는 평가자를 실천과의 매우 다양한 관계에 놓이게 한다: "주관성의 가치는 주체가 반드시 그녀 또는 그의 관점에 책임을 져야 함을 의미한다; 전문가가 제공한 상정된 과학적 객관성 또는 기준 이면에는 그 어떤 것도 숨을 수 없다" (Dahlberg and Moss, 2005; 16).

'질을 넘어서(beyond quality)' 는 질과의 작별을 의미하나?

질의 언어를 자연스럽지 않게 만드는(de-naturalised) 노력(이를 통해 '질' 이 더 이상 가치와 가정이 없는 중립적인 개념으로서 당연시될 수 없는)과 의미창조와 같은 다른 언어와 구별하려는 노력의 딜레마 중 하나는 그 과정이 이원 대립을 유발할 수도 있다는 것이다. 반드시 질을 택하든지 아니면 의미창조를 택해야 한다는, 다시 말해 좋은 사람과 나쁜 사람이 있다는 인상을 줄 수도 있다는 것이다. 이것은 우리 책이 초래한 결과가 될 수도 있다. 만약 그렇다면 그것은 의도된 바는 아니다. 우리는 5장을 평가의 언어와 더 넓게 유아교육 · 보육의 작업(work)이 여러 다른 패러다임의 다양한 관점을 취하기 위한 영구적인 장(張, place)으로 인정하는 것으로 마무리한다.

그것은 오늘날 우리의 입장으로 남아 있다. 우리는 서로 다른 관점과 언어를 취할 권리를 옹호한다. 그러나 "유아교육 · 보육과 유아교육 · 보육기관과 관련한 모든 것은 다양한 관점이 있다는 것, 우리가 하는 일(교사이건, 부모이건, 정책 입안자이건, 연구자이건 간에)은 항상 특정한 관점을 취한다는 것, 그러므로 연구와 실천에 관한 선택(또는 가치판단)은 항상 거대한 영향에 의해 이루어지고 있다는 것을 인식하는 것"이 중요한 조건부이다. 다른 사람은 아마도 우리와 다른 입장을 취할 수도 있고, 실제로 우리의 입장에 적극적으로 동의하지 않으며, 우리에게 아무런 본질적 문제를 주지 않을 것이다: 그러나 우리는 여전히 존중하면서 패러다임의 분열을 초월할 수 있음을 주장할 수 있다.

정말로 우리가 받아들일 수 없는 문제점으로 제시하는 것은 다른 사람이 입장을 취할 때 마치 어떠한 선택도 관련되어 있지 않고, 그들의 입장이 오직 하나인 것처럼 여기는 것이다. 불행히도 이는 연구자들과 정책 입안자들 사이에서 매우 흔하다. 유아교육 · 보육 분야의 학술지는 흔히 저자의 입장과 그 입장이 연구 및 평가 문제에 대한 규정, 방법의 선택, 자료의 해석에 미치는 영향을 인식하지 못하고 있음을 보여준다. 오늘날 예측 가능한 근거와 유아교육과 보육을 위한 규정을 제공하는 정부와 국제 조직의 기준 정책 문서(standard policy document)는 비판적 질문이나 다른 관점 또는 이해가 있을 수도 있다는 인식 없이 많이-인용되는(much-quoted) 연구에 의존하고 있다.

이러한 문서는 단지 읽기에 지루하고 반복될 뿐만 아니라, 민주주의를 억압한다. 정치적, 윤리적 선택은 기술 설명서로 대체되고, 보다 엄밀한 연구에서 맥락과 복잡성을 설명하려 할 때 설득력을 잃은 실용적 연구에 의해 정당화된다. 그 예로, 비용 편익(cost-benefit)을 이유로 유아교육·보육 서비스의 공공 자금을 정당화할 때 종종 다양한 조직과 국가가 인용하는 여러 미국 기반 연구의 적절성에 대한 비판에 대해서는 Penn et al.(2006)을 보라.

그러나 우리는 또한 *Beyond Quality*를 집필했을 때보다 선택은 단순히 선호를 말하는 것 이상을 요구한다는 것을 잘 알고 있다. 의미창조의 언어로 일하는 것은 어렵다. 의미창조는 특정 조건을 필요로 한다. 또는 적어도 다음의 특정 조건에 의해 크게 촉진되어야 한다: 불확실성, 주관성, 민주주의와 같은 특정 가치에의 전념; 창의성, 실험과 경계를 건너는 것(border cross)에 대한 갈망; 반성적 연구와 사회적으로 가치를 인정받는 노동력; 비판적 친구[예컨대, 레지오 에밀리아의 페다고지스타(pedagogista) 또는 교육적 책임자는 소수의 센터와 함께 가깝고 깊이 있게 일한다], 서비스 간의 네트워크, 정책 입안자, 정치인으로부터의 지속적인 지원. 이러한 조건이 일반적(widespread)이지 않다는 것에 동의한다; 이러한 조건이 부족한 곳에서는 질의 언어를 사용하는 것이 필요할 수도 있다. 질의 언어는 지시를 따르고, 기술을 정확하게 적용하는 능력을 요구하기 때문에 배우고 말하기 훨씬 쉽다.

그러나 질의 선택에 대한 결정은 특정 시간과 공간의 맥락에서 이루어진 정치적 선택으로 간주하여야 한다. 그 선택은 다른 대안이 존재함을 인식하는 것과 미래 방향에 대한 의견이 수반되어야 한다. 질은 현시점에서 옳은 선택일 수도 있다. 그러나 이 언어에 대한 선택이 지금부터 10년 또는 15년 후에도 그러할 것인가? 만약 그렇다면, 이러한 정체의 이유는 무엇인가? 표준과 기준에 강하게 연관되어 있고, 강력하게 표준화하고 규제하며, 다양성의 배제와 결핍을 야기하는 언어를 유지하는 것의 위험성은 무엇인가? 만약 그렇지 않고 그 목적/의도가 시간이 지남에 따라 또 다른 언어를 배우고 말하거나, 다중 언어(multi-lingual)를 사용하게 되는 것이라면, 어떠한 조건이 마련되어야 하며, 그 변화는 어떻게 이루어야 하는가? 그것은 일반적인 하향식 변화가 될 것인가? 아니면 의미창조(또는 다른 몇몇 평가언어)를 선택한 개별 기관 또는 기관의 네트워크에 의해 변화가 일어날 것인가? 어떠한 규범과 기준이 이러한 변화 후에도 여전히 남아 있을 것인가? 우리는 가장 분권화되고 실험적인 체계에서 조차 공통의 가치, 원리, 목적, 자격을 정하기 위해 몇 가지 규범적인 틀은 여전히 남아 있을 것이라고 생각하기 때문이다.

Beyond Quality 초판 출판 후 7년이 지난 지금, 우리는 여전히 존중, 맥락적 판단의 필요성에 대한 인식, 관계의 역동적 본질을 바탕으로 한 다른 언어들 간의 관계를 찾으려 노력하고 있다. 그러나 우리가 분명히 하고 싶은 것은 다양한 관점을 인식하고 '둘 중 어느 것 하나(either/or)'의 선택으로 가능성의 문을 닫는 것을 거부하는 것이 그 어떤 입장도 취하지 않는 무비판적인 상대주의를 의미하지 않는다는 것이다. 관점을 갖는 것은 여러분이 하나의 입장을 취한다는 것을 의미하며, 우리는 우리 것을 선택했다.

우리는 정치적, 윤리적 선택으로서 유아교육·보육기관은 어린이와 성인이 만나서 무엇인가에 전념하고, 의미를 공유하기 위해 대화하고, 귀기울이고, 논의할 수 있는 만남과 관계를 위한 장(場)인 공공 기관, 포럼, 어린이의 공간으로 이해되고 발전되어야만 한다고 믿는다. 우리는 그것이 무한한 범위의 가능성(문화적, 언어적, 사회적, 미적, 윤리적, 정치적, 경제적)에 대한 잠재성을 가지고 있다고 믿는다. 몇몇은 기대되는 것이고 미리 결정된 것이겠지만 많은 경우 그렇지 않다. 그리고 그것은 삶과 일의 모든 측면에서 민주적 실천을 중시함으로써 민주주의의 부활에 중요한 역할을 할 수 있다. 나아가 우리는 의미 창조의 언어(또는 민주적 평가)가 그러한 기관의 민주적이고 참여적 가치를 반영하고, 이해를 심화시키고, 복잡한 가치판단을 구성할 수 있는 평가의 형태라고 믿는다. 질의 언어는 아마도 그것을 위한 자리가 있을 것이다. 그러나 우리의 관점에서 그 장소는 조심스럽게 규정되어야 하며, 정기적으로 검토되어야 하며, 임시 조건을 위한 임시 조치로 다루어져야만 한다.

멋진 표지 그러나 어려운 책?

어떤 사람은 *Beyond Quality*가 어려운 책이라고 하고, 또 다른 사람은 어려운 게 아니라 도전적이라고 한다. 저자로서 독자들이 이 책을 어떻게 생각하는지에 대해 평을 하는 것은 아마도 적절하지 않을 것이다. 우리는 다만 형편없는 글 솜씨 때문에 불필요하게 모호하거나 불분명하게 느껴지지 않기를 바란다. 우리는 생소한 개념이나 아이디어일 수도 있는 것은 독자가 알고 있을 것이라고 여기기보다는 설명하려고 애썼다. 그래서 이 책이 어렵지 않길 바라지만, 도전적일 수 있다는 것은 받아들인다. 실제로, 우리가 의미하는 것이 독자에게 확립된 아이디어에 의문을 갖고, 다르게 생각하기를 요구하는 것이라면 이 책은 틀림없이 도전적이어야 한다.

패러다임에 대한 아이디어는 이 책의 핵심이고, 독자가 경험할 수도 있는 도전의 핵심이다. 이러한 아이디어가 생소한 사람들에게는 세계를 보고 이해하는 다양한 방식이 있다는 것을 인식하는 것이 흥분되지만 혼란스러울 수도 있다. 당연하게 생각해온 것이 단지 많은 가능성 (예컨대,

본질적인 어린이가 아닌 서로 다른 맥락에서 구성된 다양한 어린이의 이미지가 있을 수 있다는 것; 예정된 결과는 하나가 아닐 수도 있고, 유아교육·보육기관의 주목적조차 아닐 수 있다는 것; '질'은 의심할 여지없이 필수적이라기보다는 문제나 선택이 될 수 있다는 것) 중 하나일 수도 있다고 여기는 것은 해방적일 수 있지만, 불안하게 만드는 것일 수도 있다.

이 책은 또한 유아교육·보육 분야에서는 생소한 이론과 개념을 다루고 있기 때문에 도전적일 수 있다. 유아교육·보육 분야(적어도 영미권 세계에서)는 주로 아동발달 분야에서 가져온 매우 제한적인 이론과 개념만을 다룬다. *Beyond Quality*는 아동발달 학문분야에서 몇몇 영향력 있는 갈래를 비판할 뿐만 아니라(그렇게 하면서 원래의 의도와 멀어진다는 것을 기꺼이 받아들이지만), 여러 후기 구조주의 이론가들의 생각을 광범위하게 들여왔다. 이 이론가들은 Levinas, Derrida, Deleuze, 그리고 이 책에서 가장 중요한 Foucault로 대부분이 프랑스인이다. 이들은 그들의 저작에서 (우리가 아는 한) 유아교육·보육에 대해 전혀 주목하지 않았다. 지난 15년간, 특히 최근 10년간 그들의 저작은 연구와 실천 모두의 분야에서 관심을 모았다(그러나 다시 한 번 말하지만, 정책 입안자는 이러한 성장을 인식하지 못한 것 같다). 이는 그들이 윤리학, 학습, 지식, 권력, 관계에 대한 새로운 생각의 길을 열었기 때문이다.

그러나 이렇게 늘어가는 관심에도 불구하고 이 이론가들은 결코 주류가 아니며, 추측해 보건대 유아교육·보육학 관련 과정과 그 과정의 도서 목록에서도 거의 찾아볼 수 없다. 그들 저작의 일부는 읽기 어렵다. 그 부분적인 이유는 그들의 언어가 난해하기 때문일 수 있다. 또한 그들은 독자를 세계와 관계에 대한 새로운 관점과 마주하게 하고, 이러한 대면은 종종 매우 자극적이고, 혼란스러우며, 불안하기 때문에 그들은 도전적이다. 내가 권력관계에서 벗어날 수 없다는 것은 정말 사실인가? 나의 일상의 실천은 어린이를 특정 유형의 주체로 자라게 하는 데 기여하는가? 내가 전인적 아동 접근법(holistic or whole child approach)을 시도하는 것은 '정신 지배하기(governing the soul)'를 통해 어린이를 보다 효과적으로 관리하기 위함인가? 나의 교육적 실천은 그 개념과 분류의 체계를 통해 어린이를 통제하고, 다름을 같게 만드는 효과를 가지고 있는가? 만약 그렇다면 그에 대한 저항으로 어떠한 가능성이 있는가? 내가 완전히 이해할 수 없는 타자(an Other)라고 생각하고, 그 타자(the Other)에게 열려 있는 윤리적 관계에 수반되는 것은 무엇인가?

그렇다. 이 책은 적어도 부분적으로 도전적일 수 있다. 그러나 우리는 새로운 가능성과 관점에 대해 마음을 여는 것을 통해 몇몇 또는 많은 독자에게 이러한 노고가 가치 있음을 증명하길 바란다. 또한 *Beyond Quality*가 경우에 따라서 안락과 위안을 보여주길 기대한다. 이 책이 세계적인 관심을 불러일으킨 여러 이유 중 하나는 이 책이 많은 나라의 유아교육 · 보육 서비스가 지배적인 영미 담론이라 불리는 영향 아래 취하는 방향에 대한 많은 사람의 걱정과 불안을 표현한 것일 수 있기 때문이다.

진리에 대한 권리를 주장하고, 사람들이 생각하고, 의문을 갖고, 실천할 수 있는 것의 경계를 짓고자 하는 것은 지배적 담론의 본질이다. 이 경계 안에 있는 모든 것은 정상적이고, 자명하며, 당연한 것이 된다. 반면, 그 경계 밖의 모든 것은 사실이 아니거나, 비현실적이거나, 상상조차 할 수 없는 것으로서 무시되거나 묵살된다. 그러나 *Beyond Quality*는 포스트모던 관점으로 이러한 지배적 유아교육 · 보육 담론을 구성되고 관점이 투사된 것으로, 세계적 헤게모니가 되고자 하는 세계의 작은 부분에서 만들어지고 그 안에서만 편안한 지역적 담론으로 다룬다. 이 책은 또 다른 담론을 제공한다. 그러나 이는 우리에게 필수가 아닌 선택에 직면한다는 것을 보여주는 하나의 대안이다. 이것은 해방적이며, 도전은 노력할 가치가 있음을 증명할 수 있길 바란다.

Beyond Quality를 넘어서

1999년 *Beyond Quality*가 출판된 이래로 우리 셋은 이 책의 아이디어와 관점을 지속적으로 발전시켜왔다. Gunilla Dahlberg는 스웨덴에서 다양한 연구 프로젝트를 진행해 왔다. 그 중 '어린이의 자연과의 대화(children's dialogue with nature)' 에서 그녀는 윤리학과 미학의 패러다임을 탐색한다. 또 다른 연구인 '다문화주의와 상호작용(multiculturalism and communication)' 에서는 귀 기울이기를 기반으로 한 환영과 환대의 교육(pedagogy of welcoming and hospitality)을 연구하고 있다.

Peter Moss는 어린이를 위한 기관에 대한 각기 다른 이해에 대해 글을 써왔다. 이는 유아만을 포함한 것이 아니며, 특히 '어린이의 공간(children's space)' 개념을 탐색한다(Moss and Petrie, 2002). Gunilla와 Peter는 『유아교육 · 보육에 대해 논쟁하기*(Contesting Early Childhood)*』시리즈 편집자로서 함께 일했다. 이 시리즈는 유아교육 · 보육 서비스에서 푸코를 따르는 이론을 바탕으로 일하기(MacNaughton, 2005), 레지오 에밀리아의 교육적 작업의 이론과 실천(Ranaldi. 2006), 유아의 삶, 특히 가난한 나라에서 유아 삶의 불평등(Penn, 2005), 유아교육에서의 윤리학과 정치학(Dahlberg and Moss, 2005) 책을 포함한다. 마지막 책은 정치학의 중요성을 제기하고, 그 책의 주요 부분을 구성하는 Emmanuel Levinas의 저서를 소개한 *Beyond Quality*의 뒤를 잇는다.

Alan Pence는 주로 캐나다의 원주민 공동체와 함께한 연구와 다수세계(the Majority World)에서의 유아 보육과 발달 활동을 통해 *Beyond Quality*에 참여했다. 그의 연구의 대부분은 제3의 교육을 위한 접근법을 만들어 내는 데 주력해왔다. 제3의 교육은 식민주의 사고방식에 저항하고, 고유한 공동체와 어린이를 위한 지속 가능한 프로그램을 만드는 데 중요한 목소리로서 다양하고 지역적인 이해에 열려 있다. 원주민 협력 프로그램[the First Nations Partnerships Program(http://www.fnpp.org)]과 함께한 16년은 최근 그의 저작에서 다루어졌다(Ball and Pence, 2006). 그는 또한 아프리카와 중동 지역에서 널리 활동하고 있으며, 유아 발달 사이버 대학(ECDVU: Early Childhood Development Virtual University) 프로그램(http://www.ecdvu.org/)의 유아교육·보육 지역 인증 지도자(country-identified leader)와 함께 일하며, 역량 강화, 리더십 증진, 관계망 향상에 매진하고 있다.

*Beyond Quality*에 대한 우리의 애정은 이러한 작업과 1999년부터 우리가 경험한 변화를 통해 깊어졌다. 또한, 우리는 책에서 다룬 내용의 중요성과 적절성에 대해 더욱 자신감을 갖게 되었다. 우리는 유아교육과 보육에 대한 증대된 관심과 제공/공급(provision)을 환영한다. 그러나 Foucault(1974)가 모든 것은 위험하고, "우리와 같은 사회에서 실질적인 정치적 과제는 중립적이고 독립적인 것처럼 보이는 기관의 작용을 비판하는 것"이라고 말한 것에 동의한다.

질의 개념은 중립적이고 친절하며, 자명하게 좋은 것으로 보인다. 그러나 우리는 그것이 가치 지배적(value-ridden)이며 위험하다고 주장한다. 특히 그것이 표준화, 기술적 실천, 도구적 이성을 통해 어린이를 지배하고자 제한적으로 착안하였으나 강력하게 실행되는 유아교육·보육 접근법으로 사용될 때 위험하다. 우리는 이 *Beyond Quality*의 최신판이 보다 많은 사람들로 하여금 질에 대한 비판적인 관점을 갖도록 하는 동시에 평가뿐만 아니라 어린이와 그들을 위해 사회가 제공하는 기관에 대한 새로운 이해에 개방적일 수 있도록 돕길 바란다.

참고문헌

Ball, J. and Pence, A.R. (2006) *Supporting Indigenous Children's Development: Community-University Partnerships*, Vancouver, B.C.: UBC Press.

Dahlberg, G. and Moss, P. (2005) *Ethics and Politics in Early Childhood Education*, London: RoutledgeFalmer.

Foucault, M. (1974) 'Human nature: Justice versus power', in Elders, F. (ed.) *Reflexive Water: The Basic Concerns of Mankind*, London: Souvenir Press.

Hoyuelos, A. (2004) 'A pedagogy of transgression', *Children in Europe*, 6, 6–7.

MacNaughton, G. (2005) *Doing Foucault in Early Childhood Studies: Applying Poststructural Ideas*, London: RoutledgeFalmer.

Moss, P. and Petrie, P. (2002) *From Children's Services to Children's Spaces*, London: RoutledgeFalmer.

OECD (2001) *Starting Strong*, Paris: OECD.

Penn, H. (2005) *Unequal Childhoods: Young Children's Lives in Poor Countries*, London: RoutledgeFalmer.

Penn, H., Burton, V., Lloyd, E., Potter, S., Sayeed, Z. and Mugford, M. (2006) Early Years: What is known about the long-term economic impact of centre-based early childhood interventions? Technical Report, in: *Research Evidence in Education Library*. London: EPPI-Centre, Social Science Research Unit, Institute of Education University of London.

Rinaldi, C. (2006) *In Dialogue with Reggio Emilia: Listening, Researching and Learning*, London: RoutledgeFalmer.

Rose, N. (1999) *Powers of Freedom*, Cambridge: Cambridge University Press.

머리말

왜 선택을 하여야 하는가?

이 머리글은 Reggio Children이 2004년에 출판한 *Beyond Quality in Early Childhood Education and Care*의 이탈리아어 번역판에 내가 쓴 서문을 수정 · 보완한 것이다. 그 글에서 나는 '학교(school)' 라는 용어를 6세 미만 어린이를 위한 유아교육 · 보육기관뿐 아니라 그 위 연령 어린이를 위한 학교에도 공통으로 사용하였다. 사실 레지오 에밀리아에서는 3세 미만과 3세 이상 어린이를 위한 보육 및 교육 기관을 '시영체제 학교(municipal schools)' 라고 한다. 이는 '학교' 의 의미를 논의의 맥락에 따라 융통성 있게 이해할 수 있도록 그 해석을 열어 놓고자 하는 시도라고 할 수 있다. 이 글에서 나는 오늘날 보편화된 학교의 이미지와는 달리 학교가 어떠한 곳일 수 있는지 내 생각을 피력하였는데, 이 내용을 다른 글(Rinaldi, 2006)에서 더 상세히 논의하였다.

주로 레지오 에밀리아의 유아교육을 출판해오던 Reggio Children이 Gunilla Dahlberg와 Peter Moss, Alan Pence가 공동 저술한 이 저서를 번역하여 출판한 데는 여러 가지 이유가 있다. 이 훌륭한 책에서 이미 언급하고 있다시피 이 저자들과 우리는 오랜 기간 서로 대화하고 아이디어를 교환하며 관계를 맺어왔는데, 이 점은 이탈리아어 번역본을 출판하는 데 결코 무시할 수 없는 하나의 이유이다. 우리는 이 책이 우리들의 관계적 정체성을 표현해주는 것처럼 느끼고 있다.

Gunilla Dahlberg, Peter Moss, Alan Pence는 1980년대부터 레지오 에밀리아에 관하여 여러 연구를 하면서 우리와 함께 그 연구의 여정을 걸어온 동료들이다. 연구 과정에서 우리는 종종 '변형적(transformational)'이라고 부를 수 있는 대화에 함께 깊이 몰입되곤 하였다. 여기에서 변형적이란 의미는 대화를 통하여 우리 각자의 관점뿐 아니라 우리 자신의 정체성까지 변화되고 풍부해졌다는 것을 말한다. 그러나 물론 이 저서를 이탈리아어로 번역하게 된 데는 이 외에 또 다른 동기도 작용했다.

그 중 첫 번째 이유로 꼽을 수 있는 것은 이 책 전체에 흐르고 있는 폭넓은 문화적 안목이 국제적으로 미친 영향을 들 수 있다. 이 책의 영향으로 몇몇 나라에서 유아교육 정책 수준뿐 아니라 전체 학교교육의 일반 정책 수준에서도 새로운 결정을 내리게 되었는데, 우리가 그 내용과 시사점을 신중하게 분석해본 결과 이 책을 번역할 필요가 있다고 결정하였다. 더욱이, 이 저서는 중요한 학교개혁을 진행하는 중인 이탈리아에서 특별히 흥미를 끌며 논쟁이 시작되었다. '이탈리아식 학교개혁'이라 칭할 수 있는 이 상황은 이 책을 번역하게 된 두 번째 이유이다. 구체적으로, 새로운 교육 방향을 제시하는 이 책은 교육에 관한 논의를 전국적인 토론으로 활성화하고 풍부하게 하는 데 공헌하였다. 물론 항상 위험은 학교개혁의 실제적인 계획과정에만 존재하는 것이 아니라, 개혁을 낳게 하는 학교 및 교육의 이념 차원에도 존재한다. 이탈리아의 학교개혁이 지닌 이념을 보면, 미래를 상상하며 구성하는 능력을 지닌 인간, 공통된 희망과 가치를 함께할 수 있는 인간을 형성하는 일보다, 경제와 직장을 위해 기능적인 능력을 획득하게 하는 일을 우선시한다. 그러므로 이 학교개혁은 진지한 의미의 개혁이라기보다는 학교가 사회의 도구임을 다시금 확인하게 할 뿐, 학교가 '변화의 원동력'이 될 수 있는 가능성은 부인하고 있다.

프랑스의 철학자인 Edgar Morin은 오직 패러다임적 변화만이 우리로 하여금 학교에 필요한 '본질적 쇄신'을 창조할 수 있게 한다고 말한 바 있다. 이러한 이유로 나는 참다운 개혁 또는 개혁의 결정적 단계는 실제적인 법률 제정이나 정책 결정과 지역적 · 전국적 토론으로 인하여 새로운 변화가 구체적인 형태를 갖추기 시작하는 시기인 실행 국면 속에서, 또한 이미 현존하는 개념이 새로운 형태로 재조직되는 시기인 실제적인 실행 국면 속에서 이루어진다고 생각한다.

더욱이 우리의 생각과 몸짓, 일상생활의 공간과 리듬은 외부로부터 개혁될 수 없는 것이다. 오로지 우리 현실과의 일상적 대화에 의해서만 가능한 것으로서, 지속적이고 용감하게 문제를 보고 협상해나가는 현실적이고 진지한 우리의 책임감을 요구하는 것이다.

결국 개혁의 핵심적인 이슈는 이러한 일상적 담론 안에 존재하는 것이며, 우리 자신의 주체성을 긍정하고자 하는 힘겨운 투쟁 속에 존재하고, 남과 다르게 사고할 수 있는 능력 안에 존재하는 것이다. 예로서, 우리가 아동발달 단계에 관하여 이야기할 때, 또는 어느 개별 어린이의 발달 및 학습의 질에 대하여 말할 때, 혹은 어린이들이 기대만큼 잘 자라고 있는가 등을 말할 때 우리는 스스로 주체성을 얼마나 인정하고 있는가,

또한 과연 남과 다르게 사고할 수 있는가를 생각해보아야 할 것이다. *Beyond Quality*의 다음 내용을 마음에 깊이 간직할 필요가 있다.

> 아동발달 이론으로부터 나온 이러한 추상적인 지도들은 어린이와 교육자의 일상 삶에서 실제로 일어나는 것들을 보지 못하게 만든다. 실재는 우리가 그린 이론적 지도나 우리가 기술하고 사용하는 범주(그러므로 '재현의 위기'를 담은)보다 더 복잡하고 맥락화되어 있고 광범위하기 때문이다. 뿐만 아니라, 추상적 지도들은 어린이들, 그리고 우리 자신을 교육자와 연구자로 쉽게 객관화시킬 수 있다. 발달적 평가는 어린이가 어떠해야 한다고 결정짓는 표준화 기술이 되어버림으로써, 발달심리학으로부터 자라난 아동중심 교육학을 통해 어린이를 표준화의 대상으로 만든다. 이러한 과정에서 어린이들이 특정 단계에 도달했는가 아닌가에 따라 그들 간에 위계 형태가 만들어짐으로써 권력이 개입된다. 그리고 기준을 달성하고 기준으로부터의 이탈을 막거나 수정하는 것이 교육 실천의 몫이 된다. 이러한 분류적 성격을 지닌 실천은 어린이의 사회적 정체성과 개인적 정체성을 미리부터 원하는 방식대로 형성하는 일종의 조작(manipulation)인 것이다. (p. 111)

위 글은 개혁 작업에서 어린이의 가족과 함께 어린이의 융통적인 학업계획을 결정짓는 사람들에게 특히 귀중한 내용이다. 이를테면 어린이의 학교입학 연령을 결정하거나, 12살에 이른 어린이에게 중등학교에 진학할 것인지 직업훈련을 받을 것인지 선택하도록 도와주는 것은 단지 일정한 발달 표준이나 성취도 기준으로 결정해서는 안 되기 때문이다. 오늘날 학교와 사회에는 어린이들을 일정한 기준을 가지고 위계화 · 차별화하는 교육 풍조가 위세를 떨치고 있는데, 이 풍조의 속도를 늦추고자 애쓰며 길을 찾는 사람들에게 위 글의 내용은 실로 매우 중요한 것이다.

*Beyond Quality*는 이탈리아 학교 개혁에서 가장 많은 토론을 불러일으킨 문제에 대하여 진지한 성찰을 촉구한다. 그 문제는 흔히 교육적 선택의 문제를 개인화된 성격(individualization)으로 해석하는 경향에 관한 것이다. 구체적으로, 어린이 및 그 가족이 교육적 선택을 자유의사에 따라 전적으로 독립적으로 내릴 수 있고 각자의 교육적 행위 또한 자율적으로 결정할 수 있다고 보는 것이다. 어떤 사람은 나와 같이 이러한 방식으로 우리가 자유로운 선택의 기회를 풍부하게 가지고 있다고 보는 주장을 매우 위험하게 생각하기도 한다. 이 책의 저자들은 바로 그것이 왜 위험한지 그 근본적인 이유를 조명하였다. 이들은 교육적 선택을 이처럼 개인화시키는 특성이 "중심화되고 자율적이며 획일화된 상태의 안정적인 주체, 맥락과 무관하게 독립적으로 존재하고, 자신을 실현하기 위하여 그리고 기술(記述)하기 위하여 애쓰는 '본질적인' 인간성" (p. 83)이라는 이념을 인간의 정체성으로 가정한 데서 발생한 것이라고 분석한다.

이것은 실로 엄청나게 중요한 이슈를 제기한다. 어린이가 자신의 정체성을 형성하는 일은 바로 그 형성 과정에서 어린이의 학습 및 소통 과정과 어떠한 관계를 맺는가에 달려 있다. 이 문제는 상당히 많은 내용이 함께 수반되는 것이다. 구체적으로, 주체성과 상호주체성의 개념, 즉 단순히 집단 내 개개의 어린이 학습만이 아니라 그가 속한 어린이 집단 전체의 학습이 관련되는 문제이다. 다시 말해서, 그 집단이 배움을 이루어나가는 집단(a learning group)으로 생성되는 것을 경험하는 과정 자체가 중요함을 말한다. 이 모든 것은 우리가 어린이 집단이라는 개념을 진지하게 고려하고 평가해야 함을 뜻한다. 개개의 어린이를 형성하는 친구관계의 의미와 함께, 또래들이 함께 걷는 공통적인 배움의 여정을 의미

심장하게 평가할 수 있어야 한다는 것이다. 그러므로 어린이 각자의 개별적인 특이성(singularity)이란 자아성장 과정에서 단순히 타인들과 상호 교제하기 위한 차원에서 열려 있을 뿐만 아니라, 구체적인 맥락 안에서 작용하는 항구적인 과정으로 자체의 구조와 정체성을 지속적으로 '협상해 가는' 그 무엇이다. 우리는 이러한 특이성의 형성을 촉진할 필요가 있다.

이 책의 저자들은 우리가 어린이의 정체성 문제에 관하여 개개의 어린이와 그 가족의 상황을 고려하는 것으로 만족하지 말고, 어린이의 개별적인 특이성이 오직 공동체의 복수성(plurality), 즉 각 집단 내부에서 창조되는 집회적 성격의 포럼(forum)으로부터만 발현되는 것이라는 점을 중시하라고 당부한다.

이탈리아의 학교 개혁은 또 다른 이슈를 여론의 광장으로 불러내었다. 그것은 많은 사람들이 미처 주의를 기울이지 못했을지 모르지만 매우 큰 사회문화적 중요성을 지닌 이슈인데, 이 책은 이 문제에 대해 우리가 관심을 기울일 것을 강력하게 촉구하고 있다. 이는 아동기의 문화적 · 사회적 정체성에 관한 문제로서, 유아교육 · 보육기관과 같은 어린이를 위한 학교뿐 아니라 각급 학교 전체의 교육을 계획할 때 분명히 정의되고 명시되는 내용이다. 유아교육 및 보육을 둘러싼 토론과 마찬가지로, 개혁이란 우리가 문화적으로, 또한 역사적으로 아동기를 어떠한 개념으로 상상해왔는가, 즉 아동기 개념에 대한 문화적 · 역사적 정의(定義)와 함께 실현되고 확산된다.

> 아동기를 성공적인 나중의 삶을 위한 기초로 보는 관점이다. 그것은 아동기의 불완전한 상태에서 성숙과 성인기라는 완전한 인간의 지위에 이르기까지, 그리고 아직 실현되지 못한 잠재력을 보유한 상태에

> 서 경제적인 생산성을 갖춘 인간 자원이 되기까지 거쳐야 하는 여행의 출발점이라고 보는 것이다. 어린이는 … 어른이 되어가는 과정에 있으며, 투자를 통해서 실현되기를 기다리는 잠재적인 인간 자본을 대표한다. … 사다리를 올라가는 것에 비유할 수 있다. (p. 126)

이 관점에서 볼 때 아동기의 각 단계는 후속되는 보다 중요한 단계를 위한 일종의 도제살이의 기간이 되는 셈이다. 어린 영아기는 그 사다리의 첫 번째 계단이며, 학교를 위한 준비 기간이자, 학교에 들어간 뒤에야 비로소 시작된다고 생각하는 학습을 위한 준비 기간이 된다. 영아기에 대하여 이와 같이 투자 또는 미래 준비의 개념으로 그 의미를 구성하는 경향은 이전에는 무관심하였던 정치인과 비즈니스계 지도자로 하여금 아동기에 대하여 관심을 불러일으키게 하였다. 그러나 이들에게는 어린이의 현재 정체성과 필요 및 권리, 그들의 '지금과 현재'는 그다지 중요하지 않은 것이다.

> 이러한 힘 있는 사람들의 입장에서 볼 때 아동기는 미래를 위해 '안정적이고 잘 준비된' 노동력을 생산하는 과정의 첫 단계로 부각되고 있으며, 결국 점점 경쟁적으로 변하고 있는 글로벌 시장에서 장기적인 성공을 약속하는 하나의 밑바탕으로 자리 잡아가고 있다. (ibid.)

이 내용을 통해 볼 때, 우리는 교육계 종사자든 아니든 간에 유아교육 및 보육을 지원하는 여러 가지 언급이나 표현에 관하여 면밀하게 검토해볼 필요가 있다. 나의 의견으로는 영아기를 '전(前, pre)'의 의미로 보는 개념(예를 들어, 준비: preparation, 사전 쓰기 능력: pre-writing, 사전 읽기 능력: pre-reading, 사전 문해 능력: pre-literacy …)에 대하여 반성해 보아야만 할 것이다. 단지 그 교육적 함의만이 아니라, 이러한 개념이 어떠한 문화적, 정치적, 경제적 시사를 갖는지 검토하기 위해서이다. 아동기는 투자가 되고, 학교는 가정과 어린이가 찾아가야 할 전문가 서비스를 제공하는 장소가 된다. 사실상 유아교육 · 보육기관을 비롯하여 관련 개념이 이러한 각도에서 이미 다시 정의되고 있다. 이러한 기관에서 어린이의 부모가 점점 '이용자나 소비자'로 인식되고 있듯이, 어린이들도 점점 공동체의 구성원으로서가 아니라 돌봄이나 교육서비스의 소비자로서 인식되고 있는 것이다.

이처럼 경제학적인 관점의 기초 위에서 새로운 사회 전반에 대한 계획이 진행됐다. 그러나 우리의 관심 영역인 아동기와 유아교육 · 보육기관을 변화시키는 일에 대해서는 여전히 옛날 방식으로 염려하는 이들이 있다. 이들은 아동기 및 유아학교를 보는 경제학적인 가치관에 대해 대항할 만큼 충분한 힘을 우리가 과연 가지고 있는지 의문한다. 이 책의 저자들은 이 점에 대해 다음과 같이 논박하고 있다. 유아교육 · 보육기관의 돌봄 및 교육 실천은 사회적, 문화적인 구성 작업 및 그 진지한 발전을 이루어가는 장소로서 지역 공동체의 문화적 정체성을 떠받치는 종석(宗石)으로서 역할을 하는 것이다. 그러나 현재 강세를 보이고 있는 보편적인 관점에서는 어린이에 대한 돌봄 및 교육 실천이 단순히 우리가 '소비할 수 있는 서비스'가 되고 만다. 이 책의 저자들은 "유아교육 · 보육기관은 *시민 사회에 속해 있는 공공의 광장이자 포럼의 기능을 하는 곳이다. 그 곳에서 어린이와 성인은 사회적, 문화적, 정치적, 경제적인 중요성을 갖는 기획에 함께 참여하고 그러한 일상을 실천하는 것을 배워나가게 된다*" (p. 158. 저자 강조)고 상기시킨다. 이러한 포럼적 성격은 "공동의 행위와 민주주의의 실천에 참여함으로써 능동적이고 적극적인 시민정신을 함양하는 장소" (ibid.)가 되는 것이다. 중요한 점은 우리가 유아교육 · 보육기관의 역할에 대하여 이러한 시각을 결코 잃어서는 안 된다는 것이다. 유아교육 · 보육기관을 이렇게 정의하는 내용은 현재 여러 관련 문헌에 누락되어 있지만, 이 내용이야말로 시민 사회에서 우리와 어린이가 지닌 권리가 무엇인지를 말해주고 유지시켜주는 귀중한 도구이다.

이 책의 핵심은 권리에 관한 것이다. 그러나 권리란 그 권리를 고무하고 형성해주는 과정 또는 길로부터 동떨어져 있는 별개의 내용이 아니다. 이는 '권리'와 '책임'이 이를 허용하고 지원해주는 '공간', 즉 포럼과 같은 장소를 창조하고 그 속에서 사회를 위한 시민적 행위를 실천함으로써 비로소 자라나고 결실을 맺을 수 있는 것이기 때문이다.

무엇보다, 이 책에서 질(質)과 평가의 이념에 관하여 논한 부분은 비단 교육관계자뿐 아니라 우리 시대의 정치적 · 문화적 토론에 관심을 지닌 모든 이들에게 중요한 시사를 준다. 그 내용으로부터 세 저자 간에 이루어진 대화와 소통이 포스트모던 접근의 모든 강점을 유아교육적 측면에서 매우 생생한 감촉과 강도로 발전시키고 있음을 느낄 수 있다. 이들은 예리하고 신랄한 방식으로 기존의 지배적인 개념을 용감하게 해체하는 동시에, 어린이를 위한 공적 서비스의 질이라는 개념을 바로 그 역사적 · 실존적 시작 단계부터 분석하여 완전히 혁신적인 방향으로 논의의 전면에 가져온다. 그 과정에서 기존의 지배적인 관점에서 주장하는 내용이 놀라울 정도로 근시안적 안목으로 상투적인 개념에 근거하고 있음을 완벽하게 노출시키고 있다. 말 그대로 학교교육의 성과를 객관적으로 측정하는 방법과 도구를 개발하고자 애써온 사람들에게 이 책의 저자들이 권하는 다음과 같은 내용을 성찰해보도록 권한다.

> 그래서 현대 사회의 탈중심화 현상으로 인하여 중앙집권적인 질 관리 및 평가체제가 힘을 잃게 된 반면, 다른 한편으로는 목표중심적인

> 객관화된 평가를 통해 그 잃어버린 힘을 되찾게 하는 … 그 정략적인 기능을 가정해 볼 때, 이는 새로운 통제 체제에서 절대 필요한 필수 불가결한 부분이 된다. 현대인들은 수많은 정보와 선택에 압도된 채 항상 시간에 쫓기면서 자신의 직무에 전제된 일정 수준의 전문성이 본인에게 늘 부족하다는 걱정에 시달리고 있다. 그렇다고 하여 종래의 전통적인 권위, 이를테면 친족관계나 종교적인 행동 규범과 같은 것에 더 이상 호소할 수도 없고, 수많은 정보와 선택을 강요하는 생산자의 자익추구적(自益追求的)인 주장을 신뢰할 수도 없는 상태이다. 결국 우리가 세상을 이해하고 합리적인 결정을 내리기 위해서는 거대한 물적 · 사회적 환경을 조직하고 있는 … 전문적인 기술체계에 점점 더 의존할 수밖에 없게 되었는데, 이는 그다지 놀라운 일이 아니다. … 질을 수치로 측정하는 양화(量化) 방식은 이러한 전문기술 체계가 보여주는 특징적인 한 양상이다. 앞에서 살펴보았듯이, 이러한 방식은 지식의 본질적인 성격과 우리 자신에 대한 인간적인 신뢰의 필요성을 최소화시켜버린 것이다.

이 글은 극도로 진지한 내용을 담고 있다. 아마도 이 글을 중심으로 많은 사람들의 의견이 수렴될 수도 있고, 반대로 여러 이의(異意)를 유발할 수도 있을 것이다. 사실 만약에 객관적으로 보장된 질의 기준이 없다고 한다면, 피상적인 일반론에 빠져서 소신 없이 잡다한 내용을 가지고 질을 평가하게 되는 것을 어떻게 피할 수 있을지 많은 사람들이 궁금해할 것이다. 더 우려되는 상황은 우리가 하는 모든 일을 대충 다 '좋은' 양질의 것이라고 할 수 있다는 것인데, 이러한 예상 가능한 문제점을 어떻게 피할 수 있는가 생각해보아야 한다.

Gunilla Dahlberg, Peter Moss, Alan Pence는 이에 대해 매우 설득력

있고 풍부한 논리로 자신들의 계획안을 전개한다. 그 내용이 결코 쉽지는 않지만, 이들 또한 이 점을 충분히 의식하고 있다. 이들은 우리가 불확실하고 복잡한 현실을 그대로 인정하고 끊임없이 의문하고 질문을 제기하면서 작업해나가야 한다고 주장한다. 현실이 불확실하고 복잡하다고 하여 원점으로 돌아가서 질의 기준을 사전에 규정하고 '객관적인' 평가 체제로 돌아가서는 결코 안 된다는 것이다. 그러한 객관성의 추구는 우리가 열망하는 중립성을 보장한다고 주장하면서 우리 자신의 존재를 한편으로 밀쳐놓아 편견에 빠지지 않게 자신으로부터 거리를 두게 하는 방식이다. 그러나 이 방식은 교육을 참여와 감성의 과정으로, 즉 생생하게 살아 있는 인간 행위로 보는 개념을 완전히 도외시하는 것이다.

> 우리가 다양하고 복잡한 현실을 마주할 때 미리 결정된 객관적인 규준을 가지고 그 질을 표준화하는 일이 얼마나 무력한 것인가를 깨닫게 된다. 그러므로 유아교육 · 보육기관의 질을 객관적인 규준을 단순히 수용하여 평가하기보다는, 그 기관의 현실이 실제로 어떠한가를 있는 그대로 이해하는 데 더 집중해야 하지 않겠는가? (p. 235)

이 책의 심장부에 놓여 있는 가장 근본적인 개념은 우리가 평가의 언어를 변화시키고 '의미창조(meaning making)'라는 이념을 항구적인 변화의 과정으로서 진지하게 이해하고 받아들여야 한다는 것이다. 만약 우리 각자가 이러한 관점을 소화하게 되면, 학교는 단지 의미창조의 장소일 뿐 아니라 변화의 장소가 될 것이다. 그때는 변화라는 것이 학교의 본질적 성격이 된다. 다시 말해서, 깊숙한 배움의 과정과 지식형성으로부터 오는 변형적인 변화(transformational change)가 학교라는 공간을 특징지을 것이다. '변화하는 학교'가 학교 개혁으로부터 기인하는 학교의 변화만을 의미하는 것은 아니다. 그것은 변화 과정에서 경험하는 변형적 본질, 변화를 이루는 능력, 변화의 즐거움과 피로감, 그리고 변화의 기쁨이 학교가 '대화(dialogue)'의 장소로서 정체성을 지니는 데 고유한 내재적인 성격이 되는 것을 말한다. 우리가 학교를 정치적인 차원에서 '변화와 사회적 창조성의 원동력'으로 인식하고 이를 학교 자체의 고유한 '생산적인' 방식이라고 읽어낼 수 있을 때까지, 변화의 문화를 '미래를 향한 전략'으로 토론하고 이해해나가는 작업이 필요하다. 또한 우리는 이 책의 논지가 지닌 윤리적 가치를 음미할 필요가 있다.

> 의미창조의 이 담론은 앞서 소개했던 만남의 윤리(the ethics of an encounter)라는 윤리적 입장에 속한 것으로서, 타자와의 대화 속에서 이루어지는 의미창조의 중요성을 전면에 부각시키는 것이다. 그러므로 이 접근은 타자와의 관계가 결여된 채 개별적으로 각자 개인적 판단에 의존하거나, 반대로 전문가의 판단에 맡겨버리는 방식과는 확연하게 구별되는 특성이다. 동시에 아무리 전문가의 작업이라 하더라도 숫자 및 객관적인 과학적 방법을 적용하여 전문적인 판단을 표준화되고 양화(量化)된 기준으로 재생산해내거나 이를 적용하는 질 담론과도 구별되는 것이다. (p. 239)

그러나 이 책의 저자들이 자신들의 주장 외에 다른 관점이 제기될 수 있는 가능성을 아예 인정하지 않거나, 학교가 처해 있는 기본적인 상황을 마치 전혀 모르는 어린 아이처럼 순진하고 고지식한 입장을 주장하는 것은 아니다. 이들은 모든 사람이 다 자신들의 주장을 수용할 것이라고는 기대하지 않는다. 또한 학교에서는 한편으로 의미창조의 이상을 채택하더라도, 동시에 다른 한편으로는 지역 수준에서나 국가 수준에서 민주적인 토론을 거쳐 객관화된 과학적 표준 및 목표를 수용해야만 할 상황도 있다는 것을 인정한다.

> 우리는 이 세계와 아동기에 대하여 이해하는 유일한 방식이라고 주장하는 것이 아니다. 다른 견해나 관점이 있을 수 있다. 이를테면 어떤 사람은 모더니즘(근대주의) 시각을 지니고 질 담론에 사로잡혀서 현상을 우리와는 다르게 파악하고 계속하여 이에 얽매일 수도 있다. 우리는 그들이 어떻게 생각해야 하고 무엇을 해야 하는지 세세히 처방해주려는 것이 아니다. 포스트모던 기획은 '이것 아니면 저것(either/or)' 이라는 흑백논리식 이원론적 논리보다 '둘 다/함께(both/and)' 라는 다양성의 접근 논리를 가치 있게 여긴다. … 우리가 보기에 질 담론은, 예를 들어 식품위생이나 건축 기준 등의 물리적 안전과 같은 문제와 같이, 특히 그 어떤 고도로 기술적인 문제에 대해서는 유용하게 이용할 수 있다고 생각한다. … 그리고 의미창조의 관점을 채택한다고 하여 수치적인 양화(量化) 작업도 거부해야 한다는 것은 아니다. … 세계를 다른 관점에서 바라보는 연구자와 현장종사자, 그 외 관련자들이 누구의 주장이 맞는지를 *증명하려고* 하기보다는, 서로 간에 대화를 시작하고 상호 이해와 인식을 추구하며, 어떻게 그리고 왜 그들이 서로 다른 관점으로 현장을 인식해왔는지 서로 이해하여야 할 때가 왔다고 본다. (pp. 266-267)(저자 강조)

이로부터 저자들은 당연히 논의의 초점을 이론과 실제 간의 관계로, 즉 많은 요소가 얽히고설켜 있는 그 복잡한 관계를 탐구하는 데로 옮겨간다. 그래서 이들은 제6장에서 스톡홀름 프로젝트를 내용으로 이 관계를 살펴보고자 하였다.

> 이 프로젝트에서는 이론과 실제가 상호작용적이고 호혜적(互惠的)인 관계가 되도록 지속적으로 강조해 왔다. 우리 연구자들은 네트워크 안에서 교육자들과 함께 일하는 동안 이론적 관점과 실천 사이에서 균형을 찾기 위해 항상 노력하여야 했다. 우리는 우리가 해방적 성격의 목표를 지니고 있기에 현장실천에 대해 여러 관점에서 문제의식을 가지고 끊임없이 질문을 제기하고 검토하면서 스스로 실천을 어렵게 만드는 힘든 과정을 겪어야 한다는 것을 잘 알고 있었다. 연구자로서 우리는 이론이 프락시스 지향적인(praxis-oriented) 과정에 있어 매우 중요하다고 보지만, 이론적 관심이 실천에 대한 관심을 결코 넘어서서는 안 된다고 보았다. 새로운 개념의 도구를 얻는 것만으로는 충분하지 않다. 현장에서 이 도구는 시도해 봐야 하고, 토론하고, 협상하고 문제의식을 가지고 봐야 한다. (pp. 302-303)

이론과 실제 간의 이렇게 대화적이고 균형적인 관계는 교육적인 기록작업에 구체화되어 나타난다. 교육적 기록작업은 교육자가 자신과 자신의 이론, 그리고 함께 작업하는 어린이들을 형성하고 표상하는 방식을 우리가 이해할 수 있도록 해주는 '대안적' 실천이다. 교육적 기록작업은 의미창조의 담론에서 중심되는 활동으로, 이 책의 7장에서 다루고 있다. Gunilla Dahlberg, Peter Moss, Alan Pence는 '교육적 기록작업이', '아동관찰' 이 아니라고 강조한다. 아동 관찰은 관심의 초점을 전적으로 어린이가 경험해나가는 배움의 과정 자체에 두는 것이 아니라, 아동발달의 수준과 단계에 관한 일반화된 도식을 가지고 어린이들을 분류하고 범주화하려는 목적에 두기 때문이다. 이와는 대조적으로 교육적 기록작업은 근본적으로 어린이들이 교육적 경험을 하는 동안 무엇이 일어나는지를 보고 이해하기 위한 시도로서, 선결정된 경직된 틀이나 도식을 참고하지 않고 경험 그 자체를 보고 이해하고자 노력하는 것이다.

> 아동 관찰은 모더니즘 관점에 입각하여 기록될 수 있고 정확하게 재현될 수 있는 객관적이고 외재적인 진리를 가정한다. 탐구와 관찰에 대해 객관론자나 합리론자들이 취한 전통적인 관점에 서 있기 때문에, 세계는 독립적으로 존재하는 우주로 이해되고, 지식은 그 세계를 반영하거나 세계와 대응하는 정합관계에 있는 것으로 이해된다. … 교육적 기록작업은 포스트모던 관점에 입각하여, 기록된 내용이 어린이들이 말하고 행하는 것을 그대로 재현한 것이라고 주장하지는 않는다. 일어난 일에 대한 진리 주장이 아니라는 것이다. … 의미는 단순히 보거나 관찰하는 것으로부터 나오는 것이 아니다. … 의미는 해석이라는 행위 속에서 생산된다. (pp. 310-311)

이러한 방식으로 기록작업은 해석적 과정이며, 교사뿐 아니라 아동을 위한 변형적 변화이고, 그리고 정치적이고 사회적인 맥락을 위한 변형적 변화이기도 하다.

이미 서두에서 언급하였듯이, 이 책은 우리 사회 및 현대 서구문화에서 통합적으로 정리된 질의 개념과 평가의 방법을 원하는 사람들에게는 상당히 혁신적이며 불편한 내용을 담고 있다.

그래서 '좋은 책'이다. 대화의 산물이기 때문에 '좋은' 책이며, 이 책의 내용에 대한 동의뿐 아니라, 비교조적(非敎條的, non-dogmatic)인 글의 어조가 이의(異意) 및 다른 관점과의 협상의 여지를 담고 있기 때문에 '좋은' 책이다. 독자들은 비록 자신의 의견이 저자들과 상반된다 하더라도 자신의 의견이 환영받고 경청되며 존중받는 느낌을 갖게 될 것이다.

이 책은 대화와 의견을 교환하기 위한 책이다. 이 모든 풍부한 성찰과 논의의 전개, 심오한 지식과 문화적 차원이 종종 '학교 아닌 학교(non-school schools)' 라고 말해지는 곳에서 영감을 받아 일어났다는 점과 그곳에서 그 뿌리와 존재 이유를 발견한다는 사실은 실로 놀라운 것이다. 그곳은 바로 어린이들이 속한 학교이다. 이 학교는 어린이들의 학교라는 이유로 쉽사리 경시되기도 하지만, 모든 학교 중에서 가장 풍요롭고 창조적인 학교이다.

Carlina Rinaldi

Carlina Rinalidi
페다고지스타인 동시에 University of Modena and Reggio 교수이며, Fondazione Reggio Children Centro Loris Malaguzzi의 회장이다.

참고문헌

Rinalidi, C. (2006). *In dialogue with Reggio Emilia: Listening, researching and learning*. London: Routledge Falmer.

감사의 글

이 책의 초판을 집필하는 과정에서 Chris Pascal, Tony Bertram, Mary Jane Drummond, June Statham, Sally Lubeck, Katie Cooke and Bob Glossop과 같은 동료들로부터 유익한 조언을 받았다. 우리 저자들은 이들에게 감사한다. 혹 이들의 의견을 삽입한 부분에서 실수가 있다면, 그것은 전적으로 우리의 책임이다. 또한 북미 인디언원주민 그룹과 스톡홀름 프로젝트, 레지오 에밀리아에서 함께 일했던 여러 사람에게도 감사한다. 그들의 헌신과 열정, 그리고 통찰은 우리에게 큰 영감을 주었다.

역자 서문

2000년 유아교육의 재개념화 시리즈의 첫 역서인 『유아교육과정의 재개념화: 그 대화의 시작』이 출간된 이래 총 다섯 권의 책이 번역되었다. 이 시리즈 번역서는 해석적 접근, 비판적 접근, 포스트모던 관점에 속하는 저서를 국내에 소개함으로써 유아교육 · 보육의 다원적 · 다층적 이해를 도모하고자 했던 애초의 취지에 따라 선별된 것이었다. 여섯 번째로 소개될 이 책은 굳이 구별한다면 포스트모던 관점에 해당한다. 저자들은 영어와 미국이라는 지배 권력을 중심으로 유아교육 · 보육계의 획일적이며 확증적인 사고를 확산시켜온 '질(quality)'에 대한 담론에 이유 있는 질문을 던진다. 우리가 '양질'의 유아교육 · 보육 서비스라는 불문의 목표를 성취하기 위해 표준화된 평가 기준 마련을 향해 일제히 기울였던 학문적 · 실천적 노력이 과연 우리가 해야 하는, 또는 우리가 할 수 있는 유일한 방향이었던가에 대해 되묻는다. 얼핏 생각하면 너무나 당연한 명제에 대해, 당연하게 생각해서는 안 된다는 것, 당연하게 생각한다는 것은 위험한 일임을 강조한다. 당연한 것처럼 보이는 객관화되고 보편화된 실재로서의 '질'의 개념을 넘어 주관적이고 맥락적인 의미 창조라는 새로운 개념으로 접근한다.

이것은 우리가 속한 사회와 우리 자신의 삶에 대해 이해하는 방식에 있어서의 변화와 관련되어 있다. 객관성, 예측가능성, 제일성(齊一性)의 가치 아래 실증주의 과학을 진리의 잣대로 삼았던 모더니즘을 넘어, 주관성, 개연성, 다양성의 가치 아래 진리의 허구성을 드러내고 지식의 구성과정에 주목하여 인식의 지평을 넓히고자 하는 포스트모더니즘으로의 변화이다. 포스트모더니즘은 20세기 중반 이후 제 분야에서 이미 겹겹이 쌓여 온 시대정신이자 인문·사회·과학의 중요한 한 방법론을 차지하고 있고, 해체적 질주로부터 생산적 대안을 모색하며 계속 발전하고 있다. 따라서 포스트모던 유아교육이란 지식에 대한 새로운 패러다임의 인식을 통해, 아동기와 유아교육·보육기관에 대한 새로운 이해를 넓혀가는 일련의 진행형의 노력이다. 새로운 해답과 당장 시작할 처방을 기대하는 사람들에게는 당황스럽고 답답할 수 있지만, 포스트모던 유아교육은 그 성격상 '대화하고 또 대화하는' 가운데 만들어져 가는 것일 뿐이다. 이 책은 그 대화 자체이자 대화를 이끌어 가는 요소이다. 이에, 2장에서는 포스트모더니티라는 새로운 패러다임의 기반을 소개하고, 3장과 4장에서 아동기와 유아교육·보육기관을 바라보는 새로운 관점을 구체화시키고, 5장에서는 유아교육의 질 담론을 넘어 의미창조의 담론으로 확장할 것을 제안하고 있다.

이 진행형의 대화에 귀 기울이면서 특히 주목해야 할 점이 있다. 이 책은 포스트모더니티나 포스트모던 유아교육·보육의 이론적 논의에 머물지 않고 이론과 실제의 팽팽한 긴장의 고리를 보여주고 있다는 점이다. 주어진 이론을 실현하기 위한 실제, 또는 실제를 설명하기 위한 이론이라는 흔히 접할 수 있는 구도에 익숙한 독자들이라면 실제로부터 도출되는 이론, 이론을 통해 실제의 복잡성을 이해한다는 새로운 고리를 이들이 어떻게 다루고 있는지를 눈여겨 볼만하다. 책 전반과 7장에서 집중적으로 이탈리아의 레지오 에밀리아 유아교육 · 보육의 사례를 예로 많이 들고 있고, 6장과 8장에서 스웨덴의 스톡홀름과 캐나다의 메도우레이크에서의 사례를 비교적 상세하게 보여주고 있다. 이미 미국 내에서도 포스트모던 논의가 활발히 진행하고 있기는 하나, 미국이라는 지배소수 사회의 경계를 넘어선 다양한 다수 사회의 실제를 접할 수 있게 한다. 이들 사례는 자칫 어렵고 혼란스럽게 느낄 수 있는 이 책의 논지를 실타래처럼 풀어주고 징검다리와도 같이 의지할 곳을 마련한다. 이론과 실제를 통합적으로 다룸으로 현학적인 주장에 그치는 것이 아니라 진중하게 실제를 변화시켜 나가는 포스트모던 유아교육을 구축하는 것이 서로 다른 배경의 스웨덴, 영국, 캐나다의 세 학자이자 실천가가 공동저서를 낸 중요한 이유이기도 하다. 공동저자 중의 한 사람인 G. Dahlberg 교수가 2006년 10월 한국유아교육학회 국제학술대회에 초청되어 서울을 방문했을 때, 현대문화와 전통문화가 살아 숨 쉬는 한국의 한가운데서 열린 마음으로 이 대화를 이어가야 함을 힘주어 말한 바 있다. 이제 이 책이 번역됨으로써 다수 사회의 하나로서의 우리 유아교육 · 보육의 현재와 미래에 관한 풍요로운 반성과 새로운 실천을 만들어 가는 데 작은 도움이라도 될 수 있다면 더 바랄 것이 없다.

재개념화 시리즈가 발간될 때마다 내용이 '너무 어렵다'는 이야기를 종종 듣는다. 이 책 또한 저자의 언어를 우리의 말로 바꾸는 데 있어서의 어려움이라는 변명에 또 기대게 된다. 게다가 세 명의 공동저자가 나누어 쓴 글을 다섯 명이 나누어 번역하다 보니 어휘 통일 등의 회의를 반복했지만 어투나 저자의 의도 해석에 있어서의 차이로 독자의 어려움은 더욱 가중되리라 생각한다. 하지만 독자들의 '익숙하지 않음'도 또 하나의 이유거리가 된다면, "나/우리는 왜 그토록 이러한 논의에 익숙하지 않은가?"를 독자들 스스로 반문하면서 이 책의 의미를 찾아볼 수 있기를 바란다.

이 책이 나오기까지 도와주시고 수고해 주신 많은 분께 감사드린다. 특히 여러 번의 교정을 맡아주신 창지사 편집부 여러분께 진심으로 감사드린다. 홀가분한 마음도 잠시, 세계 여러 나라에서 많이 회자되고 인용되고 있는 원저의 빛이 발할 수 있을까 걱정이 앞선다. 역자 주를 달아 의미 전달을 도우려 했으나 여전히 부족하기만 하다. 독자들의 격의 없는 질책과 애정 어린 조언을 기대해 본다.

2016년 새봄에

김희연, 신옥순, 염지숙, 유혜령, 정선아

Beyond Quality in Early Childhood Education and Care

제1장

이 책에 대하여

1. 유아기의 언어[1)]

지난 30년 동안 유아교육 · 보육에 대한 정부, 부모, 고용주, 지역사회, 연구자들의 관심이 증가해 왔다. 그 이유는 다양하다. 노동시장에 여성도 합류하게 됨에 따라, 비부모 보호(non-parental care)에 대한 요구가 증대하였다. 또한 조기 학습의 중요성을 더 많이 인식하게 되었고, 많은

1) 우리는 *유아기*를 대부분의 나라에서 생애 첫 6년을 가리키는, 즉 의무 교육이 시작되기 전까지의 기간으로 정의한다. 그러나 우리는 오로지 유아기에만 초점을 맞추는 것이 문제가 있다는 사실을 안다. 유아기에 대한 정의는 법적으로, 행정적으로는 의미가 통할지 모르지만 다른 여러 관점에서 볼 때는 그렇지 않다. 유아기와 유아교육 · 보육기관에 대한 우리의 분석과 논의는 더 나이 많은 아이들과 의무 교육에 적용될 수 있는데, 사실 그것은 유아원(pre-school)뿐만 아니라 학교 그리고 그들 간의 관계를 재고한다는 의미를 함축하고 있다.

사람들이 조기 학습이 이후의 학문적 수행을 증진시킬 것이라고 믿기 때문이었다. 조기 개입은 위기에 처할 것으로 생각되는 아이들을 보호하는 수단일 뿐만 아니라 어린이가 있는 가족의 그리고 그 이후 유아기의 문제를 막아 주거나 개선하는 수단으로 생각되었다. 유아교육 · 보육은 도 · 농(都 · 農) 발달을 위한 하나의 조건으로서 그리고 건강하고 부유한 지역사회의 사회 · 경제적 기반의 부분으로서 논의된다.

유아교육 · 보육 활동은 가능한 교육장소의 숫자뿐만 아니라 그것의 전달 방법, 조직, 직원 구성, 자금의 조달 등에 있어서 전국적으로 편차의 폭이 넓다(cf. Lamb et al., 1992; Woodill et al., 1992; Cochran, 1993; EC Childcare Network, 1996a). 그러나 많은 나라에서, 비부모 보호, 어린이를 위한 교육, 사회적 개입과 지역의 인프라 구축에 대한 요구의 증가는 그것과 똑같은 반응을 만들어 냈다. 그것은 유아교육 · 보육기관[왜 우리가 '기관(institution)' 이라는 용어를 사용하는가는 다음 장에서 논의한다.]이 더 많이 생기고 더 많은 어린이가 그곳에 다니게 되었다는 것이다. 이것은 *재생산*, 특히 새로운 사회 · 경제적 상황에 대응하여 가정이라는 '사적' 영역에서 출현한 어린이 보호와 교육이라는 *재생산*이 더욱더 공적으로 되어가는 과정의 부분으로 볼 수 있다(Benhabib, 1992).

유아기가 사적 · 공적 이슈로 떠오르자, 유아교육과 보육에 대해 이야기하는 더 많은 목소리가 그만큼 더 많은 장소에서 들린다. 그러나 이런 목소리의 양적 증대와 다양성에도 불구하고 대부분이 유아기에 대해 똑같은 언어를 말하는 것 같다. 영어가 사업, 문화, 과학, 기술, 연구의 세계에서 훨씬 더 지배적인 언어[2)]가 됨에 따라, 종종 글자 그대로 똑같은 언어일 뿐 아니라 똑같은 용어를 공유한다. 여기서 똑같은 용어란 발달을 증진시키기, 학습 준비도와 학교 공부를 위한 준비도를 보증하기, 학교에서의 수행을 증진시키기, 위기에 처해 있는(at risk) 또는 불리한 조건에 있는(disadvantaged) 도움이 필요할 것으로 여겨지는 아이들에 대한 조기 개입, 발달적으로 적합한 실제와 바람직한 결과, 모델과 프로그램, 계획과 비용 효율성, 규정과 기준, 그리고 무엇보다도 가장 일반적인 것은 질(quality)에 대한 언어이다.

유아교육 · 보육의 이러한 지배적인[3] 언어는 그 자체로부터 다음과 같은 질문을 만들어 낸다. 어떻게 질을 측정하는가? 가장 비용 효율적인 프로그램은 무엇인가? 어떠한 기준이 필요한가? 바람직한 결과에 어떻게 가장 잘 도달할 수 있는가? 어떤 것이 효과가 있는가? 이러한 질문은 일반적으로 기술공학적(technical)이고 관리적(managerial)이라는 특성을 지니고 있다. 위의 질문은 표준화, 예측, 통제를 보장할 기술을 추구한다. 또한 가치 진술과 판단이 필요한 것과는 별개인, 사실에 대한 일련의 객관적인 진술로 세상을 감환할 수 있는 방법을 열망한다. 위의 질문은 Rorty (1980)가 '선택의 짐'으로 부르는, 판단을 하기 위한 책임에서 생기는 윤리적인 차원을 회피한다. 대신에, 선택을 관리적 합리성의 이슈로 축소시키는데, 거기서 가치에 대한 질문이 체계적으로 기술적 질문으로 변환된다(Gergen, 1992). 기술적이고 관리적 특성을 지닌 질문은 가치에 대해 묻는, 다양한 관점과 의미, 다양성과 불확실성에 대한 개연성을 인

2) 어느 한 특정 언어의 지배로 인해, 문제가 되는 결과가 생기게 된다. 그 외의 다른 언어로 하는 일은 비가시적이 되는데, 문헌고찰의 경우 종종 사실상 영어로 된 문헌 고찰이 대부분인 것이 그 예이다. 또한 이것은 왜곡되고 제한된 관점, 즉 *개관(overview)*보다는 *부분관(partview)*을 만들어 낸다. 그리고 사고와 실천에 있어서 획일과 일치라는 잘못된 인상을 만들어 낸다. 더 근본적으로는, 언어의 중요성이 표현과 의미창조에 있다고 가정할 때, 한 언어를 다른 언어와 맞추려고 시도하는 데 있어서 의미를 부여하지 않고 한 언어를 다른 언어로 번역하는 것에 관련된 문제가 있다.

3) 사고와 행동을 지배하는 데 특정한 힘과 영향력을 행사하는 생각과 실천, 담론과 구성을 나타내기 위해 우리는 이 책의 전반에 걸쳐 *지배적인(dominant)*이라는 용어를 사용한다.

정하는, 그리고 민주적 참여, 대화와 더 많은 질문을 위해 열려 있는 그런 질문을 하고 있지 않다. 간단히 말하면, 그러한 질문은 어질러짐과 복잡함이 전혀 없는 깨끗하고 질서 정연한 세상을 위한 바람을 나타낸다.

지난 3년 동안 본 책을 집필하면서, 우리는 유아기와 유아교육·보육기관에 대해 이야기하는 방식을 탐구해 왔다. 왜 그렇게도 많은 유아기 세계가 이런 종류의 언어를 말하려고 선택하는가? 그것이 왜 그렇게 널리 퍼지게 되었으며, 왜 그렇게 이 특정 시기에 지배적이 되었는가? 우리는 어떤 다른 언어를 선택할 수 있는가? 우리가 선택하는 언어의 결과는 어떤 것인가? 그것이 어린이에게, 부모에게, 다른 사람에게 어떠한 의미가 있는가? 그것은 어떠한 실천을 만들어 내는가? 우리가 그러한 질문을 논의할 때, 현재의 지배적인 언어는 문제가 되는 듯하다. 우리는 우리 자신이 다른 아이디어, 다른 질문, 다른 단어, 다른 결과를 가지고 다른 대화를 하며 유아기를 좀 다르게 이야기하고 있음을 알았다.

그러나 우리는 지배적인 한 언어를 다른 언어로 대치할 것을 논쟁하고 있지 않다. 우리가 "바로 이런 것이다." 또는 "바로 그래야만 하는 것이다." 또는 "그랬어야 하는 것이다."라고 말할 때, 그 자체를 명백히 하는 '필연성의 언어(language of necessity)' (Bauman, 1991)를 사용하려는 것이다. 필연성의 언어는 또한 말하여지지 '않은' 것에 의해 그 자체를 명백히 한다. 대안적 입장, 이해, 접근의 가능성이 인정되지 않을 때, 그리고 특정한 입장, 이해, 접근의 선택이 이미 결정된 선택으로 제시되거나 설명되지 않고 오히려 유일하게 가능한 하나로서 가정되거나 당연하게 여겨질 때이다.

비록 항상 성공적이지 않을 수도 있지만, 우리는 본 책에서 이것을 피하려고 노력하고 있다. 우리는 전심을 다해 노력하고 있다. 우리는 유아기를 우리가 사용하는 언어에 반영되어 있는 특별한 방식으로 이해하는 것을 선택한다. 그러나 우리는 "세상을 표현할 수 있는 어휘의 잠재적 무한성"(Rorty, 1980: 367)을 그려 내면서, 유아기에 대한 언어의 다양성을 존중한다. 이는 우리가 언어와 어휘의 다양성이 반영하고 지지하는 사고와 이해, 실천과 목적의 다양성을 존중하기 때문이다. 이러한 관점으로부터, 우리는 우리가 쓰고 있는 것이 '유일한' 진리라거나 유아기에 대해 말하기 위한 오직 한 가지의 유일한 언어를 찾아냈다고 주장하지 않는다. 우리는 다른 사람에게 그들의 방법에서 가정된 오류를 보여 주려고 하거나, 어떤 결정적인 마지막 결론에 도달하였다고 주장하면서 새로운 노선을 선전하려고 하지 않는다.

오히려, 이 책에서 우리의 의도는 "가르치려 하기(didactic)보다는 환기시키려는(evocative) 데 있다" (Lather, 1991). 즉, 진리를 발견하려고 시도하기보다는 계속해서 대화를 하는 데 있다(Rorty, 1980). 우리는 오늘날 우리가 살고 있는 세계의 유아교육·보육기관의 목적, 그리고 어린이, 지식, 학습을 어떻게 이해할 것인가와 같은 그런 주제에 대해 비판적인 탐구와 대화가 고무되길 바란다. 이러한 방법으로, 우리는 대안적 가능성을 탐구하고 서로 다른 언어들이 이야기되는 공간을 확장시키는 데 공헌할 것이다. 우리는 독자들을 이러한 공간으로 초대하여, 우리가 고민하고 있는 아이디어에 몰입하도록 하고 싶다. 우리의 작업을 최후로 결정된 것이 아닌 일시적이고 잠정적인 것으로 보기 때문이다. 한 해 전 또는 한 해 후였다면, 이 책은 달라졌을 것이다. 우리는 항상 우리 앞에서 멀어지는 지평선을 향하여 걷고 있다. 우리가 지나온 전경들은 되돌아 볼 때는 다르게 보이지만, 걸을 때는 우리 앞에 새로운 전경이 펼쳐지는 것을 본다.

2. '질(Quality)'의 시대…

> 지난 시대에, 질은 단순히 양의 보조 수단으로서 꼭 필요한 것이기보다는 사치스러운 것으로 생각되었다. … 오늘날 질은 중요하다. 중요해도 아주 많이 중요하다. 이러한 깨달음에 이어, 질을 향상시키려는 노력이 미국의 기업 및 산업 전역에서 일어났는데, 이러한 노력은 노동자에게, 협력 작업에, 그리고 질의 새로운 문화에 활력을 불어넣는 약속을 가져다 주었다. 일반적으로 인적 서비스(human services)에, 특히 어린이에게 관심이 있는 사람들이 비슷한 양상을 보이고 있다. (Kagan, Cohen and Neuman, 1996: 2)

이 책의 저자인 우리는 서로 다른 시기 동안 다양한 방법을 통하여 이 책에서 공유하는 이해와 관점에 도달하게 되었다. 원래 우리가 함께 일하게 된 계기는 *질*에 대한 개념에 함께 불편함을 느끼고, '질에 관한 담론의 문제점'을 더 잘 이해하기 위해 함께 관심을 가진 것이었다. 이 책의 저자 가운데 Moss와 Pence가 편집하고, 이 책의 세 번째 저자인 Dahlberg가 그의 스웨덴 동료와 함께(Dahlberg and Åsén, 1994) 한 장(chapter)을 썼던 *Valuing Quality in Early Childhood Services*(Moss and Pence, 1994)라는 책에서 '질에 관한 담론의 문제점'을 먼저 언급했다.

대부분의 사람들에게, 질은 질문되어야 하는 문제라기보다는 성취되어야 하는 어떤 것, 즉 도전으로 남아 있다. 유아교육 · 보육기관에서 양적인 공급이 늘어남에 따라, 질의 문제에 대한 관심도 역시 증가해 왔다. 이 분야에서의 연구는 수백 편의 논문과 책이 발표된 이후인 1980년대 초반에 대대적으로 시작되었다(Singer, 1993). 그 관심은 지금까지 "유아교육 · 보육기관에 대한 거의 모든 출판물의 제목에 질이라는 단어를 포함시키고 있는 연구자들로부터 퍼져 나갔다. … 보육자들이 또한 그 논쟁에 관심이 있는 것만큼, 조기교육 관련 종사자, 운영자, 감독자, 투자자, 연구자들도 질이 그들에게 그리고 부모에게 무엇을 의미하는가를 이해하려고 애쓰고 있다"(Williams, 1994: 1). 도처에서 사람들이, 질이란 무엇인가? 어떻게 질을 측정할 수 있는가? 어떻게 질을 보장하는가? 등과 같은 똑같은 질문에 대한 대답을 얻고자 애쓰고 있다.

질에 관한 작업의 많은 부분은 미국에서 수행되어 왔다. 유아교육 · 보육기관에서의 질에 대한 관심의 고조는 부분적으로 그 나라의 특정한 상황의 결과로 이해된다. 어린이에 대한 사적 책임의 지배적인 이데올로기, 자유시장 해결책에의 의존, 높은 수준의 요구와 가족 간의 커다란 경제적 불평등, 이 모든 상황이 예상대로 교란시키는 결과를 가져오는 데 상호작용해 왔다. *Quality 2000* 창간 보고서는 다음과 같이 결론짓는다.

> 미국에서 어린이를 위한 질 높은 서비스는 드물고, 질이 낮은 서비스가 불공평하게 제공된다. 사실, 여러 장소에서 수행된 연구는 센터나 가정에 기반을 둔 전형적인 프로그램의 질이 기준 이하라고 지적한다. … 한 연구에서 4개 주에서 연구된 센터의 86%가 질에 있어서 부족하거나 보통으로 평가되었다. … 이 연구에서 영아와 걸음마기 유아를 위한 방의 40%가 어린이의 건강과 안전을 위협하는 것으로 나타났다. … 최근에 여러 장소에서 수행된 질에 관한 또 다른 연구는 가정 보육(family day care home)의 89%가 단지 부적합한 것에서 적합한 것으로, 그리고 질에 있어서 그저 보통인 것으로 나타났다. … 이에 더하여, 질적 수준의 저하와 가족 수입의 공평성에 관한 심각한

> 우려가 있다. 자료는 미국에서 유아교육 · 보육의 질적 수준이 과거 15년 동안 심각하게 저하되어 왔다고 지적한다. … 정부 보조금이나 사업 보조금을 받지 못하는 어린이와 높은 가족 수입이 없는 어린이는 질이 낮은 프로그램에 다니게 되는 특정한 위기에 처하게 된다. (Kagan et al., 1996: 3-4)

이러한 상황에서, 대량의 연구 결과를 산출해 내는 미국에서 유아교육 · 보육기관에서의 질에 관한 주제가 어린이의 복지에 관심이 있는 사람들 사이에서 가장 중요한 이슈가 된 것은 놀랄 만한 일이 아닐 것이다. 그러나 이 이슈는 그 밖에 다른 곳에서 공명되었다. 유아교육 · 보육기관에서 질을 추구하는 일은 여러 다른 나라에서도 이루어졌다. 질의 개념에 대해 어떠한 견해가 취해졌든, 그것이 지금 우리의 사고, 언어, 실천에서 지배적인 역할을 한다는 사실은 틀림이 없다. '질의 시대'는 유아교육 · 보육기관과 관련해서만 아니라, 모든 가능한 형태의 생산 및 서비스와 관련하여 지금 진정으로 우리 앞에서 펼쳐지고 있다. 질이라는 단어는 셀 수 없이 많은 활동과 기관, 생산품과 서비스와 결합되어 있는 수많은 곳에서 나타나며, 그 단어 없이는 단 하루도 지낼 수 없다. 그것은 바로 모든 사람이 제공하고 싶어 하는 것이며, 모든 사람이 가지고 싶어 하는 것이다. 그것은 우리가 '질이 좋은' 품목, 즉 우리를 식별이 있고 기략이 풍부한 소비자로 구별해 주는 품목, 우리가 우리 자신과 사랑하는 사람들을 위해 최선을 다했다는 것을 보여 주는 품목, 우리가 이해할 필요 없이 신뢰할 수 있다는 것을 아는 품목을 선택했다는 사실에 기분을 좋게 해 준다.

만약 질에 대한 현재의 논의에서 받아들여지고 있는 이슈가 있다면 그것은, 예를 들어, 유아교육 · 보육기관에서 '양질(good quality)'을 구성하는 것은 무엇인가와 같은, 정의에 대한 것이다. 좋은(*good*)이라는 말이

첨부되어야 하지만, 이것을 추가하지 않는다는 것이 질이라는 단어를 의미 없게 만들면서 아무런 정의 없이 그 용어를 자주 사용하는 것을 막지는 못한다. 그래서 그것은 질이라는 단어와 유사한 개념인 *수월성(excellence)*처럼, "그 개념에 대한 일반적인 적용가능성을 묻는 것은 가치가 없고 무의미"하다(Readings, 1996; 23). 그러나 '개념' 그 자체는 이미 사람들에게 널리 알려져 의문시되지 않는다. 대개 질이라고 불리는 객관적이고, 실제적이며, 알 수 있는 어떤 것이 있다는 사실을 당연하게 생각한다.

그러나 우리는 질이라는 그 개념에 의문을 제기할 필요가 있는 듯한데, 이는 질에 관한 담론에 문제가 있기 때문이다.

3. … 그리고 질에 대한 문제

> 유아교육 · 보육에 있어서 질은 객관적이고 보편적인 실재라기보다는 본질적으로 주관적으로 구성된 개념이며, 가치, 신념, 관심에 기반을 두고 있다. 양질의 보육(quality child care)은 대부분 보는 사람의 관점에 달렸다. (Pence and Moss, 1994: 172)

> 나는 질에 관한 담론에 대해 어떤 하나의 틀(framework)을 전체로 확대하는 것에 의문을 제기한다. 그러한 틀은 유아기의 질에 관한 담론을 획일성의 세계, 표준화된 처방에 이르게 만든다. … 질에 대한 많은 잠재적인 범주는 목적과 기능에 대한 신념과 밀접하게 연관되어 있다. … 이러한 신념은 유아기에 대한 관점, 문화적 패턴, 개인적 가치에 의해 차례로 형성된다. (Woodhead, 1996: 17, 37)

유아교육 · 보육기관에 있어서 질에 대한 많은 연구가 이러한 기관의 다양한 특성, 즉 집단의 크기나 교직원의 수준과 같은 주로 자원과 조직적 특성, 그리고 어린이의 활동, 교직원의 행동, 어린이와 성인 간의 상호작용 등에서 실제로 나타난 특성들 간의 관계를 탐구하는 것에 관심을 가져왔다. 또한 그러한 연구들은 보통 아동발달의 입장에서뿐만 아니라, 때로는 이후 학교에서의 수행과 사회 · 경제적 수행의 입장에서 정의된 다양한 결과를 탐구하는 것에도 관심을 가져왔다. 질에 대한 연구는 더 최근에 유아교육 · 보육 서비스의 예비된 소비자로서의 부모의 만족이라는 또 다른 결과가 추가되었다. 그러한 작업은 비교적 간단했다. 그것은 어린이의 발달을 위해 예측이 중요하다는 입장에서 정의된 질의 지표(Phillips, 1996) 또는 다른 바람직한 결과를 확인하고 측정하는 것이었다. 지표와 결과 모두 보편적이고 객관적인 것, 전문가의 지식을 적용하여 가려낼 수 있고 적절한 기술이 주어지면 정확한 측정으로 감환될 수 있는 것으로 가정되었다. 우리는 이 작업의 주요 특징과 가정, 질이라는 넓은 직물 내에서 유아기라는 질을 5장에서 더 자세히 검토한다.

더욱 최근인 1990년대에, 전문가에 의해 발견되고 측정되기 위해 '저쪽에' 기다리고 있는, 보편적이고 알 수 있는 실재로서의 유아교육 분야에서 질의 개념에 질문이 던져지고 문제가 제기되었다. 특히, 맥락, 복잡성, 복수성, 주관성에 대한 인식이 점차 증가해 왔다. 점점 더 많은 수의 연구자들(Balaguer, Mestres and Penn, 1992; Dahlberg, Lundgren and Åsén, 1991; European Commission Childcare Network, 1996b; Evans, 1994; Farquhar, 1993; Moss and Pence, 1994; Munton, Mooney and Rowland, 1995; Pascal, Bertram and Ramsden, 1994; Pence 1992; Williams, 1994; Woodhead, 1996)이 질에 대해 쓰고 있는데, 그들은 다음과 같은 일을 해 왔다.

- 질을 정의하는 *과정*, 즉 누가 개입하고 어떻게 이루어지는가의 중요성을 인식하였다. 그리고 그 과정이 유아교육 · 보육기관에 관심이 있는 폭넓은 범위의 다른 제3자를 제외하도록, 소집단의 전문가에 의해 지배되어 왔음을 논하면서, 과거에 그 과정이 어떻게 수행되었는가에 의문을 던졌다.
- 질이 무엇인가에 대한 *다양한 관점* 또는 이해의 가능성을 가지고, 질을 *주관적*이고, *가치 지향적*이며, *상대적*이고, *역동적*인 개념으로 이해하였다.
- 질에 대한 연구는 공간적, 시간적으로 *맥락화*되어야 할 필요가 있으며 *다양성*의 문화적 형태와 다른 중요한 형태를 인식할 필요가 있다고 주장하였다.

유아교육 분야에서 이러한 문제 제기의 과정은 유럽에서 시작되었다. 그러나 최근에 미국의 문헌에서도 나타나기 시작하였다. 그 분야에서 선도적인 미국의 연구자들은 지금 맥락화될 필요성으로서의 질 그리고 '구성물(construct)'(Phillips, 1996)로서의 질을 언급하고 있다. 그리고 "양질의 유아교육 · 보육의 개념은 전 세계를 통해… 그리고 특정한 제삼자, 사회 · 경제적 지위와 문화에 따라 다양하다."(Bush and Phillips, 1996; 65)는 것을 인식하고 있다.

> 여러 사회에서 하위문화와 다양한 가치는 종종 질에 대한 유일한, 절대적인 정의가 존재하지 않음을 의미한다. 그것은 우리의 관점에 따라 다양한 상대적인 개념이다. … 사실, 질은 역동적이면서도 상대적인 개념이어서 질에 대한 인식은 다양한 요소가 전개됨에 따라 변한다. (Bush and Phillips: 66-7)

'질에 관한 문제'의 기저에는, 전문가적 지식과 측정에 대해 본질적으로 기술공학적인 이슈로서 접근되어 왔던 문제가 사실상, 가치와 논쟁에 대한 철학적인 이슈일 것이라는 느낌과 걱정이 깔려 있다. 진리를 밝혀내고, 그것을 확신하기보다는, 우리는 다양한 관점 그리고 양면성과 조우한다. 대학과 관련하여 '수월성'의 개념에 대해 Readings가 했던 비판은 질에 관한 담론과 유아교육·보육기관에 똑같이 잘 적용될 수 있다.

> 수월성(excellence)에 대한 측정은, 그러한 측정이 본질적으로 인지적 확실성이나 명확한 대답을 제시할 수 없다는 점에서 철학적인 문제를 제기한다. 그러한 질문은 철저하게 수량화의 논리와 싸우고 있기 때문에 반드시 그 이상의 논쟁을 일으킬 것이다. (1996: 24)

문제는 이제 어디로 가느냐이다. 이 질문에 대해 얼마의 잠정적인 대답을 찾는 일이 이 책의 중심에 있으며, 5장의 주요 주제이다. 의도를 드러내지 않더라도, 우리의 탐구가 질에 대한 개념과 언어의 다양성과 다양한 관점, 맥락적 특수성과 주관성 같은 이슈를 수용할 수 없다는 관점에 이르게 한다고 말할 수 있다. 그것을 하기 위해 우리는 질의 개념을 뛰어넘어야 한다. 새로운 개념이 요구되는데, 그것은 바로 우리가 *의미창조(meaning making)*의 개념이라고 부르는 것이다.

4. 비판적인 질문하기

이탈리아 역사가인 Carlo Ginsburg(1989)가 주장하는 바에 의하면, 소수세계(Minority World)[4]는 '우리가 비판적인 질문을 하기 전에' 끊임없이 해결책을 제공받고 있는 문화에서 살고 있다. 이 책을 쓰는 3년 동안, 우리는 먼저 질에 대한 문제를 이해하는 일과 그다음은 질을 뛰어넘는 일에 있어서 우리에게 도움이 될 만한 질문을 명확히 하였다. 우리의 질문은 어린이들에게서 출발하였다. 우리는 어린이와 유아기를 어떻게 구성하는가? 어린이가 누구이고 누구일 수 있고 누구이어야만 하는가를 우리는 어떻게 이해하고 있는가? 그러한 질문은 3장에서, 우리가 일반적으로 가지고 있는 어린이에 대한 이미지나 구성물에 문제를 제기하는 단초가 되었는데, 이러한 어린이에 대한 이미지나 구성물에는 다음과 같은 것들이 포함된다. 지식과 문화 생산자로서의 어린이, 지식으로 채워질 필요가 있고 학습과 학교를 위해 '준비될' 필요가 있는 *백지(tabula rasa)*나 빈 그릇으로서의 어린이, 생물학적으로 결정된 보편적인 발달 단계를 따르는 자연으로서의 어린이, 세상에 의해 부패되지 않은 인생의 전성기를 누리는 순진한 아이로서의 어린이, 또는 노동력을 결정짓는 데 있어서 공급요소로서의 어린이 등이다. 이러한 아이디어나 구성물이 공통적으로 지니고 있는 것은 그것이 '불쌍한 아이', 수동적이고 이기적이며 능력이 없는 아이를 만들어 내고 그것에 필적하는 교육적[5] 실천(pedagogical practice)을 만들어 낸다는 것이다. 대신에, 우리는 어린이를 '놀랍고

---

4) 우리는 *소수세계(Minority World)*라는 용어를 때때로 *개발국*이나 북부 지역을 언급하는 나라를 포함시키기 위해 사용한다. 반면, *다수세계(Majority World)*는 세계인구와 지역의 대부분으로 간주되는, 세계의 나머지 나라를 언급한다.

도 예외적인 힘과 능력'(Malaguzzi, 1993b: 73)을 지닌 존재로서의 어린이, 다른 아이들과 어른들과의 관계 속에서 지식과 주체성을 함께 구성해 가는 공동구성자로서의 어린이로 보기를 선택했다. 이러한 구성은 능동적인, 유능한, 세상에 몰입하기를 열망하는 *풍요로운 어린이(rich child)*를 만들어 낸다.

다음은 유아교육 · 보육기관에 대해 질문할 차례다. 유아교육 · 보육기관의 목적이 무엇인가? 그것은 무엇을 위한 것이라고 생각하는가? 이러한 질문을 던지는 것으로부터 우리에게 특별히 중요한 것을 이해하게 되었는데, 우리는 그것을 4장에서 자세히 탐구한다. 유아교육 · 보육기관은 보통 생산품을 생산자로부터 소비자에게 전달한다는 의미를 함축하고 있는 '서비스'라고 불린다. 여기서 *보육(child care)*이나 *교육(education)*이 생산품의 예가 된다. 그러나 *Valuing Quality*라는 책의 한 장에서, 유아교육 · 보육기관은 *포럼(forums)*이나 *광장(plazas)*(Dahlberg and Åsén, 1994)으로 언급된다. 이 책의 주요 프로젝트 가운데 하나는 유아교육 · 보육기관에 대한 이러한 개념화가 무엇을 의미하는가를 탐구하는 것이다. 이 탐구의 과정은 유아교육 · 보육기관이 아이들과 어른들이 만나서

5) 이 책을 통하여 우리는 *교육(pedagogy)*와 *교육적 작업(pedagogical work)*이라는 용어를 사용하는데, 이 용어는 스칸디나비아의 국가에서 일반적으로 유아교육 · 보육기관에서의 일을 언급하는 것으로 사용된다. 우리는 이 용어를 가치에 기반을 둔 복잡한 다른 인간 존재 그리고 지식을 구성을 통해 생산된 것으로 보는 인간 존재와 세상을 연결시키는 하나의 방법으로 이해한다. "교육은 중립적인 전달자로서의 교사, 수동적인 학생, 지식과 지식이 생산되어지는 방법에 주의를 기울이는 대신에"(Lather, 1991; 15) … 나누어 주기 위해 변경할 수 없는 자료로서의 지식을 부인한다. 우리는 앵글로-아메리칸 국가에서 더 일반적으로 사용되는 *교육(education)*이라는 용어보다는 이 용어를 선택하였다. 교육(educati-on)과 종종 결합되는 지식의 전달이라는 아이디어를 문제 삼고 싶기 때문이다. 마찬가지로, 우리는 유아교육 · 보육기관에서 일하는 사람들에 대해 앵글로-아메리칸 국가에서 널리 사용되는 *교육자(educator)*, *교사(teacher)*, *유아 간호사(nursery nurse)*보다는 *교육자(pedagogue)*라는 용어를 더 좋아한다.

문화적, 사회적, 정치 · 경제적 중요성을 지닌 프로젝트에 함께 참여하는 시민사회의 포럼이면서, 문화적이고 상징적인 중요성을 담고 있는 사회적 결속의 공동체 기관으로 이해할 수 있는 가능성을 우리에게 열어 주었다.

유아교육 · 보육기관은 발달적 그리고 경제적 프로젝트에 광범위하게 공헌하는 것으로 보인다. 우리는 발달적 프로젝트에 문제를 제기하는데, 이는 어린이에 대한 이해에 있어서 발달에 대한 개념과 언어가 문제가 된다는 생각을 가지고 있기 때문이다. 우리는 이 책 전반에 걸쳐 이 이슈를 더 논의한다. 우리는 유아교육 · 보육기관이 중요한 경제적 목적을 만족시킬 수 있다는 사실을 인정한다. 그러나 유아교육 · 보육기관은 시민사회에 위치한 포럼으로서, 사회적, 문화적, 정치적 의미를 지닌 많은 다른 프로젝트에 중요한 공헌을 할 수 있다. 그러한 것 가운데 얼마는 우리가 4장에서 생각하는 것이며, 연구 문헌이나 공공 정책 진술문에서는 덜 인식되고 논의되었을지라도, 이러한 사회적, 문화적, 정치적 프로젝트는 경제 프로젝트만큼이나 중요하다. 더욱이, 이렇게 광범위한 방식으로 이해된다면, 유아교육 · 보육기관은 시민사회를 구성하는 데 중요한 역할을 할 수 있으며, 시민사회에서 어린이에 대한 가시성을 촉진하는 데, 그리고 어린이를 포함시키고 어린이의 능동적 참여를 육성하는 데 주요 수단이 될 수 있다.

우리는 질에 대한 문제를 이해하는 데 긴 여행을 해 왔다. 이제 그 여행의 결과로, 이 문제를 보다 큰 이슈와 관련지으면서 훨씬 더 큰 맥락에서 논의할 필요가 있는 것 같다. 질에 관한 문제는 유아기와 유아교육 · 보육기관을 분석하지 않고는 분석될 수 없으며, 이 모든 것이 또한 우리가 살고 있는 시대의 분석 내에 놓일 필요가 있다.

5. 우리가 살고 있는 시대

> 우리는 일련의 선언과 공표로 20세기 말을 맞는데, 그것들이 하나씩 따로 취해지든 함께 취해지든, 그러한 선언과 공표는 서양 세계가 그 존재의 가장 심각한 변형 가운데 하나를 겪고 있다고 주장하는 것이다. (Kumar, 1995: 152)

> 우리는 생각하는 방법에 대해 다르게 생각함으로써 구분되는 시대적 전환, 즉 사회적 사고에 있어서 근본적인 전환점에 있다. … 우리는 발견된 세상, '저쪽에(out there) 있는', 객관적인, 알 수 있는, 실제적인, 발견된 세상으로부터 멀리 떨어져, 구성된 세상의 개념을 향하여 한창 변화 중에 있는 어딘가에 있는 듯하다. (Lather, 1991: 9, 86)

우리는 우리의 탐구를 '질에 관한 문제'에 두는 일과 우리가 살고 있는 시대와 관련하여 그리고 이 시대를 특징짓는 정치, 사회, 문화, 경제, 기술적으로 큰 변화와 관련하여 유아기와 유아교육·보육기관을 좀 다르게 이해하는 것에 두는 일이 중요하다는 사실을 알아냈다. 1970년대 이후, 복잡하고 서로 연관된 경제적, 정치적 발전이 많이 일어나고 있었다. 우리는 규제가 철폐된 격심한 변화를 겪는 세계적 자본주의[6]가 점점

6) 우리는 '자본주의'라는 용어를 정치적 슬로건으로서가 아니라, 대부분의 세계를 지배하는 그리고 예견할 수 있는 미래를 위해 그렇게 될 것 같은 경제적 관계와 생산수단 체제를 기술하기 위해 사용한다. 그러나 그런 광범위한 체제 내에서 많은 변화와 많은 관계의 가능성이 존재한다. 자본주의는 역동적이고 다양하다(Harvey, 1989; Hutton, 1995, 참조).

더 지배하고 있음을 목격해 왔다. 세계적 자본주의에서는 시장경제에서의 승자와 패자 사이에 생기는 불평등의 증대가 가열되고, 경쟁, 시장 판로, 이익을 우선시하며(Marquand, 1998), 국경에 상관없이 이익을 추구한다. 이러한 변화를 Harvey(1989)는 포디스트(Fordist) 자본주의로부터 '유연성 있는 축적(flexible accumulation)'의 자본주의로의 전이라고 특징지었다. 동시에, 국가 정부가 약화되는 일이 일어났다. 자본 운동을 통제할 수 없고 더욱 강력한 초국적 협력체들과 직면함에 따라, 국가는 이동하는 투자 자본을 유인하기 위해 유리한 조건을 제공하는 관리적 역할을 더욱 채택하게 되었다.

자본주의와 그것의 변화하는 형태는 소수세계에서 일어나고 있는 경제적 변형이라는 더 큰 그림의 부분이다. 경제의 주요 초점이 생산에서 소비로 이동하게 되었다. 생산품들은 여전히 제조되지만, 평생학습과 함께, 서비스와 정보의 교환은 이전보다 훨씬 더 중요한 활동이 되었다. 컴퓨터와 원거리 통신은 결정적으로 중요한 기술이다. 고용의 구성과 특성이 변화하고 있다. 새로운 기술에 기반을 둔 새로운 형태의 일이 나타나는 반면, 다른 것들은 사라지고 있다. 새로운 기술을 숙달한 정보 습득자가 광부와 철강 노동자를 대체하고 있다. 생계를 위한 직업은 점차로 과거의 것이 되고, 기술의 재숙달과 고용유지를 위해 평생학습이 미래의 방법으로서 제공된다. 직업 훈련은 그 어느 때보다도 더 융통성 있다. 여성 노동자의 수가 증가하고 있는 반면, 남성이 생계를 책임지는 시대가 지나감에 따라 남성 노동자의 수는 점점 감소하고 있다.

어떤 이는 이러한 변화 그리고 이것과 관련된 변화가 동질성, 표준화, 범위의 경제(economies of scale)와 조직이라는 특성을 갖는 산업사회로부터, 다양성, 차이의 인정, 사고와 행동양식의 붕괴(fragmentation)로 대체되는 후기 산업사회 또는 지식사회로의 전환, 포디즘(Fordism)[7)]

으로부터 후기 포디즘(post-Fordism)[8]으로의 전환을 성립시킨다고 생각한다. 어떤 이는 이러한 변화를 사실상 혁명적인 것으로까지 규정짓는다. Bell(1987)은 이를 제삼의 산업혁명이라고 부른다. 증기동력과 전기라는 에너지에 기초한 첫 번째와 두 번째의 혁명과 비교하여 이것은 정보를 기반으로 하는 혁명이다. 후기 대량생산주의의 개념은 경제적 변화를 능가한다고 주장되어 왔다. "대량생산주의가 단순히 경제적 조직의 형태가 아니라 전체 문화인 것과 같이 … 후기 대량생산주의도 훨씬 더 넓고 깊은 사회적 문화적 발달에 대한 줄임말"(Hall and Jacques, 1989: 12)이라는 것이다. Andersson과 Sylwans(1997)는 현재의 경제적 기술적 변화를, 13세기에 시작한 일련의 그런 혁명 가운데 네 번째인, 변환적 과정 또는 '기호논리학적 혁명(logistic revolution)'으로 기술하였는데, 그 각각의 혁명은 생산, 서비스, 자본과 정보가 조직되는 방법에 있어서의 심오한 변화에 의해 정의된다. Andersson과 Sylwans는 오늘날 우리가 헤쳐나가고 있는 혁명은 비계층적인 관계망, 새로운 능력과 고도의 창의성이 요구되는 극도의 복잡성이라는 특성을 갖는다고 주장하는데 이러한 특성은 앞선 산업혁명의 특징인 관례화, 표준화, 예측가능성, 권위주의와는 명확히 반대되는 특성이다.

우리가 살고 있는 세상에 대한 어떤 분석도 또한 그들이 경험하고 있는 다른 영역과 변화를 고려해야만 한다. 경제적 변화는 사회 계층의 붕괴와 함께 병행된다. 사고와 행동의 개인주의적 양식과 사업가적 문화가 번창한다. 생활양식이 확장되고 가정생활과 여가가 점차로 개인화된다(Kumar, 1995). 공산주의 체제의 붕괴는 현재의 자유민주주의에서 문제를 일으켰다. 더욱더 명백하게는, 특히 전통적 정치와 정치기관에서 광

7) 역자 주: Henry Ford가 자동차 생산에 처음 도입한 대량생산주의.
8) 역자 주: Henry Ford식의 대량생산주의 대신 특정 시장을 겨냥한 다품종 소량생산주의.

범위한 이탈과 환멸이 일어나고 이러한 기관을 차지하고 있는 선출된 대표에 대한 냉소가 늘어나고 있다. 한 가지 대응은 예를 들어, 국가의 중심 기관으로부터 권력을 분산시킴으로써 이러한 기관을 개편하는 것이었다. 다른 하나는 민주주의의 실천을 위해 새로운 기관을 찾는 것이었다. 또 다른 하나는 지역, 인종, 성, 또는 단일 이슈의 정책에 기반을 둔 새로운 사회운동과 네트워크를 증가시키는 것이었다.

복지국가는 최근 몇 년 동안 정치적 안건에서 가장 중요한 항목 가운데 하나가 되었다. 주요 변화가 필요하다는 의견에는 광범위하게 동의하지만, 변화를 원하는 이유와 제안된 해결책에 대해서는 일치되지 않고 있다. 어떤 이는 복지에 대한 책임을 근본적으로 집단에서 개인으로 전환함으로써 복지국가의 과감한 삭감을 원한다. 다른 이는 강력하지만 개혁된 복지국가, 즉 덜 관료적이고 다양성과 개인의 사정에 더 반응적이지만 여전히 집단적 책임 이상을 보여 주는 복지국가를 보고 싶어 한다. 어떤 이는 복지국가를 사회의 정치적 · 경제적 성공을 위한 중요한 가치이자 필요조건인 사회적 결속을 나타내는 동시에 그것을 유지하는 것으로 간주한다. 다른 이는, 복지국가가 복지 수혜자들과 이들이 속해 있는 사회 모두에 손해를 입히는 의존성과 수동성을 증가시켰다고 일차적으로 책임을 묻는다.

정치적, 사회적, 경제적, 기술적 상황에 있어서 변화와 함께 그리고 그러한 변화와 관련하여, 또 하나의 커다란 변화가 일어나고 있는데, 그것은 모더니티로부터 포스트모더니티로의 변화이다. 이것은 다름 아닌 우리의 세상, 우리의 삶, 우리 자신을 우리가 이해하는 방법에 있어서의 변화이다. 우리는 2장에서 이러한 변화에 특별히 주의를 기울이는데 그것의 범위와 중요성 때문만이 아니라 그것이 이 책의 나머지 부분에서 계속 이야기되는 주제이기 때문이다.

우리는 규모와 중요성이라는 변화의 이슈가 논쟁거리가 된다는 것을 안다. 소수세계가, 아니 아마도 전 세계가 근본적인 변화를 겪고 있다는 느낌, 우리가 연대기적인 세기말 그 이상을 헤쳐나가고 있다는 느낌, 심오한 전환의 와중에 있다는 느낌이 널리 퍼져 있다. 이 단락의 처음 인용에서 Patti Lather는 Benhabib가 그랬듯이, 근본적인 전환점에 존재하고 있는 느낌을 포착한다. "우리의 지적 · 문화적 삶에서 순환하고 있는 후기인문주의, 후기구조주의, 후기근대주의, 후기케인스주의, 후기역사주의처럼 많은 '후기주의(postisms)'는 우리의 사회적, 상징적, 정치적 세계의 특정한 면이 심오하게 그리고 무엇보다도 돌이킬 수 없이 변형되어 왔다는 것을 깊이 공유하는 느낌을 유일하게 같은 수준에서 표현하는 것" (1992: 1)이다. 그러나 다른 이는 근본적으로 새로운 출발이 아니라, 현존하는 상황의 변화를 경험하고 있는 것이라고 주장하면서, 우리가 그러한 시대적이고 근본적인 전이를 헤쳐나가고 있는 것인가에 질문을 던진다. 어느 한편 또는 다른 편을 선택함이 없이, "현재 정말로 진행 중에 있는 어떤 것, 즉 단지 '종료감(the sense of ending)' 뿐만 아니라 새로운 시작으로 볼 수 있는 상황들 중의 하나를 끊임없이 유발시키는 현재 근대사회의 경험 속에 있는 어떤 것으로 보인다" (Kumar, 1995: 5)고 결론지을 수도 있다.

그러나 이것이 유아기와 어떤 관련이 있는가? 우리의 견해로는 모든 것에서 다 관련이 있다. 어린이들은 세상으로부터 왔고, 세상 안에 있다. 그들의 삶은 많은 요인과의 상호작용을 통해 그리고 많은 사람들과 기관과의 관계 속에서 구성된다. 우리는 이 책을 통하여 유아기에 대한 분석을 사회적, 정치적, 경제적, 철학적 맥락과 관련시키려고 시도한다. 예를 들어, 우리는 유아교육 · 보육기관에 대한 논의를 자본주의의 변화, 국가의 변화, 그리고 복지국가와 민주주의의 개념과 연관시키려고 하는데, 포스트모던 관점은 우리에게 유아기와 그 기관, 그리고 질에 대한 문제를 이해하는 데 이론적 틀을 제공한다. 사실 유아기에 대한 너무나 많은 논의가 사회적, 정치적, 경제적, 철학적 공백 속에서 일어나는 것 같다. 그래서 마치 어린이들이 세상과는 동떨어진 채 존재하는 듯하고, 질에 관한 담론과 유아발달 같은 개념이 역사와 무관하며 가치와 맥락이 없는 것 같으며, 유아교육 · 보육기관이 그렇게도 자주 언급하도록 요청받은 불평등, 배제, 이탈 등과 같은 요구와 문제가 청천벽력처럼 갑자기 나타난 듯하다. 만약 우리가 사과할 필요를 느낀다면, 그것은 우리가 살고 있는 시대의 복잡성, 세상에서 일어나고 있는 변화와 그 변화가 유아기와 유아교육 · 보육기관에 의미하는 바를 더 넓은 세계로 끌어들이지 못하기 때문이 아니라, 그러한 것들을 충분히 정당하게 평가하지 못하기 때문이다.

6. 왜 '유아교육 · 보육기관인가?'

> 우리는 0세부터 6세까지의 유아를 위한 교육 체제 전략을 조직하면서, 관계가 기본이라고 생각한다. … 그리고 우리는 관계에 기반을 둔 교육을 위해 소집단을 가장 선호하는 형태의 교실 조직으로서 고려한다. … 소집단 작업의 조직은 단순한 기능적 도구를 훨씬 더 능가한다. 그것은 그 자체 내에 활력과 무한한 가능성의 네트워크를 포함하는 문화적 맥락이다. 유아들의 학교에서, 소집단 작업은 변화와 발달의 과정을 고무시키며 아이들이 그것을 많이 희망한다… 유아들 간의 상호작용은 생의 첫해 동안 기본적인 경험이다. 상호작용은 각 유아가 내부에 지니고 있는 요구이며, 바람이며, 필요이다. (Malaguzzi, 1993a: 11-12)

다른 책, *Valuing Quality*에서 우리는 *유아교육·보육*에 대해 말했다. 이 책에서 우리는 *유아교육·보육기관(early childhood institutions)*이라는 용어를 사용했다. 이러한 언어의 변화는 신중하게 이루어진 것이다. 4장에서 논의하듯, 서비스라는 용어와 *기관(institutions)*이라는 용어는 서로 다른 이해를 반영한다. 전자는 제공자와 구매자, 주는 이와 받는 이, 생산자와 소비자를 의미하는 언어이다. 후자는 문화적이고 상징적인 중요성을 지니고 있으면서, 시민사회 내에 놓여 있고 그것을 구성하는, 공적 포럼(forums), 광장(plazas), 활동 장소(arenas)를 일컫는 언어이다.

그러나 우리는 또한 이 책이 주로 센터에 근거한 환경을 언급하기 때문에 *기관*이라는 용어를 사용한다. 그러한 환경의 중요한 특징은 그 환경이 소집단 내에서 주제 작업에 함께 몰두할 수 있도록 하기에 충분한 아이들을 함께 모은다는 것이다. Loris Malaguzzi(1993a)처럼, 우리는 관계에 기반을 둔 교육의 중요성을 믿는다. 아이들 사이에 그리고 아이들과 어른들 사이에 일어나는 관계뿐만 아니라, 어른들 사이에 일어나는 이러한 관계는 다양하고 복잡하다. 센터에 근거한 환경의 독특한 특징은 그 환경이 기록작업과 더 일반적인 대화의 과정에서, 상호 지지를 제공하면서 그리고 다른 사람들에게뿐만 아니라 서로에게 몰입하면서, 집단으로 함께 일하기 위한 가능성을 교직원들에게 제공한다는 것이다. 센터에 근거한 그러한 환경의 또 다른 특성은 그 환경이 시민사회에서 포럼이 되기 위한 잠재성과 그 자체로 참여 민주주의와 능동적인 시민권에 공헌하기 위한 잠재성을 가지고 있다는 것이다.

유아교육·보육기관은 다양한 형태로 그리고 수많은 이름 하에 존재하는데, nursery, creche, child care centre, *daghem*, *asilo nido*, nursery school, kindergarten, *école maternelle*, *scuola d'infanzia* 등이 그것들이다. 어떤 기관은 3세 이하와 3세 이상의 아이들을 받음으로써, '연령이 통합되

어' 있는 반면, 다른 기관은 더 좁은 연령 범위의 집단만을, 예를 들어 3세 이하의 유아들만 또는 3세에서 6세까지의 아이들만을 받는다. 이 책에서의 논의는 모든 형태의 기관과 모든 연령 범위의 유아기에 적용하도록 계획되었다.

그러나 연령 범위와 기관의 다양성에도 불구하고, 우리는 이들이 유아들을 위한 유일한 시설공급원은 아니라는 것을 안다. 예를 들어, 여러 나라에서 특히 3세 이하의 유아들에게 가정보육(family day care)이 매우 중요한 역할을 하며, 이것은 많은 부모들이 단 한 명의 유아교육 종사자가 참여하는 더 가정적인 시설을 선호한다는 사실을 반영하는 것으로 보인다. 유아들을 위해 단 한 가지 형태의 시설이 있어야 한다고 주장하려는 것은 아니다. 한쪽 아니면 다른 쪽이라는 그런 입장은 다양성과 복수적 관점을 인정하는 우리의 총체적 접근과는 정말로 맞지 않는다. 그러나 유아교육·보육기관이 가정보육과 비교하여 매우 다른 기회와 가능성을 제공한다는 것 그리고 이러한 기회와 가능성은 당연히 검토할 만하다는 것이 우리의 논쟁점이다.

7. 메도우레이크, 레지오, 그리고 스톡홀름: 이론과 실제 간의 긴장을 다루기

유아의 관점에 기초한 유아교육 체제를 고안하도록 레지오 에밀리아 사람들을 촉구한 것이 무엇인가를 우리는 물었다. 레지오 에밀리아 사람들은, 순응하고 복종하는 사람들은 위험하다는 사실, 새로운 사회를 건설하는 데 있어서 그 교훈을 보호하고 전달하는 것과 스스로 생각하고 행동할 수 있는 유아에 대한 비전을 키우고 유지하는 것이 시급하

> 다는 사실을 파시스트 경험으로부터 배웠다고 그는 (Bonacci, 1960년대 레지오 에밀리아의 시장) 대답했다. … 레지오 에밀리아에서 광범위한 사회적 비전을 실행하고 있는 반면, 이러한 비전의 진행과 일반적 설명이 모더니스트의 관심 내에서 이루어지지는 않았다는 사실은 분명하다. 포스트모던 사상가들과 후기 구조주의 사상가들처럼, 레지오 에밀리아의 교육자들은 진리에 대한 모더니스트들의 주장에 천착하지 않았다. 그러나 대신에 그들은 보편주의라는, 그리고 질서와 무질서, 자연과 문화, 합리성과 비합리성, 사고와 감정 간의 이분법적 대립이라는 모더니티의 유산으로부터 멀어지려고 노력했다. … 레지오 에밀리아는 정상화(normalization), 표준화, 중립화(neutralization)의 과정을 중단시킬 수 있었으며, 다양성, 차이, 복수성을 향해 나가고 그것들을 축복할 수 있었다. (Dahlberg, 1995: 8, 16)

이론에 대해 언급하는 일은 현장 실천가뿐만 아니라 연구자들에게도 마음 내키지 않는 일일 수 있으며, 거기에는 이해할 만한 이유가 있다. 너무나도 자주, 이론은 의미 없게 보일 만큼 또는 분명히 실천과 연관이 없게 보일 만큼 추상적일 수 있다. 또는 이론 그 자체가 실천가를 좌지우지하면서, 세상이 어떻게 이해되어야만 하는가에 대해 이미 논의가 끝난 내러티브를 제공함으로써 창의적인 사고와 실천을 구속할 수 있다. 반대로 우리는 이론이 실천가로 하여금 이해를 구성하도록 돕는 그리고 자신들의 실천을 향상시킬 수 있도록 돕는 도구로서 그들에게 대단한 도움이 될 수 있다고 믿는다. 그다음에는 실천가들이 이론의 발전에 중요한 역할을 할 수 있다.

이론은 다른 이유로 인해 간과되지 않아야 한다. 여러 면에서, 우리의 삶은, 우리가 그렇게 인식하든 안 하든, 이론에 의해 지배된다. 이론은 우리의 이해를 구체화시키며, 우리의 실천을 만들어 낸다. 우리는 종종 깨닫지 못한 채 이론을 '구현한다(embody).' 다시 말해 비록 어떤 일이 일어나고 있는지 우리가 인식하지 못할지라도, 이론이 우리의 아이디어와 행동을 지배할 정도로 심지어 이론과 진리를 혼동할 정도로 이론을 우리 자신에 흡수시킨다. 그러한 이론은 '당연하고', 자명하며, 이의가 제기되지 않을 수 있다. 또한 사고와 행동을 위해 가능한 한 가지 방법으로서 이해되기보다는 사고하고 행동하기 위해 유일하게 옳은 방법으로 보일 수 있다. 우리가 희망하는 것은 이 책의 순서가 진행됨에 따라 더욱 명백해질 터인데, 그것은 이론이 어떻게 개인을 지배하고 통제하는 방법이 될 수 있는가 뿐만 아니라, 깊이 구현된 그리고 당연시되는 사고에 문제를 제기함으로써 이론이 어떻게 이러한 지배와 통치에 도전하기 위한 도구가 될 수 있는가에 대한 것이다. 요컨대, 이론은 양날을 가지고 있다. 예를 들어, 이론은 교육적 실천에서 변화에 대한 장애물로서 뿐만 아니라, 변화를 위한 도구로서의 구실을 한다.

2장에서 우리는 우리에게 중요한 몇몇 이론적 관점을 소개하고 논의한다. 6, 7, 8장에서는 이러한 관점, 우리가 생각하기에 특히 포스트모더니티라고 부를 수 있는 것과 관련된 관점에서 이루어지고 있는 실천의 예들을 더 자세하게 검토한다. 우리의 이론적 아이디어와 개념과 교류하는 데 이러한 예들이 독자들에게 도움이 되길 바란다. 포스트모던 이론 및 관점과 관련된 실천 예들을 검토하는 데 있어서, 우리는 스톡홀름(6장)에서의 연구, 북미 원주민들과 캐나다 원주민부족들과의 연구(8장)를 포함하여 다양한 경험을 이끌어 낸다. 언뜻 보아서는 그것이 공통적으로 가지고 있을 것 같은 유일한 점이 위도(latitude)밖에는 없고 많은 차이점이 있는 것 같지만, 독자는 또한 몇몇 중요한 관점과 이해가 공유되어 있는 것을 볼 것이다. 7장에서 우리는 '교육적 기록'의 실천에 대해 논의하는데 우리는 그것이 유아기에 대한 우리의 언어의 중요한 부분이 되고 있는 '의미창조'의 개념을 교육적 작업에 적용하는 데 대단한 잠재성을 지니고 있다고 믿는다.

이 책의 전반에 걸쳐 언급되는 다른 중요한 실천 예는 이탈리아의 레지오 에밀리아 시와 그곳의 유아교육 · 보육기관이다. 그 도시는 볼로냐(Bologna)에서 60km 서쪽에 있는 에밀리아-로마냐(Emilia-Romagna)의 북쪽 지역에 위치해 있다. 제2차 세계대전이 끝난 이후, 레지오 공동생활체(지방자치제)는 0세부터 6세까지의 유아를 위한 유아교육 · 보육기관(0세부터 3세까지의 유아의 36%와 3세부터 6세까지의 유아의 98%가 다님)의 광범위한 네트워크를 건설하는 것과 동시에 교육적 이론과 실천을 개발하는 데 주력하였다. 그 결과는 감동적이었다. 레지오의 유아교육 · 보육기관의 교육적 작업은 전 세계의 관심과 감탄의 대상이 되었다. 이것은 레지오의 부모, 정치가, 실천가의 공동적 성취였다. 그러나 만약 이름 하나를 선발해 내야 한다면, 그것은 유아교육 서비스의 첫 번째 장(head)이었으며 1993년에 세상을 떠난 Loris Malaguzzi이다. 그의 목소리는 이 책의 여러 군데에서 들을 수 있다. Malaguzzi와 레지오 에밀리아의 다른 유아교육 선구자들은 유아기에 대한 다른 대화를 위한 많은 새로운 공간을 이미 열어 왔다. 우리가 그 뒤를 따르고 있다는 사실과 그러한 공간이 영감과 경이로움의 부단한 원천임을 발견하고 있다는 것을 우리는 안다.

레지오의 세 가지 특징을 여기서 주목해야 한다. 다른 것들은 이후에 분명해질 것이다. 먼저, 유아기에 대한 그들의 대화는 우리가 이 장을 시작할 때 사용했던 언어를 거의 담고 있지 않다. 레지오의 어휘들은 아주 다르며, 실천과 관계 면에서 결과도 다르다. 두 번째로, 레지오는 자신들의 이해나 작업이 완전하다고 주장하는 참여자 없이 거의 30여 년 동안 운영되어 온 프로젝트이다. 그 프로젝트는 결과를 전달하는 능력이나 미리 결정된 기준을 충족시키는 능력에 대해 단 한 번도 평가받지 않았다. 그것이 수출을 위한 비법이나 프로그램을 제공한다고 주장한 적이 없다. 레지오 출신의 연사는 영국에서의 학회에서 "우리의 작업은 우리가 어떤 것을 하려고 발견해 온 여러 방법 가운데 그저 하나일 뿐입니다. … 그것은 하나의 모델을 실행하고 있는 것이 아니라 우리가 우리 아이들에게 제공할 수 있는 최선이 무엇인가를 찾기 위해 함께 일하고 있는 것입니다."라고 설명했다. 그러나 이러한 사실에도 불구하고, 또는 아마도 그것 때문에, 레지오의 유아교육 · 보육기관은 예를 들어 '교육적 기록작업' 의 실천을 통해 최대로 엄격한 사고와 실천을 제공한다. 레지오의 유아교육 · 보육기관은 또한 그들의 본고장에서 확고한 공적 정치적 지원을 지속적으로 받아 왔으며 그들의 도시 경계를 훨씬 넘어서 그들의 교육적 작업에 대한 존경과 환호를 얻어 왔다.

마지막으로, 우리가 이 책에서 교육철학과 실천에 초점을 두고 있는 반면, 레지오의 Loris Malaguzzi와 그의 동료들은 이러한 것들이 행정, 훈련, 자금 면에서 확고한 지원 조직을 필요로 한다는 사실을 항상 인식해 왔다. 인간 행위자(human agency)는 교육철학과 실천을 통해 중요한 역할을 하지만, 구조가 결코 무시될 수 없다(유아교육 · 보육기관을 지원하기 위한 구조적 상황의 논의를 위해서는 European Commission Childcare Network, 1996b 참조). 인간 행위자와 구조는 떼려야 뗄 수가 없다. 각각이 필수지만 충분조건은 아니다. 우리의 포스트모던 관점에는 자원이 불충분한 그리고 행정적으로 분해된 유아교육 · 보육기관을 정당화하려는 것도 없고 최근 몇 년 동안 앵글로-아메리칸 세계에서 일어났던 아이들과 그 가족 간의 끔찍한 사회 경제적 불평등도 정말 없다. 우리의 관점과 이해로부터 보자면, 포스트모더니즘으로 작업하는 것이 무엇이든 괜찮다는 의미는 아니다.

8. 소수와 다수(Minorities and Majorities)

우리가 아는 발달심리학은 그것을 만들어 낸 문화와 관련이 있다. … 발달에 대한 일반적이고 보편주의적인 모델로서 선전된 것을 이야기하는 데 있어서, 발달심리학은 '유아기의 세계화'에 절대적으로 필요한 요소이다. … 일반적으로, 현재 이야기되고 있는 유아기의 개념은 마치 그것이 보편적인 것처럼, 원조(aid)와 발달 정책에 합류되고 있는 서구의 구성물이다. … 앵글로-유에스(Anglo-US) 심리학은 그것의 영향력을 제국주의의 힘을 통해 그 자체의 영역보다 훨씬 더 멀리 확장시킨다. 발달심리학은 그러므로 탈식민주의(post-colonial) 사회 내에서 서구 가치와 모델을 재생산함으로써 문화적 제국주의의 도구로서의 구실을 한다. (Burman, 1994: 183-5)

오직 '우리'에 대해서만 보다는 다른 사람들에 대해서 구체적으로, 공감적으로, 조화롭게 생각하는 것이 더 가치가 있고 더 어려운 일이다. 그러나 이것은 또한 다른 사람들을 지배하려 하지 않는 것, 그들을 분류하거나 계급제도 안에 두려 하지 않는 것, 그 무엇보다도 '우리' 나라가 어떻게 제1인자인가(또는 그 문제에 대해서는 어떻게 제1인자가 아닌가)를 끊임없이 되풀이하지 않는 것을 의미한다. (Said, 1993: 408)

남아프리카에서 에듀케어(educare)를 위한 공통적인 기준과 실천을 주장하는 일은 특히 문화적 이유로 인해 매우 문제가 된다. 수많은 이들이 지적했듯이, 아프리카 토착문화는 아동양육의 개념에 있어서

> 앵글로-아메리칸 문화와는 상당히 다르다. 그래서 유아의 능력을 향상시켜 주는 것과는 거리가 먼 것, 즉 '발달적으로 적합한 실제', 탁아 교육(nursery education)이나 '에듀케어(educare)' 등의 서구적 모델을 열정적으로 전달하는 일은 그것을 사용하는 이들에게 해가 될지도 모른다. 가장 냉혹한 것을 짐작해 보라. 그것은 문화적 위협의 형태이다. (Penn, 1997a: 106-7)

유아기와 유아교육 · 보육기관의 분야에서 그리고 특히 연구와 관련하여, 미국에서 기원한 질에 대한 측정과 논의, 사고와 실천은 거의 지배적인 비율을 점유하고 있다는 가정하에 점점 더 전 세계적인 척도에 영향을 미치고 있다. 심지어는 이러한 측정과 논의, 사고와 실천이 매우 특정한 맥락에서 나타나며 매우 특정한 안건을 언급함에도 불구하고 그렇다. 미국에서 유아기와 유아교육 · 보육기관에 있어서, 이미 본 장의 앞부분에서 다룬 그리고 8장에서 더 논의가 될 문제가 되는 특정한 상황을 다룬다면, 미국에서 이루어지는 이 분야에서의 연구는 미국이 세계 최강국이 아니라면 그리고 이 지구상에서 가장 부유한 국가 중의 하나가 아니라면, 세계의 나머지 부분의 나라에는 그저 잠시 지나가는 관심에 불과할 것이다(아마도 유아교육 · 보육기관에 대한 이탈리아나 스웨덴의 연구보다는 덜 관심이 있을 것이라고 해두자). 미국은 경제적으로 군사적으로뿐만 아니라 학문적으로, 문화적으로, 기술적으로 엄청난 영향력을 행사한다. Edward Said가 인지하듯, "오늘날 미국에서 그 밖의 나라에 하는 것과 같이 한 문화에서 다른 문화로 그렇게 막대한 영향력과 아이디어가 개입되었던 적이 인간의 역사상 이전에는 거의 없었다"(1993: 387).

유아교육 분야에서 점차 커지는 미국의 주도권은 아주 특정한 경제적, 사회적, 정치적 맥락의 산물일 뿐만 아니라 미국 내에서도 하나의 특정한 분야의 산물인 이해와 접근을 투영한다. 발달심리학은 유아교육 · 보육기관에서의 질 추구를 포함하여, 미국의 유아교육 분야에서 지배적인 위치를 확립해 왔다. 유아교육 · 보육기관의 질을 연구한 많은 연구자들이 발달심리학자들이었으며, 발달심리학은 질에 대한 연구를 위한 결과를 제공해 왔다. 그리고 이 두 가지 노력이 가정, 관점, 방법을 공유해 왔다. 학문 분야로서 이러한 지배는 아주 중요하다. 발달심리학은 어린이들과 그들을 위한 기관에 대해 아주 실증주의적인, 탈맥락화된, 보편주의적인 접근을 채택한다(Kvale, 1992). 우리가 5장에서 논의하듯이, 보편적이고 객관적인 개념으로서의 질에 대해 질문을 던지는 것은 발달심리학이라는 학문에 대해 외부로부터 뿐만 아니라 심리학 자체의 내부로부터 의구심을 품는 것과 유사한 것이다. 발달심리학에 대한 의구심은 발달을 생물학적으로 추진된 단계의 연속을 따르는 단선적인 이동으로 가정하는 것과 보편적이고 탈맥락화된 어린이에 대한 개념을 포함한다. 그러나 질에 대한 담론을 포함하여, 유아교육 · 보육기관에 대한 미국의 문헌은 지배적인 학문 분야에 문제가 있다는 것을 거의 지적하지 않고 있다.

이 책의 중요한 주제는 미국과 발달심리학이 유아교육 분야를 지배하고 있는 것에 대하여 문제를 제기하는 것이다. 이것은 미국에서 수행된 연구를 무시하거나 거부하는 것을 의미하는 것이 아니다. 미국과 발달심리학의 특이성과 한계를 인식하는, 그것의 특수한 가정과 이해를 가시화시키는, 만약 있더라도, 어떠한 상황에서 미국의 연구와 경험을 일반화시키는 것과 미국의 '해결책'을 다른 사회에 수출하는 것이 적절한가에 의문을 던지는, 그런 관점으로 미국의 연구를 보는 것을 의미한다. 심지어 유아교육 분야에서도, 미국이 오직 한 가지 목소리만 가지고 이야기하지 않는다는 사실과 유아교육 분야의 재개념화를 추구하면서 그리고 포스트모더니티의 함축적 의미를 탐구하면서 지배적인 언어에 의문을 던지는 다른 목소리가 있다는 사실을 인식하는 것 또한 중요하다(Kessler and Swadener, 1992; Lubeck, 1996; Tobin, 1995, 1997).

저자로서 우리도 역시 매우 특정한 경험과 맥락에 의해 만들어진, 아주 특정한 관점에서 쓰고 있다는 것을 안다. 우리 세 나라, 즉 캐나다, 스웨덴, 영국 간에는 상당히 중요한 차이가 있다. 몇 년간의 협력 연구 후에도 우리가 이러한 차이점을 간과해 왔거나 완전히 이해하지 못했다는 것을 발견한다. 그러나 우리 세 나라들은 인구학적, 경제적, 문화적, 사회적, 정치적, 기술적 맥락에서 중요한 공통점에 관하여 소수세계의 멤버십을 공유한다. 그러나 심지어 소수세계 내에서도 우리는 매우 특정한 입장에서, 즉 다수인종 집단의 구성원으로서, 그러나 현재 또는 과거의 이민으로 인종적 다양성이 점차 증가하고 있는 시대에서 이 책을 쓰고 있다는 것을 인식할 필요가 있다. 더구나, 캐나다와 스웨덴 내에는 캐나다의 북미 원주민부족(First Nation Peoples)과 스웨덴의 사미(Sammi)를 형성한 인디언(Indian)과 이뉴잇(Inuit) 등 토착민족의 소수 집단이 존재한다.

다수세계에서 그리고 소수세계, 특히 미국의 증대하고 있는 경제적, 문화적, 기술적 힘과 함께 소수세계의 토착민 집단 사이에서 유아교육 · 보육기관에 대한 관심이 점차 증가하고 있다는 사실은 유아교육 분야에 있어서의 소수-다수 관계에 대해 많은 의문을 제기한다. 지배적인 관계를 회피하는 것 그리고 남(the alterity), 다름(the otherness), 다른 것(the other)이 보편적인 동일성의 부분으로 사라지는 전체주의적 지식 체계를 회피하는 것이 가능한가? 더 구체적으로, 소수-다수 관계를 포스트모던 틀 안에 놓는 것이 가능한가? 만약 그렇다면, 이것은 어떤 모습처럼 보일까? 다양성, 복잡성, 그리고 다양한 관점을 전경으로 하는 이 틀은 더 동등하고 대화적인 관계로부터 그리고 "다른 것을 동일한 것에 흡수시키지 않고 그것을 존중하는 지식의 형태"(Young, 1990: 9)로부터 생기는 것일

까? 우리는 8장에서 이러한 질문에 대한 얼마의 대답을 찾는데, 이를 위해 유아교육 종사자들을 훈련시키기 위한 교육과정을 만들어 낼 목적으로 맺은 북미 원주민집단과 캐나다 대학 간의 특수한 협력적 관계의 사례를 이용하였다. 동시에, 우리는 이 하나의 장은 겉핥기를 시작하는 것에 불과하다는 것을 인정한다.

9. 우리는 무엇을 할 수 있는가?

이 책에서 우리는 유아기와 그를 위한 기관을 이해하는 방식과 교육적 작업 그 자체에 대한 접근을 제안하는데 그것은 일반적으로 찾을 수 있는 것과는 매우 다르다. 우리가 제시하는 예들은 예외적인 경험이다. 가능성과 기회를 지닌 이러한 이해와 작업 방식은 우리에게 자극이 되고 영감을 준다. 우리는 그것이 몇몇 독자들에게 똑같은 영향을 미치기를 바란다. 그러나 이 독자들이 다음에 물을 것은 무엇인가? 우리는 무엇을 할 수 있는가?

우리는 이 질문에 대해 고민해 왔다. 때때로 우리는 만약 그것을 정확하게 따른다면, 변형시킬 수 있는 청사진인 행동 계획을 제공하고 싶었다. 그러한 계획이 예를 들면, 행정상의, 입법상의, 재정상의 개혁과 같은 중요한 기술적 이슈에 적용될 때, 그것은 실행될 수 있는 여지를 갖게 될 것이다. 그러나 가치와 관점의 이슈에 적용될 때, 그러한 계획은 비현실적이고 위험하다. 비현실성은 사람들이 이해한 것을 정당화할 수 없기 때문에 생긴다. 어떤 경우에라도 우리는 범위에 있어서 보편적이고, 사실상 완전한, 몇몇 최종적인 모델을 적용하는 일에 대해 이야기하고 있지 않다. 우리가 이야기하고 있는 것은 오히려 질문, 대화, 반성, 의미창조의 과정을 채택하는 것인데, 그 과정은 우리를 어디인지 알지 못하는 곳으로 이끌고 가는 명백한 종료점이 없는 과정이다. 그것은 계속 진행 중에 있는 작업이다. 순서와 표준화를 통해 진보를 추구하는 대량의 사회적 공학 프로젝트에 미련을 갖는 믿음에서 위험이 생긴다. 다양성과 복잡성의 세계에서, 다양성과 복잡성이 통제나 억압에 저항하는 것으로 증명될 때 그리고 그 저항이 실재(existence)로부터 진행될 때 그러한 공학은 실패에 이르게 된다. 레지오처럼 고유의, 영감을 주는 작업은 구조(structure)와 인간 행위자(agency)의 융합으로부터 일어난다. 그러나 구조가 법률화될 수 있는 반면 행위자는 그렇게 될 수 없는데, 대신에 그것은 개인적이고 집단적인 헌신과 고투에서 나오는 것이다.

이것이 아무것도 이루어질 수 없음을 의미하지는 않는다. 우리가 모든 것을 다 할 수 없기 때문에, 단기간의 기한 내에 완전한 새로운 사고와 실천 체계를 가질 수 없기 때문에, 그리고 아마도 그것을 원하지 않기 때문에, 그것이 무활동의 체념 상태로 정주할 수밖에 없다는 것을 의미하지는 않는다. 우리는 시간적 공간적 한계를 인정해야 한다. 즉각적인 해결도 없으며 보편적인 프로젝트도 없다. 그러나 지역 지식(local knowledge)과 지역 행동(local action)의 가능성은 있다. 관심 있는 개인이 읽고 반성해 볼 수도 있다. 또한 예를 들어, 유아교육 · 보육기관의 교직원같이 관심 있는 집단이 토론할 수도 있다. 이에 더하여 교육적 작업에 대한 그들의 이해를 심화시키기 위해 교육적 기록작업의 가능성을 탐색할 수도 있고 어린이에 대한 그들의 이미지를 분석할 수도 있다. 한편 관심 있는 지역사회는 레지오 에밀리아와 스톡홀름에서의 작업으로부터 (그것을 그대로 복사하는 것이 아니라) 영감을 얻을 수 있으며, 헌신적인 교직원과 기관을 지원할 수 있다. 개인, 집단, 지역사회 각각의 경우에, 비판적 사고, 의미 창조, 선택하기, 책임지기, 새로운 형태의 대화와 실천을 발달시키기 등을 위한 공간을 만들어 내고 확장시킬 수 있는 가능성이 존재한다.

이것은 오히려 겸손하고 조심스러운 듯하다. 실제로는 그 가능성이 훨씬 더 큰 것 같다. 그런 공간의 창조는 사고에 있어서 위기를 만들어 내는 데 그리고 의미에 대해 고심하는 데 도움이 될 수 있다. 사실, 이 책을 쓰는 우리의 목적 가운데 하나는 유아교육 분야에 사고의 위기를 불러 일으키는 일에 공헌하는 것이다. 우리는 질의 개념과 다른 지배적인 아이디어에 대한 개념에 문제를 제기하고 싶으며, 포스트모더니티 프로젝트가 모더니티주의에 질문을 던지는 것처럼 유아교육 분야를 오늘날 세계의 사고 위기에 드러내 놓고 싶다. 유아교육 분야의 어떤 이는 이것을 비관론과 절망의 원인으로 인식할지도 모른다. 우리는 아니다. 위기는 냉소와 절망의 원인이 되기보다는 우리가 6장에서 더 논의하는, 새로운 희망과 낙관론을 제공할 수 있다. 사람들의 사고에 위기를 만들어 내는 일은 창의적일 수 있다. 그러한 일은 새로운 가능성과 기대, 대안적인 질문과 해결책, 새로운 이해와 새롭게 보는 방식에 대한 기회, 과거에 대한 향수적 동경을 반영하지도 않고 비관적인 예측도 가정하지 않는 가까운 미래에 대한 비전을 열어 준다. 그러한 일은 또한 인간으로서 우리가 무력하지 않다는 희망을 품게 한다. 권한 부여와 민주주의를 통해, 우리는 우리 각각이, 어린이와 성인 똑같이, 훌륭하고 힘이 있는 행위자임을 인식하고 그 권한의 정당성에 질문을 던진다.

그러나 이것들 가운데 어떤 것도 빠르게 이루어질 수 없다. 레지오에서의 작업은 30년 이상, 스톡홀름에서의 작업은 5년 이상 된 것이다. 그리고 거의 *완성(completion)*에 이른 것은 없다. 사실 완성은 그들이 사용하는 어휘가 아니다. 우리는 점점 더 시간이 지배하는, 새로운 기술과 생산성 증가의 요구에 쫓기는 세계에 살고 있다. 우리는 정보로 포화되어 있다. 우리는 즉각적인 대답과 빠른 해결을 요구하고 기대한다. 우리는 적어도 반성, 대화, 비판적 사고, 이론과 실천 사이의 긴장을 다루기와 같은, 다른 것들을 위한 시간을 내지 못한다. 아마 '우리가 무엇을 할 수 있는가?'에 대한 한 가지 대답은 우리는 시간지배의 폭정에 대항하여 싸울 것이라고 말하는 것이다. 우리는 복잡성에 대해 다루는 것을 선택함으로써, 비판적으로 사고하는 방법을 찾음으로써, 그리고 새로운 질문을 추구함으로써 위험을 감행할 것이다. 그렇게 함으로써, 우리는 새로운 이해와 실천의 가능성을 열 것이다.

한 번은 레지오에 있는 유아교육 · 보육기관이 어떻게 그렇게 세밀하게 교육적 기록작업을 할 시간을 갖는지 질문을 받았을 때, Loris Malaguzzi는 "우리는 그것을 최우선으로 합니다."라고 대답했다. Malaguzzi의 동료가 레지오의 유아교육 · 보육기관이 그렇게 반성적이고 흥미 있는 환경을 구성하는 일이 어떻게 일어나는가에 대한 질문을 받았을 때, 그녀는 "우리는 토론하고, 토론하고, 또 토론하고, 또 토론합니다."라고 대답했다. 그 순간 우리는 "우리가 무엇을 할 수 있는가?"라는 질문에 그 이상 더 좋은 대답은 없다고 생각했다.

Beyond Quality in Early Childhood Education and Care

제2장

이론적 관점: 모더니티와 포스트모더니티, 권력과 윤리

1. 모더니티 프로젝트

모더니티 프로젝트는 18세기에 그 관심이 집중되었다. 그 프로젝트는 객관적인 과학, 보편적인 도덕성과 법칙 그리고 자율적인 예술을 발달시키기 위해 계몽주의 사상가들의 입장에서 이루어진 대단한 지적 노력이다. … 모더니티 아이디어는 인간 해방을 추구하기 위하여 그리고 인간 삶의 풍요로움을 추구하기 위하여 자유롭게 그리고 창의적으로 일하는 많은 개인에 의해 생성되고 축적된 지식을 사용하는 것이다. 자연에 대한 과학적 지배는 기근으로부터의 자유를 약속했다. … 사회조직에 있어서 합리적인 형태의 발달과 합리적 사고 양식의 발달은 신화, 종교, 미신이라는 비합리성으로부터의 해방과 인간 본성의 어두운 면으로부터 뿐만 아니라, 독단적인 권력 사용으로부터의 해방을 약속했다. 그런 프로젝트를 통해서만이 보편적이고,

> 영원하며 불변하는 모든 인간 속성의 질이 드러날 수 있다. … 계몽주의 프로젝트는 어떤 하나의 질문에 단 한 가지 대답만이 있다는 것을 자명한 것으로 받아들였다. (Harvey, 1989: 12, 27)

'모더니티'는 역사적 시기이자 그 시기를 지배했던 프로젝트이다. Bauman (1993)은 모더니티의 역사적 시기를 17세기 일련의 심오한 사회적 · 지적 탈바꿈을 동반한 서유럽의 시작이라고 정의한다. 그것은 18세기 계몽주의의 발달에서 문화적 프로젝트로서, 그리고 산업사회의 성장과 함께 '사회적으로 성취된 삶의 형태'로서 완성되었다. Habermas(1983)가 모더니티 *프로젝트*라고 부른 것에는 야심 찬 목표가 있었다. 그 목표는 직선적이고 계속적인 진보, '알 수 있는' 세계를 밝혀내는 것으로서의 진리, 그리고 개인적, 사회적, 정치적, 문화적인 것을 위한 해방과 자유였다.

계몽시대의 야망이 너무 컸다면, 그 이유는 이를 위한 방법이 가까이 있는 것으로 보였기 때문이었다. 그 방법은 인간 이성의 힘과 유일무이하게 합리적인 절차의 적용, 그중에서도 특히 객관적인 경험적 · 과학적 방법, 그리고 기술과 산업화의 엄청난 영향력 등이었다. 그들이 진보할 수 있다는 자신감을 근대(moderns)에 주었던 것은 이러한 방법이었다. 이러한 강력한 도구의 도움으로, 모더니티는 장소, 문화, 특정한 역사적 경험의 초월을 추구하였고, 개개인을 그 자신이 지니고 있는 맥락으로부터 감환시켰다. 그러한 모더니티는 보편적이고 인식 가능한 본질, 고유의 특성, 법칙, 설명 등의 토대 위에 확립된 확실성을 추구해 왔다. 또한 일반적이고, 영원하며, 탈맥락화된, 그리고 "절대적인 보편적 진리뿐만 아니라, 인간의 본성을 알 수 있는 합리성이라는 보편적인 정전(canon)"(Mouffe, 1996b: 245)으로 구성된 질서 있는 세계를 위한 토대 위에 확립된 확실성을 추구하였다.

모더니티의 중심은 세상을 인식 가능하고 질서 정연한 것으로 보는 견해와 개인을 자율적이고, 영속적이며, 세상의 중심 주체로 보는 견해였다. 드러날 '실제' 세계가 있는 것과 마찬가지로 맥락의 관계와는 독립적으로 존재하는, 미리 예정된 타고난 인간의 본성이 있다. 이러한 타고난 본성은 가치중립적이고, 보편적이며, 세상과 우리 자신에 대해 정확한 사실을 제공해 주는 것으로 추정되는, 미리 구성된 지식을 전달함으로써 완성될 수 있다. 완성된다는 것은 성숙한 성인, 즉 독립적이고 자율적이며, 자유롭고 자급자족하는, 무엇보다도 모든 다른 속성에 이성이 우선하는 합리적인 개인이 되는 것이다. 개개인이 이성에 더 가까워질수록 그들은 자기 자신에, 그들의 진정한 본성이나 본질에 더 가까워지게 된다. 완성된 개개인은 이성, 지식, 자의식을 개인적으로 적용하여 진정한 이해에 도달하면서, 그 자신과 세상을 반추해 볼 수 있다.

계몽의 야망과 낙관론은 Jean Antoine de Condorcet가 인간의 진보에 대해 쓴 책 *Esquisse d'un tableau historique des progrès de I'esprit humain*에서 볼 수 있는데, 그는 "자신의 이성 외에는 그 어떤 다른 주인도 인정하지 않는 자유로운 인간에게만 태양이 비추는 그런 때가 올 것이다."라고 쓰고 있다. 그 책에서, Condorcet는 어떻게 인류가 무지와 편견을 서서히 뒤로하고, 혈통, 인종, 성에 상관없이 인간들 사이에 평등이 지배하는 사회인, 더 밝은 미래로 시선을 옮기는가를 묘사하고 있다. 이는 지식이 번영하는 사회이며, 과학이 경제적 평등의 원동력이자 우리를 옳은 방식으로 행동하도록 할 윤리를 성취하기 위한 원동력이 되는 사회이다(Liedman, 1997).

과학과 인간의 이성이 인간을 사회적, 정치적, 문화적으로 자유롭게 하기 위한 가능성이라고 보는 계몽주의의 자신감이 여전히 강력하게 지배한다. 오늘날 계몽주의 또는, 더 일반적으로, 모더니티 프로젝트를 지지하는 자들은 그것이 교육받은 대부분의 세상 사람들이 선호하는 사고 양식이며 그것을 채택해 온 사람들에게 엄청난 정치 · 경제적 힘을 부여했다고 주장한다(Gellner, 1992). 그러나 그것은 문제가 되지 않은 채 지나치지는 않았다. 과학과 기술에 기반을 둔 진보를 통해 자유와 행복을 결합하는 계몽주의 프로젝트는 점점 더 신뢰성을 잃어 갔다. *모더니티(modernity)*는 19세기 후반 이후에 더욱더 비난을 받았는데, 이는 예술에 있어서 *모더니즘(modernism)* 운동이 문화적 비판을 제공했던 반면, 사람들이 단순히 자기 본위적이고 실용성을 추구하며 이성적이라는 정치 · 경제 이론에 있어서의 모더니스트 가정은 의심을 받았던 시기였다. 이 모든 비판이 가지고 있는 공통점은 모더니티 프로젝트의 가장 중요한 신념 가운데 하나인 이성, 과학적 방법, 그리고 그것을 적용함으로써 아마도 객관적인, *실제* 세계에 대해 확실한, 가치중립적인 진리를 구축하는 것이 가능하다는 만연된 신념에 대한 문제 제기였다.

20세기는 모더니티의 낙관론을 뒤흔들어 놓았다(Harvey, 1989). 20세기의 끔찍한 역사로 인해 비판이론의 창시자이자 프랑크푸르트 학파의 창시자인 Theodore Adorno와 Max Horkheimer는 "왜 인류가 진정으로 인간다운 상태로 들어가는 대신에, 새로운 종류의 야만주의로 침몰하고 있는가"(1944: xi)라는 의문을 제기하게 되었다. 그들은 계몽주의 프로젝트에 결정적인 비판을 가했다. *Dialectic of Enlightenment* 라는 책에서 그들은 계몽주의의 합리성 배후에 있는 논리는 도구적 이성에 의거하여 문화와 인간성을 지배하고 억압하는 논리라고 주장했다. 그들은 실증주의와 기술공학적 합리성에 바탕을 두고 과학의 무분별한 도구화로부터 생겨나는 '계몽주의의 지칠 줄 모르는 자기 파괴'를 지적했다.

> 근대과학의 도상에서, 인간은 의미에 대한 어떤 주장도 부인한다. 인간은 개념, 규칙, 원인과 동기를 위한 개연성을 일정한 공식(formula)으로 대체한다. … 계몽주의에서는, 계산의 법칙과 유용성의 법칙을 따르지 않는 모든 것을 의심한다. … 계몽주의는 단일체로 이해될 수 있는 것만이 존재하고 발생한 것으로 인식한다. 계몽주의의 이상은 모든 것이 뒤따라오는 체계이다. … 계몽주의는 모든 것을 추상적인 숫자로 감환함으로써 서로 다른 것을 비슷하게 만든다. 계몽주의에서, 숫자로 그리고 궁극적으로 하나로 감환되지 않는 것은 망상이 된다. … 같은 잣대로 잴 수 없는 것은 삭제한다. 사고에서 질(quality)이 분해될 뿐만 아니라, 인간은 실제적으로 순응하게 된다. … 양자이론(quantum theory) 전후에, 자연은 수학적으로 이해되는 어떤 것이다. 심지어 불변성과 불합리성 같이 동의가 이루어질 수 없는 것조차 수학적 법칙에 의해 변환된다. … 계몽주의는 사고와 수학을 혼동하고 있다. (1944, 1977 edn: 5, 6, 7, 12, 24-5)

이러한 분석의 중심에는 과학적 방법에 대한 비판뿐만 아니라 반성과 이론적 이해의 부족에 대한 비판이 있다. 근대의 이론적 기능의 약화는 오류와 광기에 이르게 하고, "기술공학적으로 교육받은 대중 집단이 독재에 지배되어 붕괴하는 것을 가능케 한다." Adorno와 Horkheimer는 비판적이고 성찰적인 사고 없이는, 계몽주의와 그것의 해방 프로젝트는 이성에 대한 단순히 도구적이고 계산적인 개념으로 감환되는데, 그러한 개념은 사회적 공학과 합리주의자의 계획을 통해 자연과 인간성을 지배하고 착취한다고 주장했다.

Zygmunt Bauman은 모더니티는 절대적인 진리, 순수 예술, 인류애, 질서, 확실성, 조화, 역사의 종말 등 도달하기 어려운 과업에 착수하였는

데, 이러한 과업 가운데 *질서(order)*가 두드러진다고 결론짓는다. 근대 국가들은 질서의 이상에 의해 지배된다. 여기서 질서의 이상은 "강력한 개혁 운동을 추진하는, 전도적인, 개종시키는 힘을 타고난 근대 국가들을 질서 정연한 사회로 변형시키기 위해 지배받는 사람들을 철저하게 완전히 복종시키는 데 급급한 이성의 원리와 유사한"(1991: 20) 것이다. Bauman은 나치의 유대인 대학살과 최근의 다른 참사들이 전근대적인 야만이 폭발한 것이 아니라 모더니티의 이상을 지닌 민족국가의 침투 결과라고 주장한다.

> Hitler와 Stalin에 의해 통솔된 행동은 근대 시대(modern age)의 합법적 소산이었다. 즉 원칙적으로 과학적이고 산업적인 진보가 계획을 적용하는 데 생길 수 있는 모든 제한과 일상생활에서 교육과 사회적 개혁에 대한 모든 제한을 없앴다는 낙관적 견해의 결과였으며, 사회적 문제가 결국은 해결될 수 있다는 신념의 결과였다. 조화롭고, 질서 정연하면서, 일탈이 없는(deviation-free) 사회에 대한 나치의 비전은 과학적 선전과 근대 기술의 놀라운 힘에 대한 가시적 표명으로 가득 차 있다. 그리고 150여 년 동안의 후기 계몽주의의 역사를 통해 대중의 마음속에 이미 확고하게 정착된 그러한 견해와 신념으로부터 정당성과 매력을 이끌어 냈다. 나치와 공산주의자의 비전도 모더니티의 안하무인격인 자기 과신, 오만과 모두 일치되었다. (1991: 29)

모더니티와 그것이 주장하는 바에 대해 회의론이 점점 증가하게 된 근저에는 인간의 다양성, 복잡성, 우연성을 이해하고 조절하는 데 있어서 모더니티의 무능력함과 그러한 것들을 제거하려는 모더니티의 반응에 대한 환멸감이 점점 증가하고 있는 현상이 깔려 있다. 지식에 의한 통제라는 모더니티 프로젝트, 즉 '확실성에 대한 욕망'은 내부적으로 파열되어 왔다. 그러나 이것이 모더니티의 이상이 가치 없다는 말은 아니다. "그것은 이성의 한계와 모더니스트의 범주와 제도의 진부함을 강조하는 모순되고 혼란스러운 결과를 나타내는 것이다" (Lather, 1991: 88).

2. 포스트모더니티 프로젝트

> 포스트모더니티 고유의 다의적이며 논쟁적인 아이디어가 가장 자주 언급하는 것은 비록 암묵적이지만 무엇보다도 세상에 대한 뿌리 깊은 복수성을 수용하는 것이다. 아직 도달되지 않은 완성의 도상에 있는 일시적인 정류장이 아닌, … 존재의 구성 요소로서의 복수성을 말한다. 마찬가지로, 포스트모더니티는 양면성을 극복하려는 그리고 동일성에 대한 단일한 의미(monosemic)를 더 명료하게 하려는 특징을 지닌 근대의 촉구로부터 결단력 있게 해방되는 것을 의미한다. 사실, 포스트모더니티는 획일성과 보편성 같은 모더니티의 중심 가치의 모습과는 반대이다. … 자유, 평등, 형제애는 모더니티의 슬로건이었다. 자유, 다양성, 관용은 포스트모더니티의 휴전 방식이다. (Bauman, 1991: 98)

> 우리가 지금 진입하고 있는 서양 문화의 단계는, 우리가 그것을 모더니티의 제3단계로 보든 아니면 새롭고 차별되는 '포스트-모던' 단계로 보든, 우리로 하여금 모더니티의 전성기에 잃어버렸던 르네상스 인본주의 가치를 어쩔 수 없이 재충전하도록 한다. … 자신감을 좀 더 줄이고 겸손함을 더 많이 지닌 입장에서, 지적으로 도전적인 해였던 1650년과 1950년 사이를 돌아보면, 우리는 모더니티 프로젝트가

> 왜 그렇게 설득력이 있었는가를 인정할 수 있다. 되돌아보면, 이러한 매력이 적지 않게 지나치게 단순화되었고 비현실적이었다. … 모더니티의 고도의 유혹은 관념상의 명료함과 이론적인 단순화에 있다. 이러한 두 가지 특징으로 인해 데카르트의 후계자들은 구체적인 인간경험의 피할 수 없는 복잡성에 눈이 멀게 되었다. (Toulmin, 1990: 200-1)

모더니티와 계몽주의 프로젝트에 대한 가장 지속적인 도전이 1960년대 이후에 일어난 것은 모더니티와 그것의 결과에 대한 회의론이 점점 증가하고 있던 맥락과 관계가 있을 뿐만 아니라, 자본주의와 사회 내에서 다른 발달과의 연관성과 관계가 있는데(Harvey, 1989), 이는 '포스트모더니티 프로젝트'라고 불렸던 것에 포함되어 있는 것이다. 포스트모더니티 프로젝트는 불확실성, 복잡성, 다양성, 비선형성(non-linearity), 주관성, 다양한 관점과 시 · 공간적인 구체성을 인식하고 심지어 환영한다. 모더니티 프로젝트가 과학적 지식의 전문적 적용을 통해 진보를 제공했던 반면, 포스트모더니티 프로젝트는 사회적 · 개인적 다양성을 창의적인 적응의 근원으로 인정한다. "철학적으로 말하자면, 포스트모던 논의의 본질은 서구 사상을 계속해서 지배하고 있는 이원론은 복잡하고 비선형적인 방법으로 상호작용하고 있는 다양한 원인과 결과의 세상, 즉 역사적이고 문화적인 특이성의 무제한적 배열에서 생겨난 세상을 이해하는 데 부적합하다는 것이다"(Lather, 1991: 21).

포스트모던 프로젝트의 관점에서는 절대적인 지식도, 발견되기를 '저 바깥에서' 기다리고 있는 어떤 절대적인 실제도 없다. 확실성에 대한 외부적인 입장도 없으며, 진리, 지식, 윤리를 위한 기초를 제공할 수 있는 역사나 사회의 바깥에 존재하는 보편적인 이해도 없다. 대신에, 세상과 그것에 대한 우리의 지식이 *사회적으로 구성된* 것으로 이해되며, 인간존재로서 우리 모두가 이러한 과정에서, 진리 발견이 아닌 의미창조에 있어서 다른 사람과의 관계에 몰입하는 적극적인 참여자들이다(Berger and Luckman, 1966). 사실적 지식(the facts of knowledge)은 "우리의 상황을 이해하려는 우리의 노력으로, 우리에 의해 창조된 텍스트적인 사회적 구성물"(Lather, 1991: 99)이다. 사회적 구성은 사회적 과정이며, 세계에 대한 우리의 개입과 결코 따로 존재하지 않는다. 여기서의 세계는 항상 *우리*의 세계이며, 인간과 분리되지 않고 인간 공동체의 부분으로서 그 공동체에서 다른 사람과의 적극적인 상호작용과 참여를 통해, 우리 자신에 의해 이해되고 구성된다. 이러한 이유로 인해, 지식과 그것의 구성은 맥락이 항상 구체적이고 가치가 내재되어 있으며, 보편적인 진리와 과학적 중립성을 신봉하는 모더니스트의 신념에 도전한다.

그러므로 포스트모던 세계는 많은 '조망적 실재(perspectival realities)'(Gergen, 1992)로 구성되어 있으며, "사회적으로 구성된, 역사적 깊이를 지닌, 가치 평가에 기반을 둔"(Lather, 1991: 52) 것으로 세계를 이해하는 지식으로 이루어져 있다. 그 결과, 포스트모던 세계는 불가피하게 잠정적이고 변경 가능하다. 거기에는 어떠한 중심이 되는, 자율적인, 단일화된, 안정된 주체도 없으며, 이해받고자, 특징이 묘사되고자 고군분투하는, 맥락과 관계없는, '본질적인' 인간의 본성도 없다. 포스트모더니티에서, 자아(self)는 관계적, 역사적으로 구성되고 재구성된다. 전문용어로는 '탈중심화'라 부르는데, 이는 "자유롭고 스스로 결정하는 개인이라는 모더니스트의 본래 개념에 내재해 있는 정적이고 본질화된 자아에 반대되는 이동하는 자아(shifting self)"(Lather, 1991: 118)이다. 만약 포스트모더니티에서 주체가 죽은 것으로 이야기된다면, 죽은 것은 "틀림없이 의미창조 과정에 관계되어 있는 잠정적인, 우연의, 구성된 주체에 의해 대체된, … 단일화된, 획일화된, 구체화된, 완전히 의식할 수 있는, 완전히 이성적 행위를 할 수 있는 본질화된 주체"(1991: 120)이다. 우리는 시종 일치하며 통합된 일원화된 개인이기보다는 서로 다른 욕구와 동기에 의해, 그리고 서로 다른 주체 간의 불안정하고 결코 종료되지 않는 관계에 의해 영향을 받는 개별 개인의 집합체이다(Ransom, 1997).

개인을 탈중심화된, 불확정적인, 이질적이고 유동적인 것으로 보는 생각은 Deleuze와 Guattari에 의해 사용된 *특이성(singularity)*이라는 용어로 파악되는데, 이는 우리가 누군가와 공유하기 위해 미리 추정할 수 있는 것은 아무것도 없다는 것을 함축한다.

> 논쟁에서 주체를 서로에게 명료하게 만드는 공유된 주체는 없다. … 오히려, 특이성이 *협상한다(negotiate)*. 그리고 특이성의 구조는 아주 이상한데, 이는 그것이 반복될 수 없기 때문이다. 그러므로 특이성은 총체적인 자의식을 이룰 수 없는데, 이는 만약 그것이 그 자신을 알았다면, 그것이 알았던 자아는 그 앎을 행했던 자아와 똑같은 자아가 아니기 때문이다. … '주변적 특이성(peripheral singularity)'을 이야기하는 것은 총체적인 자의식을 성취할 또는 세상에서 다른 사람과 조화롭고 균형 있는 관계를 성취할 이상적인 개인이 없다고 주장하는 것이다. … 특이성의 입장에서 이야기하는 것의 장점은 우리가 잃어버린 그리고 우리가 본래대로 되돌아가야 하는 그런 관계에 영속적인, 당연한, 또는 논리적인 순서를 가정하지 않고, 특이성이 (상품과 다른 것에 대한) 욕망의 관계에서, 권력의 관계에서, 그리고 개인 사이에 지식의 흐름의 관계에서 서로 모순되는 다양한 방법을 논의하는 하나의 방법을 제공한다는 것이다. (Readings에서 인용, 1996: 115-6, 원문에서 강조)

또는 철학자 Herakleitos가 언젠가 말했듯이, 당신이 물에 두 번째 뛰어들 때는 그 물은 이미 당신이 처음 뛰어들었던 물이 아니다.

• 선형적 진보(linear progress), 정당화, 재현

포스트모던 담론이 통일된 조직체로 생각될 수 없을지라도 포스트모던 사고에 특히 중요한 몇몇 주제가 있다. 첫 번째 주제는 계몽주의 비평가 Jean-Francois Lyotard의 글과 연관되는데, 그는 『포스트모던 조건(*The Postmodern Condition*)』(1984)이라는 책에서 역사를 의도적으로 예정된 정점을 향해 움직이고 있는 선형적인 진보 이야기로 보는, 그리고 인류 전체를 위한 이성의 보편적인 모델로 보는 '모던' 아이디어를 재검토할 시기라고 논쟁하였다. Lyotard는 마르크시즘이나 자유주의 또는 근대화와 산업화를 통한 진보 이데올로기처럼, 모더니티 프로젝트 내에서 생겨난 보편적인 진보와 완전성에 대한 역사적, 철학적 이론을 모두 포괄하는 '거대담론(metanarratives)'이나 '대서사(grand narratives)'에 대해 이야기한다. Lyotard는 "정신(spirit)의 변증법, 의미의 해석학, 이성적이거나 노동하는 주체의 해방, 또는 부의 창조물의 해방"(1984: xxiii)과 같이 대서사를 참조하여 그 자체를 정당화하는 모든 과학에 '모던' 개념을 적용한다. 모든 인간의 운명과 모든 사건에는 이러한 대서사를 통해 의미가 주어졌지만, 포스트모더니티의 특징은 그런 것을 믿지 않고 의심한다는 것이다. 이러한 대서사에 대한 포기는 지역적 지식(local knowledge)의 형태인, '작은 서사(little narratives)'를 위한 길을 열어 준다고 Lyotard는 주장한다. '작은 서사'는 그것이 일어나는 공동체에 내재해 있으며, 능력에 대한 자체의 범주를 그 자신이 결정하므로 자기 합법적이고, 차이에 민감하며, 같은 표준으로 잴 수 없는 것을 관용한다.

둘째로, 포스트모더니티는 정당화에 위기를 불러일으킨다. 포스트모더니티는 지식을 객관적 진리로 보는 모더니스트 아이디어에 의문을 제기하며, 사실상 진리에 대한 독점권을 과학에 부여하면서, 추상적이고 공평한 과학적 탐구의 결과이기 때문에 정당화되거나 타당화된다는 주장에 의문을 제기한다.[1] 오히려, 포스트모던 관점에서 보자면 지식은, 진실 또는 거짓으로 간주되는 것을 결정짓는 권력관계 속에 새겨져 있는 것으로 생각된다. 간단히 말하자면, 지식은 권력의 결과이면서 권력과 분리될 수 없다. 사회적으로 구성된 세계에서는, 확실성에 대한 외부적 입장, 역사나 사회를 넘어선 보편적인 이해, 외부적 정당성을 제공하는 거대담론 등은 있을 수 없다. Michel Foucault의 이론을 논의할 본 장의 후반부에서 우리는 지식, 진리, 권력 간의 관계라는 이 주제로 다시 돌아갈 것이다.

셋째, 포스트모더니즘은 재현(representation)의 위기, 즉 "무엇이 사회적 '실재'의 적절한 묘사를 구성하는가에 대한 뿌리 깊은 불확실성" (Lather, 1991: 21)이라는 또 다른 위기를 만들어 낸다. 모더니티는 언어나 다른 수단을 통해 객관적인 실재를 정확하게 재현하는 것이 가능하다는 신념을 지지한다. 문제는 진리를 어떻게 가장 잘 기술하고, 반영시키거나 재생산하느냐이다. 그러므로 '실재'란 인식의 주체자(knower)와 인식의 과정과 독립적으로 존재하는 어떤 것이 된다. 실제로, 이러한 신념은 모더니티 프로젝트보다 앞서 있었다.

1) Young(1990)은 20세기 앵글로-아메리칸의 실증주의와 유럽의 이론 간의 차이가 설명과 해석의 모델을 논쟁하는 입장에서 재현되었던 반면, 또 다른 구분은 객관성의 아이디어와 관계가 있다고 제안한다. 앵글로-아메리칸 이론에서 주장하는 실증주의 가정은 연구자의 입장이 종종 문제시되지 않은 채 남아 있다는 것을 의미한다.

> 서양 철학은 적어도 Plato 이후에 '실재의 형이상학'으로 흘려 있었다. 대부분의 서양 철학자들은 어떤 실재(Real)가 사고를 통해 재현되거나, 재현될 수 있는 철학적 체계를 구성하는 일을 그들의 과업으로 삼았다. 이 실재는 인식의 주체와 관계없이 '바깥 저기에' 존재하고 있는, 외부적이거나 보편적인 주체 또는 실체로 이해된다. 철학자의 바람은 실재를 '반영시키는 것', 기록하는 것, 모방하는 것, 또는 나타내는 것이다. 진리는 그것과 상응하는 것으로 이해된다. (Flax, 1990: 34)

그러나 만약 포스트모던 관점에서 본다면, 어떤 하나의 실재가 있는 것이 아니라, 여러 관점에서의 실재가 있으며 구성이 재현을 대체한다. 재현을 위한 요구는 다른 것에 비해 어느 특정 구성이나 관점에 특권을 부여함으로써 권력을 투사하는 도구로서 이해될 수 있다. 그리고 사람과 사물이 판단되는 것에 대해 표준화된 범주와 기준을 구성함으로써 만들어지는 표준화의 형태로서 이해될 수 있다. 이러한 방식에서 본다면, 언어는 실재를 복사하거나 재현하지 않는다. 언어는 실재를 구성한다. 포스트모던 관점에서, 세계는 우리가 그리는 지도보다, 우리가 서술하는 묘사보다, 그리고 우리가 사용하는 범주보다도 훨씬 더 끝없이 복잡하다. 그렇다면 개념은 결코 중립적이거나 단순할 수 없다.

그러므로 포스트모던 사상가들은 세계가 객관적으로 인식될 수 있다거나 감환될 수 있다는 생각, 즉 개인의 지식 활동에 대해 회의적인 태도를 취한다. 인간은 실재에 대한 진정한 재현을 만들어 내기 위해 시간, 장소, 또는 관계의 밖에 놓일 수 있는 초월적 존재가 아니라 사회적, 역사적, 언어적 인공물로 간주되어야 한다. 그러므로 실재 또는 세계라는 존재(being of the World)에 독립적인, 비언어적인, 또는 비역사적인 접근으로 어떤 자율성의 순간도 없고, 순수한 이성이나 구성적 의식이 없는 "아르키메데스적 준거점[2](Archimedes point)은 있지 않으며" (Flax, 1990: 32), 있을 수도 없다.

포스트모던 사고에서 이러한 주제 가운데 어떤 것도 과학을 배제하는 것을 뜻하지는 않는다. 사실, 과학에 대한 포스트모던 관점은 과학과 과학적 합리성이 우리 삶에 큰 영향을 미쳤다는 사실을 인정하면서, 과학을 매우 심각하게 다룬다. 그러나 정당화와 재현의 위기를 통해, 포스트모더니티는 진리에 대한 독점을 주장하는 과학과 그것의 주장에 문제를 제기한다. 근대 과학은 즉시 거부되지는 않는다. 그러나 그것은 이제 더 이상 지식의 유일한 원천으로서, 그리고 세상의 복잡성, 다양성, 삶의 모호함과 불확실성을 이해할 수 있는 것으로서 생각되지 않는다. 지식은 진리에 도달하기 위해 극복되어야 할 장애물이기보다는 풍부한 가능성의 원천으로서 이해된다.

포스트모더니즘은 또한 '둘 다/그리고' 보다는 '둘 중의 하나/또는' 을 선호하는 이원론적 사고, 즉 '질서와 무질서, 자연과 문화, 이성적인 것과 비이성적인 것, 사고와 감정 간의 이원적인 대립' 에 문제를 제기한다. 미리 준비된 범주와 전체적인 불연속성은 사고의 선형적인 진보와 발달만큼이나 의심스럽다. 그것은 추상적인, 영원한, 보편적인, 맥락과 상관없는 질문을 출발점으로 내세우는 과학과 더욱 실제적인, 상황적인, 지역적 질문(local questions)을 출발점으로 내세우는 포스트모더니티 중 '어느 하나/또는' 이라는 선택의 문제가 아니다. 모더니티와 포스트모더니티 간의 관계도 마찬가지다.

2) 역자 주: 철학자 아르키메데스가 "나에게 아주 큰 지레가 있다면 지구도 들 수 있다." 고 말한 데서 유래한 것으로 지레의 받침점을 뜻한다. 즉 절대적인 기준이나 법칙을 의미하는 말로서 여기서는 객관적이고 절대적인 '실재' 세계는 존재하지 않는다는 것을 설명하기 위해 사용되었다.

3. 모더니티와 포스트모더니티

> 포스트모더니티는 그것의 원래 프로젝트의 비실행성(non-feasibility)을 인정해 온 모더니티이다. 포스트모더니티는 그 자체의 불가능성과 화해한, 그리고 좋든 싫든 그것과 함께하기로 결심한 모더니티이다. (Bauman, 1993: 98)

Bauman이 인지하듯이, 포스트모더니티는 모더니티의 중심에 있는 가치 기호들을 뒤집는다. 보편성보다는 특이성이, 거대담론보다는 지역적 지식이, 통일과 일관성보다는 다양한 관점과 복잡성이, 일치보다는 다양성이, 확실성보다는 불확실성이, 진리보다는 의미창출이, 예정된 결말을 향한 자연스런 진보보다는 역사에 있어서 기회의 가능성이 더 선호된다. 그러나 이러한 아주 다른 관점과 가치 때문에, 모더니티와 포스트모더니티의 관계가 완전히 반대이거나 단절된 것으로 오도되고 있다. 우유부단한 구경꾼에게 둘 중 '하나/또는'이라는 선택을 하도록 요구하고 있는, 공통점이 아무것도 없는 두 개의 전쟁 진영으로서 간주한다. 그러나 상황과 관계는 그보다 훨씬 더 복잡하다.

우선, 어떤 이는 우리가 포스트모더니티보다는 '후기' 또는 '성찰적' 모더니티의 시기에 살고 있다는 관점을 취한다(Beck, 1992; Giddens, 1990, 1991). 계몽주의에 대한 그들의 맹렬한 공격에도 불구하고, Adorno와 Horkheimer(1997)는 사회적 자유가 계몽 사고와 분리될 수 없으며 계몽주의는 항상 인간존재를 두려움으로부터 해방시키는 것과 인간을 인간 자신의 주인으로 만드는 것을 목적으로 삼았다고 주장한다. 그러나 자기-파괴, 맹목적인 권력 행사로의 타락을 피하기 위해, 계몽주의는 그 자체를 기꺼이 비판적으로 생각하는 반성을 받아들여야 한다고 그들은 주장한다.

독일의 비판이론 철학자인 J¨u rgen Habermas는 또한 이성과 과학의 해방적 잠재력에 대한 믿음을 유지하고 있는 모더니티 프로젝트를 미완성된, 그러나 재구성되고 재형성된 것으로 본다(Habermas, 1983). 그는 계몽주의가 Adorno와 Horkheimer, 그리고 다른 이들에 의한 비판에 이미 해결책을 제공해 왔다고 주장한다. Habermas는 어떤 사회적 규칙이 옳고 그른지 결정하는 것이 가능하므로, 보편적 토대에 도달하게 된다고 주장한다. 그러나 그것은 성숙하고 독립적인 개인에 의해 가치중립적이고 보편적인 기준의 실체에 자율적으로 적용되는, '주체 중심의 이성(subject-centred reason)'을 통해서 도달하게 되는 것이 아니다. Habermas는 대신에 '의사소통적 이성(communicative reason)'을 만들어 내는 담론을 통해 개인 간의 의사소통을 주시한다. "전지(all-knowing)한 개별 주체의 관점은 동등한 주체 간의 대화적 행위를 통해 도달되는 합의적 동의보다 중요하지 않다. … 우리의 문제는 (포스트모더니스트로), 이성 그 자체가 아니라, 특정한, 일방적 소견이 지배하는 것"이라고 주장한다(Kumar, 1995: 174). 그러므로 Habermas는 토대를 구축하기 위한 수단으로서 절차상의 규칙에 근거한 상호작용과 협력, 반성과 담화를 주시한다. 간주관적 동의는 논쟁을 통해 성취된다. 그리고 무엇이 진리며 규범적으로 옳은가 하는 논쟁적 대화를 통해서 판단될 수 있다. "의사소통적 합리성(communicative rationality)은 합의의 정도 및 형태와 관련하여 판단된다. 더 나은 논쟁은 우연적 힘을 통해서가 아니라 통찰을 통해서 설득시키는 것이다"(Carleheden, 1996: 15). Habermas는 이 의사소통적 행위와 논쟁의 다양성을 인식하고 가치 있게 생각하는 것에 기반을 둔 사회, 그래서 종속과 개성의 부정 없이 집단적 정체성을 구축하는 것에 기반을 둔 사회에 개인을 통합시킬 수 있는 메커니즘으로 본다.

선형적인 진보로서의 역사적 관점이 아닌 역사적 관점을 취한다면 포스트모더니티의 중요한 특징이 특별히 새롭고 고유한 것으로 보이지 않는다. Spanos는 "포스트모던 시기를 알리는 추진력은 발전 도상에 있는 역사적 줄거리에서 기본적으로 연대순으로 일어난 하나의 사건이라기보다는 현재의 탈중심화된 역사적 국면에서 두드러지는 인간 이해에 대한 고유 양식"(1987: 194)이라고 제안한다. Toulmin은 모더니티의 기원은 그보다 더 이르다고 자주 제안되기도 하지만, 16세기의 르네상스에 있으며, 이 초창기에 모더니티는 오늘날 포스트모더니티와 공통점인 다양성과 복잡성에 대한 존중, 관용적인 회의론(tolerant skepticism)이라는 특성을 지녔다고 주장한다.

> 윤리학과 시학에 대해 쓰면서, 아리스토텔레스는 우리에게 '사례의 본질'을 넘어선 확실성, 필요성, 또는 일반성을 목표로 삼지 않도록 권고한다. (16세기의 인본주의자) 회의론자들은 경험에 호소하는 것에 유사한 한계를 짓는다. 우리는 인본주의에 도달하려는 우리의 야심을 제한하는 일을 부끄러워할 필요가 없다. 그러한 겸손함이 우리의 면목을 세워 준다. … 정직하게 다른 입장을 취하는 사람들을 우리의 관점을 갖도록 전환시킬 합리적인 방법이 없을지도 모르지만, 우리는 그러한 불일치를 단락(short-circuit)시킬 수 없다. 대신에 우리는 인간 삶의 다양성에 대해 한 단계 더 나아간 증거로서, 그러한 불일치와 살아가야만 한다. 후에 또 다른 학파가 출현하도록 허용하는 이러한 차이는 더 공유된 경험으로 해결될 수도 있다. 이러한 경험에 앞서, 우리는 인내하는 마음으로 관점의 다양성을 수용해야 한다. 그 결과로 생기는 복수성, 모호함, 확실성의 부족을 인내하는 것

> 은 죄가 아니며, 잘못은 더욱 아니다. 진실한 반성은 우리가 신이 아니라 인간이기 때문에 불가피하게 치러야 하는 대가의 부분이라는 것을 보여준다. (Toulmin 1990: 29-30)

그래서, 우리는 포스트모더니즘의 개념을 사용하고 있으면서도 그것을 사용하는 것에 대해 다소 의심을 품고 있다. 우리는 Jane Flax(1990: 188)가 "'포스트모더니즘'을 말하는 것에 의해서조차 나는 이질성, 규칙과 차이의 다양성 등 그것의 중심 가치의 얼마를 위반하는 위험을 감행한다."고 할 때 그 말에 동의한다. Readings는 포스트모던 대신에 '후기역사적(post-historical)'이라는 개념을 사용하기를 더 좋아한다. 그는 "포스트모던은 대체로 하나의 질문으로서 기능하지 않게 되었으며 지식인들이 자신들의 기대에 부응하지 못하는 세상을 비난한다는 명목으로 또 하나의 변명거리가 되었기 때문에 나는 그 용어를 버리고 싶다."(1996: 6)고 하였다. 그러므로 우리는 Tom Popkewitz(1998a)가 자신의 '포스트모던 감수성(sensibility)'을 언급한 것에 공감하는데, 우리는 그것을 질문에 초점을 두는 것이 중요하다는 사실을 더 민감하게 느끼는 것으로 이해한다.

우리가 비록 유아교육과 그 사회적 실천 분야를 해체하려는 여정을 시작했을지라도, 그리고 자연적 범주, 본질주의자의 반대, 재현적 주장에 회의를 품음으로써 이러한 실천에 있어서의 긴장에 개방적이 되려고 노력했을지라도, 우리 모두가 모더니스트 담론에 깊이 잠겨 있다는 것을 우리는 전적으로 인식한다. 이 책의 저자로서, 우리는 모두 이러한 전통 안에서 성장했는데, 이는 모더니티가 우리에게 강한 영향력을 미쳤다는 것을 의미한다. 우리가 비판하고 싶어 하는 개념은 항상 우리 내부에 이미 존재하는 것이다. 아니면, Docker가 포스트모더니즘과 대중문화에 대한 그의 통찰력 있는 책에서 다음과 같이 말한 것과 같다.

> 확신하건대, 모더니즘과 그에 대한 엄청난 문헌, 비판적 이론, 개념, 방법에 내가 진 빚은 내가 알고 있는 것보다 훨씬 많을 것이다. 나는 이질적인 작은 부분, 불연속성, 다양하고 모순되며 논쟁적인 의미와 가치로 가득한 것으로서의 문화적 역사, 결국은 결정이 불가능한 텍스트로서의 역사를 나타내려고 노력했다. 그러나 나의 주장이 아마도 내가 반대하려고 애쓰고 있는 바로 그 개념을 계속해서 재소개하고 있다는 의심도 또한 든다. (1994: xiv)

그러므로 포스트모더니티 안에서 작업하는 일은 모더니티 프로젝트와 계몽주의 내에서 수행되어 온 모든 작업을 깨끗이 잊어버리고, 연속성의 가능성이나 공유된 관심사를 무시한 채 그 프로젝트와 운동이 대표하는 모든 것을 거부함을 뜻하지 않는다. 포스트모더니티 프로젝트에서 채택된 작업 방법은 모더니티 프로젝트 내에서 채택된 방법과 마찬가지로 엄밀함, 개방성, 공정함과 관계가 있다. 근대 철학과 과학의 추상적 엄격함을 인간 삶의 구체적인 세부 내용에 대한 실제적인 애정과 결합시킴으로써, "데카르트 철학과 엄밀한 과학이 지적 삶을 지배해 온 삼백 년 동안 우리가 얻은 혜택을 잃지 않고, 르네상스의 인본주의 지혜를 다시 회복하려고 노력할 필요가 있다." (1990: 174)는 Stephen Toulmin의 주장에 우리는 동의한다.

4. Foucault, 규율과 권력

> 오늘날의 목표는 우리가 누구인가를 발견하는 것이 아니라, 우리가 누구인지를 거부하려는 것 같다. … 이 시대의 정치적, 윤리적, 철학적 문제는 국가로부터, 그리고 국가 기관으로부터 개인을 해방시키려고 하는 것이 아니라 우리를 국가로부터 그리고 국가와 연결되어 있는 개별화의 형태로부터 해방시키려고 노력하는 것이다. 우리는 우리에게 부과되어 왔던 이러한 종류의 개별성(individuality)을 거절함으로써 새로운 형태의 주체를 증진시켜야 한다. (Foucault, 1980c: 216)

프랑스의 철학자 Michel Foucault는 포스트모던 사고의 발달에 중요한 역할을 한다. 우리는 여기서 우리의 사고에 아주 도움이 된다고 생각했던 권력에 대한 그의 아이디어와 연구에 중점을 두고자 한다. Foucault는 통치자와 통치를 받는 자, 주인과 노예, 식민하는 자와 식민을 받는 자라는 단순한 이원론으로서의 권력에 대한 모델을 가지고서 그리고 동의와 강제, 정당성과 수용성에 대한 논쟁으로, 권력과 통치권에 대한 하나의 개념에만 의존하는 것을 비판한다.

> 이러한 전경에서 권력은 사람들이 소유하는 '어떤 것'이며, 소유권은 불공평에 도전하려는 집단 사이에 재분배될 수 있는 '어떤 것'이다. 그러므로 '통치권'이라는 용어의 사용은 … 통치권으로서의 권력은 종종 억압하는 자와 억압받는 자가 존재하는 이분화된 세계를 만들어 내며, 그 결과 특정한 사회적 집단을 획일적인 실체로 정의하는 이원론을 만들어 낸다. (Popkewitz and Brennan, 1998: 18)

Foucault는 16세기부터, 권력을 행사하는 사람들에게 새로운 기회가 생겨났다고 주장했다.

> 새로운 수단과 새로운 전략적 목표를 지닌 새로운 종류의 권력이 나타났다. 이러한 변화의 중심에는 군주의 통치권과는 거리가 먼 그리고 '지배(government)'에 대한 관심과는 가까운 치국책(statecraft)의 이론과 실제에 있어서 뒤바뀜(displacement)이 있었다. 여기서 '지배'에 대한 관심이란 통치하는 개인뿐만 아니라 *마음대로 쓸 수 있는 인적 자원(human material)을 만들기 위해*, '공적', '사적' 영역에서 이루어지는 광범위하고 다양한 노력을 말한다. … 밝혀진 대로, 통치는 통치자가 원하는 것을 사람들에게 억지로 시키는 것과는 관계가 별로 없으며, 강요하지 않으면서 *그들을 바람직한 방향으로 나아가게 하는 것*과 더 관련이 많다. (Ransom, 1997: 28, 29, 강조는 첨가된 것임)

근대 사회에서 권력은 그 후에 훨씬 더 다양하고 널리 미치게 된다. 권력은 여러 가지 목적으로 인해 통치자뿐 아니라 다른 이들에 의해서도 행사된다. 모든 사람이 권력에 의해 영향을 받을 뿐만 아니라, 어느 정도까지는 권력을 행사한다. 우리는 지배를 받지만, 또한 우리 자신을 지배하고, 많든 적든 간에 다른 사람들을 지배할지도 모른다. 권력은 이성적인 담론이나 명백한 강제에만 의존하지 않는 여러 장치를 통해 작용한다. 특히, Foucault는 '규율적인 권력'을 규명하였다.

> … 규율적 권력은 *개개인을 모양 짓는다*. 이러한 일은 개개인이 동의하든 동의하지 않든 일어난다. 그것은 폭력을 사용하지 않는다. 대신

에, 개개인은 권력의 요구를 충족시키도록 훈련되고 만들어진다. 더구나, 이러한 훈련 방법은, 그것의 창시자와 실천가가 희망하기로는, 기술을 전수할 뿐 아니라 연루되어 있는 개인에 대한 정치적 효력을 감소시키면서 그렇게 할 것이다. (Ransom, 1998: 37, 강조는 첨가된 것임)

규율적 권력은 직접적인 의미에서 강요하지는 않지만, 성취되어야만 하는 준거를 강요함으로써 목표를 성취한다. 간단히 말해, 규율적 권력은 표준화를 하는데, 즉 개인을 일종의 표준이 되는 기준인 특정한 기준에 따라 만들어 낸다. 규율은 무엇이 표준인가를 결정하고, 개인이 표준인가를 평가하기 위한, 그리고 개인을 기준에 맞추어 만들어 내기 위한 측정과 다른 실제를 개발한다. 이러한 형태의 규율적인 권력은 직접적인 힘을 수반하는 두 상대 사이의 대결이 아니라, 무엇이 일어나고 있는가를 그들이 인식하지 못하면서 주체를 바라는 목적으로 이끌거나 안내하느냐의 문제이다. "통치와 규율 둘 다에 있어서, 목적은 *자신들이 하도록 요구받고 있는 것에 대해 그들이 비판적으로 생각하도록 자극하지 않으면서* 개개인이 속한 집단을 특정 방식으로 행동하도록 설득하는 것이다" (Ransom, 1997: 30-1, 강조는 첨가된 것임). 규율과 결합된 권력은 그 자체로 위험하다. 통치자 모델에서의 권력과는 달리, 위험하지만 명백히 가시적인 것이 어떤 것인가를 알아내기 어렵기 때문이다. 규율적 권력은 종종 그 규율적 권력을 구현하고 있는 주체에 의해 그리고 그렇게 함으로써 그 또는 그녀 자신을 지배하는 주체에 의해 효과를 얻는다.

Foucault는 억압적인 통치권력을 포함하여 사회적인 구속을 제거함으로써 해방되는 본질적인 인간의 본성을 믿지 않는다. 그는 주체가 권력의 특정한 기술체계나 규율적 메커니즘에 의한 권력 관계를 통해 구축되고 구성된다고 생각한다. "규율은 개인을 '만든다.' 그것은 개인을 규율행사의 대상이자 도구로 간주하는 권력의 특정한 기술이다." (Foucault, 1977: 170). 자기 형성(self-formation)의 과정은 과학적인 분류와 구분하는 행위(dividing practices) 위에 구축된 자기성찰의 과정을 수반한다(Foucault, 1980a).

규율적 권력은 다양한 방법과 기술공학을 통해 작용하며, 지식, 진리와 담론이 중심이 되고 서로 관련된 역할을 한다. Foucault는 진리와 지식을 본질적이거나 기초적인 용어로 이해하지 않는다. 오히려 '진리' 또는 '지식'으로서 정의되거나 받아들여지게 되는 것으로 이해한다. 문제는 어느 정도 절대적이고 객관적인 의미에서 그것이 옳든 그르든, 주장이 본질적으로 진실이냐 거짓이냐가 아니다. 문제는 오히려 특정한 주장이 '마치' 그것이 진정한 지식인 *것처럼* 특정한 시간과 장소에서 어떻게 다루어지게 되느냐에 있다. 진리는 '발견될 진리의 총합'이 아니라, "진리와 거짓이 분리되어 있으며 권력의 구체적인 영향이 진리에 귀속되어 있다는 것을 따르는 규칙들의 총합"(Foucault, 1980a: 132)이다. 그러므로 생각의 체계는 또한 행위의 체계이며 권력과 관련되어 있다. 인간 개개인이 그런 것과 마찬가지로 진리와 지식도 권력에 의해 구성된다.

Foucault는 그러므로 권력이 인간을 짓밟는 반면, 지식은 인간을 해방시킨다는 계몽주의의 신념에 도전한다. 이 둘은 밀접하게 관련되어 있다는 것이다. 지식 또는 정당한 지식이라고 규정된 것은 권력의 산물이지만, 그다음에는 그것이 규율의 형성과 구성에 중요한 역할을 하면서 권력의 도구로서 작용한다.

> 지식은 권력이 없는 것으로 가정되기 때문에, 우리는 지식이 청렴하다고 믿는다. … 그러나 지식은 결코 절대적이 될 수도, 궁극적인 본질이 될 수도 없다. 대신에 지식은 많은 문헌과 구체적인 상황에 존

> 재하는 가능성 가운데, 그 지식을 선정하는 개인이나 집단의 목표를 향상시킬 특성이나 측면을 추려낸 것이다. … 강조해야 하는 것 그리고 긍정적이거나 부정적으로 나타내야 하는 것을 선택함으로써 지식은 그것을 '묘사하는(describes)' 세상을 만들게 된다. (Ransom, 1997: 19)

지식은 우리가 진실이라고 이해하는 특징을 열거함으로써 세상에 대한 우리의 이해를 형성한다. 뿐만 아니라, 감시(surveillance), 측정, 범주화, 규정, 평가 등과 같은 표준화의 기술을 제공하기도 한다. 규율적 권력의 행사에 있어서, 개인을 구성하고 있는 것이 무엇인가 그리고 인구를 특징짓는 것이 무엇인가에 대한 지식이 개인과 인구집단을 근본적인 방식으로 모양 짓는다. 개개인이 규율화되고 자기규제적이 되는 것을 통해 객관주의자의 지식을 분류의 기준으로 만듦으로써 사회과학은 이 점에서 특별히 중요한 역할을 해 왔다.

담론은 진리의 구성과 강하게 관련되어 있다.

> 각 사회는 그 사회만의 진리의 제국(regime of truth), 진리에 대한 '일반적인 정치(general politics)'를 지니고 있다. 그것은 그 사회가 진실이라고 받아들이고 진실로서 기능하도록 만든 담론의 형태이다. 그것은 우리가 진실과 거짓 진술을 구별할 수 있도록 하는 메커니즘이자 사례이며, 그 각각이 허용된 방법이다. 그것은 진리의 습득에 있어서 가치와 일치되는 기술이며 절차이다. 무엇을 진실로 간주하는가를 결정하는 것에 책임을 지는 사람들의 지위이다. (Foucault, 1980a: 131)

이 인용문이 제시하듯이, *담론(discurses)*은 권력을 전달하고 만들어 내며, 권력의 중요한 도구이다. 담론의 중요성은 담론이 단순히 실재를 재현하거나 복사하는 수단이기보다는 세계를 구축하는 과정 중에서 언어가 결정적인 역할을 한다는 데에 있다. 우리가 사용하는 언어는 우리가 세상을 바라보고 이해하는 방식을 형성하며 지휘한다. 그리고 우리가 서로 다른 현상과 대상을 명명하는 방식은 하나의 관습 형태가 된다. Foucault는 그러한 관습, 즉 사물을 명명하고 그것에 대해 이야기하는 우리의 방식을 *담론*이라고 부른다. 그가 보기에, 구체적인 실천에 결정적인 영향을 행사하는 그러한 담론은 *지배적인 담론의 제국(dominant discursive regimes)* 또는 *진리의 제국(regimes of truth)*으로 간주될 수 있다. 그러한 담론의 제국은 규제 기능을 한다. 담론의 제국은 세상에 대한 우리의 일상 경험을 조직한다. 그것은 우리의 생각, 사고, 행동에 구체적인 방향으로 영향을 미치거나 지배한다. 그러나 그런 통치는 또한 특정 시대에 특정 문화에서 '진리'로 생각되는 것과 '하기에 옳은 것'(Foucault, 1980a) 생각되는 것에 대해 포함과 배제의 과정을 거치면서 경계를 만든다. 담론의 제국은 우리가 '진리'라고 생각하는 것, 우리가 세상을 구축하는 방식, 그리고 그에 따른 우리의 행위와 실천 등을 지휘하고 지배함으로써 우리의 사고에 권력을 행사한다. 이런 방식으로 담론은 실재로 하여금 특정 종류의 행위를 하도록 하기 위한 메커니즘을 제공한다(Miller and Rose, 1993). 그렇게 함으로써, 담론은 또한 세상을 이해하고 해석하는 다른 대안적인 방법을 제외시킨다.

이러한 과정은 *Emperor's New Clothes*라는 Hans Christian Anderson의 이야기에서 나타난다. 벌거숭이 임금님에 대해 말하는 어린 소년은, 군주는 실제로 장대한 옷을 입고 있다고 주장함으로써 백성들이 세상을 보는 방식을 지배하는 국왕의 진리의 제국에 의문을 제기하는, 유일한 사람이다. 상상할 수도 없는 것을 감히 생각해 내고, 그렇게 함으로써 사람들에게 다른 방식으로 세상을 이해하고 '대항 담론(counter-discourse)'을 채택하도록 요구하는 것은 어린아이뿐이다.

지배적인 담론의 제국은 실재를 분석하고 구성하고 기술하기 위해 우리가 사용하는 개념, 관습, 분류와 범주를 통해 작용한다. 개념, 관습, 분류와 범주를 통해 우리는 진실 또는 거짓으로 보이는 것, 정상적이거나 비정상적으로 보이는 것, 옳거나 그른 것으로 보이는 것을 인정한다. 예를 들어, 아동발달, 발달 단계와 같이 우리가 아동에 대해 이야기하기 위해 사용하는 개념과 범주는 우리가 아동이라는 개념과 범주를 구성하고 이해하는 방식을 낳게 된다. 우리는 다음 장에서 이러한 예들을 발전시킨다. 개념과 분류는 다소 무의식적으로 우리의 사고와 행동을 지배하면서, 우리의 사고를 한정하고 모양 짓는 틀이 된다. 그러나 우리는 또한 그것들을 구현하고 사용함으로써 우리 자신을 지배한다. 개념과 분류는 예를 들어, 유아교육 · 보육기관에서 무엇이 가능하고 무엇이 바람직한가에 대한 우리의 이해를 형성한다. 그것들은 담론의 제국에 의해 행사되는 권력의 재현이다. 그러나 개념과 분류는 또한 우리가 정책, 실천, 관계를 만들기 위해 그것들을, 예를 들어 아동발달의 개념을 사용할 때 권력을 행사하는 수단이 된다.

담론은 또한 단지 언어적이기만 한 것이 아니라, 우리가 창조하는 환경에서뿐만 아니라 우리의 행동과 실천에서 재현되고 생산된다. 모든 것이 언어와 마찬가지 방식으로 의미를 지닌다. 담론으로서의 환경에 대해 Foucault가 예로 든 것 중 하나는 19세기 교실의 고안이다.

> 직사각형으로 배열된 직사각형 책상이 교사의 빈틈 없는 '분류적인' 감시하에, 여러 다른 입구를 가진 하나의 커다란 탁자를 형성한다. 학생의 성취, 가치, 성격 … 근면, 청결, 부모의 재산 등이 모두 탁자에서

> 학생의 위치에 반영된다. 그 결과 개인 집단은 흩어지고, 개별화되고, 정리된다. 그러나 목표는 정적인 분배를 유지하는 것이 아니다. 오히려 성적의 기준을 설정하는 것이다. 개개인은 그 기준에 따라 평가되며 편성될 뿐만 아니라, 그들을 기준에 더 가깝게 다가가도록 할 훈련을 어쩔 수 없이 할 수밖에 없다. 학생의 성적이 향상하거나 떨어질 때, 그들의 탁자 위치도 그에 따라 변한다. (Ransom, 1997: 16-17)

권력은 곳곳에 스며들어 있고 복합적이다. 권력은 또한 단순히 또는 심지어 억압적이기보다는 생산적인 힘이라고 Foucault가 제안한다. "만약 권력이 억압적이기만 했다면, 권력이 '아니오' 라고 말하는 것 말고 아무것도 하지 않았다면, 여러분은 정말로 우리가 그것에 복종할 마음이 생길 것이라고 생각하는가? 무엇이 권력을 좋은 것으로 유지하게 만드는가, 무엇이 그것을 받아들이도록 만드는가는 단순히 그것이 어떤 것들을 연결시키고 생산해 낸다는, 그것이 즐거움을 유발하고, 지식을 형성하며, 담론을 만들어 낸다는 사실이다" (Foucault, 1972, Rabinow, 1984: 61).[3] Foucault는 모든 경험은 개인의 특정한 모습을 포함하고 있다는 것을 인식하면서, 규율적 권력을 본래부터 나쁜 것이거나 비도덕적인 것으로 보지 않는다. 권력관계는 복합적이며, 권력의 결과로서만이 아니라 권력의 매개체로서 우리들 각각을 포함하고 있다.

Foucault의 이론은 예를 들면, 주체가 사회적 행동을 지휘할 수 있고 이성의 적용과 체계적 지식의 적용을 통해 미래의 개선을 보장할 수 있다

3) 우리가 이 책을 통하여 '생산적인' 이라는 용어를 사용하는 것은 권력 그리고 지식과 개념같은 권력을 행사하는 수단이 어떻게 사회적 세계와 그것에 대한 우리의 이해를 모양 짓고, 형성하고, 구성하는 '것을 만들어 내는가' 를 나타내 보이기 위해서이다.

는 계몽주의의 아이디어와 같은, 변화에 대한 많은 아이디어에 대항한다.

> … 지배적이고 자유적인 교육 개혁 담론은 변화를 논리적이고 연속적인 것으로서 도구적으로 조직하는 경향이 있다. … 약속이행(redemption)의 행위자들은 국가와 교육 연구자들이며, 반면 변화의 행위자들은 '자기'-동기화된('self'-motivated) 전문가들로서의 교사들이다. 비판적인 전통은, 특히 마르크시즘과 관련된 전통 또한 행위자들에 대한 철학적 가정을 통해 진보에 대한 약속을 지킨다. 약간의 망설임으로 이의를 제기하면서, 현대의 비판적 전통은 학교 교육을 통한 약속이행이라는 19세기의 관점을 지속시킨다. 지적인 작업은 사회적 변화를 위한 보편적인 규범과 방향을 제공하는 것이다. (Popkewitz and Brennan, 1998: 7)

그러나 Foucault의 연구는, 다음과 같은 경우에 진보를 위해 이성과 지식을 적용하는 자율적인 행위자들의 아이디어가 변화에 대한 적절한 이론으로서 간주될 수 있는가에 의문을 던진다. 즉, 개인이 더 이상 외부의 권력을 참아낼 수 있는 행위자가 아니라 오히려 권력관계를 통해 구성된 것으로 이해되는 경우, 마찬가지로 지식이 객관적이고 '순진무구한' 진리의 조직체가 아니라 권력과 관련되어 있다고 생각되는 경우, 그리고 지식이 "전문가적 지식체계를 통해 우리 '자신들'의 생각이 당연한 것 같다."(Popkewitz and Brennan, 1998: 13)고 말해도 좋을 만큼, 우리를 모양 짓고, 개인을 구성하고, 표준화하기 위한 권력의 능력을 통해 생산되는 것으로 이해되는 경우이다. 사실, 권력관계의 한 가지 특징은 현대 사회(modern societies)가 우리가 독특하게 우리 자신의 것이라고 믿는 주관적 경험을 형성하기 위한 능력을 가지고 있기 때문에, 그러한 권력관계가 생산적이고 효율적이 되려면, 그것은 영속적인 물리적 강제를 기반으로 할 수는 없다고 Foucault는 주장한다.

마찬가지로, Foucault는 지난 두 세기의 혁명적 이상향 뒤에 따라왔던 실망스럽고 비참한 결과를 인정하면서, 혁명이 실행 가능한 비판적 패러다임이라는 생각을 버린다. Foucault는 혁명적 행위를 통해 제거함으로써 우리를 해방시켜 줄 사회적 제약 속에 감추어져 있는 본질적인 인간의 본성을 믿지 않는다. 그에게 있어 인간의 본성이란 개혁과 진보를 일으키기 위해 외부 권력을 행사하는 자율적인 인간 행위자들의 가능성 그 이상의 어떤 것도 아니다. 그는 권리의 가치를 얼마쯤 인정하지만, 그러한 권리들은 규율적 권력의 전파적(dispersed)인 성질과 개인을 만들어 내고 표준화시키는 그것의 능력에 대한 어떤 방어도 없이, 안전에 대한 잘못된 의미를 만들어 낸다고 믿는다.

Foucault의 이러한 생각으로 인해 몇몇 사람들은 Foucault의 이론들이 행위자와 변화에 대한 어떤 가능성도 제공하지 않는다고 믿는다. 그러나 그가 이루려고 추구하고 있는 것은 "인간의 자유에 대한 재개념화와 지금까지 그것을 성취하기 위해 사용된 수단들로부터의 성공적인 분리 둘 다"이다. … "그는 무관심으로 또는 암암리에 타협적인 개혁주의로 퇴화하지 않는 후기 혁명적(postrevolutionary) 사조를 발전시키고 싶어 한다" (Ransom, 1997: 105).

Foucault는 권력의 작용에 대항하기 위한 개념적 도구들이 부족했는데, 이는 권력이 전통적인 통치권 모델 바깥에서는 어떻게 작용하는가에 대한 명백한 상황을 밝히지 못했기 때문이라고 주장한다. 우리는 권력의 특성을 지니고 있기 때문에 그리고 권력관계로 구성되어 있기 때문에, 권력을 좇아 행동하는 것처럼 가장하면서, 외부로부터의 권력에 도전할 수 없다. 그러나 권력은 저항을 받을 수 있는데, 이는 광범위하고 지배적이라는 권력의 특성에도 불구하고, 그것이 사실 획일적이거나 절대적이지 않고, 무너지기 쉽고 도전에 개방되어 있기 때문이다. 더구나 구성체(constructed)로서의 개개인에 대해 이야기하는 것은 미리 확정된(determined) 개개인에 대해 이야기하는 것과 같지 않다. 권력관계에서 선택과 거부의 가능성이 있다. 개인은 너무 많이 지배받지 않는 방법을 배울 수 있다. 그리고 만약 개개인이, 발견되기를 기다리고 있는 그들의 '진정한 자아'를 발견하는 것을 통해 자신들이 누구인가를 찾아낼 수 없다면 그들은 성숙하게 되어 가는 하나의 과정인 주관성을 포함하여 그들 자신의 구성물(make-up)을 구성하는 과정에 참여할 수 있다.

> 규율적 권력은 저항을 받게 되는데, 이는 그것이 우리 자신을 우리 자신의 활동 주체로 만드는 능력을 방해하기 때문이다. … Kant와 비슷한 방식으로 Foucault는 우리가 아직 '성숙'하지 못하다고 설명한다. Kant에게 있어서 이것은 우리가 우리의 삶과 사회를 정돈하기 위해 우리 앞에 있는 이성을 사용하지 못하고, 대신에 성직자와 왕권 같은 외부적 권위에 의존하였다는 것을 의미했다. Foucault에게 우리의 미성숙은 침묵적이고 보이지 않는 규율의 작용에 대항하여 우리 자신의 주관성을 형성하지 못하는 우리의 무능력함에 있다. 사실, 주관성이 보편적인 생득권이라는 가정은 주관성의 성취가 어쨌든 하나의 과업이라는 시각을 막고, 한 방식으로 또는 또 다른 방식으로 주관성을 형성할 그러한 영향력을 엄격하게 통제하지 못한다. … 그러나 우리 자신이 주관성을 형성하는 활동에 진입함으로써, 우리 각자는 우리가 해 왔던 방식을 잠재적으로 극복할 수 있고, 그것에 도전할 수 있거나 적어도 의문을 던질 수 있다. (Ransom, 1997: 143, 152)

Foucault는 이것을 '자아에 대한 배려'로서, '우리 자신의 주관성을 형성하는 활동'이라고 부른다. 그것은 개인의 영혼이나 마음으로 들어가기 위해 스스로를 나타내는 다양한 것을 검토하는 것을 의미한다. 뿐만 아니라, 그러한 것이 개인의 통제하에 있는 정도까지는, 자신의 인격과 존재의 방향을 의식적으로 결정함으로써 자신의 구성을 보고 있는 개인을 검토하는 것을 의미한다('자아에 대한 배려'라는 개념은 교육적 기록과 관련하여 7장에서 더 논의된다). '자아에 대한 배려'를 연습하기 위한 수단은 '자아에 대한 기술공학'이며 여기서 사고의 역할은 아주 중요하다. 사고는, Foucault가 그 용어를 사용하고 싶어 하는 의미에서, 구체화된 개념으로부터 우리 자신을 비판하고 자유롭게 하는 것과 새로운 개념을 생산해 내는 것 둘 다 가능하게 한다. 이러한 관점에서 본다면,

> … 사고는 … 행동 방식이나 반응 방식으로부터 우리가 한 발짝 뒤로 물러서서 그것을 사고의 대상으로 우리 자신에게 나타내도록 허용하는 것이며 행동 방식이나 반응 방식, 의미, 상황, 목적에 대해 질문을 던지도록 허용하는 것이다. 사고는 우리가 하는 행동과 관련된 자유이다. 즉, 우리가 행동을 하나의 대상으로 설정함으로써, 행동으로부터 우리 자신을 분리시키고, 행동을 하나의 문제로서 성찰한다는 개념이다. (Ransom, 1997: 129).

이러한 맥락에서 '사고'는 우리로 하여금 질문을 던지거나 해체하는 것을 가능하게 해 주는 비판의 한 형태, 즉 우리가 세상을 보는 그리고 세상과 우리의 관계를 보는 방법이다. 얼마의 기본적인 윤리, 지식 또는 일련의 규범을 확인하려고 시도하기보다는 구체적인 사건과 실천에 초점이 있다. 이러한 구체적인 사건이나 실천은 "반성될 수 있다. 그리고 그

러한 구체적인 사건으로부터 생겨난 우리 자신들의 구성물(constructions)은 고려될 수 있고, 거부될 수 있거나 심지어 지지될 수도 있다" (Ransom, 1997: 129).

사고 훈련의 부분으로서, 지배적인 담론과 그것들이 만들어 내는 구성과 실제는 도전받을 수 있으며, 대안적인 담론과 구성이 생산될 수 있는 공간이 창조될 수 있고 새로운 영역이 만들어진다. 거대담론과 담론의(discursive) 실천이 우리의 지식과 비판적 능력에 경계를 설정함에 따라, 그것들 속에 깊이 박혀 있는 사회적 인습과 사회적 재현으로부터 우리 자신을 떼어 놓는 것이 쉽지 않을지도 모르지만, 그것은 이루어질 수 있다. 그렇게 하기 위해, 교육자와 연구자로서 우리는 가면을 벗고 정체를 드러내야만 하며 널리 퍼져 있는, 보통은 당연하게 여겨지는 담론과 그 담론이 만들어 내는 구성, 실천, 영역, 즉 Foucault의 말로 '지식의 제국'(1980c: 212)에 문제를 제기해야 한다.

> 우리는 우리를 모양 짓는 영향력에 관해서는 대개 무분별한 상태로 성장한다. Foucault는 우리가 우리 자신과 맺는 관계를 변화시키는데 도움이 될 수 있는 어떤 종류의 합리성에 대한 경험을 우리에게 주고 싶어 한다. 우리가 우리 자신과 맺는 관계는 비밀리에 행사해 왔던 권력이 드러날 때 변할 것이다. (Ransom, 1997: 57)

이러한 정체를 드러내기 위해서는 더 잘 인식하고 비판적이 되도록 우리의 성찰을 증가시키는 일이 요구되는데, 이는 이 책에서 되풀이되는 주제이다.

자유를 재조직화(reformulation)하고 성취하기 위한 수단에 있어서, Foucault는 세계적이고 급진적으로 되는 것을 주장하는 프로젝트를 외면

한다. 이는 효과가 없는 해결책으로부터 무력한 지역주의로 어쩔 수 없이 후퇴하는 것이 아니다. 오히려 변화를 더 큰 권력 구조에 도입하기 위해서는 변화를 위한 하향식 접근인 지역적 행위보다는 상향식 접근으로 지칭되는 것이 최선의 방법이라고 확신하는 '사회' 변형의 프로젝트를 그가 경멸하기 때문이다. Foucault는 도전할 수 없는 권력에 맞서 이루어지는 작은 표면적 변화를 지지하지 않는다. 대신, 정치적으로 주요한 영향을 미치는 프로젝트를 지지하고 있는데, 이는 "주관적 상태가 인식되지 않은 채 투과되는 것에 의존하는 사회에서, 자아에 대한 기술공학의 확산은 새로이 저항하는 문제를 너무 많이 초래할 것"(Ransom, 1997: 152)이기 때문이다. 그가 제안하고 있는 것은 "우리의 주관성을 위한 담론적 투쟁"에서 우리가 자주적이지는 못할지라도 적극적이 될 수 있다(Lather, 1991)는 것이다.

Foucault의 사고에서 그를 이끌고 가는 하나의 방향은 규율을 만들어 내고 적용하기 위한 지역적 환경으로서 진정으로 생산적인 장소를 확인하는 것이며, 그 이외의 관심은 이렇게 좁게 규정된 영역에 초점을 두어야 한다는 것이다. 지역적 환경은 학교를 포함하며, "형식적 교육기관은 … 비록 모든 분야가 아닐지라도, 대부분 '규율에 따라 교육하기(disciplining)'에서 중심적이 되어 왔다"(Popkewitz and Brennan, 1998: 22). 그러나 그것은 또한 병원과 유아교육 · 보육기관 같은 다른 많은 지역기관을 포함한다. 그러한 기관이 사람들과 그들의 주관성을 모양 짓는 데 있어서, 규율을 적용하는 한 가지 방법은 규율적 지식을 적용하는 것이다. 이제 우리는 유아교육 분야에서 아주 생산적이었던, 이러한 지식의 영역 가운데 하나를 고찰하고자 한다.

• 발달심리학의 강력한 역할

> 발달심리학의 출현은 분류, 측정, 규정에 대한 관심으로 유발되었다. … 일반적으로 발달심리학은 진리, 객관성, 과학, 이성 등의 내러티브에 몰두했던 시대에 일어난, 패러다임상으로 근대(modern)의 규율이다. (Burman, 1994: 18)

계몽시대 이후, 과학 그리고 특히 '진리-추구'의 과학적 담론은 소수세계 사회의 발달에 심오한 영향을 미친 *지배적인 담론의 제국*이었다. 지배적인 담론의 제국으로서, 과학은 진실과 거짓을 분리하여 진리가 어떻게 인식되는가를 결정하는 규칙을 제공함으로써 지식의 구성에 강력한 힘을 발휘하였다. 유아교육 분야에서, 새로운 문제에 대처할 수 있는 직원을 기관에 두기 위해서는 전문적인 직업과 전문가들이 중요했다. 뿐만 아니라, 새로운 문제를 찾아내고 그것을 해결하기 위한 수단을 구축하는 것을 통해 지식을 구성하는 과정에서 이들은 아주 중요했다. 이 분야에서 발달심리학과 그 전문가들은, 예를 들어 어린이와 유아교육 · 보육기관으로부터의 아주 생산적인 구성물이었던 개념과 분류의 지배 체제를 통해 권력관계에서 특히 중요한 역할을 해 왔다.

Foucault의 분석에 따르면, 발달의 보편적 단계와 같이 발달심리학에서의 개념과 분류는 모더니티 프로젝트에서 어린이를 구성해 왔던 언어 형태로 간주될 수 있다. 우리는 주로 발달심리학을 통해 구성된 *과학적 어린이(scientific-child)*에 대해 말하고 있으며, 다음 장에서 이러한 구성을 더 논의한다. 더구나, '발달 단계'와 같은 은유를 지닌 발달심리학은 교육적 실천의 결과로 생겨났다. 추상적인 지도를 그림으로써, 예를 들어 특정 연령의 어린이들이 자기중심적이고 타인의 관점을 취할 수 없다고

하거나, 어떤 연령의 어린이들은 20분 이상 집중할 수 없다고 말하는 이론을 이용함으로써 우리는 표준화 과정에 의해 자신들의 삶을 살도록 하는, 그래서 교사와 어린이와 그들 각각의 기대와 사회적 실천을 구성하는 분류를 구축한다.

Valerie Walkerdine은 다음과 같이 주장한다.

> 아동발달의 '실재'를 이해하는 일은 저 바깥에 있는 일련의 경험적 사실이나 인식론적 진리 또는 그에 앞서, 그것을 만들어 내는 조건을 밝히는 문제가 아니다. 이러한 의미에서 다른 심리학처럼 발달심리학은 생산적이다. 그것의 긍정적인 효과는 과학과 교육의 실천을 생산해 내는 데 있다. (1984: 163)

이러한 관점으로부터 볼 때, 발달심리학은 어린이에 대한 이미지 구성과 어린이의 요구에 대한 이해 구축뿐만 아니라 유아기 전체 전경의 구축과 구성에 기여하는 담론으로 생각될 수 있다.

발달심리학은 교육적 실천에서 지배적인 역할을 해 왔다. 그러한 역할은 진리와 지식의 정당화와 진보를 위한 모더니티 프로젝트에서 과학과 연결된 중요성에 대해 우리가 앞서 논의했던 것과 관련하여 이해될 수 있는 것이다. Popkewitz(1994)는 모더니티의 새로운 기관에서의 고정된 역할 내에서 개개인이 어떻게 자기-규제적(self-regulating)이 되는가에 대한 질문에 심리학이 대답할 수 있을 것으로 기대되었다고 쓰고 있다. 그는 이러한 과정을 모더니티의 추론과 합리성을 유포하는 사회적 공학의 한 형태로 언급한다. 이러한 맥락에서, 심리학은 20세기 초기 이후 교육적 실천을 위한 가치가 무엇인가에 대한 질문에 대답하는 데 큰 영향을 미쳤다.

그러나 이것은 여러 면에서 문제가 되어 왔다. 주로 심리학을 가지고 교육적 질문을 과학적으로 만드는 것은 교육학이 대체로 심리학과 동의어가 되었음을 뜻할 뿐 아니라, 교육학이 사회적이고 가치에 기반을 둔 고려를 하지 않았음을 의미했다. 아동발달을 기술하는 데 사용된 이론은 아동발달과 양육의 실제 분야에 퍼져 있는 일종의 추상적인 지도가 되면서, 마치 그것들이 실재(reality)의 '진정한' 모델인 것처럼 작용하기 시작하는 추세이다. 복잡한 실재에 대해 사회적으로 구성된 재현으로 보여지기보다는, 세상을 기술하는 방법에 있어서 하나의 선택된 방식인 이러한 이론이 그 자체로 하나의 영역이 되는 듯싶다. 어린이의 삶에 대한 이러한 추상적인 지도를 만들고 이 지도에 의존하여 어린이를 탈맥락화시킴으로써, 우리는 어린이와 그들의 삶, 즉 그들의 구체적인 경험, 실제 능력, 그들의 이론, 느낌, 희망 등에 대한 시각을 잃는다.

그 결과, 우리 모두는 우리가 사용하는 지도에 새겨져 있는 정해진 기준을 각각의 어린이가 어느 정도 충족시키고 있는가를 안다. 어린이의 행동과 사고, 세상에 대한 그들의 가설과 이론에 대해 구체적으로 기술하고 반성하지 않는다. 대신에, 우리는 어린이의 삶을 간단히 도표화하고, "이러 이러한 연령의 어린이들은 그와 같다."와 같은 종류의 말로 어린이를 일반적으로 분류함으로써 쉽게 끝내 버린다. 도표, 분류, 미리 만들어진 범주가 결국은 어린이의 생생한 삶의 풍부함과 구체적인 경험에서 불가피한 복잡성을 대체하고야 만다.

우리는 지도가 바로 영토 또는 전경(landscape)이며 우리가 부르는 이름은 명명되는 것과 똑같다는 환상을 갖고 살아간다고 Gregory Bateson(1988)은 경고한다. Lewis Carroll의 책 *Sylvie and Bruno Concluded*로부터의 인용은 이러한 종류의 지도 작성의 위험성을 제시한다.

Mein Herr는 내가 주제를 바꾸는 것이 최상이라고 생각했던 것에 너무나 당황하는 것처럼 보였다. "소형 지도가 얼마나 유용한 것입니까!" 나는 말했다.

"우리가 *당신네* 나라로부터 배운 또 하나는 지도 만들기예요." Mein Herr는 말했다. "그러나 우리는 그것을 '당신네들'보다 훨씬 더 멀리까지 진행시켰어요. 정말로 쓸모 있을 *가장 큰* 지도가 어떤 것이라고 생각하세요?"

"1마일당 약 6인치로 표시하는 지도요."

"*6인치*밖에 안 되요!" Mein Herr는 소리쳤다. "우리는 금방 1마일당 *6야드*로 표시되는 지도를 만들었어요. 그리고 나서 우리는 1마일이 *100야드*를 나타내는 지도를 만들려고 시도했어요. 그다음에 모든 것 중에 가장 근사한 아이디어가 떠올랐지요! 우리는 실제로 *마일당 일 마일*의 척도로 나라 지도를 만들었어요."

"그것을 많이 사용했나요?" 나는 물었다.

"그것은 아직 유포되지 않았어요." Mein Herr가 말했다. "농부들이 반대했어요. 그들은 그것이 나라 전체를 덮을 것이고 햇빛을 차단할 것이라고 말했어요! 그래서 우리는 지금 나라 자체를 나라의 지도로 사용해요. 그리고 나는 그게 그거라고 확신해요" (Carroll, 1893, 1973 edition: 556-7)

아동발달 이론으로부터 나온 이러한 추상적인 지도가 어린이와 교육자들의 일상적 삶에서 실제로 일어나고 있는 것을 보지 못하게 만든다. 실재는 우리가 그리는 지도보다, 우리가 기술하는 것보다, 우리가 사용하는 범주, 즉 '재현의 위기'보다 더 복잡하고, 맥락화되어 있고, 광범위하기 때문이다. 뿐만 아니라, 추상적 지도는 어린이를, 그리고 우리 자신을 교육자와 연구자로 쉽게 객관화시킬 수 있다. 어린이가 어떠해야 한다고 결정짓는 표준화의 기술로서 작용하는 발달적 평가와 함께, 발달심리학으로부터 성장해 온 아동 중심 교육학을 통해 어린이는 표준화의 대상이 된다. 이러한 과정에서 어린이들이 특정 단계에 도달했는가 아닌가에 따라 그들 간의 위계 형태가 만들어짐으로써 권력이 개입된다. 그리고 기준을 성취하고 기준으로부터의 편차를 막거나 수정하는 것이 교육적 실천의 몫이 된다. 그러한 분류적 실천은 그것을 통해 아동의 사회적 정체성과 개인적 정체성이 정해지는, 일종의 조작(manipulation) 형태로 생각될 수 있다(Popkewitz, 1993).

그것들은 또한 Foucault(1977)가 구분하는 행위(dividing practices)라 부른 것, 즉 과학의 중개(mediation)와 배제의 실천을 혼합하는 조작 방법의 예로 볼 수 있다. 구분하는 행위, 그리고 과학적 분류와 관련된 방법은 사회과학의 성장과 밀접히 연관되어 있는데, 사회과학은 다른 과학처럼, 좋고 나쁜 것, 정상적인 것과 비정상적인 것을 측정하고자 하는 주장을 통해 포함시키거나 배제시키는 데에 사용되는 언어의 형태가 되어 왔다. 이러한 과학적 중개를 통해 개별 어린이는 어린이들과 그들의 기술을 지정하고 측정하는 분류의 표준화 체계 내에 놓인다. 이러한 구분하는 행위는 어린이들을 서로 간에 구분할 뿐 아니라 그들 자신 내에서도 구분함으로써 어린이를 분류하고 조작하고 통제한다. 또한 어린이를 기준에 의해 판정하고 그것이 계속 이어지는 진단적인 평가와 치료적 문화에 이르게 한다(Dahlberg and Lenz Taguchi, 1994).

위기에 처한 어린이들 또는 결핍 어린이들에 대한 분류는 많은 국가에서 중요한 위치를 차지하고 있는 표준화와 구분하는 행위의 아주 명백한 예들이다. 결핍 어린이들과 위기에 처한 어린이들의 분류를 문제로 삼는 것이 우리가 부가적인 지원으로부터 혜택을 받는 어린이들이 없다거나, 열악한 환경에서 살고 있거나, 어른들이나 다른 어린이들로부터의 학대로 고통받는 어린이들이 없다고 생각한다는 것을 뜻하는 바는 아니다. 이 모든 것이 언급될 필요가 있는 중요한 이슈이다. 그러나 이 용어는 문제가 있는데 그것이 중립적이 아니기 때문이다. 그것은 "권력의 결과인 역사적으로 구축된 추론 방법"(Popkewitz and Brennan, 1998: 9)에 의해 생겨난 것이다. 그것은 약하고, 능력 없고, 의존적이며, 배타적인 '가엾은' 어린이를 구성하는 데에 기여한다. 그리고 어린이를 위한 '자연스런' 장소인 가족이 어떤 면에서 어린이를 실패하도록 한 것으로 간주될 때, '보상'이나 '개입' 같은 그러한 진단적이고 치료적인 용어로만 정당화되는 정상이 아닌 존재로서의 어린이들과 사회 간의 관계를 구성하는 데에 기여한다. 이러한 식으로, 분류는 우리가 생각하고 행동하는 것 이상으로 권력을 행사한다(Popkewitz, 1998a).

5. 만남의 윤리학

> 단일성(unity)과 유일성(the One)을 바라는 긴 역사에서 전체성(totality)의 개념이 서양 철학을 지배해 왔다. 서양 철학에서, 지식이나 이론이 타자(the Other)를 포함할 때, 타자가 동일함의 부분이 됨에 따라 동일함이 타자가 되는 일은 없어진다. (Young, 1990: 13)

포스트모더니티는 보편적 주장을 지닌 대서사(grand narrative)의 개념을 미심쩍게 여길지도 모른다. 그러나 이것이 어떤 것이든 포스트모더니티의 상황으로 가야 함을 뜻하는 것은 아니다. 이것은 우리가 5장에서 유아교육·보육기관과 교육적 작업과 관련하여 되돌아갈 이슈이다. Bauman(1993)은 그의 책 *Postmodern Ethics*에서, 모더니티 프로젝트의 주요한 부분이었던 보편적인 규칙과 절대적 진리의 소멸이 개인의 책임을 더 막중하고 심오하게 만들었다고 주장한다. 포스트모던 윤리학은 아주 어려운 결정에 대하여 개인이 책임을 져야만 한다는 것을 의미하는데, 이때 어떤 선택을 해야만 하는가를 말해 주는, 보편적이고 확고부동한 근거의 규칙과 규약에 의존하지 않을 수 있어야 한다. 대신에, 명백하게 훌륭한 해결책을 제공하는 어떠한 간단명료한 안내지침도 없기 때문에 도덕적 선택을 하는 데 우리가 책임을 져야 한다는 것을 인식하면서, 도덕성을 재개인화(repersonalize)해야 하고, 우리 자신이 도덕적 행위자가 되어야 한다. 이것이 비관주의의 원인이라기보다는, Bauman은 "개인적 책임이 도덕성의 마지막 버팀이자 희망" (1993: 34)이라고 주장한다. 그러므로 이러한 관점에 의하면, 우리가 선택하든 안 하든 우리는 도덕적 책임을 지니며, 세상을 도덕적 문제로 그리고 우리 삶의 선택을 도덕적 딜레마로 취급한다. "우리 자신의 책임에 책임을 지는 것은 도덕적이 되는 것을 의미(유일한 의미: the sole meaning)" (1995: 2)한다.

Bauman에게 있어서, 타자를 위한 책임은 포스트모던 도덕성의 주요한 특성이다. "도덕적 입장을 취하는 것은 타자에 대해 책임을 진다는 것을 의미한다. 말하자면, 우리는 불가피하게 실존적으로 도덕적 존재이다. 우리는 타자의 도전, 즉 타자에 대한 책임이라는 도전에 직면한다" (1993: 1). 이러한 관점을 취하는 데 있어서 Bauman은 요즈음의 많은 철학자들과 포스트모던 사상가들처럼 리투아니아의 사상가인 Emmanuel Levinas로부터 영감을 얻었다. Levinas는 타자가 동일함으로 동화되는 지식의 전체주의적 체제를 불신하면서, 모던 프로젝트와 철학의 "다름으로서 다름에 대한 공포(horror of the other as other)"라는 로고스 중심주의(logocentrism)를 걱정하였다(Kemp, 1992). Levinas는 타자('alterity')와의 관계를 전체를 동일한 것으로 나누는 것에서 타자의 이질성을 존중하는 것으로, 즉 타자를 점유하는 것에서 타자를 존중하는 것으로의 변화를 시도한다. 모더니스트 프로젝트의 '로고스'를 고민하고 차이와 이질성에 대항하는 단일성과 동질성의 한계를 뛰어넘기 위하여, Levinas는 철학의 입장에서의 윤리학, 특히 타자에 대한 책임의 권고로서의 윤리학을 제안한다. 그는 철학이 너무 진리의 제국 또는 자기-지식의 입장에서 정의를 추구하는 이성적 프로젝트에 매여 있었으며, 철학적 전통이 "억압과 제휴하고 전체주의적 동일함과 제휴할 정도로"(Derrida, 2002: 141) 철학이 타자의 존재와 의미를 존중할 수 없게 되었다고 주장한다.

다른 이들도 또한 똑같은 이슈를 언급해 왔다. 서양 철학의 전통에 대해 Derrida는 그것이 타자를 수신인(addressee)의 지위로 격하시키려는 기본적인 폭력을 특색으로 한다고 해석한다. Butler는 모더니스트 프로젝트와 관련하여 비슷한 입장을 표명했다. "전체를 이성적으로 보이게 하려면, 다른 사람들의 서로 상충되는 이야기들이 말소되어야 하고, 평가절하되어야 하며, 억압되어야 한다. 단일성의 출현은 항상 사전 폭력 행동을 전제로 하며 요구한다"(Butler, 1993: 37).

타자를 동일한 것으로 간단히 뒤엎지 않는 지식의 형태와 관계 양식을 어떻게 확립하는가? Bauman은 타자에 책임을 지는 일은 타자를 우리와 같이 동일한 것으로 또는 어떤 보편적이고 일반화된 특성을 지닌 것으로 다루지 '않음'을 의미한다고 말한다. 오히려 타자는 유일하고 바꿀 수 없는 것으로 인식되어야 하며, 관계는 이러한 '구체적인 타자'와 형성되어야 한다. Levinas는 타자는 우리가 타자와의 만남에서만, 특히 타자와 마주해서만 발견하는 것이라고 주장한다. 왜냐하면 우리가 타자가 누구인가를 발견하는 것은 얼굴에서이며, 타자를 억압하려는 모든 시도를 문제로 삼는 것은 응시하는 일이기 때문이다. 대화를 통한 타자와의 관계는 경청의 기술과 마찬가지로 만남의 필수적인 부분이다. 여기서 경청이란 그들에게 나의 이해를 더하는 것이 아니라, 그들 자신의 입장과 경험으로부터 타자를 경청하는 일이다. 만남에는 타자의 다름(alterity of the Other)이라는 특성이 부여되어야 한다.

타자와의 관계는 또한 도구주의를 거부하는 특징을 지녀야 한다. 보상의 기대나 교환에 대한 기대 없이, 타자에 대한 책임이 강조되어야 한다.

> 도덕성은 타자와 얼굴로 만나는 일이다. 도덕적 입장은 본질적으로 불평등한 관계를 초래한다. 그러므로 불평등, 불공평, 교호작용을 요구하지 않는 것, 상호관계에 있어서의 무관심, 이득이나 보상의 '균형(balancing up)'에 냉담함, 간단히 말해 이렇게 유기적으로 '불균형한' 그래서 '나 대 타자'의 뒤집을 수 없는 특성 때문에 만남이 도덕적 사건으로 되는 것이다. (Bauman, 1993: 48-9)

Levinas는 자신의 글에서 자율성 대신에 타율성의 아이디어를 언급한다. 타율성은 해방보다는 '의존'의 입장에서 이해되어야 하는 공동체를 의미한다. 이것은 책임이 실제적이 되기 위해 그리고 잠재적으로 합의된 지불의 대상이 되기 위해 금전상의 가치를 지녀야 하는, 자본주의에서 이해되는 것 같은 교환의 논리가 아니다. 이러한 금전에 의한 결합이라는 대용가능성의 아이디어는 모든 책임이 유한하며 재정적 용어로 재현할 수 있다는 것, 즉 금전상의 가치로 바뀔 수 있다는 것을 가정한다(Readings, 1996). 오히려 그것은 사회적인 것이 우리가 결국 이해할 수 없는 타자에 대한 책임의 진상이라는, *비세속적 공동체(dissensual community)*에 대한 Lyotard의 설명과 더 공통점을 지닌다.

> 우리는 정확히 왜냐고 말할 수 없으면서 그들에게 의무를 지고 있다. 만약 우리가 '왜'라고 말할 수 있다면, 사회적 결속이 인식의 대상으로 이루어질 수 있다면, 우리는 정말로 전혀 책임을 다루지 않고 교환의 양(ration)을 다룰 것이기 때문이다. 만약 우리의 책임이 무엇인가를 안다면, 우리는 그 책임을 해결할 수 있고, 보상할 수 있으며, 대신 지불함으로써, 책임으로부터 자유로워질 수 있다. (Readings, 1996: 227)

이러한 윤리적 관점은 보편주의뿐만 아니라 합의(consensus)에 이의를 제기한다. 그리고 확실히 알지 못하는 것, 또는 결정불가능성(undecidability)을 최전면에 내세운다. Mouffe(1996a)는 결정불가능성을 엄격히 고려하지 않고는 정치적 의사결정과 윤리적 책임의 개념을 생각할 수 없다고 주장한다. 그러므로 결정불가능성은 뛰어넘거나 극복되어야 할 국면이 아니다. 하나의 대안을 선호하여 내린 결정은 항상 다른 하나의 손실을 가져오기 때문에, 내가 좋은 선택을 했다는 것에 결코 만족할 수 없다. 정치화는 결코 멈추지 않는다. 결정불가능성이 의사결정에 계속해서 존재하기 때문이다. 모든 합의는 본질적으로 불안정하고 혼란스러운 어떤 것에 대한 안정화로 보인다. 혼란과 불안정성은 감환할 수 없다. 그러나 Derrida가 지적하듯이, 이것은 위기이자 기회이다. 계속적인 안정성은 정치와 윤리학의 종말을 의미하기 때문이다. Mouffe(1996a)는 Derrida의 용어로, 이것이 결정불가능성에 의해 방해받는 민주주의의 가능성의 요소를 영원히 계속해서 개방하고 있는 민주주의가 왜 언제나 '도래하게 될' 것인가에 대한 이유라고 말한다.

타자를 강조하고 다름을 존중하는 이러한 윤리적 관점은 지식과 교육학에 중요한 의미를 지닌다. 가치와 진실에 대하여 계몽주의가 주장하는 보편성에 영향을 받아서 지식은 종종 타자에 대한 이해와 결합을 통해 구성되어 왔다(Young, 1990). 이것은 지식과 권력 간의 밀접한 관련성에 대한 내용으로 초기의 논의에서 다루었던 것이다. 그 예로, "지식의 구조와 유럽 중심주의로 알려진 현상인 지난 200년간 억압의 형태의 연결", "전체주의적 체제 내에서 지식의 형태로서 타자에 대한 전유가 유럽 제국주의의 역사와 나란히 놓일 수 있는" 방법(1990: 2, 4) 등을 들 수 있다. 그런 전체주의화를 불신하면서, Lyotard와 Foucault는 모두 보편성에 반대되는 것으로서 특이성(singularity)을 최전면에 내세우고 싶어 하는 반면, Said는 대상을 전체주의적 도식 내에서 단순히 이해하는 일괄적인 이해의 형태를 제공하기보다는, 복수적 대상을 있는 그대로 분석할 수 있는 새로운 형태의 지식이 필요함을 주장해 왔다. 이론적 이슈는 타자가 어떻게 그대로 유기적으로 연관될 수 있는가, 그리고 다른 문화가 어떻게 서로 연관될 수 있는가이다. 우리가 어떻게 타자를 알 수 있고 존중할 수 있는가?

이러한 관점은 교육이 미리 결정된 지식을 전달하는 역할을 하며, 책임으로부터 자유로운 자율적인 주체를 만들어 낸다는 아이디어에 문제를 제기한다. 대신에 그것은 Blanchot의 용어로 "타자에 대한 무한한 관심"인(Readings, 1996: 161), 다름(otherness)의 존재에 책임을 강요하는 교육적 관계를 의미한다. Readings는 "교육적 관계를 타자의 목소리로 나타나는 … 사고에 대한 책임의 대화망(dialogic web of obligations)에 걸린 무리(parties)로 이루어진 비대칭적이고 끝이 없는 것"(1996: 145)이라고 말한다. 교육은 '사고를 경청하는 것'이다.

> '사고를 경청하는 일'은 자율적인 지식군(body of knowledge)을 가진 자율적 주체를 만들어 내는 데 시간을 보내는 것이 아니다. 그것은 의미에 대한 질문을 끊임없이 논쟁의 소재로 열어 두는, 책임의 열린

> 네트워크를 탐구하기 위해 서로의 옆에서 그리고 우리 자신의 옆에서 사고하는 것이다. … 사고를 정확하게 평하는 일은 말로 이야기될 수는 없지만 스스로 들려지도록 노력하는 어떤 것을 듣기 위해 노력하는 것을 의미한다. 이것은 안정되고 교환 가능한 지식의 생산과 양립할 수 없는 과정이다. (Readings, 1996: 165)

Readings는 대학에서의 교육을 이야기한다. 그러나 그의 주제들이 유아교육 · 보육기관과도 관련이 있는 것 같다. 관계로서의 교육학, 책임의 네트워크, 타자와의 급진적 대화 형태 등이 그것이다. 책임의 장소로서 그리고 윤리적 실천을 위한 장소로서 교육적 작업을 위한 기관, 즉 타자를 동일하게 만드는 것이 아니라, 우두머리가 없는 그래서 각자가 타자의 사고를 경청하는 관계 속에서 타자와 나란히 함께 일하는 것에 그 목적을 둔 기관 등이 그의 주제와 관련된다.

그러한 복잡하고 다양한 이론, 그리고 그 이론을 둘러싸고 있는 논쟁을 단 몇 쪽의 공간에서 공평하게 평하기는 불가능하다. 많은 책에서 그 각각에 대해 다룰 수 있고 다루어 왔다. 더구나 우리가 다루었던 각각의 주제는 이 책에서 우리가 더 깊이 들어갈 공간이 없는 논쟁이나 반론을 유발한다. 그렇게 많은 '이론'으로 어린이들에 대한 논의를 복잡하게 만든 것을 사과하기보다 우리는 더 광범위하고 더 복잡한 분석을 제공하지 못한 우리 자신의 노력을 비판하려 한다. 정말로 위험한 일은 어린이들, 유아교육 · 보육기관, 그리고 이와 관련된 많은 사람들을 마치 그들만의 아늑한 세계, 즉 모든 문제가 가치중립적인 기계적 투입과 측정 가능한 결과로 축소될 수 있고 "어떤 것이 효과가 있지?"라는 물음이 유일한 질문인 그런 세계에 존재하고 있는 것처럼 다루는 데에 있다.

단편적이기는 하지만, 우리가 노력했던 것은 질의 문제뿐만 아니라, 유아기, 유아기의 교육과 기관을 이해하기 위해 노력하는 데 유용하다고 생각하는 많은 이론을 지적하는 일이었다. 우리는 이러한 이론이 이 분야에서의 실천에 어떻게 도움을 줄 수 있는가에 대한 몇몇 예를 이미 다루었으며, 다음에 이어지는 장에서 더 연결시킬 것이다. 우리는 유아기와 유아교육 · 보육기관에 대한 좀 다른 구성과 이러한 구성이 어떻게 별개의 실천을 만들어 내는가를 논의할 것이다. 우리는 질에 대한 문제가 모더니티 프로젝트 내에서 '질에 대한 담론'의 위치에서 이해될 수 있다고 제안할 것이다. 그리고 포스트모더니티가 '의미창조의 담론' 내에서 다양성과 복수의 관점을 수용하는 교육적 작업을 이해하고 평가하는 데에 대안적인 방법을 제시한다고 주장할 것이다. 우리는 지배적인 담론을 가시적으로 만들고 문제화시킬 수 있도록 비판적 사고와 반성이 유아교육 분야에서 어떻게 효과적이 될 수 있는가에 대한 예로서 교육적 기록작업을 논의할 것이다. 그리고 교육적 실천을 포함하고 있는 대안적인 담론에 대해서도 논의할 것이다. 우리는 레지오의 교육철학과 실천이 많은 면에서 포스트모던으로서 이해될 수 있다는 것을 제안할 것이다. 또한 스톡홀름 프로젝트가 어떻게 포스트모던 상황으로부터, 그리고 어린이들과 유아교육 · 보육기관에 그러한 상황이 주는 의미로부터 출발하였으며, 그 작업이 어떻게 아주 명백히 포스트모던과 사회적 구성주의의 관점 내에서 발전되어 왔는가를 보여 줄 것이다. 우리는 여러 주제 가운데서도 유아교육에서 다수세계와 소수세계 사이에서 점차 증가하고 있는 지배적 관계가 적어도 부분적으로는, 보편적인 법칙과 전체주의적인 체제에 대한 모더니티의 열망으로부터 생겨났다고 주장할 것이다. 타자와의 관계를 언급하는 만남의 윤리학은 실천가와 다른 성인들 간에, 어린이들과 성인들 간에, 서로 다른 규율 간에, 서로 다른 사회적 집단이나 사회들 간에,

유아교육의 전 분야를 통해 관계를 위한 하나의 윤리적 관점을 제공한다.

물론 유아교육에 이론을 끌어들이는 것이 드문 일은 아니다. 이미 지적했듯이, 비록 Foucault가 지역적 분야가 권력의 이론을 분석하는 데 아주 생산적이라고 믿었을지라도 우리가 유아기와 유아교육 · 보육기관에 무관심했던 이론가들의 이론을 끌어들였다는 것이 아마도 일반적인 일은 아닐 것이다. 더구나, 우리는 유아기와 유아발달에서 가장 일반적으로 언급되어 왔던 이론 영역에 문제를 제기하였고 앞으로도 그렇게 할 것이다.

유아교육 · 보육기관과 그곳에서의 교육은 흔히 과학적 방법을 통해 생산된 가치중립적이고 보편적으로 참된 지식의 기술적 적용을 조건으로 하는 중립적 현상으로 보인다. 그러나 본 장에서 약술한 포스트모던 관점에 의하면, 객관적 또는 맥락과 권력과 상관없는 어떤 지식도 있을 수 없다. 보편적 진리에 기반을 둔 절대적인 확실성은 착각이다. 우리 생각에 이것은 어린이를 위한 기관에서 무엇이 '좋은' 그리고 '나쁜' 교육적 실천인가는 다른 사람들과의 만남과 대화를 통한 대화적 맥락에서만 대답될 수 있음을 의미한다. 더구나, 유아교육 · 보육기관과 그들이 관여하는 교육적 작업은 자의적이고 사회적으로 구성된다. 가능한 대안적인 구성으로부터, 우리는 항상 어린이를 모양 짓는 구성물에 의해 생겨난 것과 이러한 구성물을 생기게 하는 것 둘 다 선택해야만 한다. 우리는 다음에 이어지는 세 개의 장에서 이러한 주장을 발전시킨다.

Beyond Quality in Early Childhood Education and Care

제3장

아동기의 의미구성:
아동기는 어떠한 시기인가?

1. 서론

> 아동의 삶은 어른이 아동기는 무엇이고 아동은 누구이며 또 누구이어야 하는지에 대해 이해하고 있는 관점에 근거하여 구성되고 있는 아동기를 살아내는 것이다. (Mayall, 1996: 11)

유아교육 · 보육기관에 종사하면서 우리는 종종 아동의 관점에 서 있다든가 우리의 교육 행위가 *아동 중심(child centred)*이라고 말한다. 이 말은 무엇을 의미하는가? 아동 중심이란 매우 구체적이고 명확한 개념인 것 같다. 그러나 실제적인 행위 속에서 그것은 대단히 추상적이고 오히려 불명확한 개념이다. 아동 중심이라는 바로 그 용어는 아동을 관계와 맥락으로부터 분리되어 인식될 수 있고 다루어질 수 있는 하나의 통합된, 구체화된, 본질화된, 세계의 중심에 있는 주체로 보는 특정한 모더니스트 시각을 나타낸다. 반대로 포스트모던 관점에서는 아동을 *탈중심화시켜(dicentre)*, 다른 사람과의 관계 속에서 그리고 언제나 하나의 특정한 맥락 속에서 존재한다고 본다.

나아가 이 용어가 의미하는 바는 아마도 아동이 어떤 존재이고 또 어떤 존재일 수 있다는 우리의 이해에 바탕을 두고 있는 것도 같다. 교육 행위가 주요 대상으로 삼고 있는 아동은 어떤 존재인가? 우리의 포스트모던 관점에서 보면, 발견되고, 정의되고, 실현되기를 기다리는 '아동'이라든가 '아동기'라는 것이 있어서, 우리 자신에게나 다른 사람들에게 아동은 어떠하며 아동기는 어떠한 시기인지에 대해 말할 수 있는 것이 아니다. 아동이 어떤 존재인지를 말해 줄 과학적 지식을 기다리는 대신 우리가 아동을 어떤 존재로 보느냐를 결정할 선택의 여지만 있을 뿐이며, 이러한 선택은 중요한 의미를 갖는데, 그 이유는 우리가 아동과 아동기를 어떻게 구성하느냐에 따라 *생산적(productive)* 결과물이 달라지기 때문이다. 이 말은 그 구성이 아동에게 제공되는 교육기관의 성격과 이곳에서 이루어질 교육의 내용을 결정한다는 의미이다.

이 장에서 우리는 이러한 우리의 관점에 대해 논의한다. 아동이 어떻게 이해되고 개념화되어 왔는지에 관한 몇 가지 상호 관련된 구성물에 대해 비판적으로 탐구한다. 이러한 구성물은 유아교육 · 보육기관의 질에 관한 논의를 포함하여 유아교육 · 보육 분야의 많은 정책 구성과 실행뿐 아니라 아동기에 대한 여러 공개적 논쟁에서도 그 영향력이 매우 크다고 우리는 믿는다. 이러한 구성물은 기존의 지배적인 담론 속에서 자체적으로 생산되며, 모더니티라는 프로젝트 내에 자리 잡고 있고, 우리가 부모로서, 실천가로서, 연구자로서, 정치가로서 구현한 것이다. 우리의 관점에서 볼 때 이러한 지배적 담론은 '아동기 전경' 전체에, 즉 아동과 교육자의 관계, 아동과 부모의 관계, 아동 자신들 간의 관계, 유아교육 · 보육기관의 시간적, 공간적 규제 및 설계, 우리가 이에 부여하는 의미, 유아교육 · 보육기관의 조직 등에 걸쳐 광범위하게 영향을 미친다. 그들은 아동기 교육 체계의 전 생태계를 좌우한다. 그러나 나중에 밝히겠지만 이러한 것들이 우리가 발견할 수 있는 유일한 구성물은 아니다. 레지오에서의 경험을 통해 우리는 아동이 누구이며 누구일 수 있는지에 대해 달리 이해할 수 있는 길을 발견할 수 있다.

- **지식, 정체성, 문화의 재생산자로서의 아동**

> 글로벌 경제가 뿌리를 내리면서, 지금까지는 어린 아동들에 대해 거의 무관심으로 일관해 온 정치가들과 사업가들이 관심의 목소리를 내고 있으며, 이를 실천으로 옮길 준비를 하고 있다. 이들은 점점 경쟁이 치열해지고 있는 글로벌 시장에 직면하여 경제적 생산성을 걱정한다. … 이러한 분위기 속에서 질 높은 아동보육과 교육 활동은 (노동자들의 아이들에게 보육을 제공함으로써) 현재의 안정적이고 준비된 노동력을 유지시키고 미래를 위해 그러한 노동력을 대비시키는 데 비용 면에서 효과적인 것으로 지지되어 왔다.
> … 사업 공동체들과 정치 공동체들의 관심은 미국에서 국가적 수준의 교육 개혁에 불을 붙였으며, 지금은 초기 교육에 중점을 두는 쪽으로 흐르고 있다. 모든 아동이 배울 준비가 된 상태로 학교 교육을 시작하도록 하는 최초의 국가적 교육 목표는 모든 주지사들과 두 대통령에 의해 비준되어 왔는데, 이 목표는 초기 보육과 교육, 그리고 나중의 교육 성취 사이에 중요한 관련성이 있음을 강조했다(Kagan, Cohen and Newman, 1996: 12-13).
>
> 21세기에 학습에 투자하는 것은 최초의 대산업 혁명의 핵심이었던

> 기계 산업과 기술 혁신에 투자하는 것과 맞먹는다. 그때는 그것이 물리적 자본이었으나 지금은 인간 자본이다. … 유아교육의 혜택을 받은 아동이, 특히 결손된 배경의 아동이 유아교육 · 보육의 기회를 누릴수록 초등학교에서 성공할 확률이 높다는 것을 우리는 알고 있다. 그리고 우리는 훌륭한 초등 교육을 받은 아동이 중등 교육에서 더 성공하기 쉽다는 것도 알고 있다.
> 우리의 목표는 모든 아동이 초등 교육에서 최대의 학습 성과를 거둘 수 있도록 글자와 수 셈과 행동 면에서 준비가 되어 학교 교육을 시작하는 것이다(DfEE: Department for Education and Employment, 1997: 14-16).

*지식, 정체성, 문화의 재생자로서의 아동*은 삶을 시작할 때 하나의 빈 용기 또는 *백지상태*인 것으로 이해된다. 이것은 *로크의 아동개념*으로 규정될 수 있다. 이때 주어지는 도전은 아동이 의무 교육을 시작할 나이가 될 때까지 '배울 준비가 되고', '학교 교육에 준비가 되도' 만드는 것이다. 따라서 아동은 이미 선별되어 사회적으로 인가를 받았으며 집행할 준비가 되어 있는 지식과 기술, 그리고 기존의 문화 가치로 채워져야 하고(재생산 또는 전수 과정), 나아가 의무적 학교 교육의 정해진 요구 사항에 순응하도록 훈련되어야 한다.

이러한 관점에서 볼 때 아동기는 성공적인 나중의 삶을 위한 기초이다. 그것은 아동기의 불완전한 상태에서 성숙과 성인기라는 완전한 인간 지위에 이르기까지 그리고 채워지지 못한 잠재력 보유 상태에서 경제적으로 생산성을 갖춘 인간 자원에 이르기까지의 실현 여행을 위한 출발점이다. 아동은 어른이 되어 가는 과정에 있으며, 투자를 통해서 실현되기를 기다리는 잠재적 인간 자본을 대표한다. 아동은 아직 미완성의 단계에 있는 하나의 "구조화된 되어 감(structured becoming)" (Jenks, 1982)의 존재이다. 실현 여행은 적절한 기술의 획득과 이어지는 단계 또는 과업의 성취 그리고 커가는 자율성의 과정을 의미한다. 사다리를 올라가는 것에 비유될 수 있다. 따라서 아동기의 각 단계는 다음에 올 보다 중요한 것에 대비하고 준비하는 것이다. 아동기가 사다리의 가장 첫 단계이며 학교 교육과 학습의 준비 기간이다.

이러한 아동기 구성은 "지금까지는 무관심으로 일관해 온 정치가들과 사업 지도자들" 사이에 아동기에 대한 관심을 증폭시키고 있다. 이러한 힘 있는 사람들의 입장에서 볼 때 아동기는 미래를 위해 '안정적이고 잘 준비된' 노동력을 생산하는 과정의 첫 단계로 부각되고 있으며, 결국 점점 경쟁적으로 변하고 있는 글로벌 시장에서 장기적인 성공을 약속하는 하나의 밑바탕으로 자리 잡아 가고 있다. 이러한 밑바탕에는 지식과 기술을 재생산하는 것뿐 아니라 오늘날의 자본주의가 신봉하고 있는 가치를 재생산하는 것까지도 포함된다. 이 가치에는 개인주의, 경쟁 구조, 융통성, 그리고 임금을 받는 노동과 소비의 중요성 등이 있다.

• 삶의 황금기에 있는 순수한 존재로서의 아동

순수하고 약간은 원시적인 아동의 이미지는 많은 세기를 거치면서 흥미를 불러일으켜 왔다. 그것은 혼동스럽고 통제 불능인 모르는 부분에 대한 두려움과 아동기를 황금기로 간주하는 거의 유토피아적 관점인 일종의 감상주의의 한 형태까지도 내포하는 구성물이다. 이것은 아동기를 한 인간의 삶에 있어 유일하게 순수한 시기인 황금기로 보는 관점을 반영하고, 아동의 자기 규제 능력과 덕, 진리, 미를 추구하고자 하는 내재적 의지와 모든 아동이 가지고 태어나는 선을 붕괴시키는 것은 사회라고 보는 믿음을 반영하는 'Rousseau의 아동개념'이다. 투시와 내관을 통해 자신을 그리고 자신의 내재적 본성과 근본 모습을 알게 된다는 것은 중요한 생각이었다. 심리학에서도 어린 아동에 대한 이러한 구성을 정당화해 왔다. 특히 아동의 자유 놀이와 창의적 표현 활동을 핵심적 교육 활동으로 보는 아동 전문가들이 그러했다.

이러한 아동의 이미지는 어른들로 하여금 아동들에게 보호와 일관성과 안정감을 제공함으로써 폭력적이고 억압적이고 상업적이고 착취적이고 부패한 주변 사회로부터 아동들을 보호하고 싶은 소망을 불러 일으키도록 만든다. 그러나 우리의 경험에 의하면 우리가 아동들을 이미 그 일부가 되어 있는 세계로부터 격리시키면 시킬수록 우리는 우리들 스스로를 기만하는 것일 뿐 아니라 아동들을 진지하게 대하거나 존중하지 않는다는 사실을 깨닫게 된다.

• 자연으로서… 혹은 생물학적 단계를 갖는 과학적 존재로서의 아동

앞의 두 구성과 밀접하게 관련되어 있는 세 번째의 지배적 구성은 어린 아동을 보편적 속성과 태생적 능력을 가지고 있는 하나의 본질적 존재로서의 자연으로 보는 관점이다. 이 관점에서는 아동의 발달을 보편적 법칙을 따르는 생물학적으로 예정된 태생적 과정으로 보며, 이러한 과정에서 벗어날 경우 그 아동이 약간의 비정상적인 요소를 가지고 있는 것으로 본다. 이 과정은 바로 그 연령의 아동들이 존재하는 방식이며, 그들의 본성이며, '정상'이라면 그들의 능력이 보여 줄 수 있는 수준이다. Albeit가 단순화한 것처럼 이것은 *피아제의 아동개념*이라고 말할 수 있다. 왜냐하면 피아제의 단계 이론은 비록 피아제 자신이 결코 단계 이론을 특별히 강조하지는 않았을지라도 분명히 이러한 구성에 지대한 영향을 미쳐왔기 때문이다(Dahlberg, 1985).

이러한 구성에 따르면 아동은 추상화되고 탈맥락화된, 본질화되고 정상화된, 추상적 성숙의 개념(Gesell and Ilg, 1946)을 거치면서 또는 발달의 단계를 거치면서 정의되는 사회적이라기보다 자연적인 하나의 현상이다. 문화의 영향력과 아동들 스스로의 작용은 "자연적인 그리고 자동적인 과정을 거치면서 발달해 가는 탈맥락화된 개인"(Vadeboncoeur, 1997: 33-4)만을 남겨 놓은 채 평가 절하된다. 이러한 구성 속에서 "아동들에게 주어지는 심리학적 분류는 어떤 특별한 시간이나 공간의 연속선도 가지고 있지 않다. 즉, 자기존중감, 유능감, 그리고 창의력이 역사와 사회적 맥락 밖에 존재한다"(Popkewitz, 1997: 33).

이 구성에서 초점은 처한 맥락과는 상관없이 완전한 실현으로 나아가는 하나의 길 또는 성숙으로 향해 가는 하나의 사다리 같은 생물학적 단계의 표준적 순서를 따르는 개별적 아동에게 있다. 비록 '자연으로서의 아동'이라는 용어를 사용했을지라도 그것이 의학 분야와 마지막 장에서 다루어질 발달심리학 분야에서 더 선호되는 생물학적으로 근거한 구성인 만큼 우리는 *과학적 아동*에 대해서도 말하고 있는 셈이다. "아동기에 대한 지배적인 발달론적 접근은 자연적 성장이라는 아이디어에 기초하고 있기 때문에 아동기는 완전한 인간 수준으로 향해 가는 길 위에 있는 생물학적으로 결정된 하나의 단계이다"(Prout and James, 1990: 10). 홀리스틱 관점이 자주 언급되고 있음에도 불구하고 이 구성에서 아동은 사회적 발달, 인지 발달, 운동 발달 등과 같이 세분화된 측정 가능한 범주로 자주 감환된다. 따라서 일상적 삶 속에서 대단히 복잡하고 상호 연관되어 있는 과정이 변화의 생성 과정에서 모두 함께 작용하는 내재적으로 상호 연관된 기능으로 간주되는 대신에 서로 분리되어 이분법적으로 인식된다.

• 노동시장 공급 요인으로서의 아동

금세기 동안 아동처럼 어머니도 자연으로 보는 모성에 대한 하나의 구성이 소수 민족 속에서 점점 많은 영향력을 발휘하고 있다. 아동은 생물학적으로 절대적인 어머니의 양육을 필요로 한다. 특히 생후 3세경까지의 초기에 가장 그러하며, 그 후 점차적으로 다른 아동들과 어른들의 공동체 속으로 들어간다. 어머니는 그러한 양육을 제공하도록 생물학적으로 결정되어 있다. 이러한 절대적 양육을 받지 않거나 주지 않는 것은 자연스럽지 못하며 유해하다. 아동이 어머니에게 애착을 형성하는 것을 훼손시켜 그 아동이 준비되지 않은 채 다른 어른과 아동을 만나도록 내몰린다(Bowlby, 1969).

1993년 유럽공동체 내에서 이루어진 연구에 의하면, 유일한 스칸디나비아 국가인 덴마크에서는 다소 낮은 비율이었지만 전체 반응자 중 3분의 2 이상이 생각하기를 어머니는 아이가 어릴 때는 집에 있어야 한다는 것이다(Malpas and Lambert, 1993). 1994년 영국에서 이루어진 사회적 태도에 관한 한 조사 연구에서 밝혀진 바에 의하면, 의견을 제시한 사람 중 62%가 학교 들어가기 전의 자녀를 가지고 있는 여성은 집에 머물러야 한다고 생각했다. 여성이 일을 해야 한다고 말한 사람들 중에서 다수가 풀타임 일(7%)보다 파트타임 일(31%)을 해야 한다고 보았다. 결혼을 했지만 아직 자녀가 없는 여성은 풀타임 일을 해야 한다고 생각한 88%에 비교해 볼 때 차이가 크다(Jowell et al., 1995).

실제로 경험적으로 볼 때 이러한 관점을 지지하는 증거는 없다. 어린 아동의 양육이 어머니 외의 다른 누군가에 의해 공유될 때 아동이 해를 입는다든가 어머니와의 관계가 반드시 손상을 입는다는 주장을 뒷받침할 수 있는 증거는 없다(McGurk et al., 1993; Mooney and Munton, 1997).

문화적으로나 역사적으로 볼 때 절대적인 어머니 양육은 그리 흔한 경우가 아니기 때문에 이것은 크게 놀랄 일이 아니다(Weisner and Gallimore, 1977). 이것은 역사적으로 어느 특정한 시점에 특정한 사회에서 생산된 모성에 대한 하나의 구성일 뿐이다. 그러나 이러한 증거에도 불구하고 이 구성은 아동기의 구성에 폭넓은 시사점을 주면서 널리 퍼져 지대한 영향을 주고 있다.

그러나 시간은 흐르고 있다. 1960년대 이후 소수 민족 국가의 노동시장에서는 점점 주요 작업 시간에 남성뿐 아니라 여성 노동력도 필요해지고 있으며, 일반적으로 남성뿐 아니라 여성도 자신의 노동력을 팔고 싶어 한다[같은 시간 동안 25세 이하의 청년과 50세 이상의 남자의 노동력에 대해서는 그 수요가 *줄어*들고 있는 것이 자본주의 체제의 실정이다. 서유럽에서의 이러한 추세에 관한 논의를 더 보고 싶으면 Deven et al.(1998)을 참고할 수 있다]. 결과적으로 점점 많은 어머니들이 노동시장에서 아버지들과 합세하고 있다. 어머니는 가정에서 아이들을 돌보고 아버지는 생활비를 벌어 오는 '전통적' 두 부모 가정의 숫자가 줄어들고 있다. 3세 이상뿐 아니라 그 이하의 아동들도 점차적으로 어머니의 절대적 양육을 받지 못하고 있다.

이러한 상황에서 아동은 또 하나의 다른 구성을 낳는다. 즉, 충분한 노동 공급과 인간 자본의 효율적 사용을 보장해 주기 위해 요구되어야 하는 *노동시장 공급 요인*으로서의 아동이다. 만약 어머니가 일터에 고용되려면 어머니 외의 다른 대체 양육이 마련되어야 한다(그러나 '부모들'이 직업을 가질 수 있도록 하기 위해서는 아님이 주지되어야 한다. 왜냐하면 젠더에 관한 지배적 담론이 아버지들은 나가서 일하고 어머니들은 아동양육의 일차적 책임을 진다는 당연시되고 있는 기본 가정을 생산해 내고 있는, 역할과 관계에 관한 관념과 맞물려 있기 때문이다). 영국과 미국에서 정부와 지지 그룹과 그 밖의 다른 사람들은 고용인들이 아동양육에 투자하는 사업을 "안정적이고 잘 준비된 노동력을 유지하기 위한 하나의 비용 효율적인 접근"이라고 공개적으로 말한다. 이것은 '아동양육'을 직접적으로 제공하는 일에서부터 아동양육 정보와 연관 서비스를 위한 예산 지원에 이르기까지 모두 노동으로 끌어들여서 머물도록 하려는 의도로 주어지는 다른 직업적 혜택과 더불어 노동이 더 이상 요구되지 않는 그러한 시간이 올 때까지 유아교육 · 보육기관과 다른 형태의 아동양육에 종사하는 개별적 고용자들과 경제적 에이전시들의 다양한 개입이 점차적으로 늘어나고 있는 현실에서 발견될 수 있다.

• **지식, 정체성, 문화의 공동구성자로서의 아동**

> 아동에 대한 우리의 이미지는 더 이상 아동을 폐쇄적이고 자아중심적이라고 보지 않는다. 그들이 물체를 동반한 활동에만 참여한다고 보지 않으며, 인지적인 측면만 강조하지 않으며, 느낌과 논리적이지 않은 부분을 무시하지 않으며, 정의적인 영역의 역할이 모호하다고 보지 않는다. 오히려 아동이 풍부한 잠재력을 가지고 있으며, 강하고, 힘 있고, 유능하고, 무엇보다도 어른들과 다른 아동들에게 연관되어 있다고 믿는다. (Loris Malaguzzi, 1993a: 10)

지금까지 다루어 온 아동에 대한 구성은 그들이 모더니티 프로젝트 내에서 생산되어 온 것으로 이해될 수 있다는 측면에서 공통점을 갖는다. 즉, 태생적이고 미리 예정된 인간 속성이 발달과 성숙의 과정을 거치면서 드러나며, 과학적 개념과 분류 체계에 의해 기술될 수 있는 자율적이고 고정적이고 중심화된 주체를 믿는 모더니티에 근거한다. 이러한 구성들은 이 밖의 다른 점도 서로 공유한다. 그들은 '무능한' 아동, 즉 나약하고 수동적이고 능력이 뒤떨어지고 덜 발달되어 있고 의존적이고 고립되어 있는 아동을 생산해 낸다.

그러나 대단히 다른 아동을 생산해 내는 새로운 구성이 많은 상호 관련된 논쟁과 프로젝트의 결과에 의해 나타나고 있다(Mayall, 1996). 철학, 사회학, 심리학 분야 내에서 사회적 구성주의자들과 포스트모더니스트 관점, 발달심리학의 쟁점화, 심리학 내의 비교학적 움직임의 영향력 증가, 개인 연구자들과 많은 프로젝트, 예컨대 비엔나에 있는 유럽센터의 지원으로 1987년에 시작된 사회적 현상 프로젝트로서의 아동기(Childhood as a Social Phenomenon Project)(Qvortrup et al., 1994)와 아동들의 일상적 삶에 대한 연구로서 노르딕 의회를 위해 1980년 후반에 시도된 바순(BASUN: 아동기, 사회, 발달) 프로젝트(Dencik, 1989) 등의 연구 결과가 이에 해당된다. 아동과 아동기('아동기'란 삶의 한 단계이며, 하나의 영구적 사회 현상이다. 아동들은 아동기를 통과하는 삶을 산다)의 의미를 새롭게 조명해 보는 이러한 일은 미국보다 주로 유럽에서 일어났으며, 스칸디나비아에서 주도되고 있다. 이러한 일이 일어나는 한 가지 이유는 북유럽 아동들의 일상적 삶은 최근 몇십 년 동안 공적 자금의 지원을 받는 유아교육·보육기관이 광범위한 *네트워크(inter alia)*로 발전하게 만든 사회·경제적 변혁과 정부 정책으로 인하여 변화되어 왔기 때문이다.

> 대부분의 아동들은 지금 하루에 많은 시간을 집단 보육시설에서 보낸다. … 아동들의 아동기를 변화시키고자 하는 극적인 스칸디나비아 실험은 부모, 아동, 국가 사이의 삼각 구도의 상호 관련성에 대해 다시 생각해 보도록 촉구하였다. 전통적 구도에서는 국가가 하나의 후원자로 남고 아동들이 주로 부모와의 관계 속에서 위치하였다. 그

> 러나 스칸디나비아 정책에서는 현재 초점을 바꾸었다. 즉, 아동은 국가와 부모의 공동 책임이라는 것이다. 이러한 상황에서 아동 나름이 갖는 국가, 국가 정책, 목표 등과의 직접적 관련성에 대해 생각해 보는 것은 필요하다. 그 밖에도 이러한 나라에서 일어난 사회 정의와 개인의 권리에 대한 관심은 아동과 부모가 각각 법적 지위를 갖는 독립된 주체로서 자리매김하도록 이끄는 하나의 동력을 낳았다. 따라서 아동들은 개념적으로는 가정에서 밖으로 축출되어 개인뿐 아니라 보다 폭넓게는 하나의 사회 집단으로 생각되도록 유도하는 발판이 만들어지기 시작했다. (Mayall, 1996: 56)

이 인용문에서 우리는 '아동기 사회학의 새로운 패러다임'(Prout and James, 1990)으로 지칭될 만한 아동기와 아동들에 대한 새로운 이해의 주요 특징을 발견할 수 있다. 아동들은 부모와 다른 어른들과 언제나 부합되지는 않는 그들 나름의 관심사를 가지고 있는, 가족의 일부분이면서 동시에 분리되어 있는 존재다. 아동들은 그들 나름의 개별적 인간으로서 그리고 사회의 완벽한 구성원으로서의 권리를 가지고, 인정받는 독립된 위치를 가지고 있다. 아동들은 하나의 사회적 그룹으로 인정받는다. "아동들의 심리학적 개별화는 집단으로서 그들의 삶이 어떻게 거대한 사회경제적 요인에 의해 영향받는지에 대한 사회학적 관심에 자리를 내주고 있다"(Mayall, 1996: 61). 아동기는 예비적 또는 주변적 단계로서가 아닌 사회 구조의 한 구성 요소, 즉 하나의 사회적 설립체로서, 그리고 삶의 행로에서 다른 단계에 비해 덜 중요하지도 더 중요하지도 않은 그 나름의 권리를 갖는 하나의 중요한 단계로서 받아들여진다.

이러한 새로운 패러다임의 그 밖의 특징에는 아래의 믿음이 있다.

- 아동기는 능동적인 협상을 거쳐 이루어지는 사회적 관계 속에서 아동을 위한 그리고 아동에 의해 구성되는 하나의 사회적 구성물이다. 아동기는 생물학적 사실이면서 동시에 그것이 이해되는 방식은 사회적으로 결정된다.
- 하나의 사회적 구성물로서 아동기는 언제나 시간, 장소, 문화 속에서 맥락화되며, 계층, 젠더, 다른 사회경제적 조건에 따라 달라진다. 따라서 자연적, 보편적 아동기는 없으며, 자연적, 보편적 아동은 더더구나 없다. 다만, 많은 아동기와 아동들이 있을 뿐이다.
- 아동들은 그들 자신의 삶뿐 아니라 주위 사람들의 삶과 그들이 살고 있는 사회까지도 구성하고 결정하는 데 참여하는 그리고 경험적 지식을 쌓아가는 주체자로서 배움에 공헌하는 사회적 행위자들이다. 간단하게 말하면 그들은 주권을 가지고 있다.
- 아동들의 사회적 관계와 문화는 그들 나름의 권리 속에서 연구할 가치가 있다.
- 아동들은 그들 나름의 목소리를 낼 수 있으며, 그들을 진지하게 대하고 민주적 대화와 의사결정에 그들을 참여시키고 아동기를 이해하기 위해 귀 기울여져야 한다.
- 아동들은 사회적 자원 제공과 생산에 공헌하며, 비용과 부담의 대상인 것만은 아니다.
- 어른들과 아동들의 관계는 사랑의 표현뿐 아니라 힘 행사도 내포한다. 아동들이 그 힘에 저항하고 대응하는 방식뿐 아니라 어른의 힘이 유지되고 사용되는 방식에도 주의를 기울일 필요가 있다.

이러한 기본 입장에서 아동기와 아동에 대한 구성이 앞에서 기술한 모더니스트 구성물과는 매우 다른 모습으로 생산된다. 아동은 생의 초기 단계부터 지식과 문화와 그 나름의 정체성의 *공동구성자(co-consturctor)*로 부각된다. 아동은 매우 복잡하고 상호 관련되어 있는 과정들을 서로 분리함으로써 세분화된 측정 가능한 범주(예컨대, 사회성 발달, 인지 발달, 운동 발달 등)로 감환될 수 있는 대상으로서가 아니라, 고유하고 독특하고 복잡한 개별적 주체로 이해된다. 이러한 구성은 Malaguzzi의 말에 따르면 "잠재력이 풍부하고, 강력하고, 힘 있고, 유능한" 아동을 생산한다.

레지오 에밀리아에서는 교육 행위의 출발점으로서 '유능한 아동'의 관점을 용기 있게 취하며, "모든 아동이 영리하다."고 언제나 말한다. 그들은 언어를 생산적으로 보는 사회적 구성주의자 관점을 취하면서, 이것이 그들의 선택임을 알고 있다. 즉, 이것은 '그들의' 구성이다.

유능한 아동은 다른 유능함을 낳는다. "만약 당신이 당신 앞에 유능한 아동을 데리고 있다면 당신은 유능한 교육자가 되고 유능한 부모를 만나게 되지만, 그 반대의 경우 당신은 무능한 교육자가 되고 무능한 부모를 만나게 된다."고 그들은 주장한다.

'유능한' 아동에 대한 이러한 구성에서 보면 학습이란 아동의 두뇌 안에서만 거의 격리된 채 일어나는 개별적, 인지적 행위가 아니다. 학습이란 아동이 어른과 함께 그리고 이에 못지않게 중요한 다른 아동과 함께 지식을 구성하고 세계에 대한 의미를 창조하는 협력적, 상호 교류적 행위이다. 이것이 우리가 학습자로서의 아동이 능동적 '공동' 구성자임을 강조하는 이유다. 학습이란 아동을 미리 정해진 결과로 데리고 가는 지식의 전수가 아니다. 또한 아동은 수동적으로 받아들이고 재생산하는, 어른의 지식과 보강을 바라면서 기다리는 '무능한' 존재가 아니다. "아동들은 또래들과 공동으로 구성하는 그들의 사회화 과정 속에서 능동적 주체가 되기 때문에, 아동들이 배우는 모든 지식은 자기 구성과 사회적 구성 과정에서 생겨난다"(Rinaldi, 1993: 105).

아동은 보강을 기다리면서 비어 있는 용기가 아니라 삶의 초기부터 세계에 능동적으로 참여하는 '유능한' 아동이다. 아동은 학습할 자질을 가지고 태어나며, 학습의 출발을 위해 어른의 허락을 필요로 하지 않는다. 실제로 아동은 어른들 손에서 무력해질 위험에 처한다. '발달할' 가능성보다 시간이 지나면서 오히려 능력을 상실할 위험에 처한다. Malaguzzi의 말에 따르면 "아동은 백 가지의 언어를 가지고 있으며, 서로를 자극할 많은 가능성과 표현 방법과 잠재력을 가지고 태어나지만 교육 제도를 거치면서 쉽게 망가진다" (Wallin, Maechel, and Barsotti, 1981, 재인용). 따라서 아동은 진지하게 다루어져야 한다. 능동적이고 유능한 아동은 귀 기울이고 자세하게 살펴야 할 가치가 있는, 그리고 필요에 따라 질문하고 도전해야 할 아이디어와 이론을 가지고 있다.

마지막으로, 그러나 소홀하게 취급되어서는 안 되는 점이 있다. 아동은 사회의 일부분이면서 하나의 구성원으로 이해되고 인정된다는 점이다. 아동은 가족 내부에 존재할 뿐 아니라 바깥의 넓은 세계에도 속한다. 이 말은 권리를 가진 한 사람의 시민이며, 또한 감당할 능력이 있기 때문에 시민으로서의 책임도 진다는 의미이다. 나아가 아동은 사회와 세계 속에 포함될 뿐 아니라 이들과 능동적 관계 속에 있다는 것을 의미한다. 아동은 세계와 분리된 그리고 과거 어른들에 의해 재생산된 약간의 향수 어린 표상 속에 숨어 있는 하나의 순수한 존재가 아니다. 오히려 아동은 오늘을 살고 있는 세계 속의 존재이며, 세계를 구현하고 그 세계에 의해 영향을 받는 존재이다. 또한 세계에 영향을 주기도 하고 세계에서 의미를 발견하기도 한다.

아동이 세계에 능동적으로 개입하고 어른이 이러한 개입을 진지하게 다룰 필요가 있다는 것은 레지오 에밀리아의 유아교육기관을 방문한 한 스웨덴 학자에 의한 다음의 진술에 잘 드러나 있다.

나는 여기에서 레지오 에밀리아에서의 나의 경험을 나누고자 한다. 레지오 에밀리아에 있는 다이애나 프리스쿨(유아교육기관)을 방문하여 한 큰 방에 들어갔을 때 나는 매우 놀랐다. 방 전체가 비어 있었고 바닥에는 상품화되어 있는 많은 놀잇감이 놓여 있었다. He-Man 인물들, My little ponies 등이 있었다. 스웨덴 학자이고 두 아이의 어머니인 나는 매우 혼란스러웠다. 무슨 일인가? 어떻게 이러한 것들이 허용될 수 있는가? 왜냐하면 지금 이 순간 내 눈앞에는 스웨덴 프리스쿨에서 사용되는 교육적으로 개발된 보통의 나무로 만든 놀잇감이 펼쳐져 있기 때문이다.

나는 이탈리아 교육자들에게 내가 본 것에 대해 질문하였고 그들의 답변은 그것이 최근의 동화 속 인물들에 대한 프로젝트라는 것이었다. 다시 한 번 나는 놀랐다. 이렇게 플라스틱 소재이면서 조잡한 색깔의 인물들이 최근의 동화 속 인물인가? 그들은 아동들이 얼마나 자주 TV에서 본 인물들과 이야기들에 대해 말하는지 관찰하였고 그리고 자신들이 교육자로서 이 인물들과 이야기들에 대해 얼마나 아는 것이 없는지에 대해 말을 이어갔다. 그리고 아동들이 그러한 인물들에 대해 이야기할 때 자신들이 얼마나 소홀하게 들었는지에 대해서도 말했다. 그들은 종종 아이들에게 말했다고 한다. "여기서는 그런 것들에 대해서 말하지 않아." 혹은 "다음에 이야기하자." 그들은 아동들이 최근의 동화 인물들에 관한 프로젝트를 하면 재미있을 것이라고 생각했으며, 지금은 레지오에서 흔한 일이지만 교육자들이 그들 스스로가 아동들이 보는 프로그램을 시청함으로써 보다 많은 지식을 얻게 되어 그 프로젝트를 시작할 수 있었다. 뿐만 아니라 그들은 아동들을 인터뷰하여 더 많은 지식과 아이디어를 얻었다. 놀랍게도 한 소년은 그 프로그램에 나오는 25명 이상의 인물들에 대해 그들의 이름뿐 아니라 그들이 맡았던 역할에 대해서도 알고 있었다. 그 프로젝트의 시작을 위해 아동들에게 모든 종류의 최근의 동화 인물들을 프리스쿨에 가져오도록 하였으며, 아동들의 경험, 이야기, 아이디어가 프로젝트 추진의 동력이 되었다.

집으로 돌아오면서 나는 레지오에서의 경험에 대해 그리고 왜 스웨덴의 유아교육 · 보육기관에서는 이러한 놀잇감이 도입되지 못하였는지에 대해 생각했다. 그리고 나는 나의 아들이 아침에 He-Man 인물들을 센터로 가져가고 싶어 할 때 왜 그렇게 다투었는지에 대해서도 생각했다. 그는 종종 그것을 호주머니에 감추기도 했으며 나는 교직원들 앞에서 수치스러워하기도 했다. 80년대 초반 우리는 교육 잡지에서 정신분석학적 입장에서 볼 때 아동들은 자기가 가장 소중하게 여기는 것을 하나의 전환 물건으로 학교에 가져오도록 허용해야 한다는 논의를 하곤 했었다. 그때 많은 프리스쿨에서는 아동들이 이러한 인물들을 비록 복도 입구에 보관하기는 했지만 프리스쿨로 가져올 수 있도록 허용하였다.

또한 나는 아들과 쇼핑을 갔을 때 장난감 가게의 진열장 앞을 피해 다녔던 적이 얼마나 많았는지를 기억했다. 어쨌든 어느 날 우리는 장난감 가게 윈도우 앞에 서 있었으며 아들이 진지한 목소리로 말했다. "엄마, 난 지금 정말 He-Man을 갖고 싶어." 나도 매우 진지하게 대답했다. "지금 가지고 있는 것 외에 또 다른 것을 살 수는 없다고 내가 말했었지?" 그때 그는 더 심각해진 표정으로 말하기를 "엄마는 아무것도 몰라." 내가 다시 물었다. "내가 무엇을 모르니?" 그때 아들은 말했다. "엄마는 He-Man이 얼마나 좋은지 모르잖아."

나중에 나는 생각했다. 어른으로서 아동의 말에 전혀 관심을 두지 않거나 아동이 이러한 것들에 대해 말하지 못하게 하는 대신 아동의 이

> 론, 가설, 꿈, 환상에 진지하게 귀 기울일 수 있다면 얼마나 좋은 기회인가? 아동은 부패되었든 아니든 그 세계를 우리 어른들이 하는 것을 구현한다. 그리고 어른으로서 우리는 진지하게 숙고하면서 그들에게 현실과 상반되는 역이미지를 주는 것과 동시에 그들의 말에도 귀 기울일 책임이 있다. (Dahlberg, 1997)

아동에 대한 이러한 구성은 어머니 역할에 대한 뜻깊은 시사점을 준다. 어머니는 아버지와 함께 계속해서 자녀에 대한 책임을 지며 가정과 가족은 아동에게 결정적이고 고유한 중요성을 갖는 환경과 인간관계를 제공한다. 그러나 아동은 가족 속에서 절대적인 어머니(또는 부모)의 양육을 필요로 하지 않는다. 실제로 절대적 부모 양육은 아동이 사회에서 한 사람의 시민으로 제 역할을 하고 다른 아동이나 다른 어른과 상호작용하여 스스로를 성취할 기회를 제한한다. 이러한 상호작용은 아동이 능동적으로 지식과 정체성과 문화를 공동으로 구성하는 데 하나의 핵심적 역할을 한다.

가정과 밖에서 아동을 다른 아동 및 어른과 보다 폭넓은 관계를 원하고 이에 반응하는 한 사람의 공동구성자로 그리고 능동적 참여자로 본다면, 우리는 어머니 양육이 좋은 것이며 다른 형태의 양육은 나쁘거나 적어도 가치가 떨어지는 양육이라고 보는 어머니 양육에 대한 절대적 신봉이 가져 온 제한적이고 이원론적인 생각에서 벗어날 수 있다. 그 대신 우리는 많은 관계와 기회가 보장되는 아동기의 가능성을 열어갈 수 있으며, 그곳에서는 가정과 유아교육·보육기관 모두 중요하고 상호 보완적인, 그러나 서로 다른 기능을 발휘한다. 이러한 가능성은 레지오 에밀리아의 아동들에 의해 밝혀져 왔다.

> 아동은 예상보다 빨리 두 장소를 왔다 갔다 할 수 있는 삶의 모험을

받아들였다. 유아교육 · 보육기관을 통해서 그들은 전에는 도외시했던 또래들과 같이 있고 싶은 욕구를 표현하고 그들 속에서 두려움과 불안감을 추방할 수 있는 기준, 이해, 놀라움, 정서적 끈과 즐거움의 기점을 발견할 수 있었다. 아동들과 가족들에게 있어서는 이제야 서로 함께 살아가는 아동기라는 오랜 지속 시간, 즉 5년 내지 6년간의 상호 보완적인 신뢰와 활동의 가능성이 열렸다. (Malaguzzi, 1993b: 55)

2. 모더니티 조건 속에서의 아동기와 교육

우리는 아동기와 아동에 대한 구성이 실제를 '생산한다'고 주장했다. 다른 말로 표현하면 교육적 행위란 우리가 아동을 어떤 존재로 생각하느냐의 산물이다. 아동을 빈 용기 및 재생산자로 구성하면 페다고지 또는 교육은 아동에게 미리 결정된, 의문의 여지가 없는, 그리고 미리 직조된 의미를 갖는 지식 덩어리를 전수하거나 저장하는 수단으로 전락한다. 페다고지란 지식의 통치이며 "지식이 그들 스스로를 유식하다고 생각하는 사람들에 의해 아는 것이 전혀 없다고 생각하는 사람들에게 하사된 하나의 선물" (Freire, 1985: 46)이라고 보는 은행 저축의 개념에 해당된다.

우리는 이러한 페다고지의 개념이 모더니티의 여건 속에 자리 잡고 있으며 모더니티에 의해 생산된다고 본다. 왜냐하면 모더니티는 교육이 입수한 정보로 인해 자유로워질 수 있다고 본 자율적 주체를 생산하기 위한 목적으로 과학적 지식을 전수하는 하나의 장면이라고 말하는 계몽주의 내러티브에 속하기 때문이다. 이 내러티브는 교육을 미리 구성된 지식을 빈 용기에게 전수하는 것으로 이해했을 뿐 아니라 자유도 개인이 지식에 의해 자기 충족적이고 의무에서 자유로운 한 자율적인 주체로 변형된다는, 인간이 중심에 있는 하나의 특정한 관점에서 보았다. 나아가 이러한 내러티브에 따르면 교육이란 "어른에게 의존하는 아동들을 정의에 따라 독립적이고 자유로운 시민으로 변형시키는"(Readings, 1996: 158) 하나의 선형적 과정이다. 따라서 이 내러티브는 교육의 임무가 '무능하고' 의존적인 아동을 '유능하고' 자율적인, 성숙된 어른으로 변화시키는 것이기 때문에 아동들이 무엇이 될 것인가에 일차적인 가치를 둔다. 유아교육은 아동들을 미래에 대비하여 기초를 갖추게 함으로써 장기적 결과에 따라 평가되는 기반으로 이해된다. 이러한 결과 지향 접근에서는 "사건과 경험이 오직 교육과 아동발달에 대한 우리의 내러티브에 의해 긍정적 또는 부정적 발달 결과를 향해 가는 하나의 발판으로 인정될 때만 의미를 갖는다. … 그리고 나중의 성공과 무관하기 때문에 하찮거나 무의미해 보이는 활동을 희생하여 장기적 대가를 가져온다고 우리가 믿는 활동에 가치를 부여한다"(Tobin, 1997: 13-14).

이 페다고지에서는 교육자들이 권위의 특권을 갖는다. 자율성과 진리의 이상에 집착하여 진정한 질문하기를 차단시킨다. 전형적 교육 행위는 '질문-대답'의 형태인데, 교육자가 아동들에게 질문하며, 이 질문은 실제로 교육자들이 이미 '맞는' 답을 알고 있는, 따라서 이 답에 귀 기울이는 진정한 질문이 아닌 질문이다. 이러한 방식은 종종 유아교육 · 보육기관이 아닌 학교의 전통과 연관되어 있다. 그러나 연구에 따르면 이것이 유아교육 · 보육기관의 실제에서도 나타난다고 한다. 특히 '아침 세션' 또는 '서클 타임'과 같은 보다 교육적인 시간에 그렇다는 것이다(Haug, 1992; Hedenqvist, 1987; Rubenstein Reich, 1993). 스웨덴의 한 유아교육기관의 아침 시간에 있었던 아래의 에피소드는 질문-대답 형태의 힘을 생생하게 보여 준다(Hedenqvist, 1987). 교사인 Siv는 Bosse, Alvar 등의 아동들과 바닥에 원을 그리며 앉아 있다.

Siv: 겨울에는 대기 속에 존재하지 않는 것이 있단다. 지금은 대기 속에 있지. 어떤 새들은 그들을 먹는단다… 대기 중을 날아다니지… 우리가 지난주에 이야기했었고 지금 다시 이야기하는 거야.
Bosse: 뭐라고요?
Siv: 지금 대기 중에 날아다니는 것은 뭐지? … 많이 있잖아…
Bosse: 새들요. 벌들요… 뒹벌들!
Siv: 그래, 아주 조그만 곤충이야. 뭐라고 했지?
Bosse: 뒹벌.
Siv: 그래, (망설이면서) 다른 곤충은 어떤 것들이 있지?
Bosse: 벌!
Siv: 음, 다른 곤충들도 있는데… 무는 것들 있잖아. Alvar, 모르겠니? 여름에 물고 나면 가려운데?
Alvar: 벌요?
Siv: 그래. … 그런데… (윙윙거리는 소리를 모방하면서)
Bosse: 말벌이에요.
Siv: 내가 말하는 곤충은 모기야.
Bosse: 뭐라고요?
Siv: 모기.

이 작은 대화는 "내가 생각하는 것을 맞추어 볼래?" 게임에서 교사가 기대하는 바를 아동들이 파악하기 바쁜 모습을 보여 주고 있다. 또한 질문-대답 형태가 교육과 아동 내부에서 어떻게 구현되는지에 대해 보여준다. 이러한 대화에서 아동이 얼마나 무능하고 무기력해 보이는지, 그리고 자극받지 못하고 지식으로 채워져야만 하는, 자기 나름의 자원과 잠재력이 없는 존재로 보이는지를 알 수 있다.

3. 포스트모던 조건 속에서의 아동기와 교육

> 아동의 잠재력은 그들의 학습 종착점이 미리 정해질 때 마비된다.
> (Rinaldi, 1993: 104)

> 교육의 초월적 힘은 내용에 있다기보다 점수를 주거나 학위를 인정해 주는 것으로 귀결될 수 있는 하나의 계약으로 규정되지 않도록 질문하기의 일시성(temporality)을 열어둘 수 있는 방법에 있다.
> (Readings, 1996: 19)

우리는 앞에서 우리가 큰 변화를 겪고 있다고 주장하였다. 그 속에는 포스트모던 조건이 생겨나고 있다. 우리가 아동기를 특정한 상황 속에 위치하고 있는 하나의 사회적 현상으로 본다면, 아동을 *지식*과 *정체성*과 문화의 재생산자가 아니라 *공동구성자*로 본다면, 그 아동은 포스트모던 아동기를 살고 있다고 볼 수 있다. 이 말은 무슨 뜻인가? 포스트모던 아동기란 어떤 특징을 갖는가? 유아교육의 기능과 구성을 위한 시사점은 무엇인가?

포스트모던 조건을 갖는 사회에서 살기 위해서는 개별 아동들이 계속적 변화뿐 아니라 고도의 복잡성과 다양성에 적응해야 한다. 보다 정체된 사회에서는 아동들의 일생과 지식이 부모들과 거의 유사하게 사전에 결정된다(Asplund, 1983). 이러한 조건에서 유아교육의 기능은 아동들이 그들의 진정한 정체성을, 즉 본질적 정체성을 찾도록 하고 과거에는 종교에 의해 결정되었으나 나중에는 가치중립적인 객관적 과학과 이성에 의해 미리 결정되는 지식과 문화적 가치를 재생산하도록 하는 것으로 간주될 수 있다.

그러나 변화가 빠른 사회에서 아동들에게 다가올 미래는 예측하기 어렵다. 만약 과거가 미래를 더 이상 비춰주지 않으면 그리고 교회, 정당, 계층 등과 같은 전통적 잣대가 약화된다면, 삶은 점점 당신 스스로가 당신을 구성해야 하는 하나의 프로젝트가 된다. Melucci(1989)와 그 밖의 다른 사람들이 관찰한 것처럼 후기 산업사회는 고도의 성찰성에 의해 특징지어진다.

그러나 보다 근본적인 문제는 포스트모던 조건에서 산다는 것은 지식을 이해하는 새로운 방법을 필요로 한다는 것이다. 가장 으뜸이고 중요한 것은,

> 우리가 지식의 이론적 통합성에 대한 '대서사(grand narrative)'를 포기하고 보다 지역적, 실제적 목표에 만족하도록 요구한다는 점이다. 이것은 계몽주의 사고의 뿌리 깊은 가정(그리고 희망) 중 하나를 포기하는 것을 의미한다. 계몽주의 사고에서는 실제로 지각이 가능한 '바깥 세계(out there)'는 질서 있고 체계적인 세계이며 잠재적으로 우리 모두에게 동일한 세계이다. 즉, 우리가 지속적으로 연구하고 논의한다면 결국 그것에 관해 보편적 합일점을 찾게 될 것이라는 것이다. (Shotter, 1992: 69)

따라서 포스트모던 관점에서는 객관적인 또는 순수한 지식이 있으며 이 지식을 축적하면 세계가 어떻게 이루어지고 우리는 누구이며 어떻

게 보편적이고 정당한 방법으로 세계에서 살아갈 수 있는지를 말해 주는 진리에 가까이 갈 수 있다는 계몽주의 가정과 희망에 의문을 제기한다. 그리고 대단히 상이한 다른 관점을 제시한다. 즉, 지식을 관점적이고 모호하며, 맥락적이며 지역적이고, 불완전하고 모순적이며, 다양한 방식으로 생산되는 것으로 본다. "본질에의 직면에서 사람들 간의 대화로, 객관적 실재에의 상응에서 의미의 협상으로 변하고 있다." (Kvale, 1992: 51).

구성주의자와 *사회적 구성주의자* 교수에 대해서 그리고 이에 기초한 다른 접근과 개념에 대해서 많은 논란이 일어나고 있다(예: Richardson, 1997). 우리의 관점에서 볼 때 그것은 지식을 달리 이해함으로써 우리의 포스트모던 '사회적 구성주의자' 관점과 최근 교육개혁에서 다시 부활되고 있는 '구성주의자' 운동을 구분 짓도록 해 준다. 두 입장 모두 아동을 능동적이고 유동적인 존재로 보며 교사가 아동의 주변 세계에 대한 일상적 이해와 구성에서 출발하기를 바란다. 그러나 구성주의자 관점에서 볼 때 지식은 아동에게 전수되는 사실로서 아동들로부터 분리되어 있고 경험과 동떨어져 있고 문화적, 제도적, 역사적 진공 상태에 존재하는 절대적이고 변화될 수 없는 어떤 것으로 보이는 것 같다. 구성주의는 지식이 사회적으로 구성되는 속성을 기피하며, 아동들이 유동적 문제 해결 전략을 통해 내면화하는 학교 교과목의 고정된 세계를 추론의 규칙으로 규정짓는다(Popkewitz, 1993).

대조적으로 사회적 구성주의자 관점에서 일하는 교사는 아동이 과학적으로 인정받는 구성물을 만나기 전에 대안적 구성물을 생산할 수 있는 가능성을 인정한다. 그때 아동은 과학적 구성물과 연관지어 구성물을 선택할 수 있고 의미를 부여할 수 있다(Lenz Taguchi, 1997). 이것은 아동뿐 아니라 교사에게도 아동의 아이디어, 이론, 가설을 존중과 호기심과 경이로움으로 만날 때 학습이 일어난다.

따라서 두 관점 모두 아동을 능동적이고 문제를 해결하는 존재로 본다. 그러나 사회적 구성주의자 관점과는 달리 구성주의자 관점에서는 아동이 표준화된, 정체된, 객관적인 개념의 맥락 속에 존재한다고 본다. 예컨대, Popkewitz(1993)는 주장하기를 구성주의자의 부활로 인해 영향을 받은 교육개혁은 아동이 교과목 내용을 획득하여 학습이 교실 내의 상호작용 속에서 어떻게 일어나는지에 초점을 두었다. 그 결과는 아동들의 생각과 선택이 미리 결정된 지식의 정의에 부합되느냐 아니냐에 따라 맞다 틀리다의 가치를 부여하며 아동에게 결코 그들 나름의 이론을 탐구할 기회를 주지 않는 교육에 의의를 둔다.

포스트모던 관점을 취한다는 것은 우리가 더 이상 지식을 보편적이고, 변하지 않고, 절대적인 것으로 보지 않고 우리 자신의 학습과 의미 생성에 책임을 져야 하는 것을 의미한다. 또한 도덕적 선택도 해야 한다. 우리는 도덕적 선택을 하고 문화 전수의 과정을 거치면서 아동들 내부에서 재생산된 보편적 규칙과 절대적 진리에 동조하지 않는 책임을 더 이상 포기하지 말아야 한다. 포스트모던 윤리란 우리 각각이 아동기부터 어려운 결정을 해야 하는 책임을 져야 함을 의미한다. 우리는 도덕적 선택을 해야 하는, 즉 구성해야 하는 책임을 지는 우리 자신의 도덕적 주체이다. "우리 자신의 행위에 대한 책임으로부터 우리를 구해 줄 진리란 없다." (Readings, 1996: 168).

따라서 아동들은 정체성과 삶의 방식뿐 아니라 세계와 지식에 대해 자기 나름의 관점을 형성하고 만들어 가도록 하는 요구가 점점 커가고 있는 사태에 직면해 있다. 이러한 개별화 과정은 개별적으로 그리고 집단적으로 자신의 선택과 행위에 대한 고도의 자기 통제 또는 자기 관리를 필요로 한다. 이를 위해서는 선택을 하고 자기의 입장을 변호하는 자신의 능력을 신뢰할 수 있어야 한다. 뿐만 아니라 아동들이 그들 스스로에 대해 그리고 자신들의 가능성 실현에 대해 책임을 져야 한다는 요구가 점점 늘어나고 있음도 의미한다.

이러한 변화는 종종 안정에 대한 위협으로 그리고 소외의 원인으로 좋지 않게 분석된다. 그러나 그들은 언제나 바람직하지는 않지만 바람직할 수도 있는 무한한 가능성을 열어 주는 것으로 이해될 수 있다. 이러한 가능성을 실현하기 위해서는 학습, 자기성찰, 의사소통, 질문하는 열린 관계를 위한 고도의 능력을 개발해야 한다. 또한 Zieche(1989)가 말했던 '엄청난 학습 과정'을 전제로 한다. 이 과정이란 결코 직선적이거나 격리되어 있지 않으며 아동들에게 자신들의 호기심과 창의력을 활용하고 그들의 삶과 미래에 대해 책임지고 선택할 기회를 준다.

따라서 포스트모던 조건 속의 삶은 교육의 과정에 상당히 많은 것을 요구한다. 반성적이고 비판적인 앎의 방식의 확장을 통해, 지식의 재구성보다 구성을 통해, 아동들이 가능성을 실현하고 불안감을 다스릴 수 있도록 하는 과정을 통해, 새로운 가능성이 탐색될 수 있고 실현될 수 있는 공간을 제공해야 한다. 그것은 공존하는 세계관과 삶의 실험이 복선적으로 짜여진 조각보가 생겨나도록 도울 수 있다.

그러나 그것은 아동들이 변화하는 세계에서 지식을 구성하는 문제에만 해당되는 것이 아니다. 그들은 정체성도 구성한다. 보편적 진리와 보편적 속성의 세계를 알아낼 수 있다고 믿는 모더니티 프로젝트는 보편적 인간 본성과 일관되고, 통합되어 있고, 정체되어 있고, 규명될 수 있는 한 개체의 정체성이 존재할 수 있고 실현될 수 있도록 추구해 왔다. 그렇게 함으로써 복잡성과 상반됨을 통일성과 응집성으로 대체하여 정체성의 편차를 위협적으로 감소시켜 왔다. 앞 장에서 논의한 대로 데리다, Foucault 같은 사상가들과 페미니스트들은 통일되고 정체된 주체, 개인의 고정된 통합체 또는 본질, 개인이 자기성찰과 투시와 의식화를 통해 진정으로 발견할 수 있고 알 수 있는 내면의 자아라는 개념에 대해 의문을 제기했다. 집단 간 또는 개인 내의 정체성은 복합적이고 다면적이며, 분열되어 있고 모호하며, 모순적이고 맥락화되어 있다.

> 우리는 계층, 인종, 젠더, 언어, 사회적 관계의 다면적인 표상이 얽힌 망 속에서 살고 있다. 의미는 한 개인의 내면에서도 다양하다. 자기 정체성은 관계적으로 구성되고 재구성되며 그것의 경계는 반복적으로 재도형되고 재협상된다. … 정체성이란 계속적으로 삭제되고 재배치된다. 개체는 결코 통일되어 있거나 고정되어 있지 않다. (Lather, 1992: 101)

이러한 맥락에서 차이점을 없애 버리는 대신 진지하게 다루어서 그 차이를 위협이 아닌 기회로 받아들이고 다른 사람들과 관계 맺을 수 있는 방법을 발견하는 발판으로 삼는다는 입장은 대단한 중요성을 갖는다.

만약 보편적 인간(man)이 계몽주의 시대의 중심에 있었다면, 포스트모던 시대에는 개인이 탈중심화되고, 개인별 주체는 "언어적 구조와 관계의 총체 속으로 용해된다" (Gergen, 1992: 40). 자유롭고 자아결정적인 개인이라는 모더니스트 개념에는 정적이고 본질화된 자아가 내재되어 있다. 그러나 포스트모더니티는 정체성이 갖는, 근본적으로 관계적인 속성에 초점을 둠으로써 역사적으로 구성되고 변화되는 자아를 낳는다 (Lather, 1992).

따라서 정체성은 포스트모던 관점에서 볼 때 더 이상 사회화와 재생산 과정을 통해 미리 결정된, 단단한, 보편적 형태를 취하는 것으로 이해될 수 없다. 오히려 정체성은 관계적, 상대적 개념으로서 변화에 언제나 열려 있고 아동들이 어떤 존재이고 어떤 존재일 수 있으며 어떤 존재이어야 하는지가 영원히 확립될 수 없는, 특정한 맥락 속에서 구성되고 재구성된다. 포스트모던 아동들은 다면적이고 중첩되는 정체성 속에 등록되어 있으며 그들의 구성에 능동적으로 참여하는 존재다. 우리는 한 부모는 '백인'이고 다른 부모는 '흑인'인 아동들의 수가 늘어나고 있는 예를 통해서 어떻게 아동들과 젊은이들이 역동적이고 유동적인 형태로 다면적, 다층적 정체성을 공동으로 구성하는지를 알 수 있다. 본질적으로 반드시 양극화되고 분명히 차별화되는 '인종들'이 있다는 믿음 때문에 소위 말하는 '인종혼합 부모(mixed parentage)'를 언제나 문제시하는 관점은 오랜 역사를 갖는다. 백인과 흑인 부모 사이에서 태어난 아동은 보통 흑인으로 분류되지만, 또한 백인도 흑인도 아닌 것으로 규정되어 상반된 양쪽의 어디에도 속하지 않는다고 보기 때문에, '중간-카스트', '혼합 인종', '이중 인종', '적갈색인', '혼혈아' 등으로 불리면서 동정을 받는 경향이 있다. 비록 세계의 전 인구가 실제로 서로 섞여 있음에도 불구하고 이렇게 혼합 부모와 그렇지 않은 사람들 간에 인위적 구분이 구성되고 있다(Phoenix and Owen, 1996).

그러나 오늘날의 다양성 추구 사회에서는 인종적 정체성은 주어지는 것이고 재생산되는 것이라는 아이디어가 "혼합 부모를 갖는 사람들은 그들의 인종적 정체성을 그들이 느끼기에 가장 적절한 방법으로 주장할 수 있도록 하고, … 그리고 '둘 다/모두'의 정체성으로 개념화할 수 있도록 하는 관점으로 변하고 있다"(Phoenix and Owen, 1996: 129-30). 영국에서 이루어진 사회적 정체성에 대한 한 연구는 이 일이 실제로 어떻게 일어나는지를 혼합 부모를 가진 젊은 사람들이 외부 압력에 능동적으로 저항하고 그들 나름의 유동적, 다면적, 개념화된 정체성을 구성하는 과정을 통해서 보여 준다.

> 흔히 젊은 사람들은 그들 자신을 시간과 상황에 따라 어떻게 달리 묘사하는지를 설명하였다. 그들은 자신들의 인종적 정체성을 개별적으로 표현할 수 있는 여러 형태의 방식을 가지고 있는 것처럼 보였다. 이 방식은 포스트모던적인 다층성과 융통성의 개념에 상응하는 것이다. 이러한 정체성을 표현할 때 어떤 사람은 '흑인'과 '백인'을 상반되는 범주로 취급하는 이원론을 받아들이기도 했고, 어떤 사람은 받아들이지 않기도 했다. … 대부분의 젊은 사람들은 부모, 교사, 친구들이 그들에게 요구한 구성물을 받아들일 것인지 아니면 거부할 것인지를 그들 스스로가 결정했다고 분명히 말했다. (Phoenix and Owen, 1996: 131-2)

이와 유사한 움직임으로 문화를 주어진 것으로 즉, 세대에서 세대로 전해지고 선택되는 유물로 이해하는 관점에서 벗어나고 있다. 대신 문화는 점차적으로 다른 사람들과의 관계 속에서 개인에 의해 구성되는 복합적이고, 유동적이고, 개념화되는 것으로 이해되고 있다.

> 문화적 전통의 적정성은 이 시대 사람들의 창의적 해석에 보다 의존하고 있다. 오늘날 전통은 과거의 잣대인 단순한 타당성만으로는 그것의 정당성을 잃는다. 전통의 정당성은 지금 현재 속에서 그것이 어떤 의미를 갖느냐와 관련하여 보여 주는 풍성하고 창의적인 적정성에 달려 있다. … 개인의 성찰적 노력과 공헌이 큰 비중을 차지한다. (Benhabib, 1992: 104)

포스트모던 조건은 개별화의 과정을 가져온다. 그러나 그들 역시 관계를 전제로 한다. 지식, 정체성, 문화는 다른 사람들과의 관계 속에서 조직되고 재조직된다. 즉, 그들은 '공동으로' 구성된다. 대화, 의견 교환, 협상, 만남, 직면, 갈등 등의 관계적 개념이 풍부해진다. 만약 지식이 더 이상 사실들의 축적이나 재생산으로 간주되지 않고 관점적이고 개방된 것으로 생각된다면, 지식은 어떤 부분에도 특권이 부여되지 않고 어떤 합일점이나 궁극적 진리도 추구하지 않는 하나의 열린 대화로 생각될 수 있다. 고정된 용어가 아니라 다층적 용어로 정체성을 구성하는 것은 한 아동이 변화하는 윤리적, 종교적, 문화적, 사회적 특성을 갖는 많은 다양한 집단과 연결되어 있음을 시사한다. 이러한 이유 때문에 포스트모던 조건에 맞는 교육은 만남의 윤리에 중요성을 부여할 뿐 아니라 어른이든 아동이든 다른 공동구성원과의 관계, 만남, 대화를 바탕으로 한다.

이러한 '관계의 교육' 속에서는 아동들이 그들 나름의 그리고 다른 사람들의 지식과 정체성을 공동구성하는 데 능동적으로 참여한다. Malaguzzi는 레지오 에밀리아에 대해 쓴 글에서 다음과 같이 설명했다.

> 아동들은 그들의 환경과 상호작용함으로써 그리고 어른, 사물, 사건과의 관계와 원초적인 방법으로 자신들의 또래들과의 관계를 능동적으로 변형시킴으로써 배운다. 어떤 의미에서 보면 아동들은 그들의 정체성과 다른 사람들의 정체성을 구성하는 데 참여한다. 아동들 간의 상호 교류는 생의 첫 몇 해 동안 근원적인 경험이다. 상호 교류는 아동들의 내면에 존재하는 하나의 욕구이고 욕망이며 절대적 필요다. … 어른들의 도움으로 구성되는 능동적 경험이 발판이 되는 아동들의 자기 학습과 공동 학습(자신에 의한 지식의 구성과 다른 사람들과의 공동구성)은 유아교육의 전반적 목표의 일부분이면서 이 목표에 부합되는 과정과 전략의 선택과 조직을 결정한다… 서로 다른 행동, 경험, 아이디어 간의 상호 교류에서 비롯되는 구성적 갈등은 개인

> 의 인지적 경험을 변형시키며 학습과 발달을 촉진시킨다. 소집단 속의 아동들은 이 과정을 용이하게 만드는데, 그 이유는 아동들 속에서는 권위나 의존의 관계가 그렇게 강하게 형성되지 않기 때문이다. 따라서 그러한 갈등은 보다 우리의 마음을 끌며 이득을 가져온다. … 만약 모든 문제가 인지 갈등을 일으킨다고 믿는다면, 인지 갈등이 재구성과 협력의 과정을 유도한다는 점 역시 믿을 수밖에 없다. (Malaguzzi, 1993a: 11-12)

레지오에서 관계는 생각하고 학습하는 일에 있어 매우 중요하기 때문에 그들은 '아동 중심'이라는 말을 하지 않는다. 그 이유는 이 말이 아동을 자율적이고, 단독적이고, 탈맥락화된 존재라는 점을 시사하기 때문이다. 오히려 그들은 유아교육기관을 "하나의 살아 있는 통합적 유기체로, 그리고 많은 어른들과 많은 아동들 간의 삶과 관계를 공유하는 장소" (Malaguzzi, 1993b: 56)로 보면서, 아동들, 부모들, 교사들, 사회 간의 관계가 그들이 하는 모든 일의 중심에 있다고 말한다. 맥락과 관계를 떠나서는 아무것도 아무도 존재하지 않는다고 본다.

관계의 교육이라는 관점은 유아기에만 국한되는 것은 아니다. Readings는 대학이 어떠해 왔고 지금 어떠하며 앞으로 어떻게 될 것인가에 대해 논의하면서 교육의 이러한 시각에 대해 다음과 같이 열정적으로 주장한다. "나는 교육을 하나의 관계, 즉 책무감의 망이라고 주장하고 싶다. … 그 속에서 교육적 실제의 조건은 타자에게로 향한 무한한 주의 기울임이다" (1996: 158).

인간의 만남 또는 관계가 교육의 바탕일 때, 소통은 아동 학습의 열쇠가 된다. 레지오에서 그들은 아동을 처음부터, 삶이 시작되는 바로 그 순간부터 소통적 개인으로 본다. 그들은 아동이 수동적 수용자가 아니라 능동적 상호작용자이기를 바란다. 교육과 교육적 장소는 아동들 나름대로의 활동과 그들의 경험을 소통할 가능성을 촉진시켜야 한다. 그들은 아동들이 소통할 많은 방법을 발견하고 '아동기의 백 가지 언어들'을 사용하기를 바란다. 소통을 통해서 아동들은 다양한 관점을 취할 수 있는 터전을 만들어 소속과 참여를 확고하게 하고, 그들 나름의 경험을 다른 사람들의 경험에 비추어 보게 되고, 논의하고 선택하고, 자신의 선택을 대변할 수 있게, 즉 선택한 바를 옹호하고 새로운 상황을 처리할 수 있게 된다. 다시 Malaguzzi의 말을 인용하면 다음과 같다.

> 아동들은 태어날 때 수많은 말과 기호에 의해 침식되며, 말하기 그 자체의 예술, 듣기의 예술, 읽기의 예술, 그리고 기호에 의미 부여하기를 배운다. 이 말이 의미하는 바는 자라난다는 것은 소통에 관한 한 점점 유능해질 수 있도록 다양한 방안을 습득한다는 것이다. 실제로 소통 속에 아동의 전 삶이, 인간의 전 삶이 담겨 있다. 그 속에서 사고를 위한 논리적 도구가 작동하고 사회화의 기반이 조성되며 느낌과 정서가 생긴다. 말할 수 있고 들을 수 있는 방법을 배운다는 것은 삶의 가장 큰 숙제이다. (Malaguzzi, 1993b: 57)

관계와 소통은 '귀 기울임의 교육', 즉 "말하기보다 듣기에 근거한 접근"(Rinaldi, 1993: 104)을 전제로 한다. 이것은 옳다 또는 타당하다는 것에 대한 전개념 없이 아동들의 질문과 답에 귀 기울이고 그들의 말에서 의미를 찾으려고 애쓰는 것을 의미한다. '잘' 듣는다는 것은 구체적 타자에게 관계를 표현하고 구성하는 사람들 간의 대화와 지식 군을 전수하고 그렇게 함으로써 타자를 같은 사람으로 만들고 싶어 하는 독백을 구분한다. 동일한 주제를 대학과 관련하여 논의한 Readings(1996)는 교육적 행위에서 '생각에 귀 기울이기'의 중요성을 강조하는데, 그는 이것을 자율적 주체 또는 자율적 지식군의 생산과 구분한다.

> 오히려 그것은 하나의 논쟁의 장으로서 의미를 계속 열어 놓은 채 책무감의 열린 네트워크를 탐색하기 위해 우리 각각을 그리고 우리들 스스로를 비켜서서 생각하는 것이다. … 어떤 사고를 공정하게 대한다는 것은 말로 표현될 수는 없지만 그 자체를 들리게 만들려고 노력하는 것을 들으려고 애쓰는 것을 의미한다. 그리고 그것은 어느 정도 정체되어 있고 교환 가능한 지식을 생산하는 과정과 상충된다. (1996: 165)

레지오 교육의 또 다른 특징, 즉 시간 통제의 거부가 여기에서 언급될 필요가 있다. 대부분의 아동들은 적어도 하루 종일 또는 3년간, 그리고 가끔 더 오랜 기간 동안 유아교육기관에 다닌다. 시간이란 시계 바늘의 움직임에 따라 조직되지 않고 아동들 나름의 감각 시간, 개인적 리듬, 그리고 참여하고 있는 프로젝트가 무엇을 필요로 하는지에 따라 조직된다. 이 모든 것들이 아동들에게 열중하고, 서두르지 않고, 만족스럽게 일을 추진할 수 있는 시간을 준다. 이러한 운영 방식은, 예컨대 영국 '유아원 교육'에서 시간을 빡빡하게 운영하는 것에 의문을 갖도록 만든다. 이 유아원에서는 출석 시간이 보통 아침이나 오후의 짧은 시간에 국한되는데, 이것은 어린 아동들이 집중할 수 있는 시간이 이 정도라고 보거나, 더 긴 시간 동안 출석하더라도 보다 나은 결과가 뒤따를 것으로 보지 않는 입장에 근거한다. 보다 일반화해서 말하면 이것은 교육이 Readings가 '회계(accounting)의 논리'라고 부르는 것으로 감환되는 것을 문제 삼도록 만든다. 이 논리란 이미 선정되어 있는 지식군을 보다 빨리 그리고 가격 효율적으로 획득하여 신속하게 사다리를 올라가는 것을 말한다.

우리 생각에는 6장에서 다시 다룰 주제인 레지오 에밀리아의 교육은 포스트모더니티의 여러 가지 주제를 예견할 수 있게 한다. 통일성이라는 모더니스트 아이디어로부터 벗어났으며, 시스템, 구조, 중심화, 위계, 응집, 정상화를 고집하는 막강한 힘의 세력을 인식했다. 그것은 복잡성과 모순이라는 포스트모던 영역을 향해 움직였으며, 차이점, 복선성, 다름, 불예측성을 인식함으로써 생기는 거대한 기회를 발견했다. 지난 몇 년 간 레지오는 과학적 탐구에 버금갈 정도로 협력과 대결 모두에 가치를 부여하면서, 의심과 탄복을 다 받아들이면서, 모순과 아이러니가 풍부한 복수 언어와 공동구성 그리고 관계와 대화를 교육적으로 실천하고자 분투하였다. 기록 자료 수집과 같은 교육적 도구를 활용하여 참여, 성찰, 결속, 기쁨, 경이에 찬 학습 문화를 다져 왔다. 이것은 유아교육 · 보육기관 간의 네트워크를 조직하고 지원할 뿐만 아니라 이 기관을 시민사회에서의 포럼으로 구성함으로써 가능해졌다. 이 포럼에서 아동들과 어른들은 사회적, 문화적, 경제적, 정치적 의의를 갖는 프로젝트에 함께 참여할 수 있다. 다음 장에서 유아교육 · 보육기관의 구성에 대해 좀 더 알아볼 것이다.

Beyond Quality in Early Childhood Education and Care

제4장

유아교육 · 보육기관의 의미구성: 유아교육 · 보육기관은 어떠한 곳인가?

1. 서론

> 사회적 구성주의 관점에서 유아교육 · 보육기관의 의미는 물론 어린이가 어떤 존재이며, 어떤 존재일 수 있으며, 어떤 존재이어야 하는지에 대한 어린이의 이미지 역시 사람들과 사회의 적극적인 상호작용으로 구성되므로, 이는 능동적인 인간 행위자 공동체의 사회 구성물이 분명하다. (중략) 유아교육 · 보육기관과 어린이를 위한 페다고지의 실천은 우리 사회의 지배적인 담론으로 이루어지고, 현재 이 순간 우리 사회에 팽배한 사고, 개념, 그리고 윤리를 담게 된다. (Dahlberg, 1997)

유아교육 · 보육기관의 의미는 사회적으로 구성된다. 이 기관의 본질적 특성, 근원적인 질, 절대적인 목적은 없다. 유아교육 · 보육기관이 무엇인지, 즉 유아교육 · 보육기관의 역할과 목적에 대한 질문은 분명하지 않다. 우리는 유아교육 · 보육기관을 "능동적 인간 행위자의 공동체"로 의미를 부여할 수 있다. 부족하지만 이 장에서는, 유아교육 · 보육기관의 다양한 의미 가운데 몇 가지에 대하여 탐색해 보고자 한다. 유아교육 · 보육기관의 의미는 3장에서 논의한 아동기의 의미와 관련되어 있지만 역으로 아동기의 의미를 결정하기도 한다. 이 기관의 의미는 교육적 실천으로 구성되기도 한다. 우리가 유아교육 · 보육기관을 무엇이라고 생각하느냐에 따라 기관이 무엇을 하며, 기관에서 어떠한 일이 일어나는지가 결정된다.

본 장은 두 가지의 논의가 이루어진다. 첫째, 오늘날 지배 소수세계에서 유아교육 · 보육기관은 어린이를 결과물로 여기는 생산자, 대리가정 혹은 비즈니스라는 사고가 지배적이므로 이 의미를 분석해 보고자 한다. 둘째, 보편적이지 않지만 대안으로서 어린이와 성인이 사회, 문화, 정치 그리고 경제적으로 의미 있는 프로젝트에 함께 참여하는 시민사회의 포럼(forum)으로서 유아교육 · 보육기관의 가능성을 살펴보고자 한다.

2. 유아교육 · 보육기관에 대한 지배적인 의미구성

• 생산자와 비즈니스

초등과 중등학교 수준에서 이미 만연되어 있는 법인(산업) 혹은 공장 모델을 따르면서 유아교육 프로그램이 급격하게 위험에 빠지고 있는 것으로 보인다. (중략) 공장은 사전에 구조화되어 있는 표준화 절차

에 따라 원자재를 이미 정해진 상품으로 전환하도록 디자인되어 있다. (Katz, 1993: 33-4)

어린이 보육의 세 가지 목적이 모순을 일으키면서 오늘날 미국 사회는 딜레마에 빠져 있다. 첫째, 보육은 여성 취업을 지원한다. (중략) 둘째, 보육은 어머니의 취업 유무와 관계없이 양질의 유아교육 프로그램을 제공하여 어린이의 발달을 증진시켜 준다. 셋째, 지금까지 보육은 경제적으로 혜택받지 못하거나 소수 인종 어린이의 삶에 개입하여 이들이 주류문화에 편입될 수 있도록 사회화하는 데 이용되었다. (Scarr, 1998: 98)

영국의 보육에 대한 주요 시장 보고서(Key Note Market Report on Childcare)는 재력이 있는 회사들이 보육시장에 많은 관심을 보이고 있는 것에 주목하고 있다. 재계 2위의 회사인 노르드 앵글리아 교육(NordAnglia Education) 회사가 지난해 주식시장에 등록하였다. 이 회사는 특정 목적을 위해 유아원 4개를 설립하였고, 20개의 자율학교에 유아원을 운영하고 있으며, 올해 초 프린세스 샤롯 유모대학(Princess Charlotte nanny college)을 매입하였다(〈대형 사업체가 보육에서 이윤창출을 보다〉라는 제목의 보고서, 유아원 세계, 1998년 8월 27).

유아교육 · 보육기관은 보호 그리고 표준화되고 예정된 성과물로서 어린이를 생산하려는 생산자의 의미가 지배적이다. 3장에서 논의한 것처럼 지식, 정체성, 그리고 문화의 재생산자로서 어린이의 의미를 구성하는 모더니즘 관점에서 볼 때, 생산자의 의미를 가진 이들 기관의 중요한 과업은 비어 있는 그릇으로 인식되어 있는 어린이를 채워야 하는 것이다.

유아원 교육뿐 아니라 보육의 주요한 관심거리인 이 과업은 교육을 통해 성취되는 것이다. "구체적으로 미국의 정책이 아동기와 학업성취의 관계를 강조하였기 때문에 더욱 많은 미국인들이 어린이를 위한 모든 프로그램은 교육적이라고 알고 있다"(Kagan et al., 1996: 13).

유아교육 · 보육기관의 구체적인 효과는 이미 유아교육 정책과 문헌에서 광범위하게 인식되어 있고, 특히 이 기관이 어린이의 발달과 공교육을 받을 수 있는 '학습 준비' 능력을 향상시키는 데 있다고 알려져 있다. 가치를 포함한 문화의 재생산 효과는 있지만 다른 효과와 마찬가지로 암묵적이다. 예를 들어 유아교육 · 보육기관은 성역할에 관한 문화적 가치를 재생산하는 데 기여하고 있다. 그리고 유아교육 · 보육기관 노동력의 성비 불균형과 교육 현장의 성역할에 대한 의식의 부족으로 어린이는 물론 성인이 적절한 성역할과 관계에 대한 고유한 담론을 갖게 한다(Jensen, 1996).

부모의 취업률이 높아질수록 부모와 고용자를 위한 보육을 제공하는 유아교육 · 보육기관의 중요성은 더욱 강조된다. 어린이 양육에 어머니의 보호가 가장 바람직하다는 모성에 대한 지배적인 담론(이전 장에서 보다 자세히 논의됨)을 주장하는 것과 이러한 절대적인 보호를 제공할 수 없는 어머니의 수가 절대적으로 증가하는 경제적인 현실에서 발생하는 갈등을 해결하기 위해서는 보육에 대한 특별한 개념을 만드는 것이다. 즉 가능한 한 모성의 보호에 근접할 수 있는 대리가정을 제공하여 모성보호의 모델을 제공하는 것이다. 예를 들어 가정보육 혹은 유모와 같은 개별화된 형태의 보호 혹은 유아교육 · 보육기관이 어린이에 대한 교사의 비율을 높여 직원과 어린이가 밀접하고 친밀한 관계를 맺도록 구조화하는 방식으로 이러한 갈등을 해결하고자 하였다. 모성의 보호가 어린이의 안정적인 발달에 필요하고, 모성보호 부재시 어머니와 어린이의 양자 관계를 모델로 하는 '애착의 페다고지(pedagogy)'가 모성보호 모델로 규정되었다. 이 모델을 제시한 Singer(1993)는 가정과 기관에서 모두 어린이 양육에 영향을 미치는 애착 관계의 중요성을 주장하였다.

영국과 미국의 많은 유아교육 · 보육기관에서 이루어지고 있는 어린이에 대한 개별화된 접근은 유아교육 · 보육기관이 대리가정으로 의미가 구성되어 있는 것으로 볼 수 있다. 영국, 스페인, 그리고 이탈리아에 있는 유아원을 비교해 보면, 스페인이나 이탈리아의 교원들은 자신들을 공공의 목적을 향해 함께 일하는 집단의 구성원으로 보는 반면, 영국의 교원들은 자신들을 개인으로만 바라보고 있다(Penn, 1997b). 이는 교원이 어린이를 어떻게 바라보고, 어떻게 어린이와 일하느냐에 반영된다.

> 집단에서 어린이가 서로에게 영향을 주거나 도움을 줄 수 있다고 보지 않고, 또한 이러한 인식이 설사 가치 있다고 할지라도 유아원이라는 조직체에서 가능하지 않다고 본다. 어린이가 안전하도록 개별 어린이를 감시하거나 감독하는 것이 유아교육 · 보육기관의 목적이라고 생각한다. (중략) 영국의 유아원이 어린이에 대해 이러한 접근을 하도록 이론적 근거를 제공한 사람은 Bowlby이다. 정서적 안정감을 주는 어린이와 성인의 일대일 관계에서만 학습이 일어나고, 모든 다른 상황은 무시하는 관점이다. 또래의 기여는 완전히 무시되고 있다. (1997b: 52, 53)

모성보호에 대한 이데올로기적인 의무감, 개별성에 높은 가치를 부여하거나, 집합적인 관계(collective relationship)나 함께 일하는 것에 대해 양가감정을 가지고 있는 영국과 미국에서 유아교육 · 보육기관을 가정과 같은 특별한 형태의 보호를 제공하는 곳으로 의미를 부여하는 것이 가장 두드러진 현상이다(New, 1993). 그러나 이러한 현상은 다른 나라에서도 역시 나타나고 있다. 스웨덴의 경우 1930년부터 시작된 유아교육 · 보육기관 시스템의 발전은 가정에 대한 담론에 의하여 영향을 받아 왔다. 이 담론에 의하면 7세 이전의 어린이를 위한 센터는 '전문적인 가정(professional home)'을 의미하였고, *일일가정(daghem)*으로 불렸고 점차 *형제집단(syskongrupper)*으로 조직되었다. 가정으로서 유아교육 · 보육기관에 대한 담론은 대단위 공동체로서 스웨덴 사회의 건설을 은유적으로 표현하는 '사람의 집(Folkhemmet)'과 관련되어 있다. 이는 또한 공적 영역과 사적 영역 즉 국가와 개인이 만나는 수단이었다. 즉 "가정과 사적 영역의 담론을 사회 즉 공적 영역의 담론으로 연결하는 적극적인 통합과 혼합으로 보여질 수 있다. (중략) 사람들의 상징과 재현, 그리고 즉 국가와 개인의 관심을 함께 엮는 작업은 한편으로 세계를 지성화하는 일이고 다른 한편으로는 개입이 용이하도록 하는 기법이다" (Dahlberg, 1998: 5).

최근 스웨덴은 국가와 공적인 개입의 역할에 대해 확신하지 못하고 있다. 국가와 개인의 관계를 설명하기 위한 *사람의 집(Folkhemmet)*이라는 은유적 표현은 문제가 되었고 사라졌다. 반면에 대리가정의 생산자로서 유아교육 · 보육기관의 의미는 더 정당화되었다. 학교는 물론 유아교육 · 보육기관의 비인간적이고 관료적인 성격에 대한 논란과 더욱더 학교와 같이 되지 않도록 유아교육 · 보육기관을 보호하려는 요구는 높아지고 있다. 이러한 논란에 대응하기 위해 공공기관을 사립화하고, 부모관계와 유사하도록 어린이와 성인 간의 친밀성을 강화하는 대리가정으로서 유아교육 · 보육기관을 새롭게 강조하고 있다.

스웨덴 유아교육 · 보육기관의 역사는 이러한 기관의 효과가 개인의 발달이나 경제적 성공의 보장으로 한정되어 있지 않고, 오히려 사회 전체에 이익이 되는 결과물을 산출하는 사회적 성장의 조건이었음을 보여 준다. 이제까지 스웨덴 유아교육 · 보육기관의 성장은 "모더니스트의 비전과 인류 종족의 성장과 자유로운 개인에 의해 진보하는 사회의 건설"과 연계된 사회적 성과물이 지속적으로 산출되면서 이루어졌다(Dahlberg, 1998: 1). 20세기 초반의 유치원 운동은 관습으로부터 어린이를 자유롭게 하기 위하여 그리고 가난한 가족을 도덕적 가족으로 전환하여 도덕적 질서를 세우고, 산업화와 도시화로 혼란해진 공동체 정신을 재건하기 위한 수단으로써 유아교육·보육기관의 의미를 부여하였다(Hultqvist, 1990). 1930년대 복지국가로 발전하면서 유아교육의 담론은 유아교육·보육기관이 시민정신을 창출하고, 자유, 해방, 성평등, 그리고 계급 간의 연대라는 사회적 성과를 이루는 데 기여할 수 있다는 아이디어를 내세웠다.

사회적 결과물을 산출하려는 유아교육·보육기관의 목적은 다양하지만 영국과 미국기관의 목적은 정상화(normalization)를 통해 사회를 통제하는 데 있다. 미국의 Sandra Scarr는 경제적으로 혜택받지 못하는 어린이와 소수 인종 어린이를 주류문화로 '사회화'하여 사회적 응집력을 높이는 것이 유아교육·보육기관의 효과라고 언급하였다. 두 나라에서 유아교육·보육기관에 대한 공적 투자를 늘리는 주요한 동기는 모든 성인이 노동시장에 참여하도록 유도하여 복지비용을 절감하고, 장기간 복지비용에 의존하여 나타날 수 있는 사회, 도덕적 손실을 줄여 '복지를 실현할 수' 있는 프로그램으로의 역할을 유아교육·보육기관이 할 수 있다고 보기 때문이다. 세 번째 효과는 학교, 직업, 그리고 성인 생활에서 있을 수 있는 문제와 장애, 즉 사회에 부과되는 고비용의 예방 혹은 절감이다. 가장 많이 인용되는 예는 하이/스코프 페리 유아교육 프로젝트(High/Scope Perry Preschool Project)이다. 이 프로젝트는 미국 미시간 주 한 마을의 가난한 흑인 어린이 123명에게 개입하여 범죄율을 감소시켰고, 투자한 공적 기금 7불 가운데 1불을 절감하는 성과를 올렸다(Schweinhart, Barnes and Weikart, 1993).

이 모든 예를 통해서 볼 때, 유아교육 · 보육기관은 가난, 불평등, 위험성, 그리고 주변화 영향으로부터 사회를 보호할 수 있는 사회적 개입의 수단이 되고 있다. 유아교육 · 보육기관은 현재 사회적 병리 현상을 줄이거나 미래의 감염으로부터 어린이를 보호할 수 있는 유사 의료적 처치, 사회적 면역이나 처방을 제공한다. 이 경우 유아교육 · 보육기관은 어린이를 약하고, 의존적이며, '요구가 있는' 존재로 보고 있고, '가난한 어린이'는 능력이 부족하고, 보호가 필요하며, 결손이 있거나 위험에 처해 있으므로 (Dahlberg, 1995: 14) 여전히 위협적이고 반사회적인 존재라고 규정하고 있다.

유아교육 · 보육기관의 효과가 무엇이든, 수혜자가 누구로 예견되든지 간에 생산자로서 기관으로 의미를 구성하게 되면 공통의 주제가 생긴다. 어린이를 위한 다른 모든 기관과 같이 유아교육 · 보육기관도 성인의 이익을 우선시하게 되거나(Mayall, 1996), 성인으로부터 어린이를 보호하고자 한다. 이 기관은 어린이들이 예정된, 바람직한 결과를 산출할 수 있거나, 어린이들이 발달되고, 교육받고, 보호받고, 사회화되고, 보상받을 수 있는 공간이 된다. 만일 이러한 기관이 정해진 대로 어린이가 작동하도록 하는 대신 어린이와 아동기의 이익에 따른 공간으로 바뀐다면 Sharon Kagan과 그녀의 동료들이 지적하듯이 어른들은 '매우 무관심한'[1] 상태가 될 것이다.

효과나 성과물을 산출하는 생산자로서 유아교육 · 보육기관의 의미는 Lilian Katz가 공장이라는 은유적 표현을 사용하였던 것을 생각나게

1) 역자 주: '매우 무관심한'의 의미는 성인의 관심이 지나쳐 어린이의 관심이 무시되는 상태가 아니라 성인이 어린이의 관점이 드러나도록 자신의 관심을 최대한 억제하는 상태를 말한다.

한다. 공장에서 어린이(원자재로서)는 경제적, 사회적 요구에 따라 성인이 되는 데 필요한 지식체와 지배적인 문화 가치(사전에 정해진 상품으로서)를 재생산하도록 다루어지고, 사회, 가족, 개인의 역기능으로 나타나게 될 결과로부터 사회를 보호하도록 가공된다. 공장이 효율적 생산을 위해 표준화된 방법을 찾는 것처럼, 유아교육 · 보육기관 역시 맥락과 관계없이 어느 곳에서나 방출되거나 재생산될 수 있는 효율적인 생산의 표준화 방법을 찾게 된다. 이는 '모델', 혹은 '프로그램'이라는 언어 그리고 "효과가 무엇이지?"와 같은 질문으로 표현된다.

유아교육 · 보육기관을 비즈니스로 보는 관점은 현저하게 증가하고 있다. 유아교육 · 보육기관은 여전히 생산자로 인식되지만 부가적으로 자신의 상품을 팔기 위해 시장에서 경쟁하는 비즈니스로 인식되고 있다. 예를 들어 발달의 효과, 학교 준비도, 대리가정에서의 보호, 비행의 예방과 같은 상품을 사려는 소비자는 예외 없이 소비자가 되기에는 수단이 부족한 어린이이기보다는 대부분 부모 혹은 고용주, 공공기관의 성인이다.

이러한 변화는 영국과 미국에서 더욱 두드러진다. 최근 이 나라들에서 어린이를 위해 보호와 교육을 사려는 부모의 수가 급증하고, 고용인에게 혜택을 주기 위한 패키지의 일부로 '보육' 서비스를 제공하려는 고용주가 급증하면서 '어린이보육사업'(유아원, 가정 탁아, 유모 등)이 시장에서 급속하게 확대되고 있다. 이 개념은 스웨덴과 같이 시장경제 위주의 사회복지 체제로 옮겨 가고 있는 곳에서도 수용되면서, "어린이보육사업에서 수행되고 있는 작업이 개인 사업에서 수행되고 있는 작업과 비교되고 있다"(Dahlberg and Åsén, 1994: 161).

유아교육 · 보육기관에 대한 이러한 개념은 유아교육 · 보육기관 종사자들을 정의하는 데도 적용된다. 첫째, 이 종사자들은 기관이 정해 놓은 결과를 효율적으로 산출하는 *기술자*이다. 이들은 어린이에게 지식을 전수하고 발달 이정표에 따라 어린이들이 정해진 연령의 발달에 도달할 수 있도록 만든다. 구체적으로 어린이들의 현재 발달 단계와 성취할 수 있는 목표에 대한 규준이 있고, 어린이의 발달에 적합한 활동에 대한 규준이 있으며, 이 기술자들이 어린이에게 하는 질문에는 답이 있어 이들은 이를 통합할 수 있는 기술이 있어야 한다. 물론 어린이들이 선택할 수 있고, 성취할 수 있는 자유는 있지만 결과는 이미 규정되어 있다. Foucault의 관점에서 볼 때 이들 종사자는 훈육의 권력을 발휘하고 있고, 어린이를 이해하거나 자신들의 실제를 만드는 데는 발달심리 담론을 이용하여 어린이와 부모에게 권력을 행사한다.

둘째, 종사자는 자신의 책임하에 어린이들에게 매우 친밀한 관계를 제공해야 하는 *대리부모(substitute parent)*이다. 이러한 점에서 종사자인 '그녀'의 역할은 매우 중요하다. 부모 역할에서 실제 양육의 책임은 어머니라고 보는 성역할의 본질 때문에 대리부모는 대리어머니의 역할을 해야 한다. 결과적으로 이러한 현상은 보육시설이 여성을 위주로 고용하여 성별이 치우쳐진 노동력을 양산하게 한다.

마지막으로 종사자는 *전문경영인(entrepreneur)*이다. 이들은 시장에서 성공하여야 하고 자신의 상품을 잘 팔아야 한다. 종사자는 높은 생산성과 규준에 맞는 적합성을 보장할 수 있도록, 즉 효율적인 생산 공정을 보장할 수 있도록 기관을 운영하여야 한다.

• **유아교육·보육기관, 국가 그리고 자본주의**

모더니티의 관점에서 볼 때 유아교육·보육기관은 진보를 위해 필요한 기술로 여겨져 왔다. 학교와 같이 어린이를 위한 기관은 물론 많은 유아교육 · 보육기관이 모더니티의 영향 아래에서 과학을 어린이에게 적용하여 사회적 보상을 하고자 하였다(Popkewitz, 1998b). 이 기관은 지식을 전수하는 장소이자 동시에 사회적인 그리고 심리학적 문제를 행동과학과 사회과학을 적용하여 해결하고자 하는 공간이 되었다.

> 과학과 기술에의 의존성은 어린이를 순수하고, 완전하게 바라보는 낭만적 관점과 결부되어 어린이를 사회의 문제를 해결할 수 있는 적절한 동력이라고 보는 관점으로 이끌고 있다. 이러한 관점은 만일 우리가 어린이의 삶에 개입할 수 있다면 가난, 인종차별, 범죄, 약물남용 그리고 수많은 사회적 병리가 사라질 수 있다고 본다. 어린이는 사회를 변화시키기 위한 도구가 되어 가고 있고, 아동기는 사회적 문제가 해결되든지 혹은 해결될 수 없는 시기가 되어 가고 있다. (Hatch, 1995: 118-9)

이러한 보상의 주제는 현재까지 유아교육 · 보육기관의 역사에서 지속되고 있다. 그러나 우리는 유아교육 · 보육기관의 의미와 목적을 만들어 가는 데 영향을 미치는 변화를 목격하고 있다. 1장에서 논의한 것처럼 Readings(1996)에 따르면 자본주의와 국가 권력의 변화에 직면한 대학이 국가 이데올로기에 기대어 왔던 자신들을 국가의 문화와 정체성을 함께 인식하면서, 관료적으로 조직되고 초국가 자본주의 서비스에 있는 소비자 중심의 회사로 변화시키려고 노력하고 있다.

> 18세기 이래로 '국가 문화'라는 아이디어를 구성해 왔던 상징적 삶과 국가의 연계 흔적을 없애기 위하여 전 세계의 연합과 국가 간 분열이 동시에 함께 진행되고 있다. 대학이 국가와 국민의 본질을 인식하는

> 능력에서 자신의 운명을 찾는 것은 의미가 없어졌다. (중략) 현재 학생들은 국가의 주체이기보다 소비자이다. 소비주의는 개인이 더 이상 정치적 행위자도 아니고 국가의 주체도 아니라는 증거이다. (1996: 51, 53)

대학이 이러한 인식을 하고 있지 않을지라도, 우리는 이러한 경제적, 정치적 변화가 유아교육 · 보육기관에 영향을 미치고 있음을 알 수 있다. 이미 우리는 스웨덴의 유아교육 · 보육기관의 발전이 스웨덴 사회의 비전의 변화와 근대 산업국가의 형성과 매우 밀접하게 연계되어 있는 것을 보았다. 프랑스의 유아원인 에꼴 마떼넬(écoles maternelles) 역시 프랑스의 어린이를 시민성과 시민의 가치 안으로 끌어들이는 수단이 되면서 국가와 매우 밀접하게 관련되어 있다고 할 수 있다. 또 다른 예는 영국 정부 역시 국가의 이익인 군수 사업에서 여성노동력의 조달을 위해 2차 세계대전 동안 급격하게 유아원의 수를 늘렸다(그러나 이 정책은 곧 전쟁이 끝나면서 사라졌고, 국가는 군대에서 해산된 남성의 고용을 가장 우선시 하였다).

지난 30년 동안 유아교육 · 보육기관의 급격한 성장은 1장에서 논의한 것처럼 국가 권력의 약화와 규제가 철폐된 세계 자본주의의 성장과 관련이 있다. 경제가 더 이상 정치를 통제하지 못하고, 자본주의가 국가를 '잠식하는' 세계에서, 점차 힘없는 국가들이 유리한 투자를 위한 조건을 제공하여 초국가적 조합을 부추기는 관리자가 되어 가고 있다(Readings, 1996). 경쟁력 있는 노동력을 제공하는 조건 가운데 하나가 "가장 효율적으로 일할 수 있는" (25세에서 50세 사이) 시기의 여성과 남성이 작업장에서 요구하는 기술을 갖추어, '유동적으로' 그리고 강도 높게 일할 수 있도록 하는 것이다.

이러한 시나리오에서 유아교육 · 보육기관은 노동력 공급 보장의 필요한 수단으로서 노동력을 제공하는 사람들의 어린이를 보호해 주면서, 내일의 노동력 성과를 높여 준다. 정치보다는 경제, 국가보다 초국가적 자본주의가 우세해지면서 경영과 소비주의는 유아교육 · 보육기관의 목적과 실천에 더욱더 침투하고 있다. 유아교육 · 보육기관은 영어권의 자유시장 체제 내에서 자발적으로 이윤을 추구하는 '서비스 제공자'가 되든지 혹은 스웨덴과 같이 공적으로 지원을 받고 조정되는 시스템에서 '서비스 제공자'가 되든지에 관계없이 더욱더 사업으로 비추어지고 있다.

그러나 실제는 위에서 설명한 것처럼 단순하지 않다. 스웨덴의 예에서 볼 수 있겠지만 다양한 담론이 교차하고 있다. 스웨덴의 유아교육 · 보육기관이 이전에는 사회복지 시스템 안에 있었지만 최근 *국가*교육 시스템으로 통합되면서, *국가*교육과정을 처음으로 제공받아 점점 더 국가와 밀접한 관계에 놓이게 되었다. 그러나 동시에 우리는 이러한 기관을 담당하고 있는 지자체가 국가문화와 목적을 전수하는 동력으로서의 역할을 포기하고 있는 것을 목격하고 있다. 여전히 지자체로부터 지원을 받고 있는 유아교육 · 보육기관이 국가의 이데올로기와 밀접한 관계에서 벗어나 관료적으로 조직되고, 자율적으로 그리고 소비자 중심으로 변화하면서 기관의 의미가 재정의되고 있다. 동시에 동일한 변화가 지방자치체제에서도 일어나고 있는데 이들 역시 국가와 관련된 정치적이고 문화적인 센터로서의 역할보다는 자율적으로 소비자 중심의 조직으로 변화하려고 하고 있다. 기관과 지자체들은 공공의 이익과 관련되어 있던 것에서부터 점점 더 사업체로 변모하여 가고 있다(Dahlberg, 1998; Dahlberg and Åsén, 1994).

이 과정에서 부모와 어린이 역시 자신들을 공동체의 구성원이라기보다는 서비스의 소비자로 생각하게 될 것이다. 비록 이윤이 아직은 아젠더(agenda)가 아니지만 효율적 경영과 선택의 자유라는 언어가 도입되면 *부모*와 같은 단어는 *소비자*로 전환될 것이다. 이러한 언어 사용의 변화는 유아교육 · 보육기관이 더 이상 본질적으로 이데올로기적이고 국가의 가치 재생산과 연결되어 있지 않다는 것을 한다. 이 기관은 국가문화의 발전을 위한 수단이 아니라 시장을 위한 인력 자원을 제공하는 수단이 될 것이다. 이 과정에서 유아교육 · 보육기관은 국가와 연결된 기구가 아니라 사업의 요구에 맞는 사업 조직체가 되고, 지식은 정보로 그리고 시장에서 팔 수 있는 물건으로만 상품화될 것이다(Berstein, 1990; Dahlberg, 1998).

이러한 상황에서 자유교육에 대한 미션은 사라지고 쉽게 과거를 동경하거나 회의적이 될 수밖에 없다. 여기에서 현재 우리가 계몽주의 프로젝트로 돌아가려고 하고, 교육기관과 국가, 국가문화와 국가 정체성 사이에서 포진하고 있는 관계에 대해 갈등하고 있는 것을 알 수 있다. 이 복잡성 속에서 유아교육 · 보육기관이 존재하고 있으므로 우리가 회의적이 되는 것은 가치 있는 일이 아니다.

돌이켜 보면 우리는 이러한 기관들이 국가의 사회, 정치, 그리고 문화적 과업과 관련될 수 있다는 희망을 포기하고 싶지 않다. 그러나 모더니즘 프로젝트를 포스트모던 관점으로 비판하면 할수록 이러한 희망을 실현하기가 점점 더 어려워지는 것을 인식하게 된다. 우리는 더 이상 유아교육 · 보육기관의 교육 목적을 이성과 같이 고정된 가치 혹은 자유와 문화와 같은 가치를 추구하도록 둘 수 없다. 모더니티의 거대담론으로 이러한 가치가 구성되었고, 이들은 단일화, 표준화, 그리고 전체주의화되는 데 기여하였다. 그러면 어떻게 유아교육 · 보육기관이 세계 자본주의에 기여하는 관료적인 사업이 되어 가는 길에서 자본주의와 대항하여 설 수 있도록 할 수 있을 것인가?

3. 시민사회의 포럼으로서 유아교육 · 보육기관의 의미구성

• 시민사회

> '시민사회'라는 단어는 억압되지 않은 사람들의 연대 공간을 말하면서 동시에 이 공간은 가족, 신념, 이익 그리고 이데올로기를 위해 형성된 관계망으로 채워진다. (Walzer, 1992: 92)

> 참여는 협의의 정치적 영역에서만 가능한 활동이 아니라 사회 · 문화적 영역에서 실현할 수 있는 활동이다. (중략) 이러한 참여의 개념은 실제적인 논쟁을 통해 영향력 있는 행동의 규준이 결정되므로 복잡한 모던 사회의 실재에 대해 정치적으로 바른 비전을 가지도록 하는 장점이 있다. (Benhabib, 1992: 104-5)

지배 소수세계에서 유아교육 · 보육기관 수가 급증하면서 어린이의 보호와 교육을 포함한 '재생산'은 가정의 사적 영역과 확대가족(여전히 중요하지만)의 역할에서 이미 분리되었다. 그렇다면 이 '재생산'은 어디로 전이되고 있는가? 유아교육 · 보육기관의 경우는 선택할 수 있는 여지가 있다. 유아교육 · 보육기관이 있는 곳에는 사회적 의미가 부여된다. 예를 들어 이 의미는 이 기관이 무엇이며, 우리가 이들의 목적을 어떻게 이해하는가와 관련되어 있다. 많은 경우에 유아교육 · 보육기관은 중앙이나 지방정부가 제공하는 공적 영역에 있거나 직장이나 시장논리로 지배되는 사업이 제공하는 경제적 영역에 머무르게 된다. 그러나 유아교육 · 보육기관은 완전히 다른 영역인 시민사회 영역에 위치할 수도 있다.

시민사회의 의미에는 상충되는 점이 있다. 예를 들어 Hob 이론을 발전시킨 Locke의 민주주의 자유이론은 사회를 국가와 시민사회의 두 영역으로 구성되어 있다고 본다. 후자의 시민사회는 경제적 관계만으로 통합될 수 있는 개인들로 이루어져 있다고 보고 있다. 국가는 사회적 삶과 다르고 특히 사유재산권이 있는 개인의 권리를 보호하는 데 있어 시민사회의 개입을 제한한다. 반대로 고대 그리스 사회의 공화국 이론은 국가와 가정을 구별하고 국가만이 공적 영역의 유일한 형태이고 사회적 삶이 가능하다고 본다. 따라서 정치와 시민사회의 구별이 없었다. 자유이론에서 국가는 경제적 측면에 관여하지 않지만, 국가는 행복한 삶의 실현에 관여하여야 한다.

시민사회에 대한 우리의 관점은 약간 다르다. 시민사회는 "무엇보다 가족과 같은 친밀한 영역, 자발적인 연대모임과 같은 연대 영역, 사회운동과 공적 의사소통의 형태로 만들어진 국가와 경제 간의 사회적 상호작용의 영역"으로 정의하는 것이 더 마땅하다(Cohen and Arato, 1992: ix). 우리는 국가, 경제, 시민사회와 거리가 있는 네 번째 영역인 '친밀한 영역'을 시민사회로 보고자 한다. 시민사회는 세 가지 다른 수준의 영역과 정부, 시장, 사업장과 노동조합, 그리고 가정과 가족 기관 간의 관계에 존재한다. 시민사회는 개인이 문화적, 사회적, 경제적 그리고 정치적으로 공동의 이익을 추구하는 활동에 함께 참여하는 '강제적이지 않은 연대 공간'이다.

시민사회의 여러 가지 특징 가운데 하나로 Cohen과 Arato는 *사회 운동(social movements)*과 *연대(associations)*라고 지칭했다. 1960년대 이래 Melucci(1989)가 지칭한 새로운 사회운동이 출현하였다. '조직적인 자본주의'와 산업화의 시기에 출현한 안정적인 계급 정체성을 기반으로 하는 대중 정치 정당과 노동조합과 같은 노화한 정치 운동에 대항하는 사회운동은 경제적 변화와 지속적으로 진화하여 온 자본주의와의 관계에서 분석되어야 한다. 신사회운동은 복잡한 후기 산업사회에서 급증하고 있는 정체성의 약화와 분열 그리고 '해체된 자본주의'라고 불리는 새로운 단계를 반영하고 있다. 이 운동은 또한 특정한 집단, 지역, 공동체, 그리고 역사의 주목을 받는 '거대 담론(metanarratives)의 죽음'[2]과 새로운 '차이[3]의 정치'의 의미를 담고 있는 포스트모던 관점에서 분석될 수 있다 (Kumar, 1995).

신사회운동은 복합성, 유동성, 그리고 모호함의 정체성에 대응하며, 그 안에서 *차연(différance)*[4]은 존재의 조건이 되므로' 과격한 복수 민주주의라고 불릴 수 있다. 본질주의 관점에서 집단은 주어지고, 안정적이며, 일관된 관심과 정체성이 있는 데 반해, 신사회운동은 다양한 관심과 정체성을 인정하는 연대의 형태로 전환될 수 있는 가능성이 있다. 이러한 관점에서 합의는 위험한 유토피아이다. 왜냐하면 숨막히고 억압적인 일체성과 조화가 타자성을 흡수하고 위협하기 때문이다. 반면에 "비결정성(undecidability)의 인정은 민주적 정치의 존재 조건"이다(Mouffe, 1996b: 254). 불완전성으로 보이는 갈등과 대결은 살아 있는 다원적 민주주의를 의미한다. 왜냐하면 Derrida의 용어로 "민주주의는 비결정성을 가로질러 그리고 영원히 희망의 요소를 열어 놓음으로써 실현될 것이기 때문이다" (Mouffe, 1996a: 11).

Melucci는 사회운동을 집단의 정체성이 상호 교류하는 과정에서 만

---

2) 역자 주: 포스트모던 관점에서 이념이나 이데올로기와 같은 절대적 가치에 대한 부정, 불신을 의미한다.

3) 역자 주: 플라톤 이후 이성적 철학이 유지해 온 통일성 혹은 형이상학을 비판하면서 모든 것은 차이가 있으며 그 차이를 있는 그대로, 의미를 부여하고자 한다.

4) 역자 주: 데리다에 의해 고안된 용어로서 차이를 넘어서 차이의 시공간적 연속성을 강조한다.

들어지는 사회적 구성물이라고 본다. 사회운동은 행위체계이며, 매우 상이한 요소를 연결하는 복합적인 네트워크로서, 참여하는 주체 간의 의사소통, 협상과 대결을 통해 의미, 결정, 그리고 집합적인 행동을 하게 한다. Melucci가 주장하듯이 이러한 새로운 운동의 도전이 없다면 복잡한 사회는 의미에 대하여 질문을 던질 수 없고, 이미 통용되고 있는 지식이나 지배 담론에 도전을 할 수도 없을 것이다.

오늘날 여성학자를 비롯한 사회과학자들은 보편적이고 본질적 관점을 거부하는 것이 계몽주의가 지닌 민주주의 이상을 위험에 빠뜨린다고 생각하고 있다. 그러나 포스트모던 시대에 민주주의를 새롭게 바라볼 수 있는 가능성을 열어 줌으로써 정체성이 계급, 인종, 성과 같이 하나의 고정된 단위로 감환되는 억압을 피할 수 있다. 민주주의에 대한 이러한 새로운 관점은 새로운 형태의 집합 행위와 공동 행위가 일어날 수 있는 공공의 공간 또는 포럼이 활성화되어야 할 필요성을 제기한다. Melucci는 신사회운동으로 새로운 형태의 집합 행위가 가능하게 되면 복합적인 사회에서 민주주의는 확장될 수 있다고 보고 있다. 집합 행위는 기존의 의회나 노동조합과 같은 국가와 경제 기구만을 통해서 하는 것이 아니라 시민사회의 틀에서 세워진 민주적 기구를 통해 할 수 있다. 이는 "이거 아니면 저거"가 아니라 '그리고 또한'의 문제이다.

Cohen과 Arato 역시 다음과 같이 민주적 시민사회의 가능성을 강조하고 있다.

> 부정적인 자유와 긍정적인 해방의 공간을 확대하고 보호하기 위하여 스스로를 제한하는 민주운동의 개념 (중략) 무엇보다 의사소통, 의회와 연합의 권리는 시민사회를 절대적인 자유의 영역으로서 공공성과 연대성을 유지하게 한다. 그 안에서 주체적 개인은 공공의 관심사를

함께 논쟁하고, 협정을 맺고, 새로운 권리를 주장하고, 그리고 정치 (경제적이기도 한) 사회에 영향력을 행사할 수 있다. (1992: 17, 23, 원본)

연대(association)는 시민사회의 중요한 특징이다. 이탈리아 지방정부를 연구한 미국의 정치학자 Robert Putnam(1993)은 시민연대를 "강력한 수평적 상호작용을 대표하는" 시민사회 조직망으로 설명하면서 "이웃사회연대, 합창 조직, 협동조합, 스포츠 클럽, 대중기반의 정당과 같은" 것을 그 예로 들고 있다. 그는 경제적으로나 지역 정치에 성공한 이탈리아 지역 특히 시민연대가 많은 레지오 에밀리아가 있는 에밀리아 로마냐(Emilia Romagna) 지역을 예로 들면서 시민연대가 경제생활과 민주정부의 효율성에 크게 기여할 수 있다고 주장하고 있다. 이러한 관계를 이해하는 데 주요한 점은 Putnam이 말하는 '사회적 자본(social capital)'으로 사회의 경제와 정치 성공의 주요한 조건인 신뢰, 상호성, 존중과 다양한 성격의 사회단체가 포함되어 있다. 시민연대 네트워크는 구성원이 협력, 단결 그리고 공공 정신과 같은 습성을 심어 줄 수 있는 '사회적 자본의 기본형태'를 지니고 있다. 예를 들어 "한 지역사회의 네트워크가 강할수록 그 사회의 시민들은 공동의 이익을 위하여 협력할 수 있다"(1993: 173).

• 시민사회의 포럼

유아교육 · 보육기관은 *유아와 성인이 사회, 문화, 정치, 경제적으로 의미 있는 프로젝트에 함께 참여하는 시민사회의 공공 포럼으로* 볼 수 있다. 좀 더 구체적으로 이를 고려하기 전에 우리는 '포럼(forum)'의 개념을 살펴볼 필요가 있다.

포럼은 시민사회의 중요한 특징이다. 만일 시민사회에서 유아, 청년, 성인 개개인이 공공의 이익을 위한 활동이나 프로젝트 그리고 집단행동에 참여할 수 있다면, 포럼은 이러한 모임이 있는 공간이다. 포럼은 Putnam의 '시민연대' 그리고 Henry Giroux가 학교와 관련지어 설명하는 '공공의 공간' 개념과 공통점이 있다.

> 학교는 정치조직 그리고 시민의 중심 공간이다. (중략) 정치조직의 개념으로 볼 때 학교는 비판적 민주주의와 공동체를 회복하기 위한 공공의 공간으로 정의할 필요가 있다. Hannah Arendt가 말하는 '공공 공간'은 구체적인 학습 조건을 의미하는데, 여기에서 사람들은 함께 이야기하고, 다이얼로그에 참여하고, 자신의 이야기를 나누게 되고, 시민권을 약화시키기보다는 강화시키는 사회적 관계가 되어 함께 갈등하게 된다. (1989: 201)

포럼은 집단행동과 민주주의의 실천에 능동적으로 참여할 수 있는 시민권을 행사하는 장소이다. 강하고 역동적인 시민사회는 시민이 능동적으로 포럼에 참여할 것을 요구하고, 이러한 활동은 신사회 운동으로 이어진다. 포럼은 '사회와 문화 영역'의 '매우 협소하게 규정된 정치 영역' 밖에서 영향력을 행사하는 민주적 기구이다. 그러나 이것이 정치 기구를 대신하는 것은 아니다. 이들은 이미 국가와 시장과 같은 제도화된 영역과 함께 새롭게 자생하고 있는 정치 영역을 대표하고, 정치적 영향력을 행사할 수 있는 영역을 제공하면서 보완적으로 작용한다. 정치 기구는 이 아이디어를 지지하고 포럼의 이용 가능성을 증진시킬 수 있고, 반면에 포럼은 국가 정치 기구를 대표하는 정치인과 사람들이 공공의 이익과 관련된 문제에 함께 참여하기 위하여 만날 수 있는 기회를 제공할 것이다. 정치인과 사람들이 대화에 참여하는 포럼이 효과적으로 운영되기 위하여 유아, 학령기 아동 그리고 사회 서비스의 페다고지처럼 참여의 주체를 가능한 지역적 수준으로 낮추어 정치적 권위를 *분산할* 필요가 있다.

참여와 대화의 장으로서 포럼의 운영은 정치인과 사람들을 적극적이고 생산적으로 참여하도록 할 수 있고 상호의 이해를 높일 수 있으므로, 이러한 기능을 지원할 수 있는 과정과 조건이 필요하다. 몇 가지 절차가 구체적으로 유아교육 · 보육기관에서 시행되고 확장되어 적용되고 있다. 레지오(Reggio)는 '기록작업(documnetation)'을 "유아교육 · 보육기관의 교육을 공공에 알리는 민주적 과정"으로 보고 있고(Rinaldi, 1993: 122), 페다고지스타(pedagogista) 또는 교육 자문가와 철학자들의 '현명한 자문'이 민주적 과정에 포함된다. 이 둘에 관해서는 6장과 7장에서 좀 더 구체적으로 논의될 것이다.

이들은 *보편적인 도덕적 존중과 평등한 상호의존성*을 필요로 한다(Benhabib, 1992: 105). 보편적인 도덕적 존중 원칙은 "모든 사람이 도덕적 대화에 참여할 수 있는 발언 능력과 행위의 권리"가 있다고 보는 것이고 구체적으로 어린이의 참여를 의미한다. 평등한 상호의존성의 원칙은 모든 참여자가 "다양한 발언을 하고, 새로운 주제를 시도하고, 대화의 가설에 대하여 성찰해 보는" 권리를 동등하게 갖는 것을 의미한다. 도덕적, 인지적 능력의 배양 역시 중요하다. 예를 들어 "타자의 관점에서 사고해 보려는 자발성, 즉 관점을 바꿀 수 있는 능력"과 "타자의 소리에 귀 기울이는 민감성" 그리고 타자를 동등하지만 차이가 있다고 바라볼 수 있는 능력이 필요하다. 이러한 절차와 조건은 포럼에서 민주적 참여와 실천뿐 아니라 만남의 윤리에도 필요하다.

그러나 이러한 과정과 조건을 전면적으로 그리고 완전하게 적용하기가 쉽지 않다는 것을 인식하는 것이 중요하다. 이는 매우 어렵기도 하지만 보편적인 동의를 얻기도 쉽지 않다. 합의는 필요하지도 바람직하지도 않고, 갈등과 대결은 다이얼로그의 건강한 요소일 수 있으나 불화는 파괴적일 수 있다. 참여와 다이얼로그를 어렵게 할 수 있는 힘의 문제가 있다. 우리는 상황이 어떻게 되었으면 하는 이상적인 방식을 여러 가지로 제안하지만, 실천에서 이러한 것은 예측하기 어렵고 그렇게 되리라고 확신하기가 어렵다. 시민사회의 포럼은 주어진 한 가지 방식을 따른다고 성공이 보장되지 않지만, 갈등이 가치로울 수 있다는 것을 보여 준다.

• 시민사회의 포럼으로서 유아교육 · 보육기관

유아교육 · 보육기관은 시민사회의 포럼으로서 가능성이 있다. 그러나 본래부터 이러한 가능성이 있는 것이 아니므로 선택이 필요하고 열정이 있어야 한다. 포럼이 되기 위해 유아교육 · 보육기관은 스스로를 그렇게 받아들여야 하고 그 과업을 능동적으로 맡아야 한다. 유아교육 · 보육기관은 자신들을 국가나 경제 영역과 관계는 유지하지만 거리를 두면서 시민사회에 머무르도록 해야 한다.

시민사회에서 포럼이 되기 위해 유아교육 · 보육기관은 어린이가 있는 모든 가족, 즉 어린이와 성인에게 그리고 세계를 향해 개방적이어야 한다. 예를 들어 기관 이용 준거가 부모의 직업 수준 혹은 보육 비용으로 제한되어서는 안 된다. 시장 경제나 특정 고용인의 종사자를 위한 사업인 유아교육 · 보육기관은 경제적 영역에 머물러 있어야 하므로 이들은 시민사회의 포럼이 될 수 없다. 포럼으로서뿐만 아니라 공동체의 기구로서 유아교육 · 보육기관이 되기 위해서는 공적으로 운영될 필요는 없지만 대부분 혹은 전적으로 공공의 자원으로 운영되어야 하고, 지역의 모든 어린이에게 이용 권리가 주어져야 한다. 이 목적을 위해 고용주들은 세금을 동등하게 감면하는 등의 방법으로 모든 어린이에게 유아교육 · 보육기관이 개방될 수 있도록 적절하게 지원할 수 있다. 고용주 역시 유아교육 · 보육기관의 구성원인 다른 성인, 어린이와 함께 포럼에 참여할 수 있다.

다양한 활동에 참여하는 사람들의 비율이 떨어지고, 개인의 삶과 이익 추구가 확산되면서 공적인 삶에 대한 생동감 역시 급격하게 사라지고 있다(Kumar, 1995; Putnam, 1995). 산업사회에서 활발했던 시민연대 혹은 포럼과 같은 유형은 오랜 기간에 걸쳐 사라지고 있다. 예를 들어 영국의 특정 지역에 있는 탄광 악단 혹은 노동자 클럽은 광산과 중공업의 쇠퇴와 함께 그 의미도 쇠퇴하고 있다. 유아교육 · 보육기관은 모든 곳에서 증가일로에 있다. 이 기관은 오늘날 우리가 살고 있는 세상에 스며들어 있고 조화를 이루는 새로운 형태의 포럼과 시민연대를 형성할 수 있도록 하고, 다양한 프로젝트를 통해 공적 영역을 활성화시킬 수 있다.

이것은 단지 희망적인 생각에 그치지 않는다. 레지오 에밀리아와 같은 유아교육 · 보육기관은 시민사회의 포럼으로서 매우 생생한 예가 될 수있다. 체계 이론(systems theory)에 영향을 받은 이들은 자신들을 부모를 비롯한 지역정부, 지역사회와 밀접하게 관계를 맺고 있는 대단위 체계의 떼어낼 수 없는 부분으로 그리고 이 안에 있는 관계와 의사소통하는 체계로 자신들을 바라보고 있다. 레지오만이 아니라 많은 나라의 유아교육 · 보육기관이 포럼으로서 역할을 자처하고 그 가능성을 탐색하고 있다.

• 유아교육 · 보육기관의 프로젝트

만일 유아교육 · 보육기관이 시민사회의 포럼이 될 수 있다면 어린이와 성인은 사회, 문화, 정치 그리고 경제적으로 의미 있는 프로젝트에 함께 참여할 수 있을 것이다. 이러한 프로젝트는 무엇인가? 최종적으로 결정된 아젠더는 없다. 이러한 프로젝트를 결정할 때 *"아교육 · 보육기관은 무엇인가?"* 라는 기본적인 질문에 응답하는 것이, 포럼으로서 그리고 자유로운 사회의 정치적 프로젝트의 하나가 된다. 그리고 이 질문은 지속적으로 지역과 국가의 정치가를 포함하여 어린이, 성인 간의 다이얼로그 주제이다. 유일하게 일반화할 수 있는 점은 시민사회의 포럼으로 유아교육 · 보육기관은 어린이가 살아가는 장소라는 점이다. 기회와 가능성이 있는 공동체는 개입 기간도 정해져 있지 않고, 목적도, 사전에 정해진 결과도 없다는 것이 특징이다.

유아교육 · 보육기관의 프로젝트가 어떠해야 하는지 확실하지 않지만 우리는 네 가지 정도의 가능성을 제안할 수 있다. 첫 번째, *교육실천과 학습 프로젝트*이다. 3장에서 논의하였듯이 포스트모던 관점에서 볼 때 지식과 정체성은 어린이를 가르쳐서는 구성되지 않으며 어린이 스스로 활동하고, 어린이에게 가능한 관계와 자원을 활용하여 세계와 관계 맺고 대화하는 과정에서 구성된다. 인간적 만남이 페다고지와 윤리적 관계의 기초가 되므로, 유아교육 · 보육기관의 진정한 역할은 이러한 만남을 풍요롭게 일어나도록 하는 것이 될 것이다. 이러한 관점에서 볼 때 유아교육 · 보육기관은 지식과 정체성을 공동으로 구성할 수 있는 활동과 관계를 위한 공간이다. 대화가 있는 학습을 위해 공공의 공간을 만드는 아이디어는 브라질의 Paulo Freire의 성인교육 프로젝트에 영감을 주었다.

> 문화센터는 문화적 집단, 순회도서관, 극장 공연, 여가 활동 그리고 스포츠 행사를 여는 큰 공간이었다. 문화 서클은 가르침과 학습이 대화의 형태로 일어났다. 이곳은 지식 전수가 아닌 지식, 앎을 위한 공

> 간이었다. 학습자에게 지식이 단순히 제시되거나 강요되지 않고, 생산되는 공간이다. 세계를 읽을 수 있는 새로운 가설이 창조되는 공간이었다. (Freire, 1996: 121)

좀 더 구체적으로 유아교육 · 보육기관은 어린이에게 탐색하고, 문제를 해결하고, 협상하고 의미를 만들 수 있는 도구와 자원을 제공한다. 여기에는 어린이가 다양한 언어로 자신을 표현할 수 있으며, 일상에 기초한 주제가 있는 프로젝트, 반성적인 실천가의 지원과 영감, 그리고 어린이가 주변 세계를 함께 탐색하고 해석할 수 있는 소집단 구성의 기회가 주어지고, 이렇게 함으로써 어린이는 자신의 학습과 지식 구성에 책임감을 갖게 된다. 유아교육 · 보육기관은 관계와 대화를 기반으로 하는 페다고지와 만남의 윤리를 요구한다. 이 페다고지는 어린이가 기존의 죽은 지식을 배우는 존재가 아니라 지식 구성자라는 사실을 인정하며, 지식을 생산하고 의미를 만드는 일은 다른 성인과 어린이와의 관계에서 이루어지므로 이때 성인과 어린이 모두 어린이의 아이디어와 이론을 심각하게 받아들일 뿐 아니라 대면하고 도전할 수 있도록 준비되어 있어야 한다.

이러한 유아교육 · 보육기관의 페다고지 프로젝트에 어린이들은 자신과 타인의 지식을 함께 구성하는 데 적극 참여한다. Loris Malaguzzi는 이를 레지오 에밀리아의 교육과 관련지어 말하고 있다.

> 우리가 어린이에게 제공하는 가능성의 범위가 넓을수록 어린이들의 동기는 더 강해지고 이들의 경험은 더 풍부해진다. (중략) 모든 사람들은 어린이들의 지치지 않는 표현의 욕구에서 이들의 대단한 장점과 능력을 발견하게 되어 있다. (중략) 어린이들은 자동적으로 경험

> 에서 의미를 만들 수 있다. 성인의 역할은 어린이들이 의미를 만들 수 있는 능력을 활성화하는 것이다. (중략) 학습과 가르침 사이에서 우리는 첫 번째를 더 중요하게 여기고, 그래서 가르침의 목적은 학습을 위한 환경을 제공하는 것이다. (Malaguzzi, 1993b: 72-3, 77)

앞의 장에서 이미 논의하였듯이, 이러한 페다고지는 유아교육 · 보육기관을 능동적인 참여와 반성적인 문화에 스며들도록 하고, 주변 세계와 다이얼로그에 참여할 수 있도록 개방시킨다. 이 작업은 환경, 평화, 정의, 공존에 대한 질문을 하게 하고, 과학과 철학에서의 새로운 논쟁 그리고 성취가 있는 시대에 살고 있는 우리의 주요한 관심을 반영한다. 핀란드의 교육학자인 Kirsti Hakkola는 헬싱키에 있는 자신의 유아교육기관을 새로움을 불러일으킬 수 있는 아이디어로 표현했다. "나는 우리의 유아원이 벽이 없는, 공공 광장에 있으면 좋겠다."

포럼에 대한 논의에서 이미 밝혔듯이 두 번째 중요한 프로젝트는 살아 있으며, *참여적이며, 비판적인 지역 민주주의를 발전시키는* 것이다. 유아교육 · 보육기관에서 교사와 어린이가 부모, 정치가 그리고 고용주, 노동조합, 일반시민과 같은 사람들과 함께 다양한 주제의 다이얼로그에 참여할 수 있다. 아젠더는 닫혀 있거나 결정되어 있지 않으므로 다양한 주제를 포함할 수 있다.

첫 번째, 포럼으로서 유아교육 · 보육기관은 유아기 자체에 대한 공공의 담론을 새롭게 창출하고 *유아기의 정치학*으로 불릴 것이다. 유아교육 · 보육기관은 페다고지 이슈와 다음의 질문에 대해 토론할 수 있는 공적 토론의 장소이다. 예를 들어 우리는 유아기를 어떻게 이해할 것인가? 어린이는 어떤 존재인가? 어린이와 사회의 관계는 무엇인가?에 대해 토론할 수 있다. 7장에서 논의하겠지만 교육적 기록작업(pedagogical documentation)은 교육실천은 물론 사회행동과학에서 지배적인 담론인 어린이의 의미, 유아교육·보육기관의 의미 그리고 이들 기관이 양산하는 결과를 문제 삼을 것이다. 이러한 방식으로 한다면, 어린이, 유아교육·보육기관, 그리고 유아교육 페다고지의 대안적 이미지를 재구축하게 될 것이다.

이러한 방식으로 이해하면, 부모참여는 교사(pedagogue)가 하고 있는 일을 탈맥락화시키거나 문제의식 없이 정보를 부모에게 주는 것을 의미하지도 않고, 아동발달과 아동양육의 단순한 기술을 전수하여 '좋은' 실제로 부모를 '교육하는' 것을 의미하지도 않는다. 오히려 부모와 교육자가 교육을 깊이 이해하고, 판단을 내리는 일에 참여하여 반성적이고 분석적이 되는 것을 의미하고(5장 참조) 그리고 여기에서 교육적 기록작업(7장 참조)은 중요한 역할을 하게 된다. 이러한 맥락에서 '부모참여'는 사회적 통제나 기술 전이의 수단이 아니라 민주적 실천을 의미한다.

유아기 정치학의 또 다른 주제는 *행복한 삶(good life)*에 대한 것이 될 수 있다. 유아교육·보육기관은 *행복한 삶*에 대하여 "우리가 어린이들에게 무엇을 해 주기를 원하는가?"와 "무엇이 행복한 유아기인가?"라는 질문을 해야 한다. 행복한 삶이라는 용어는 모두에게 인정받을 수 있는 하나의 행복한 삶을 발견하거나 그렇게 살아야 하는 것을 의미하지 않는다. 다원적 민주주의의 개념이 다양할 수 있는 것처럼 말이다. 포럼으로서 유아교육·보육기관은 행복한 삶에 대하여 타인과 다이얼로그 할 수 있는 기회를 제공하고, 합의를 하지 않지만 어느 정도로 동의할 수 있는 가능성은 제공할 것이다.

담론이 모두가 인정할 만한 행복한 삶의 개념을 만들어 낼 수 없을

> 것이라는 것은 분명하다. (중략) 그러나 우리가 상호 주관적인 논쟁이 가능한 문제로 행복한 삶을 개념화하는 일은 중요하다. 만일 상호 주관의 합의가 일어난다고 할지라도 바람직하지 않을 수 있다. 그러나 이러한 논쟁의 과정이 있을 때 우리는 (중략) 행복한 삶이 도덕적 성찰과 도덕적 변화에 가까이 갈 수 있는 것으로 개념화할 수 있다. (Benhabib, 1990: 349-50)

세 번째 가능한 주제 영역은 *고용과 어린이 보호의 관계*이다. 유아교육 · 보육기관은 보호를 제공하고 부모가 노동시장에 참여할 수 있도록 하는 동시에 또한 어린이와 부모, 정치가, 고용주, 노동조합의 성인이 실천과 경험을 기반으로 하는 비판적인 다이얼로그에 참여하여 어린이를 위한 고용과 보호 간의 관계를 문제 삼거나 논쟁을 벌일 수 있는 기회를 제공한다. 이러한 방식으로 유아교육 · 보육기관이 노동시장의 요구에 무비판적으로 공모하는 것을 막을 수 있다. 물론 이러한 요구가 부모에게 공감을 얻지 못할지라도 노동의 공급을 보장하는 단순한 기계적 역할이 되는 것을 막을 수 있다(그 결과 회사 주차장 혹은 간이식당과 같은 서비스를 줄이게 될 수 있다). 유아교육 · 보육기관은 대신 민주적 논쟁의 공간이 될 수 있고 생산과 재생산 그리고 더 나아가 자본주의와 사회의 관계와 같은 중요한 주제를 심도 있게 이해할 수 있게 되어 도전과 행동을 할 수 있다.

공공의 행복과 민주주의가 언제나 영향력을 미치고 있는 스칸디나비아 지역에서처럼 유아교육 · 보육기관의 민주적 프로젝트는 페다고지 실천에 포함될 수 있다. 예를 들어 덴마크 유아교육 · 보육기관은 민주주의 가치에 깊은 관심을 보여 왔다. 정부 지침서에 의하면 교사 교육은 물론 일상생활에서 어린이에게 경청하는 것을 강조하고 있다. 민주주의는 "자신의 삶을 적극적이고 창의적으로 주도하는 어린이의 권리"를 담고 있고, 유아교육 · 보육기관에서 민주주의를 경험하는 것은 "현대 민주주의를 이해하고 통찰력을 가지도록 이끈다"(Lauridsen, 1995: 3).

유아교육 · 보육기관의 민주주의 프로젝트 비전은 시민사회에서 새로운 사회 형태의 민주주의를 논의할 수 있도록 한다. 포럼으로서 유아교육 · 보육기관은 유아기나 교육실천과 같은 중요한 주제를 다루어 민주주의의 실천이 활발해지고, 복잡한 포스트 산업사회에서 민주주의를 확장할 수 있는 가능성을 제공한다. 구체적으로 유아교육 · 보육기관은 기존의 정치 기구(지방정부, 지자체, 공동체, 지역정부)에서 선출된 대표와 새로운 민주 포럼 간에 관계를 새로이 정립하여 지역정부 수준에서 민주주의 재건을 담당할 수 있다. 많은 다른 지역(6장의 주제)에 영감을 준 레지오 에밀리아 교육 방식은 유아교육 · 보육기관이 새로운 사회운동을 창출할 수 있는 가능성이 있다는 것을 보여 준다.

앞 장의 프로젝트에서 지식과 정체성의 협력적 구성과 민주주의의 새로운 가능성을 여는 교육이 *자유를 실행*하는 데 기여할 수 있는 것을 알 수 있었다. Foucault의 개념으로 볼 때 이는 반대의 논리를 생각하고 '성찰적 가르침'을 증진시키는 등의 비판적 사고를 할 수 있도록 한다. 이렇게 함으로써 우리는 세계를 바라보는 방식에 질문을 던지면서 우리 삶의 주인이 될 수 있고, 우리 자신의 주관성을 형성할 수 있는 능력을 증진시키게 된다. 비판적으로 사고하는 것은 기존의 담론, 개념, 의미로부터 자유로워지고, 다른 담론, 개념, 의미를 창출할 수 있도록 한다.

> 사고가 쏟아져 나오고 (중략) 이를 변화시키기 위한 노력, 예를 들어 사물은 우리가 믿는 것처럼 그 자체가 명백하지 않고, 자명한 것 역시 더 이상 아니다. 비판적이 되는 것은 손쉬운 것을 어렵게 만드는

> 것이다. (중략) 우리가 사물을 이전에 생각했던 대로 더 이상 생각하지 않는 순간 점차 변형은 필요하고, 어렵고 그리고 매우 가능해진다. (Foucault, 1988: 155)

이러한 방식으로 이해할 때 자유를 실천하는 것은 혁명적인 행위는 아니다. 오히려 권력으로 "지배되지 않는 예술" 이다(Foucault, 1990). 이것은 "배열되어 있는 원칙을 제거하는 실천" 이고 비판에 따라, 역사적이고 그리고 민감하게 '진실을 말하는' 논리의 형식과 규율을 만드는 것이고, 이렇게 함으로써 주체가 행동할 수 있는 범위가 넓어진다(Popkewitz, 1998b).

자유를 실천하는 것은, 우리가 현재 알고 있는 세계에 대해 말할 수 있는 절대적인 지식체를 확고히 하여, 회의하지 않는 것과는 다르다. 『자유의 두려움(*Fear of freedom*)』이라는 책에서 정신분석자 Erich Fromm(1942)은 '확실성에 대한 강렬한 요구' 를 '긍정적인 자유' 그리고 자발적으로 행위하고, 스스로 생각하는 자유, '이성적 회의' 를 배제하지 않은 자유와 대비시켰다. 긍정적인 자유를 경험하고 있는 인간, 성인 그리고 어린이는 자유롭게 질문하고 불확실성을 환영한다. 자유는 '알지 못하는' 것에 구애받지 않고 확실한 지위에 도달하려는 압력에 저항하는 것이다.

유아교육 · 보육기관의 세 번째 프로젝트는 어린이 간에, 기관과 관련된 부모와 성인 사이에, 그리고 어린이와 성인 사이에 *사회적 네트워크를 만들고 강화할* 수 있도록 한다. "성인과 많은 어린이들이 삶과 관계를 공유하는 공간" (Malaguzzi, 1993a: 56)으로서 유아교육 · 보육기관은 "모던 사회의 특징인 고독, 무관심, 그리고 폭력" 에 대항할 수 있도록 도와주고(Malaguzzi, 1993a: 10) 사회적으로 지지해 준다. 유아교육 · 보육기관은 지역 공동체와 시민사회가 유대를 맺을 수 있도록 도와준다. 이 기관은 Putnam(1993)이 지침하는 '열정적인 수평적 상호작용' 과 상호호혜성, 신뢰, 협력, 연대를 조장하여 '사회적 자본'을 증진시킬 수 있는 가능성을 제공할 수 있다.

네 번째이자 마지막으로 논의하고자 하는 유아교육 · 보육기관의 프로젝트는 *부모가 노동시장에 참여할 수 있도록 어린이에게 보호를 제공하는 것*에 관한 것이다. 어린이 보육은 노동시장에서 양성평등을 지원하고, 일과 가족생활의 관계를 조절하여 갈등에 빠진 일하는 부모를 지원한다. 또한 보육은 경제적 측면에서 노동력의 효율적 이용에 기여하고, 공적 영역과 사적 영역 모두에서 경제적이 되도록 기여한다. 대부분의 부모가 고용되는 사회에서 이는 자명하고, 부모가 일하는 동안 어린이를 보호하는 것은 보장되어야 한다. 그러나 시민사회의 포럼으로서 유아교육 · 보육기관의 유일한 목적은 어린이를 보호하는 것으로 그쳐서는 안 되므로, 보호를 강조하는 것은 포럼으로서 유아교육 · 보육기관의 의미와 양립할 수 없다. 이미 논의하였듯이 포럼으로서 유아교육 · 보육기관은 부모가 직업이 있는 것과 관계없이 모든 어린이에게 그 문이 열려 있어야 하고, 부모 직업의 지위와 관계없이 모든 어린이에게 페다고지 작업을 포함한 모든 다양한 프로젝트를 제공해야 한다. 어린이에게 보호가 필요함에도 적절히 제공되지 못했던 사회에서는 이에 대한 관심은 매우 높아진다. 예를 들어 영국은 부모의 고용 증가와 과거 정치적 무관심의 확대에 직면하면서 1996년에 선출된 노동당은 '국가 수준의 어린이보호 전략' 에 공약을 걸었다. 레지오 에밀리아나 스톡홀름의 유아교육 · 보육기관은 '어린이 보호' 보다는, 페다고지 작업과 같은 다양한 프로젝트에 관심을 집중하고 있다.

시민사회에서 포럼으로 운영되고, 이러한 종류의 프로젝트를 수행하는 유아교육 · 보육기관은 지역 민주주의의 건설뿐 아니라 복지국가의 건설에 기여하고 있다. 우리가 제시하였듯이 유아교육 · 보육기관은 새로이 변혁되고 있는 *사회연대의 공동체 기구*의 하나가 되었고, 다양성, 복합성, 개인주의가 두드러지는 사회에서 협력과 연대의 새로운 관계를 지원할 수 있는 잠재력을 갖추게 되었다. 유아교육 · 보육기관은 '공동체'의 의미를 부여받을 수 있게 되었다. 복지국가의 이러한 유아교육 · 보육기관은 고용의 유무, 임금, 계급과 무관하게 어린이와 성인 모두에게 열려 있다. 이 기관은 평등을 실현하고 있다. 유아교육 · 보육기관은 상하 관료주의 체계의 초기 복지국가 기구를 대신하여 타자를 인정하며 평등을 실현하여, 동등함으로 평등을 실천하는 민주적 실천을 하고 있다. 복지국가 재건의 목적을 성찰해 볼 때 포럼으로서 유아교육 · 보육기관은 다양한 목적을 수행할 수 있다. 구체적으로 기관은 시민사회에서 어린이와 성인을 위한 *통합(inclusion)*의 수단이 되고, 학습, 다이얼로그와 비판적 사고를 통한 *민주주의와 자유를 실천*할 수 있는 기회를 창출하고, 노동시장의 안과 밖에 있는 부모에게 광범위하고, 유동적인 사회적 지원을 제공하고, 하나의 사회집단인 어린이에게 자원을 재분배할 수 있는 장치를 제공한다.

국가 이데올로기의 도구이면서 소비주의와 국가를 초월하는 자본주의에 헌신적인 관료조직의 성격을 넘어설 수 있는 유아교육 · 보육기관과 페다고지로 어떻게 새롭게 태어나느냐 하는 문제가 남아 있다. 양자로부터 결별할 수 있다고 말하려는 것이 아니다. 왜냐하면 유아교육 · 보육기관이 국가와 자본수의 체제에 참여하지 않는 것처럼 하도록 잘못 유도할 수도 있기 때문이다. 유아교육 · 보육기관이 어떻게 양 체제에 모두 참여하고, 기여할 수 있을지, 이들이 어떻게 다른 영역에서 다른 목적을 찾을 수 있을지가 문제가 된다는 것이다.

우리는 한 가지 가능성, 즉 포럼으로서 유아교육 · 보육기관에 대하여 탐색하여 왔다. 유아교육 · 보육기관은 페다고지, 복지, 공동체에 기여할 수 있고, 학습, 민주주의, 사회연대 그리고 경제적 풍요를 증진시킬 수 있는 공동체 기구로 개념화할 수 있고, 동시에 다른 가능성이 많다. 유아교육 · 보육기관이 자동화된 지식체를 전달하여 진리를 찾거나, 합의와 통일성을 이루게 하거나, 유일한 정체성을 형성하거나, 표준화 기법을 적용하는 공간이 아니라 토론과 질문에 열린 공간으로서 포럼이 될 수 있다. 포럼으로서 유아교육 · 보육기관은 '가르침'과 대결을 격려하고, 의미를 열어 두기 위해 지속적으로 질문하고, 사고에 귀 기울이는 공간이다. 또한 이 기관은 '논쟁과 불일치의 공간'과 '의무, 윤리적 실천의 장'이다 (Readings, 1996: 154). 유아교육 · 보육기관을 이상적인 어린이, 부모, 교육자로 이루어진 이상적인 공동체로 보기보다는, 함께 질문을 할 수 있는 공간, 즉 의사소통이 투명하지도 않고 하나의 공통된 문화적 정체성에 기반하고 있지 않다는 것을 인정하는 공간으로 바라보기를 원한다.

• 대리가정이 아닌 포럼

시민사회의 포럼으로서 유아교육 · 보육기관은 국가나 경제의 일부분으로 바라보지 않는 것이 당연하다. 그렇다고 사적 영역에 속해 있지도 않으며, 대리가정도 아니라고 본다. 3세 이상과 이하의 어린이들은 자신의 행복이나 부모와의 관계를 희생당하지 않고, 소집단의 성인과 어린이와 관계 맺기를 원하고, 그 안에서 살 수 있으며, 조절할 수 있는 존재이다. 대리가정을 제공하기 위한 방법을 찾으려는 노력도 필요하지 않을 뿐만 아니라, 유아교육 · 보육기관에 다니는 장점이 가정이 아니기 때문에 나타나는 것도 아니다. 유아교육 · 보육기관은 보완적이지만 무엇인가 다른 것을 제공하게 되고, 어린이는 두 환경 모두에서 최상의 것을 얻게 된다.

만일 우리가 시민사회의 포럼으로서 유아교육 · 보육기관을 접근하면, 근접성(closeness)과 친밀성(intimacy)의 개념이 문제가 될 것이다. 공적인 상황과 기구가 사적인 상황으로 변할 수 있다. 유아교육 · 보육기관은 '잘못된 근접성'을 만들어 내고, 기관 밖에서 일어나는 중요한 학습과정을 복사하게 될 위험이 있다. 또한 이 개념은 사회생활과 관계를 실현할 수 있는 기관의 능력을 방해하거나, 공공의 공간이라는 아이디어의 가치를 하락시키거나 미미하게 만들 수 있다.

친밀성의 아이디어를 포기하기 위하여, 밀접성과 편안함을 무관심, 냉담, 그리고 차가움으로 내버려 두는 것이 아니다. 보호하지 않는다는 것을 의미하지 않는다. Ziehe(1989)는 근접성과 대비되는 개념인 *관계의 강도(intensity)*라는 개념을 제안하였다. 이 개념은 복잡한 망 또는 사람, 환경, 그리고 활동을 연결하는 네트워크를 의미하고, 풍요로운 어린이에 대한 이미지와 공동으로 구성하는 페다고지의 비전을 가지고 어린이에게 많은 가능성을 열 수 있다. 이 교육은 레지오 에밀리아의 교육과 맥락을 같이하고 어린이의 사고에 끊임없이 도전하고, "수많은 언어, 대결, 양가감정과 모호성을 격려하여 왔다. (중략) 전체 환경은 집단의 탐색이 된다. (중략) 우리는 레지오가 새로운 대학을 창조하였다라고 말할 수 있다" (Dahlberg, 1995: 17).

만일 유아교육 · 보육기관이 대리가정으로 인식되지 않는다면 교사들 역시 대리부모로 인식되지 않을 것이다. 그렇다면 포스트모던 유아교육 · 보육기관에서 교육자, 유아 교사의 역할은 무엇인가? 무엇보다도 교사와 어린이 모두 자신들의 지식과 문화를 협력적으로 구성하고, 이 페다고지는 "중립적 전달자로서 교사, 수동적인 어린이, 불변의 것을 담은 지식을 부정한다" (Lather, 1991: 15). 유아 교사는 어린이가 의미를 부여할 수 있는 역량을 발휘하도록 하고, 공간, 자료, 상황을 조직하여 어린이에게 학습을 위한 새로운 기회를 제공하고 선택하게 하여, 어린이가 자신들에게 제공된 다양한 언어를 탐색하도록 지원하고, 어린이에게 귀 기울이고 관찰하며, 어린이의 아이디어와 이론을 진지하게 받아들이면서 새로운 형태의 질문, 정보, 토론으로 그리고 새로운 자료와 기법으로 도전하도록 준비한다.

교육자는 연구자, 사고하는 사람으로서 무엇이 벌어지고 있는지를 깊이 이해하려 하고, 기록작업, 다이얼로그, 비판적 성찰, 그리고 해체를 통해 어린이가 어떻게 학습하는지를 성찰하는 실천가가 되어야 한다 (Malaguzzi, 1993b; Rinaldi, 1993).

4. 미래를 위한 장인가? 개입을 위한 장인가?

시민사회의 포럼으로서 유아교육·보육기관에 대한 논의는 우리가 대안의 의미를 제시했을 때부터 시작되었다. 유아교육·보육기관은 살아 있는 어린이보다는 어린이가 점차 되어 갈 학령기와 성인에 더 관심이 있었고, 그리고 구체적인 결과물을 생산하거나 사회적 병리를 예방하거나 처리하는 개입기술을 생산하는 공장에 더 관심이 있었다. 유아교육·보육기관에 대한 이렇게 다른 의미는 양립할 수 없는가?

유아기가 삶의 단계에서 그 자체로 중요하고 유아교육·보육기관은 여기 그리고 지금 어린이가 살고 있는 삶을 위한 공간이라고 의미를 부여하였다. 그렇다면 유아교육기관이 미래, 학령기, 청년 그리고 성인을 위한 공간일 수 있는가? 이에 답하는 것을 주저하는 것은 미래를 염려하여 현재를 희생시키게 될 것을 원하지 않기 때문이고, 현재와 미래

사이에서 우리는 선택을 해야 하기 때문이다. 그러나 만일 우리가 현재 어린이와 유아교육 · 보육기관에 의미를 부여하는 것에 확신이 있다면 예라고 대답을 해야 한다. 왜냐하면 유아교육 · 보육기관의 현재는 물론 미래에까지 관심이 있으며, 어린이가 오늘은 물론 미래에 살게 될 좀 더 넓은 사회인 학교, 대학, 직장, 그리고 가족과 관계를 맺고 참여할 수 있도록 할 수 있기 때문이다. 그러나 어떤 사회, 어떤 관계인가에 대한 질문은 여전히 남는다.

3장에서 논의했듯이 유아교육 · 보육기관의 페다고지는 포스트모던 상황에 살고 있는 것과 관련된다. 우리가 이야기한 유아교육 · 보육기관은 정보화와 평생교육의 사회이자 민주적인 복지사회를 전제로 한다. 자신의 지식을 능동적으로 공동구성하는 존재, 비판적이며 상상력 있는 사고, 다양한 언어의 소유자로 어린이를 이해할 때, 유아교육 · 보육기관은 이러한 사회에 능동적으로 참여하는 데 필요한 복합적인 능력을 어린이가 습득하도록 할 것이다. 이 기관은 더 나은 학습, 미래의 직업 그리고 시민성을 유지하는 데 필요한 것을 습득하게 하고, 새로운 상황에 적응하고, 비판적이 되고, 타인의 관점에서 보도록 하고, 자신의 입장을 명료하게 하고, 효과적으로 의사소통하고, 새로운 것을 시도하거나 자기 주도적인 능력을 가지도록 키울 것이다(Dencik, 1997).

여기서 언어는 간단하지 않다. 평생학습의 초석으로서 유아교육의 개념이나 학교에서 필요한 학습을 준비시키는 유아교육 · 보육기관에 대한 관점은 어린이를 태어나서부터 배울 수 있는 '능력 있는' 존재로 보기보다는 배우는 준비를 하는 '무능한' 어린이로 바라보게 한다. 유아기에 일어나는 학습은 평생학습의 과정에서 연속적으로 일어나며 다른 부분보다 중요하지 않거나 가치가 없는 것이 아니다. 말 그대로 학교 준비도는 문제가 있다. 어린이를 학교에 가도록 준비시키는 것이 아니라, 우리가 위에서 얘기한 방식으로 운영하여 왔던 유아교육 · 보육기관과 협력적 환경에 있었던 어린이를 학교가 받아들일 수 있는 준비가 되어 있는지에 대한 이슈여야 한다.

유아기와 유아교육 · 보육기관에 대한 논의는 학교와 고용에 대한 중요하고 도전적인 질문을 제기한다. 교육의 목적은 무엇인가? 학교는 단지 지식을 재생산하고, 개인은 학교에서 사회가 인정하는 지식체를 습득하는가? 또는 학교는 어린이가 세상에 대한 지식과 이해를 구축하는 곳인가? 학교는 시민사회의 포럼인가? 만일 그렇다면 이들의 프로젝트는 경제적, 사회적, 문화적 그리고 정치적인가? 이들은 비판적 민주주의와 공동체의 아이디어를 구현하기 위해 노력하고 있는가? Giroux가 논의했듯이 학교는 "시민권리를 위한 장소로서 (중략) 학생과 교사는 기본적으로 도덕적 판단과 원칙에 부합하는 공공복지를 증진시킬 수 있는 토의와 토론에 참여하고 있는가?" (1989: 201). Paulo Freire의 말처럼 학교는 "젊은 세대를 현재 시스템의 논리로 통합되도록 촉진하고 이에 순응하도록 하는 도구인가 혹은 남성과 여성이 실재를 비판적이고 창의적으로 다루어, 세계의 변형에 참여하도록 하는 방법을 발견하도록 하는 자유의 실천 수단인가?" (1985: 14).

우리는 포스트모던 세계와 평생학습, 민주주의 그리고 복지사회에서의 학습, 일, 삶과 잘 어울릴 수 있는 학교 아동과 노동자가 되도록 어린이와 유아교육 · 보육기관의 의미를 구성해야 한다. 이 장기적인 관점이 유아교육 · 보육기관의 주요 프로젝트도 아니고, 유아교육 · 보육기관이 학교와 노동시장으로 이르는 편안한 길을 제공해서도 안 된다고 생각한다. 어린이 사이의 비판적 사고를 격려하고, 고용과 어린이 보호의 관계와 같은 이슈에 대해 이야기할 수 있는 포럼을 제공함으로써 유아교육 · 보육기관은 순응주의와 억압적 관계에 도전해야 한다.

시민사회의 포럼으로서 유아교육·보육기관이 편협한 성과물의 생산자라는 도구적인 의미를 바꿀 수 있는가? 이렇게 다른 관점이 포함되어 있으면 어렵다. 최소한 미국과 영국에서 유아교육·보육기관에 대한 지배적인 담론은 어린이는 가족의 사적 영역에 머물러 있다고 보는 것이다. 유아교육·보육기관은 가족이 의무를 이행하지 못하는 것과 같이 이상적인 역할을 담당하지 못할 때 중요한 역할을 한다. 구체적으로 부모가 일을 하고 대리가정이 필요한 상황에서, 교사가 3세 이상의 어린이를 교육하는 것이 더 나을 때, 어린이가 위험에 노출되어 있거나 가족에게 개입이 필요한 때 그 역할을 한다고 본다. 이러한 접근은 '불행한' 어린이라는 의미가 전제되어 있고, 어린이를 특정한 규준에 따라 분류하여 실천을 구분하고, 어린이들은 이러한 기준에 따라 다양한 기관으로 배치된다. 예를 들어 영국에서 보호가 필요한 어린이들은 사립유아원으로 가고, 요구가 있는 사회 노동자로 규명된 어린이는 가족센터라고 불리는 곳으로 가게 된다. 반면에 교육의 요구가 있는 어린이는 사립학교 교실로 가게 된다.

그러나 우리는 어린이가 시민사회는 물론 가정에 살고 있고, 시민이자 가족의 구성원이라고 본다. 어린이는 자신의 대단한 학습 능력을 완전하게 할 수 있고, 행복한 유아기를 살기 위해 다른 사람 혹은 성인과의 관계가 필요하다. 우리는 유아교육·보육기관을 시민의 권리, 시민사회의 통합 수단, 교육적 기회로 보고, 강한 시민사회, 민주주의와 복지국가가 요구하는 토대의 일부라고 생각한다. 포럼으로서 유아교육·보육기관은 많은 기회와 가능성을 열어 주고, 그 공간에서 많은 일을 가능하게 한다.

이러한 맥락에서 어린이가 어떤 형태로든 장애가 있거나 혹은 요구가 있어 분류되거나, 가족이 어린이의 요구를 수용할 수 없어서 유아교육 · 보육기관에 다니는 것이 아니라, 이 기관은 유아기의 일부라고 인정되는 모든 어린이를 위한 공간이다. 무엇보다 레지오 교육에 의하면 유아교육 · 보육기관에 대한 우리의 아이디어는 어린이, 부모, 그리고 교육자 간에 관계가 밀접한 장소이다. 이곳의 작업은 언제나 엄격하고 공적인 교육적 기록작업이 주제이며, "우리는 어린이를 보고 있는가?" 라는 중요한 질문을 하게 한다. 이러한 환경에서 어린이 혹은 부모는 부가적인 자원이나 다른 지원이 필요할 수 있으므로 지원이 보장되어야 한다. 또한 학습하고, 관계를 맺을 수 있는 어린이의 권리가 보장되고, 어린이의 잠재적 가능성과 능력을 인정하는 것이 개입을 목적으로 하거나 요구를 충족시키는 것보다 우선시된다. 어린이와 부모에게 표준화된 기법을 적용하는 것보다 교사는 어린이와 교육적 작업을 호혜적으로 깊이 이해하기 위해 부모와 협력한다.

우리가 유아교육 · 보육기관을 시민사회의 복합적이고 다면적인 유기체로, 구체적인 맥락에 있고, 협력적인 페다고지 작업에 관여하고 있는, 연대와 협력 그리고 민주적이고 해방적인 실천을 촉진하는 곳으로 이해할 때 "이것이 가능한가?"라는 질문은 단순하고 규범화하는 일처럼 보인다. 대신 조직의 형태나 일의 방법을 새롭게 하거나 바꾸려는 기관에서 어떤 일이 일어나고 있는지를 심도 있게 이해하기 위해서는 방법이 필요하다. 다음 장에서는 여기에는 무엇이 수반되어야 하고, 어떻게 가능한지를 논의하게 될 것이다.

시민사회의 포럼으로서 유아교육 · 보육기관은 시민사회와 어린이가 통합될 수 있는 가능성을 열고, 유아기 교육과 유아교육 · 보육기관이 사회의 주요한 의제가 되도록 할 것이다. 가정이라는 사적 영역을 넘어서서 성인과 어린이가 함께하고, 어린이의 존재가 더 넓은 사회에서 들리고 보이도록 한다. 이렇게 하여 시민으로서 어린이의 의미가 부여된다.

많은 지배 소수세계의 유아교육 서비스에서 *보호*와 *교육*의 관계에 대한 논쟁이 일어나고 있다. 이 서비스가 전자 혹은 후자에 제한되어야 하는가? 이 두 기능을 엮으려는 시도가 있어야 하는가? 그러나 이는 생산적인 질문이 아니다. 오늘날 많은 어린이는 여러 가지 이유로 부모가 아닌 사람에 의한 보호를 필요로 하고 있다. 구체적으로 유아교육 · 보육기관은 이러한 보호를 제공해야 하는 것으로 알려지고 있다. 이 장에서 할 수 있는 생산적인 질문은 우리가 유아교육 · 보육기관의 의미를 어떻게 구성하는가이다. 이 기관은 누구를 위한 것인가? 우리는 유아교육 · 보육기관을 무엇이라고 생각하는가? 이들의 프로젝트는 무엇인가? 우리는 이 기관을 국가, 경제 영역 혹은 시민사회에 놓아야 하는가? 우리는 이 기관이 민주주의 그리고 복지국가와 어떤 관계에 놓여 있기를 원하는가?

여기에 매우 중요한 선택이 있다. 그리고 이러한 선택은 절대로 중립적일 수 없고 가치가 내재되어야 한다. 이 선택에는 언제나 사회적인 시사점과 결과가 동반된다. 선택은 우리가 어린이에게 어떠한 역할과 위치를 부여하는지, 우리가 민주주의, 복지국가 그리고 사회를 어떻게 바라보는지를 보여 주고 있다. 유아교육 · 보육기관은 상징적으로 매우 중요하다. 선택은 성인인 우리가 아동기와 국가, 경제, 시민사회, 그리고 사적 영역과의 관계를 어떻게 보느냐에 대한 선언이다.

Beyond Quality in Early Childhood Education and Care

제5장

질(質)에 관한 담론을 넘어 의미창조의 담론을 향하여

1. 서론

각종 분류법, 범주화 방식, 세부 항목 명세, 카탈로그, 통계 처리법은 모던(근대적) 학문이 만들어 낸 뛰어난 전략이다. 모더니즘 관점에서 무엇에 능통하다는 것은 이처럼 쪼개어 나누고 범주화하며 내용별로 구분하여 적절하게 배치하는 것을 뜻한다. 이는 사고하는 방식에 있어서나 사고한 내용을 실천하는 데 있어서, 또한 실천에 관하여 사고하는 데 있어 모두 해당되는 말이다. … 바로 이러한 이유로 무엇인가 명확하지 못하고 모호하다는 것(ambivalence)은 모더니티, 즉 근대적 사고에 있어 매우 큰 고민거리이고 가장 성가신 부분인 것이다. (Bauman, 1991: 15)

질(質, quality)에 관한 관심이 우리 시대의 주요한 주제로 등장했다. 그러나 '질' 이란 개념 그 자체는 결코 중립적인 언어가 아니다. 그것은 사회적으로 구성된 개념으로서, 소위 '질에 관한 담론(discourse of quality)' 이라는 논의가 생산해 낸 특정한 의미를 담고 있다. 이 장(章)에서는 질에 관한 담론을 해체하고 그 기원을 찾아보며, 이 담론이 지배적인 위세를 떨치고 있는 유아교육·보육 분야에서 그것이 어떻게 이용되고 있는지 분석해 보고자 한다.

질에 관한 담론은 계몽주의적 사고의 산물로서, 질서와 정복을 향한 모더니티(근대성)의 열정을 나타내는 것으로 이해할 수 있다. 그러한 까닭에 그것은 모던 렌즈를 통해 세계를 조망하며, 어린이 및 유아교육·보육기관에 대한 모더니즘적 이해를 보강해 준다. 질에 관한 갖가지 언어들은 유아교육·보육기관을 사전(事前)에 규정된 결과물을 생산해 내는 '생산자' 로 보는 언어인 동시에, 어린이를 지적 학습 또는 미래의 학교교육을 위해 준비되어야 할 존재로, 즉 '발달(development)' 이라는 앞으로의 긴 여정을 위해 성인으로부터 도움을 받아야 할 빈 그릇으로 보는 언어이기도 하다.

그러나 포스트모더니티(탈근대성)의 렌즈를 통해 이를 들여다보면, 어린이와 유아교육·보육기관을 비롯한 주위 세계에 대하여 새로운 이해 방식을 얻게 된다. 우리가 이러한 렌즈를 통해 보는 일에 익숙해짐에 따라 새로운 형식의 담론에 초점을 맞출 수 있게 된다. '의미창조의 담론(discourse of meaning making)' 이라고 부르는 이 담론 형식은 교육한다는 일과 교육기관의 임무에 대해 심화된 이해를 전면에 내세움으로써, 그것의 가치 측면에 대한 비판적 판단 능력을 길러 준다. '질에 관한 담론' 은 수량화 및 객관성을 추구하는 광범위한 운동의 일부로서, 표준화된 평가 외의 개개인의 가치판단을 편파성 또는 편견, 개인적 이해관계, 비일관성

등의 문제점을 지닌 것으로 평가절하하여 이를 축소하거나 배제하고자 하는 경향이 있다. 반면, '의미창조의 담론'은 그러한 개인적 판단의 개념을 오히려 재생시키고 부활시키고자 하는 노력이다. 더욱이 그 개념을 항상 타자들과의 관계 속에서 형성되는 담론적 행위로 이해하는 관점이다.

2. 질(質)에 관한 담론

• 계몽주의적 사고와 숫자에 대한 신뢰

1945년 이후, 특히 1980년대 초반 이후에 질(質)의 문제가 사적 비즈니스계나 공공 서비스 부문에 있어 으뜸가는 주제로 떠오르게 되었다. 질에 관한 담론이 지배적인 담론으로 등장하게 된 이러한 현상을 충분히 이해하기 위해서는 보다 긴 안목의 시대적 고찰이 필요하다. 산업화 이전 시대에는 대부분의 커뮤니케이션이 기본적으로 자기 지역 내에서만 나름대로 이루어지고 있었던 까닭에 지역적 성격을 띤 것이었다. 그러므로 각 지역, 심지어는 작은 마을에서조차 그들 사이에서만 통용되는 자체 개념의 측정체계(測定體系)를 가지고 있었던 것이다. 그런데, "이것은 대규모의 상업적 네트워크가 발달하는 데 있어 방해되거나 최소한 불편을 주는 것이었다. 따라서 자본주의의 팽창은 측정체계를 통일하고 단순화하는 데 하나의 요인으로 작용하게 되었다"(Porter, 1995: 25). 결국 숫자를 이용한 양화(量化) 현상이란 측정기술을 표준화함으로써 가능해진 것으로서, 측정체계의 원거리 간 지역적 차이를 통일시킨 '거리의 테크놀로지(technology of distance)'인 것이다. 이러한 방식으로 지역 내의 특정한 커뮤니케이션 방식이 점차 지역사회의 경계를 넘어 확대 통일되는 가운데, 양화 현상은 교육 및 과학의 세계화 등 각종 세계화를 확대시키는 데 없어서는 안 될 필수 조건이 되었다. 즉 우리가 "숫자와 양적 조작에 의존함으로써, 자신의 구체적인 삶의 경험을 통해 서서히 형성된 지식과 개인적인 가치신념이 얼마나 중요하고 필요한 것인지 점차 덜 인식하게 되고 경시하게 되는 것이다."

산업화 이전 세계에서는 사람들이 객관적인 것보다 개인적 가치판단을 더 선호하였다. 반면에 모던 사회는 객관성을 더 선호하며 인간 개개인의 주관적 기능을 축소시키고 이를 '편견 없는' 획일성으로 대체한다. Porter는 이를 '숫자에 대한 신뢰'라고 부른다. 모든 것을 숫자로 환산하는 양화 현상은 경제 부문뿐만 아니라 여러 과학 분야와 민주주의적인 정부체제를 구성하는 데 점점 더 큰 역할을 하면서 객관성이라는 이념을 충족시켜 주는 상당히 중요한 보조수단이 되었다. 이러한 작업에 있어서 과학과 민주주의는 서로 밀접히 연관되어 있는데, 특히 미국이 그 주도적인 사례를 보여 주었다. 전후(戰後) 시기에 미국의 사회과학과 행동과학, 의학 분야에서 양화 현상이 압도적으로 일어났다. 그 이후 1960년대와 70년대에 공적 의사결정을 내려야 하는 많은 경우에 양적인 기준을 도입하고자 하는 큰 움직임이 일어났다.

> 사회과학과 응용학문 전반에 걸친 보편적인 양화 경향이 미국에서 주도되고 미국에서 왕성하게 발달한 것은 결코 우연한 일이 아니다. 학문적 분야에서 이렇게 엄밀성을 추구하고자 하는 열망이 일어난 것은 사람들이 불명료한 전문가 지식에 대하여 평소 유사한 불신을 품고 있었다는 것이며, 또한 그 당시에 미국의 정치문화를 형성하고 있던 관점이나 판단기준이 임의적인 것이라는 점을 미덥지 못하게 여기고 있었기 때문일 것이다. (Porter, 1995: 199)

이로 인하여 개인적인 판단이나 신념은 비민주적인 성격을 띠는 것으로 점차 간주되어 이를 대체하는 수단이 등장하게 되었다. 즉, "객관성이란 인간의 지배가 아닌 법칙의 지배를 의미한다. 또한 그것은 개인적 관심과 견해를 공공의 표준에 맡기는 것을 의미한다"(1995: 74).

이와 같이 숫자에 대한 신뢰가 증가하고 양화 작업의 테크놀로지가 발전하는 현상은 세계의 복잡함과 다양성을 있는 그대로가 아니라, 표준화된 기준을 근거로 하여 서로 비교 가능한 객관적이고 측정 가능한 범주로 감환하는 현상이다. 이러한 현상은 단순히 경제 변화 및 정치적 필요에 의한 것이라고 볼 수는 없다. 이것은 모더니티와 계몽주의적 프로젝트 자체에 통합되어 있는 기본적인 요소인 것이다. 나누고 쪼개며 분류하고 구별하여 배치하는 등의 작업에 필요한 기술이기 때문에, 세계에 질서감을 부여하는 수단이자 규율적인 권력을 행사하는 도구이기도 하다. 또한 구체적인 시간과 장소의 속박과 개인적 판단의 한계를 떨쳐버리고, 절대 보편적인 확실성과 통일성, 흔들리지 않는 정초를 찾기 위해 특별히 합리적인 절차를 적용하는 것이다. 그러나 Adorno와 Hokheimer(1944, 1997)가 계몽주의적 사고의 파괴적인 힘에 대해 분석한 논문에서 주장하듯이, '숫자에 대한 신뢰'는 큰 위험을 내포하고 있다. 다시 말해서 "그것은 서로 다른 것을 추상적인 양(量)으로 환원시킴으로써 상호 비교 가능한 것으로 만들고 … 숫자로 축소될 수 없는 것, 그래서 궁극적으로 하나로 모아질 수 없는 것은 단순히 환상에 지나지 않는 것으로 생각하도록 만든다. … 결코 일치할 수 없는 것, 한데 용해될 수 없는 것, 비합리적인 것 등이 수학적 법칙에 의거하여 전환된다. 그리하여 생각한다는 것과 수학적인 것이 혼동되어 뒤죽박죽이 되어버린다." 확실성의 정초를 놓고자 하는 열망 앞에서 '의미(meaning)'란 것은 그저 묻혀버리거나 잃어버릴 수밖에 없는 내용이 된다.

• 질에 관한 담론의 등장

근래에 유아교육기관 현장에서 질적 수준의 중요성이 더욱더 고조되고 있다. 이 현상은 객관성과 양화 현상에 근거한 모더니즘의 질서와 확실성을 추구하는 태도와 관련이 깊다. 이것은 넓게는 비즈니스 부문과 사기업 제품 관리 및 서비스 부문에서 먼저 시작되었던 운동의 일부로서, 정치·경제적으로 '질에 관한 담론'을 중시해 온 광범위한 사회적 동향을 반영하고 있다고 할 수 있다. 그래서 비즈니스 세계는 질에 관한 담론과 질(質)의 개념이 의미하는 바를 이해하는 데 있어 좋은 출발점이 된다.

질 통제(quality control)와 질 보장(quality assurance)과 같은 개념은 1920년대에 만들어졌다(Mäntysaari, 1997). 그러나 질에 관한 담론은 전쟁 직후에 새 원동력을 얻게 되었는데, 처음에는 북미나 유럽이 아닌 일본에서였다. 당시에는 일본이 전쟁으로 피폐해진 경제를 재건하고자 애쓰면서 국제무역 질서에서 자국의 위상을 재정립하고자 하는 중이었다. 이에 중요한 영향을 미친 사람은 질에 관한 미국의 전문가인 W. Edwards Deming이었다. 그는 1950년 일본인 청중에게 자신의 방법을 처음 소개하였다. 그 후 일본은 양질(良質)의 제품 생산을 통해 좋은 평판을 얻으면서 미국 및 유럽 기업들에게 점점 더 강력한 경쟁자로 떠오르게 되었다. 이때부터 미국과 유럽 기업은 제품의 '질', 즉 품질이라는 것에 대해 관심을 집중시키게 되었다. '종합적인 품질관리(Total Quality Management)' 운동이 세기 말인 1980년대 초반에 일게 되었다. 국제 시장에서의 성공을 결정짓는 중요한 요소로서 질에 대한 인식이 널리 확산되었다" (Dickson, 1995: 196).

Bank(1992)는 현장의 지도자들이 제안한 내용에 따라 "질이란 무엇인가?"라는 데 관하여 정의를 내린 적이 있다. Edwards Deming도 질이란 신뢰성, 확실성, 예측성, 일관성에 관한 개념이라고 강조하였다. 그는 "만약 질에 관하여 지배인에게 단 몇 마디로 줄여서 얘기해야 한다면, 나는 질의 문제란 변이 현상을 줄이는 노력 같은 것이어야 한다고 말하겠다." 고 하였다. Joseph Juran은 질을 사용에 적합하거나 목적에 알맞은 것을 말한다고 한 데 비하여, Philip Crosby는 질 문제는 제품이 필요조건에 일치하도록 준수하는 노력이라고 하였다. 반면, William Conway는 질이란 소비자들이 원하는 저가(低價)의 제품과 서비스를 일관성 있게 생산하는 것으로 정의하였다. "질 관리에 관한 한 세계에서 주도적인 위치에 있는 것으로 알려진" 미국품질관리협회(American Society for Quality Control)에서는 질이란 "각 사람이 각자 자신의 정의를 내리고 있는 주관적 용어" 지만, 기술적 차원에서는 다음과 같은 두 가지 의미를 지닐 수 있다고 말한다. 첫째, 제품이나 서비스에 미리 규정되어 있거나, 함축적으로 의미하고 있는 조건을 만족시키는 기능을 말한다. 둘째, 결함이 없는 제품이나 서비스를 뜻한다(Bedeian, 1993: 656-7, 재인용). 그러나 이 정의도 최근에는 소비자의 만족을 강조하는 쪽으로 변하기 시작하였다.

> 전통적으로 질이란 '필요한 요구 사항에 일치하는 것' 으로 규정되어 왔다. 그러나 1980년대에 이르러 질의 문제는 소비자 만족을 상징하는 것으로 인식되기 시작하였다. 그리하여 1980년대의 질 향상 운동은 소비자에 초점을 둔 것이었다. … 질적 향상의 궁극적인 목적은 종합적인 소비자 만족이다. (1993: 56, 656)

질에 관한 담론은 국제 간에만 확산된 것이 아니라 산업체와 산업체들 사이에 널리 확산되었다(Bank, 1992). 또한 사적 부문에서 공공 부문까지 확산된 내용이기도 하다.

> 질의 개념은 1980년대에 영국에서 공공 분야를 합리적으로 재조직하고 개혁하려는 사람들이 열렬히 주창했던 개념이다. 왜냐하면 질의 개념에는 효율성, 경쟁, 금전적 가치 및 소비자 자능화(有能化, empowerment)의 가치 등을 포함하고 있기 때문이다. 공공 부문의 강력한 역할을 강조하는 전통적인 사람들은 다음과 같은 이유에서 질의 개념을 도입하였다. 우선, 자신들이 주장하는 기회평등 및 기타 인간중심적 이슈가 질적으로 좋은 생산품과 불가분 연계되는 내용이라는 점을 알리고, 구체적이고 실질적인 혜택과 측정 가능한 효율적 활동을 통해 복지 서비스 비용이 타당한 액수임을 보여 주며, 서비스 수요자 및 공급자를 유능화함으로써 낡은 관료주의적 공공통제 방식을 제거할 수 있다는 것을 보여 주기 위해서였다. 질이라는 개념은 영국의 여러 공공 부문에서 주류 담론의 일부가 되어 온 개념이다. (Williams, 1994: 5)

대인(對人) 서비스 부문의 질 관리 및 질 보장에 대한 관심은 특히 1990년대의 특정한 정치경제적 분위기 속에서 미국에서 유럽으로 확산되었다.

> 거대한 사기업 보호정책의 영향과 사회복지 예산을 축소하려는 노력 속에서 *질에 관한 담론(discourse)*이 점차 활성화되어 왔다. 그것은 상당 부분 비즈니스적 접근의 성격을 띤 것이다. 국제적인 이념적 조류가 사유주의적 시장 논리의 확대로 변화하고 있는 추세에 맞추어 … 시장 부문에서 도입된 개념이 크게 유행하고 있다. (Evers, 1997: 1, 10. 강조 첨가)

다시 반복하지만, 이러한 변화 과정은 보다 사적이고 '전문적인' 가치판단에 의존하던 경향으로부터 보다 양적 · 객관적이며 개방된 측정 방법을 선호하는 경향으로의 변화, 즉 순전히 경험으로부터 쌓인 감식안적인 평가(connoisseurial evaluation)로부터 보다 명료하고 구체적인 기준을 원하게 된 것을 뜻한다(Pollitt, 1997: 35).

비즈니스 분야에서 공공 서비스 분야로 확산된 질에 관한 담론은 또 다른 효과를 낳았다. 그것은 새로운 강조점을 발생시킨 것이다. 즉, "비즈니스적 접근은 수요자 질(또는 '사용자 질')이라는 문제에 관심을 두는 것이다. 그것은 수요자의 요구와 기대를 만족시키는 쪽으로 서비스가 계획되어야 한다는 것이다" (1997: 34). 그러나 우리가 다음 절에서 보듯이, 질에 관한 담론이 공공 부문으로 확산됨에 따라 몇 가지 문제시되는 이슈를 낳게 되었다.

• 통제력을 확보하고 불확실성을 극복하기 위하여

질에 관한 담론이 현재처럼 부각되게 된 몇 가지 요인들에 대하여 앞에서 언급하였다. 모더니티와 계몽주의적 사고, 그리고 시장경제의 확대 속에서 "측정체계의 원거리 간 차이를 통일한 테크놀로지," 국제 간 경제적 경쟁의 심화, 대인 서비스 부문에서 비즈니스 문화 및 시장경제의 지배 현상, 모든 관련 행위들이 다 통합하여 일반화된 시장 개념으로 변모(Readings, 1996: 32)시키고 마는 여러 개념(예를 들어 '질' 개념), 인간 개개인의 판단력 대신에 소위 '민주적' 이라 일컬어질 수 있는 비편파적이고 투명한 측정 방법에의 열망 등을 들어 설명하였다. 이 외에도 여전히 몇 가지 내용이 더 있다.

우리는 국제 경쟁과 시장 세력의 소생뿐 아니라, 1980년대 들어 회사와 정부 부문에서 탈중심화 운동이 강력하게 시작되는 것을 목격하였다. 그러나 회사 및 정부가 탈중심화됨에 따라, 질의 준거를 정하여 현장에 적용하고 질을 평가하는 데 있어 통제력을 확보하고자 하는 이들이 생겨났다.

> 경제적 · 재정적 위기 속에서, 그리고 탈중심화를 꾀하는 스웨덴(또한 서구의 많은 나라들)에서 공공복지 체계를 변화시키고자 하는 노력이 이루어지는 가운데, 목표 설정과 평가라는 개념이 중요한 어휘로 새롭게 부각되기 시작하였다. … 목표 중심의 원리라는 방식을 통해 업무를 관리하고 통제하게 되었다. 목표 중심이란 뜻은 종전과 같이 규칙이나 세부적인 계획을 기술하는 대신에, 목표를 명료하게 진술하고 목표 달성도에 관한 평가 전략을 개발하는 것, 즉 '목표에 의거한 관리 방법' 을 말한다. 사회 전반에 걸쳐 엄격한 규제를 가급적 완화해 나가는 분위기, 즉 비규제화 추세와 탈중심화 현상이 점차 증가함에 따라, 유아교육 · 보육 프로그램의 질 평가 문제가 프로그램을 관리하는 하나의 방식으로 중요하게 부각되게 되었다. (Dahlberg & Åsén, 1994: 159)

그리하여 질과 그 평가 문제는 정책 관리 기능으로까지 확대되어 유아교육 · 보육의 내용을 통제할 새로운 핵심 체계로 부상되게 된 것이다 (Lundgren, 1990; Popkewitz, 1990). 공적으로 엄격하게 규제하고 관리하는 기능을 "탈중심화 현상이 완화됨으로써 일종의 권력(power)을 일부 포기한 반면, 그 포기한 권력을 평가 분야에서 이어받아 취한 격이 되었다" (Weiler, 1990: 61).

이처럼 질의 문제가 중요한 문제로 점점 더 부각되는 현상은 우리 각자의 개인적인 차원에서도 설명될 수 있다. 세계가 더욱더 복잡해지고 살기 힘들게 됨에 따라, 우리는 보다 많은 업무나 서비스를 필요로 하게 되었고 여러 기관의 도움과 테크놀로지에 의존하게 되었다. 또한 더욱 많은 양의 정보에 종속되게 되었는데, 그 중 대부분은 우리가 좋은 소비자(또는 수요자)가 되는 데 도움을 주는 것이긴 하지만, 또 다른 정보는 우리가 더 많은 시간과 노력을 투자하지 않으면 아무런 의미 없는 내용이 되어버리는 경우가 많다. 개인적으로 자녀양육을 할 연령기와 가장 활발히 노동시장에 참여할 시기가 겹쳐지는 데서 알 수 있다. 특히 '노동 가능한 한창나이'(25세에서 50세)에 있는 남녀에게 있어 시간에 대한 압박감은 고조되고 있다. 동시에, 급격한 사회 변화로 인하여 어떠한 결정을 내리는 데 있어 종전의 권위 형태, 예를 들면, 친족관계 또는 종교적 행동규범과 같은 것이 더 이상 중요한 영향을 미칠 수가 없게 되었다.

현대인들은 수많은 정보와 선택에 압도된 채 항상 시간에 쫓기면서 자신의 직무에 전제된 일정 수준의 전문성이 본인에게 늘 부족하다는 걱정에 시달리고 있다. 그렇다고 하여 종래의 전통적인 권위, 이를테면 친족관계나 종교적인 행동 규범과 같은 것에 더 이상 호소할 수도 없고, 수많은 정보와 선택을 강요하는 생산자의 자익추구적(自益追求的)인 주장을 신뢰할 수도 없는 상태이다. 결국 우리가 세상을 이해하고 합리적인 결정을 내리기 위해서는 거대한 물적 · 사회적 환경을 조직하고 있는 … 전문적인 기술체계에 점점 더 의존할 수밖에 없게 되었는데, 이는 그다지 놀라운 일이 아니다. 결국 우리가 세상을 이해하고 합리적인 결정을 내리기 위해서는 "거대한 물적 · 사회적 환경을 조직하고 있는 전문적인 기술체계" 에 점점 더 의존할 수밖에 없게 되었는데, 이는 그다지 놀라운 일이 아니다. "… 이러한 전문기술 체계는 직접적인 경험의 맥락 속에 살아 있는 (개개인의 풍부한 의미구성체인) 사회적 관계를 제거한 채, 우리 각자의 구체적인 삶과는 거리가 먼 객관적인 시공간의 맥락에서 제품이나 서비스의 품질을 보증할 내용을 만들어서 우리에게 제공해 준다" (Giddens, 1991: 27). 질을 측정하는 양화(量化) 방식은 이러한 전문기술 체계가 보여주는 한 양상이다. 앞에서 살펴보았듯이, 이러한 방식은 개인적인 경험 속에서 터득되는 지식의 문제와 개인적 판단 및 믿음이란 편파적이고 주관적이어서 불필요한 것이라고 생각하게 만듦으로써, 그러한 내용을 가급적 배제하고 경시하는 풍조를 낳는다.

그리하여 유아교육 · 보육 현장에서는 다양한 유형의 전문가, 즉 연구자, 자문위원, 장학사, 평가자 등의 존재가 점점 증가하는 현상을 볼 수 있는데, 이들의 업무는 질(質)의 개념을 규정하고 측정하는 일이다. 우리는 관련 내용에 대한 가치판단과 결정을 내리기 위하여 우리 자신의 판단력과 감식안보다는 이러한 전문기술 체제에 더욱더 의존하게 된다. 과중한 업무량에 시달리면서 어떠한 문제를 스스로 '이해' 하려 하기보다는 객관적으로 보증된 '확신' 을 얻고 싶어 하기 때문이다. 즉, 우리 자신의 판단이 지닐 수 있는 불확실성 대신에 전문가 평가로부터 보증을 받고 싶은 것이다.

확신을 얻고 싶어하는 이러한 갈구는 단순히 어떤 일을 결정하는 데 필요한 지침을 구하고자 하는 수준 이상의 것이다. 그것은 Giddens(1991)가 '자거노트에 올라타는 것(riding a juggernaut)' [1]에 비유한 것처럼, 오늘날 세계에서 우리 삶을 특징짓는 불확실성과 복잡성, 그리고 증대되는 위험 속에서 살아남고자 대처하는 모습이다. '자거노트' 와 같이 복잡한 상태에 대한 한 가지 확실한 반응은 사태의 복잡성을 단순한 확실성으로 감환하는 데서 피신처를 찾는 것이다.

1) 역자 주: '자거노트(juggernaut)' 란 비예측성과 통제불가능성, 위험과 기회 등이 폭발적으로 혼합되어 있는 강력하고도 혼란스런 이미지를 뜻한다.

전문기술 체계가 발전하고 각종 객관적인 준거나 목표를 중심으로 움직여 가고 있는 현상에서 공통적으로 나타나는 점은 엄밀함, 객관성, 공평성에 근거한 확실하고 신뢰할 만한 권위 있는 수단을 추구하는 것이다. 사람들은 이러한 것들을 제공해 줄 전문가를 찾고 있다. 그러나 모순적으로 전문가들 자신은 점점 더 안전감이나 공적 신뢰가 부족함을 느끼고 있다. 이들은 새로운 학문을 대표하는 자들이기 때문에 보다 더 확실한 신뢰의 근거를 다져야 한다는 필요성을 항상 느낀다. 반면에 지금까지 자신의 학문에서 누릴 수 있었던 공적인 자신감을 점차 잃어가고 있기도 하다(예를 들면, 여러 물리과학 분야 및 테크놀로지가 발전함에 따라 우리가 이제까지 편리함이나 혜택을 누려 온 점도 있지만, 이제는 그것 자체가 그 어떤 위험을 지닌 것들로 밝혀짐에 따라 더 이상 전적으로 신뢰할 만한 내용이 아니라고 인식하기도 한다)(Beck, 1992). 전문가의 조언이 충분한 확실성을 더 이상 가져다주지 못한다고 생각되면, 전문가들은 곧 양화(量化)하는 방법을 개발함으로써 공적 신뢰를 재구축하고자 한다. 이러한 맥락에서 볼 때 양화 현상이란 신뢰 부족에 대한 한 반응이며, 내부적이고 개인적인 판단력에 의존하기보다는 외부적 또는 외부인의 판단에 의존하는 방식인 것이다(Porter, 1995).

'질에 관한 담론'은 학문적 · 전문적 권위 또는 기타 형태의 권위에 의해 인증된 명료하고 간단하며 확실한 대답을 구하는 노력의 한 형태이다. 어떤 이는 우리가 불확실성과 함께 살아가는 법을 배워야 한다는 것을 이미 알고 있다. 그러나 다른 이는 여전히 객관성을 추구하고 '합리성의 안정된 기준에 대한 갈망'을 지니고 있다. 우리는 사실(facts)과 가치(values)가 분리되는 모더니티의 신념에서 심리적인 안전함을 맛보면서, 갖가지 정의(定義, definitions)와 다양한 결정 사항을 단순히 기술적 문제로 처리하며 전문가에게 그 결정을 맡기고자 하는 것이다. 그러면서 그들이 어떠한 방법으로 왜 그러한 결정을 내리게 되었는지에 대해서는 질문하거나 의문시할 필요성조차 느끼지 못한다. 질에 관한 담론은 단지 숫자로 이루어진 점수를 통해, 또는 질(質)을 뜻하는 어휘사용 자체만으로 무언가 진짜로 신뢰할 만하고 좋은 것이라는 기대를 만들어 내면서, 우리에게 그것에 대한 자신감과 확신, 재확신을 제공해 준다. 사실 좀 냉소적으로 본다면 숫자 또는 등급과 같은 기호 자체가 유발시키는 신뢰나 확신감에 대해 의문을 제기할 수 있다. 마치 숫자나 별표 등급 또는 그 어떤 상징이 사용되든 간에, 그것이 나타내는 의미를 성찰적 사고와 판단을 통해 이해하고자 하기보다는 그것을 현존하는 실재 자체로 동일시하는 것이기 때문이다(마치 지도 자체가 그것이 표상하고자 하는 땅과 동일한 것, 또는 이름 자체가 그 이름이 지칭하는 존재라고 믿는 것과 같다).

• **질 개념의 구성 과정**

> 논리실증주의는 사회정치적 실재가 단순히 '그 어딘가에서(out there)', 우리가 발견해 주고 기술해 주길 기다리고 있다는 견고한 신념 위에 서 있다. 그러한 실재를 발견하는 일은 논리적 · 경험적 기준을 적용하여 개인적 · 주관적인 믿음으로부터 진정하고도 객관적인 지식을 분리해 내는 것이라고 본다. … 실증주의적 관점에 의하면 연구란 진정한 실증적 과학 지식을 획득하는 체계적이고 방법적인 과정이다. …
>
> 실증주의적 인식론의 영향으로 인하여, 우리는 사회과학에서 합리적이라는 말의 의미를 '절차적(procedural)' 이란 말과 '기준학적(criteriological)' 이라는 의미와 동일시하게 되었다. 즉, '합리적' 이란 말은

> 사회과학자가 무언가 알아내기 위해서 관찰하고 규칙과 기준을 적용해야 하는 것은 의미하게 된 것이다. … 또한 '합리적' 이란 말의 의미는 도덕적 · 정치적 숙고(熟考)나 비판, 해석, 대화, 또는 가치판단에 빠지면 안 된다는 말이 되어 버렸다. (Schwandt, 1996a: 58, 59, 60, 61. 역자 강조)

> 평가관련 문헌이 대부분 따르고 있는 양적 패러다임에서 연구한다는 행위는 단일한 객관적 진리를 탐색하는 일과 닮아 있다. 사회과학자의 경우에 관하여 말하자면, 그러한 연구에서는 양적 측정을 할 수 있는 사회 현실이 '이미' 놓여 있는 것이다. … 양적 패러다임에서는 연구자와 연구 내용을 서로 분리할 수 있다고 가정한다. 연구하는 주제에 관하여 연구자가 객관적 · 가치중립적 입장을 채택할 수 있는 것으로 본다. 이러한 과학적 분리를 가능하게 하는 방법은 연구자와 연구 내용 사이의 개인적 접촉을 제한하고 편견이나 선입견을 예방하는 안전한 장치인 연구 도구와 방법론을 사용하는 것이라고 믿는다. (Clarke, 1995: 7-8. 역자 강조)

질에 관한 담론은 논리실증주의의 전통과 인식론에 견고한 뿌리를 내리고 있는데, 논리실증주의의 근본 특징은 Thomas Schwandt와 Alan Clarke가 앞에서 기술한 것처럼 모더니즘 프로젝트 속에 깊숙이 내재된 내용이다. 질의 개념은 우선적으로 규정 짓기(defining), 즉 기준(criteria)을 상세화하여 생산품의 내용을 확실하게 판단해 줄 수 있는 보편적인 표준을 명시하는 일에 관련되어 있다. 기준을 상세화하고 그것을 체계적이고 방법적으로 적용하는 과정은 우리가 생산품(공산품이든 서비스 업무든)이 표준에 도달했는지 알아볼 수 있도록 하기 위한 것이다. 이러한 관점에서는 질이라는 개념이 그 어떤 실재 또는 본질, 다시 말해서 우리가 알아볼 수 있는 객관적인 진리의 형태로 존재하면서 우리가 발견해 주고 기술(記述)해 주기를 '그 어딘가에서(out there)'에서 기다리고 있다고 가정(假定)하는데, 이것을 기초로 하여 질의 개념이 위와 같이 구성되는 것이다.

질에 관한 담론에서는 사람들에게 체계적이고 합리적이며 객관적인 과학적 방법을 적용하여 질을 평가하고 관리하도록 권하기 때문에, 그들로 하여금 과학적이고 합리적인 방법의 확실성(certainty)을 그 어떤 절대의 가치가 있는 개념으로 전제하게 하고 그것을 추구하게 한다. 이 담론의 중심부에는 '기준학(criteriology)'이라고 불릴 수 있는 것을 통하여 보편성과 안정성, 정상화, 표준화를 갈구하는 태도가 놓여 있다. 그것은 "합리성의 영속적이고 안정된 기준을 추구하는 것이며 객관주의를 향한 욕망에 기초한 것인데, 이는 인식자로서 우리가 지닌 근원적인 한계를 뛰어넘어 현 사회가 요구하는 추세대로 어떻게든 변화해 나가야 한다는 신념에 근거하고 있다"(Schwandt, 1996a: 58).

생산품이 갖추어야 할 근본적인 질은 어떻게 규정되고 있는가? "합리성에 근거한 영속적이고 안정된 기준을 추구"하는 일은 실제로 어떻게 실행되고 있는가? 질의 기준을 상세화하는 일은 특정 집단의 사람들이 행하고 있는데, 이들은 여러 가지 근거를 가지고 질의 개념을 상세화할 수 있는 권위를 지니게 된 사람들이다. 그 근거란 전문가의 위치에 있다거나 정치적·관료적·관리자적 지위에 있는 사람들이 지닌 자격을 말한다. 기준을 생산하는 일 자체가 사회적·문화적·정치적·도덕적인 영향하에 이루어지는 일종의 '구성(construction)' 과정인 것이다. 그럼에도 불구하고 전형적으로 기준을 규정하는 일은 학문적 지식 및 실천적 경험을 적용하는 가치 중립의 기술적 과정으로 인식되고 있다. 대개 실증주의자들이 철학에 대해 불신을 보이고 있기 때문에(Schwandt, 1996a), 그들은 "어떠한 철학적 편견에 의해 질이 규정되는가?" 라는 질문을 거의 제기하지도 않는다. 그러므로 질에 관한 담론에서는 '그것은 … 이다'와 같은 삼인칭 화자(話者) 형식의 단정적인 직설법이 사용되며, '우리가 말하는 것은' 또는 '우리가 보기에는' 등과 같은 주관적인 일인칭 화자 형식은 사용되지 않는다.

질이란 개념에 대한 규정이 '객관적'이고 명백한 지식을 파악하고 적용하는 과정으로 인식되기 때문에, 그 과정 자체에는 상대적으로 거의 관심이 주어지지 않고 보통 사람들이 추가적인 분석의 필요성도 느끼지 못한다(단, 명시된 표준과 그것의 지식 기초가 어떠한 관련이 있는가를 설명해야 할 경우를 제외하고는). 따라서 '질'을 규정하는 일은 근본적으로 논리적인 정당화를 필요로 하지 않는 예외적인 특권을 지닌 과정이며, 글자 그대로의 의미로 인정받고 있다. 그 과정의 작업은 무엇이 진리이고 거짓인가를 결정할 수 있고 합법화시킬 수 있는 힘을 지닌 특정 집단이 행하고 있는 까닭에, 관심 있는 여러 단체들이 대화적이고 협상적인 과정을 통해 행하는 작업이 아니다. 기준이 한 번 규정되고 나면, 이는 공표되어 생산 과정이나 생산품을 평가하는 데 적용된다. 질이란 가치중립적이고 공정하며 어떤 곳에서든 공평하게 적용될 수 있는 보편적 진리로 통하고 있다. 간단히 말해서, 질이란 탈맥락화된 개념인 것이다.

한 번 규정된 질의 기준은 당연시되고 원래부터 그렇게 결정되어 있는 것으로 보기 때문에, '질에 관한 담론'의 주요 초점은 질 기준이 어떻게 구성되고 또는 해체될 수 있느냐가 아니라, 전문가가 이미 규정한 기준을 어떻게 하면 잘 달성하고 그것을 어떻게 평가하는가에 맞추어진다. 이러한 담론은 "질을 어떻게, 누가 규정하는가?" 라는 질문을 우선시하기보다는, "어떻게 질 개념을 파악할 것인가?" 라는 질문에 초점을 맞추는 것이다. 그리하여 결과적으로 '방법 자체', 특히 측정 방법을 최우선에 놓는 결과를 낳는 것이다. 부언하면, 실증주의적 관점에서는 "철학이 제공할 수 없는 길, 즉 진리로 향하는 명료한 길을 방법 자체가 제공해 준다고 많은 사회과학자들이 믿고 있다. … '방법'은 신성한 처방처럼 여겨지고 있다" (Schwandt, 1996a: 60). 질의 본질을 절대적이며 보편적인 성격을 지닌 것으로 믿고 있기 때문에, 그것은 특히 개인적인 숙고나 성찰, 해석, 가치판단 등과 같은 주관성의 어떠한 입김이라도 다 제거해 버린다. 더 나아가, 이러한 미심쩍은 부분을 신뢰할 수 있고 면밀한 검토가 가능한 측정 방법으로 대체해 버린다. 그러한 측정 작업은 측정되는 대상으로부터 확실하게 분리되어 있고 이해관계가 없는 제3의 객관적인 측정자들이 행한다. 이는 곧 객관성을 유지하기 위해 지켜야 하는 규칙인 셈이다. 질에 관한 담론은 '질'이라고 불리는 실재를 가정할 뿐만 아니라, 세심하게 개발된 적절한 수단만 있다면 그것을 완벽하게 파악할 수 있다고 가정하는 것이다.

이처럼 특정한 목적이 압도적으로 작용하는 까닭에 생산품의 복잡성과 다양성, 생산품의 존재 맥락에 대한 관심은 축소되고, 이러한 관심은 일련의 숫자 등급, 즉 몇몇 제한된 수치로 축소된 질의 기준을 향해 맞추어질 수밖에 없다. 이는 모더니티의 환상이 빚어내는 한 양상이다. 이러한 생략 과정은 전형적인 표상 및 정상화의 과정이다. 질에 관한 담론은 실제로 현실이 어떠한가, 현실의 모든 복잡성과 모순을 함께 고려하며 그 속에서 무엇이 진행되고 있는가를 파악하려 하기보다는, 생산품의 본질을 표상해 줄 것으로 기대하는 그 어떤 기준을 절대시하여 생산품의 현실을 대신하거나 실제 지형에 대한 추상적인 지도를 그리고자 하는 것이다. 그 목적은 대상에 대한 이해를 추구하기보다는, 생산품(유아교육 · 보육기관의 서비스도 한 예가 됨)이 기준에 어느 정도 부합되는가를 평가하는 것이다.

덴마크의 한 교사는 이러한 단순한 표상 과정이 유아교육 · 보육기관의 일상에 내재된 복잡함과 얼마나 대비되는가를 아래와 같이 기술하였다. 그는 단순한 표상 뒤에 숨겨진 유아기관의 질 개념이 얼마나 모순적인가를 깨닫고 이 문제와 씨름해 왔다(그러나 그가 모던 프로젝트와 포스트모던 프로젝트가 서로 다른 세계이해 방식을 기술하고 있다는 것을 알게 될 때 그 모순에 대한 의문이 풀리게 될 것이다).

> 과거에는 '질'이란 개념이 일반적으로 경험적 차원에서 간략한 참조점을 제공하는 것으로 사용되었다. 다시 말해서, 수많은 어휘를 사용하여 기술해야 하는 복잡한 측면을 축약해서 표현하는 방식이었던 것이다. 비록 수많은 어휘들을 사용한다 하더라도 그 느낌은 실제로 인간이 경험한 것의 단지 피상적인 측면만을 건드리는 데 불과한 것인 경우가 많았다. 오늘날 질의 개념은 (특히 덴마크 비즈니스계에서) 달리 사용되고 있다. … 질을 표시하는 차트나 자격증, 점수 및 등급 등은 '질 인플레'라 일컬을 수 있을 정도로 비즈니스계에서 굉장한 속도로 생산되고 있다. 그리고 모든 것이 표, 공식이나 그래프로 측정되고 재어지고 기록되고 있다. … 나는 이렇게 재고 측정하는 일이 어린이에 관련된 내용조차 지배하게 될까 우려하고 있다. 그렇게 될 때 그것이 정작 관련 업무를 개선하기보다는 망쳐놓을 것이기 때문이다. 예술적인 성격의 것을 측정하는 방법에 대해 명료하게 생각을 규정하는 사회는 권위주의적이고 편협한 정신을 가진 사회일 것이다. 다시 말해서, 진정한 질의 문제는 진정한 예술의 문제와도 같이 단순한 진술의 차원으로 감환될 수 없는 것이다. (Jensen, 1994: 156)

• **질과 고객 만족, 공공 서비스의 문제**

이제까지 논의한 내용은 질에 관한 담론이 본질적으로 '기준' 이라고 부르는 객관적이고 일반화가 가능한 절대적 표준을 추구하는 것임을 말하는 것이었다. 이러한 논의는 질의 또 다른 정의, 즉 비즈니스계로부터 파생된 '고객 만족' 이라는 개념과는 어떻게 관련되는 것인가? 어떠한 면에서 보면 이는 매우 잘 양립할 수 있는 현상이다. 의견 조사나 다른 방법을 통해 표현된 고객 만족도는 생산품의 질을 결정하는 데 하나의 적합한 기준으로, 생산품의 기준 만족도를 알려 주는 표시로 간주될 수 있다. 또는 보다 복잡한 의미로, 고객 또는 고객의 요구는 질의 표준을 규정짓는 기준을 결정하게 할 수 있는데, 이는 질의 개념 규정에 대한 '구성주의적' 접근으로 불린다. 이는 "사용자 의견이 상품의 어떠한 질적 차원을 추구하고 측정하며 평가할 것인가를 결정한다는 차원에서 주요한 역할을 한다" (Priestley, 1995: 15)고 보기 때문이다. 바꾸어 말하면, 이 경우에 기준을 상세화하는 특정 집단은 고객이며, 그 기준에 권위를 부여하는 자 또한 고객인 것이다.

그러나 고객 만족이라는 개념에는 문제가 있다. 그것이 개별 상점에서 구입한 상품에 대한 고객 개인의 만족도라는 단순한 차원을 넘어서서, 다수의 기관과 서비스의 사회적 · 정치적 중요성에 관련되는 보다 넓은 인식으로 확대될 때, 특히 공적 부문에 관련된 것일 때, 고객 만족이란 개념은 문제성을 지닌다. 그럴 경우 문제는 복잡해지고 다차원적인 것이 되며, 질에 관한 비즈니스계의 접근은 "개인적 차원에서 제공받는 사회적 서비스의 고유한 특성을 반영할 수 없게 된다" (Evers, 1997: 11). 어떤 경우에는 고객이 자신이 제공받고 있는 공공 서비스에 대해 문제점을 표현할 수도 있을 것이다. 그러나 개인적 차원에서 사회의 공공 서비스를 접하는 이용자 중 대다수는 두려워하거나 소외되어 있거나 또는 무능력한 위치에 있는 노약자들이나 연약한 사람들이다(Evers, 1997; Pollitt, 1997). 만약 어린이들을 유아교육 · 보육기관의 '고객'으로 간주한다면 그들 역시 시장관계 이론에 따라 고객으로서 잘 행세할 수 있을 것 같지 않다. 최소한 고객 및 고객 만족이라는 개념이 정말 그처럼 중요한 개념인지에 대해서는 보다 깊은 숙고와 연구가 필요한 것이다.

단순한 고객-공급자 관계를 가정하려면 "고객이라는 개념 자체가 복잡한 질문을 요하는 문제"(Mäntysaari, 1997: 59)이므로 많은 질문을 제기하지 않을 수 없다. 공공 서비스 부문에서 수요자중심주의(consumerism)에 대해 열정이 고조됨으로써 "바로 그 수요자중심주의의 전반적인 성격에 대해 우선적으로 제기되어야 할 중요한 질문을 등한시하게 만든다"(Pollitt, 1988). 특히 "누가 과연 수요자인가?"라는 질문 등이다. 이를테면 현재 서비스를 이용하고 있는 사람이 누구인가 하는 질문이다(어린이를 위한 서비스일 경우 이용자가 과연 어린이뿐인가, 부모인가, 또는 둘 다인가라는 점을 비록 논의하지 않는다 하더라도). 또한 여전히 잠재적 이용자와 미래의 이용자가 있을 것이고, 납세자를 비롯하여 지역사회의 또 다른 구성원도 공공 서비스의 영향을 받는 이용자라고 할 수 있을 것이다. 더 나아가 공공 서비스의 수요자에는 모든 시민이 포함된다.

유사한 의미로 Hambleton과 Hoggart(1990)는 개별 소비자 모형이 사적 시장(private market) 논리에서 강조된 개념으로서 공공 서비스(public services)의 질 개념에까지 적용된 것에 대해 과연 그것이 적합한 적용인지 의문을 제기한다. 왜냐하면 그것은 공공 부문의 광범위한 집단적 책임과 책무성에 관련된 중요한 이슈를 언급하지 못하고 있기 때문이다. Gaster(1991: 260, 261)에 의하면 "무엇이 질(質)인가?" 라는 질문에 첨가되어야 할 또 다른 차원은 대표 민주주의와 참여적 민주주의를 공히 포함하는 민주적 요소여야 한다. … 만약 서비스가 가능한 한 수요자와 보다 넓은 지역사회의 필요를 만족시키는 질적으로 우수한 수준이 되려면, 질에 대한 규정이 해당 지역사회 내지 공동체와의 대화에서 비롯된 것이어야 한다." Pollitt(1988: 86)는 유사한 의미로, 공공 서비스에서의 질의 개념에 대해 포괄적이고 대화적인 접근의 예를 개발하여 제시한다. 그것은 "잠재적으로 능동적이며 참여적인 시민-소비자의 규범적 모형을 추구하는 것으로 다양한 가치 범주를 내포하고 있다. 그중에서 효율성의 문제는 여러 가치 중 단지 하나의 가치로만 간주될 뿐이며, 질 관련 성취도 척도가 아무리 '단정적인' 것이라 하더라도 가치 및 판단의 불확실성을 철저히 고려하는 것" 이다.

개인적 차원에서 제공받는 사회적 서비스에서는 질에 관한 논의를 탈맥락화된 수요자의 존재와 그의 만족도라는 주제에 제한하여 진행할 수 없다는 점을 보여 준다. 이러한 서비스의 많은 부분이 공공재이므로 단순히 '수요자-공급자' 의 이원적 관계를 넘어서 타인의 존재도 고려되어야 하며, 수요자 만족만의 문제가 아닌 다른 문제도 고려되어야 하기 때문이다. "공급자들은 분배정의를 위한 구체적인 사회정책 기준에 따라 그들의 서비스 내용을 설계해야 하는데, 그것은 현행 사례가 없는 것이거나 사적 비즈니스계에 적용할 때보다 공공 부문의 사회적 서비스에 적용할 때는 훨씬 더 부적합한 것일 수 있다." 또한 공공 서비스는 "직접적인 수요자의 동의뿐 아니라 행정가와 입법자가 대표로 있는 보다 넓은 대중을 고려하여 그들이 동의하는" 전문적 표준을 채택하여야 한다(Evers, 1997: 20). 마지막으로, 민주주의라는 이상을 위하여 다양성을 고려하고자 한다면 문제는 골치 아파진다.

많은 나라에서 PSS(Personal Social Services: 사회적 대인 서비스) 항목은 지역사회와 하위문화의 조직망에 얽혀 있다. 그리고 그것으로부터 발생하는 요구 및 그 각각의 가치와 열망에 세밀하게 맞추어져 있다. … PSS에서 지역적인 색채를 계속 유지하는 일은 매우 논란이 많은 이슈가 될 수 있다. 그것을 폐지하지 않고 보다 풍부하고 다양화된 차원으로 발전시키려는 입장을 취하는 일이 어떠한 결과를 낳는지는 QA(Quality Assurance, 질 보증) 개념을 평가해 보면 알 수 있다. 이 구체적인 지역적 · 도덕적 경제를 위해서는 거대한 위계적 체제로부터 비롯된 모형, 즉 표준을 설정하고 그것에 따라 통제하는 모형을 취하는 방법이 문제가 많을 것이기 때문이다. 도전해 볼만한 일은 이러한 지역 경제의 특이성을 존중하는 질적 개선의 방법을 개발하는 일일 것이다. (Evers, 1997: 19)

이상에서 전개한 논의는 대부분 사회적 대인 서비스 분야에 관련된 내용이다. 사회적 대인 서비스 분야에 관심을 지닌 많은 논자들은 제각각 분리되고 탈맥락화된 고객 또는 수요자 개념을 가정하는 사적시장 논리에 대해 질문을 제기하고, 사회적 관계와 민주적 목표를 고려하는 정치적 · 사회적 맥락을 소개한다. 그럼으로써 질 개념이란 질에 관한 담론 내에서 구성된 것이라는 점을 문제시한다. 이러한 대다수의 작업에서 질 개념에 관하여 많은 이슈가 제기되고 있는데, 이 내용 중 다수는 유아교육 · 보육기관과 관련된 것이다(그러나 각기 매우 독립적으로 논의가 이루어졌다. 그것은 질에 관한 논의에 있어서 사회적 대인 서비스 분야의 전문가와 유아관련 전문가 사이에 의사소통이 거의 이루어지지 않고 있기 때문이다). 우리는 이 책의 1장에서 질 개념이 문제성이 있다고 결론내린 바 있다. 질에 관한 담론이 각각의 맥락이 지닌 특이성을 인식할 수 있는가? 그것은 여러 가치와 기준 및 일련의 측정기호 체계에 내포된 가치 판단적인 불확실성을 충분히 인식하고 그것을 그대로 인정해 줄 수 있는가? 누가 질의 개념을 규정지으며, 이 규정 과정에서 어떻게 진정한 민주적인 성격으로 다양한 복합적인 관점에 대처해 나갈 수 있는가?

• 어린이 삶의 질에 관하여

질에 관한 담론은 1980년대 초기에 등장한 이후로 유아교육 · 보육기관의 실천적 내용을 위한 연구나 척도 및 표준, 지침의 개발 등 여러 방식으로 발전하여 왔다. 이 모든 방식에는 유아기관의 실제를 평가하기 위하여 다양한 유형으로 기준을 개발하고 이를 적용하는 내용의 작업이 함께 이루어졌다. 그 기준은 주로 구조, 과정 및 산출 결과의 세 가지 범주로 구분될 수 있다.

구조에 관한 기준(structural criteria)[간혹 '투입(input)' 기준으로 언급되기도 함]은 해당 기관 내 자원 및 조직 차원을 가리키는 것으로, 집단 크기, 교직원 연수의 수준, 성인 대 어린이의 비율, 교육과정의 유무 및 내용과 같은 것을 말한다. *과정에 관한 기준(process criteria)*은 기관에서 일어나는 일, 특히 어린이의 활동, 교사 행동, 어린이와 아동과 성인 사이의 상호작용 등의 활동 실제를 말한다. 이 범주는 기관과 부모 사이의 관계까지 포함하도록 확대할 수 있다. 성과에 관한 기준(outcome criteria)은 아동 발달의 측면으로 규정될 수 있는데, 바람직한 측면뿐 아니라, 간혹 장래의 성인기에까지 확대되기도 하는 미래의 학교생활과 사회경제적 성취도에도 관련되는 내용이다. 또 다른 내용도 관심의 대상이 된다(비록 다른 분야보다는 비교적 적은 관심이 주어지지만). 예를 들면, 유아 관련 서비스의 숨은 수요자인 부모의 수요자 만족이 그것이다. 부모 만족에 대한 관심이 증가하면서 "부모의 관심을 고려하는 아동보육의 질이라는 폭넓은 개념"이 주장되고 있다(Larner & Phillips, 1994: 47).

유아 관련 서비스의 질에 관한 여러 접근을 검토한 한 학자에 의하면 비록 "어떤 방법론은 다른 것보다 특정한 측면에서 더 강력하다."고 할 수 있지만, 모든 접근은 "각각 자체의 특징적인 '투입', '과정', '성과' 측면에서 분석되는 것이 좋다"(Williams, 1994: 17). 특별히, 성과에 관한 기준은 대개 드물게 평가되는데, 그 이유는 기관의 성취도와 명료하게 관련지을 수 있게 어린이의 발달과 성취도에 관한 자료를 수집하고 해석하는 데는 재정적 · 방법적 어려움이 있기 때문이다. 예를 들면, 복잡한 현실 세계에서는 어린이가 여러 기관에 취원할 수도 있기 때문에 어느 한 기관에서 받은 서비스의 성과만을 가려내기는 어렵다. 특정 기관이 어린이의 발달에 미친 영향에 대해 확실하게 알기 위해서는 어린이가 해당 기관에 취원하기 전과 퇴원한 후 모두를 검사해야 하는 것이다. 그리하여 산출의 대리적 지표로서 구조 및 과정에 관한 기준이 대신 사용되어 왔다. 그 결과 여러 사람들이 종종 "어린이의 발달 검사에서 좋은 점수와 특정한 상관관계를 보이는 보육 시설의 특성을 가지고 질의 개념을 미루어 파악"하곤 하는 것이다(Singer, 1993: 438).

질에 관한 담론은 유아 연구 분야를 20여 년 넘게 지배해 왔다. 질에 관한 담론이 유아 연구 분야에 확대되고 있다는 증거로 여러 나라에서 질에 관한 연구가 점점 증가하고 있는 현상을 들 수 있다. 하지만 주로 미국에서 많은 연구가 이루어졌다. 이러한 연구들이 만들어 낸 주요 결과는 한편으로는 몇몇 구조 및 과정 기준과 성과 기준 사이의 관계를 수립하는 것이었다. "아동발달과 유아교육에 관하여 많은 연구들이 이루어진 결과 질적 보육의 몇 가지 명확한 지표를 설정할 수 있었는데, 그것은 어린이의 발달이 중요하다고 예측하고서 이에 비추어 설정된 내용이었다"

(Phillips, 1996: 43).

질에 관한 담론에 있어 이러한 연구 작업이 산출해낸 또 다른 결과는 척도(measures)의 개발로서, 많은 연구자들이 이렇게 개발된 척도를 현장 실제의 질을 평가하는 검사 방법으로 사용하였다. 가장 많이 사용되고 잘 알려진 척도는 유아교육환경평정척도(ECERS: Early Childhood Environmental Rating Scale)이다. 이 척도는 유아전문가인 Thelma Harms와 Richard Clifford가 1980년대에 개발한 것인데, “유아가 속한 환경의 질을 진지하게 들여다볼 수 있는 비교적 간단하고 효율적인 수단으로써 … 기본적인 시설설비 측면을 포괄한다”(Harms & Clifford, 1980: iv). 이 척도는 매우 독특한 경제 · 사회 · 문화 · 정치적 맥락을 가진 나라인 미국에서 여러 유형의 기관에다 무리 없이 사용할 수 있도록 설계되었다고 한다. 이처럼 미국적인 특성을 지니고 있음에도 불구하고 멀리 다른 나라의 연구자와 교육자들의 사용이 점점 증가하고 있다. 그리하여 이것은 이제 유아교육 · 보육기관의 국가 간 비교를 위한 기초로서, 또한 세계적인 표준으로 인식되고 있는 것 같다.

ECERS는 37개 항목으로 구성된 관찰 평가로서, 각 항목의 점수는 각기 7점 평정척도로 이루어진 여러 하위 항목을 가지고 매기게 된다. 이를 통해 해당 기관의 전체적인 그림을 얻고자 하는 것이다. 이 척도는 개발자들이 시험적인 첫 설계를 한 후 미국의 유아교육 · 보육 분야 전문가들에 의해 그 타당성을 인정받았다. 7명의 ‘전국적으로 저명한 전문가’가 각 항목의 중요성에 따라 해당 항목의 타당성을 평가했다. 그 후 미국의 유아전문가들이 생각한 대로 과연 이 척도가 유아 교실의 실제적인 질을 다양하게 구분해낼 수 있을 만큼 변별력이 있는지에 관하여 실험을 행하였다. 그러나 ECERS가 어느 정도의 가치가 있는 것인가에 관해서는 확실하지 않다(Brophy & Statham, 1994). ECERS 개발자 자신들도

ECERS가 "유아교육 · 보육기관의 환경에 대하여 수용할 만한 보편적 규준(norms)을 충분히 제시하지 못하고 있다."(Harms & Clifford, 1980: 38)고 말하고 있는 상태이다.

질에 관한 담론은 또 다른 영역의 활동을 불러 일으켰다. 그것은 어린이에게 다양한 형태로 제공되는 교육 또는 보육 활동의 실천적 내용에 대한 표준(standards) 및 지침(guidelines)을 개발하는 일이었다. 이는 비록 척도나 평가 방법으로 형태화되진 않았으나, 실제로 교육 또는 보육의 질에 관한 개념적 정의(定義)를 제공하는 효과를 낳았다. 그 예로, 영국에서는 "이에 관하여 특별한 관심을 지닌 많은 단체나 연구자들이 … 표준과 지침을 개발했다. 이러한 내용은 어린이에게 양질의 경험을 제공하는 데, 그리고 그것을 개발하고 평가하는 데 있어 기초가 된다"(Williams, 1994: 3). 미국에서 개발된 『발달적으로 적합한 실제(*Developmentally Appropriate Practice in Early Childhood Programs*)』는 또 다른 좋은 예다. 이것은 1987년 미국유아교육협회(National Association for the Edu- cation of Young Children) (Bredekamp, 1987)에서 개발하여 초판 발행한 것이다. '아동발달 이론'에 근거하여, 어린이의 발달을 촉진시키기 위한 '보편적인' 양육의 실제를 규정해 놓은 지침인 것이다. 구체적으로, 적합한 실제와 부적합한 실제를 구별하였는데, 이는 이 두 가지 내용 외에 다른 내용은 고려할 수조차 없도록 만드는 이분법적 사고의 표상이다(Lubeck, 1996: 151). 이처럼 "모더니즘 가정(假定)을 전제하고 있는 '탈맥락화된 접근'은 자율적

2) 미국유아교육협회(NAEYC)는 최근에 「발달적으로 적합한 실제」의 개정판(Bredekamp & Copple, 1997)을 출판했다. 이 개정판은 맥락과 다양성과 같은 이슈를 더 많이 고려한 내용이다. 그러나 이 개정판 역시 공통적인 원리를 추구하며 '적합한 실제' 대 '부적합한 실제' 사이의 양분법적 사고 등을 다룸으로써 근대주의적 관점에서 벗어나지 못했다. 그러나 개정판 출판 자체가 이질적인 관점과의 대화 가능성을 새롭게 열고자 하는 태도의 전환을 표상한다고 볼 수 있다.

이고 독립적인 개인의 육성이라는 최종 목적 아래 각 어린이를 개개의 분리되고 개별적인 존재로 발달시키도록 조장하고 있다"(1996: 156).[2)]

여타 분야와 마찬가지로 유아교육 · 보육에 있어 질에 관한 담론은 객관적 · 합리적 · 보편적인 표준에 대한 열망으로 구성되었다. 그 표준이란 논쟁의 여지 없이 명확한 지식에 근거하여 전문가가 규정한 내용으로서, '합리적인 안정적 준거'로 유아 기관의 복잡성을 환원시키는 방식으로 측정해 내는 것이다. 철학을 희생하는 대신 방법을 강조하고, '왜'라는 질문 대신 '어떻게'라는 질문을 우선시한 것이다. 결과적으로 유아교육 · 보육기관의 질에 관한 논의에서는, 어린이나 아동기, 유아교육 · 보육기관에 관하여 중요하고도 생산적인 질문을 치열하게 추구해 들어간다거나, 아무리 부분적이고 불확실하다 하더라도 그에 대한 대답을 얻고자 진지하게 시도되는 경우가 거의 없다.

• 발달심리학과 질에 관한 담론

> 스웨덴에서는 1930년대에 유아교육(early childhood pedagogy)에 관한 종합적인 담론이 시작되었다. 그것은 더 좋은 사회를 위한 모더니즘 시각의 정치적 합리성을 어떠한 방식으로 춤추게 할 것인지를 결정짓는 중요한 안무 기법이었다. … 발달심리학은 이 전략의 중요한 도구로 사용되었는데, 그 내용에 맞추어 어린이는 사회의 규준적 내용과 보편적 법칙, 이성적 원리에 자신을 순응시키게 되어 있었다. Foucault의 개념을 빌어 설명하자면, 이제부터 발달심리학과 아동 중심 교육론은 '진리의 담론적 제국(discursive regime of truth)'으로서 어린이에게 중요한 많은 내용을 지배하게 되었고, 뿐만 아니라 어린이에 대해 무엇을 생각하고 말할 수 있는지, 그리고 어린이에 대해 무

> 엇을 생각해서는 안 되고 말해선 안 되는지 등을 결정짓게 되었다. (Dahlberg, 1995: 3, 4)
>
> 발달심리학은 생물학적 편견을 지닌 실증주의적·보편주의적 목적에 기초하여 어린이의 존재에 대하여 이론화하는 많은 내용을 지배하여 왔고, 어린이 관련 정책 결정에도 깊은 영향을 미쳤다. (Mayall, 1996: 19)

앞서 2장에서도 논의하였듯이, 발달심리학은 '패러다임상 모던 학문'에 속하며(Burman, 1994: 18), 유아교육·보육 분야에서 매우 중요하고 사실상의 지배적인 담론적 제국(최소한 앵글로색슨계 사회에서는)으로 인식되고 있다. 다시 말해서 "아동발달 이론은 유아교육 분야에서 너무도 근본적인 내용이므로 우리에게서 그것을 지워버리고 나면 우리는 의식 없는 림보 상태가 될지도 모른다" (Lubeck, 1996: 158). 유아교육·보육 분야에서 질에 관한 담론이 너무도 당연하게, 그리고 아무런 의문 없이 관심의 초점이 되었던 이유 중 하나는 그것이 근본 관점 및 방법 면에서 발달심리학과 많은 부분이 공통적이기 때문이다. 둘 다 모더니티의 프로젝트, 즉 '발달'과 '질'은 모더니즘 개념의 정수(精髓)인 것이다.

발달심리학이라는 학문과 유아교육·보육의 질에 관한 담론은 마치 손과 장갑의 관계처럼 서로 잘 맞아 들어간다. 아동발달은 확실하고 객관적인 진리로서 개별 어린이의 진보 상태를 보편적인 발달 단계에 걸쳐 파악해 주는 동시에, 앞 장 여러 곳에서 논의한 바와 같이 어린이와 유아 기관의 개념을 구성하는 데 큰 역할을 한 '대서사(grand narrative)'를 제공하였다. 또한 유아교육·보육기관의 질을 규정짓는 데 필요한 기준을 제공하였다. 아동발달과 질에 관한 담론은 둘 다 탈맥락화된 접근을 채택하고 있다. 또는 기껏해야 '맥락'이란 요소를 자기변명적인 한 변수 정도로 도입함으로써 어린이와 해당 기관을 그 구체적인 경험과 일상적 삶으로부터, 그리고 문화의 복잡성과 상황의 중요성으로부터 사실상 분리시키는 작용을 하고 있다. 둘 다 "측정(measurement)의 테크놀로지를 만들어 내고자 하는 강한 요구를 위해 내달린"(Burman, 1994: 3) 끝에 얻어진 결과로서, 상호 관련된 일상 삶의 복잡한 측면을 따로따로 분리된 요소로 구분하여 추상적 체계와 개념 속에 정치시키고자 하는 각종 분류 체계(systems of classifications)와 같은 성격이다. 아동발달에 대한 측정과 질에 관한 측정은 결국 현장의 현실을 단순화하고 규준화한 추상적인 지도를 만들어 내는 것으로 끝을 맺는다. 그것을 통해 정말 현실이 어떠한가를 파악하고자 하는 우리의 관심을 흐트러뜨리면서, 어린이의 모습과 유아교육·보육기관이 어떠한 모습이 되는 것이 바람직한지에 관하여 추상적인 그림을 그려 줄 뿐이다. 두 가지 담론 모두 어린이와 기관을 "발견 가능한 진리적 내용을 독립적(탈맥락적)으로 애초부터 지니고 있는, 이미 주어진 사물과도 같은 존재"(Henriques et al., 1984: 101-102)로 전제하면서, 객관적이고 보편적이며 일반화시킬 수 있는 내재적인 진리의 존재를 가정하고 그것을 발견하고자 한다. 두 가지 모두 그 철학적 정향(定向)에 있어 개별주의적(individualistic)이다. 질에 관한 담론은 개별적 성과나 관계에 초점을 맞추고 있는 반면, 아동발달 담론은 '개별적 존재이자 자체충족적인 어린이(self-contained child)'의 존재를 가정한다. "어린이란 개념은 사회적 구성물이며 항상 지속적인 사회적 구성 하에 있다고 깨닫는 일이 미국 문화 및 아동심리학 정신과는 잘 맞는 것 같지는 않다"(Kessen, 1983: 32).

요약하면 두 가지 담론, 즉 질에 관한 담론과 아동발달 이론은 강력한 모더니즘과 실증주의적 접근을 취하고 있으며, 객관적 형태의 지식을 생산해 내는 중요한 임무에 헌신하고 있다. 둘 다 문제점과 해결책의 구성적·

지역적 성격을 강조하는 문화적 · 역사적 과학의 가정(假定)보다는 보편적 · 합리적인 지식을 강조하는 자연과학의 가정을 채택하고 있다 (Cole, 1996).

이러한 맥락에서 발달심리학자들이 유아교육 · 보육기관의 질에 관련된 작업에서 주도적인 역할을 해 왔다는 것은 놀라운 일이 아니다. 그들은 질의 기준을 규정짓는 권위 있는 전문가로서, 측정방법의 개발자로서, 그리고 질에 관련된 결정요소를 탐구하는 연구자로서 활동해 왔다. 그러나 이렇게 주도적인 위치에 있게 된 것이 발달심리학의 제국주의적 경향 때문이라고 간단하게 말하는 것은 공평하지 못한 언급이다. 사실상 발달심리학은 다른 학문이 관심을 가지지 않은 부문에서 분명한 연구 대상 및 연구 주제를 발견했던 것이다(Mayall, 1996). 최근까지도 특히 사회학에서는 어린이와 아동기에 관해서는 심리학의 영역으로 간주하면서, 어린이에 대한 심리학의 정의, 즉 인지적으로 무능력하기 때문에 본질적으로 수동적인 존재로 생각하고 경시하는 경향이 있었다. "심리학자들이 어린이의 존재를 발달하는 '인간 아닌 인간(non-people)' 이나 사회화되어야 할 존재로만 인식하는 동안, 사회학자들은 그들의 주요 연구 대상에서 어린이의 존재를 제외시켰다"(Mayall, 1996: 19). 그러나 이유야 어떻든지 간에, 유아기 연구 분야는 이렇게 심리학과 같은 특정 학문에 의존해 온 까닭에 그 외 학문으로부터는 소홀히 다루어짐으로써 학문적으로 빈약한 처지에 놓이게 된 것이다. 이렇게 유아교육 · 보육 분야에 '부재하는(absent)' 학문(예를 들면, 사회학)은 질에 관한 담론의 기초가 되는 실증주의적 가정이 유아연구 분야를 휩쓸고 있는 것을 보며 이제 우려스러운 눈길을 보낼 것이라고 생각한다. 만약 그 학문이 적극적으로 나섰더라면 유아교육 · 보육 분야의 질에 관한 담론을 보다 일찍 문제 삼았을 것이다.

역사적으로 살펴볼 때 여러 학문으로부터 도움이 되는 사례를 발견할 수 있다. 유아교육 · 보육기관의 발달사를 대강 훑어 보기만 해도 기관에 관련된 여러 내용, 즉 기관의 설립 목적, 교육 실제, 유아에 관한 이해 등이 어떻게 반복적으로 구성 및 재구성되어 왔는지를 알 수 있다(제4장에 있는 스웨덴 유아교육 · 보육기관의 최근 역사에 대한 내용을 참조할 것. 또한 영국의 Robert Owen으로부터 현재에 이르는 유아기관의 변천 내용을 비롯하여(Moss & Penn, 1996), 1820년대 북미의 유아학교(infant school) 운동과 그것이 당시 미국과 캐나다의 유아교육 · 보육계의 변화와 어떠한 관계가 있는지(Pence, 1989)에 관한 내용 등을 참조할 것). 좀 더 넓은 시각에서 보면, 어린이의 존재 및 아동기에 대해 많은 사학자들은 발달심리학자와는 근본적으로 다른 이해를 가지고 있다.

> 사학자들에게 있어서 인간 행동이 예외 없이 우연적인 것이며 사회적 행위도 맥락에 의해 결정된다는 사실은 당연한 지식이며 사실상 체질적으로 잘 알고 있는 내용이다. … 그러나 발달론자들에게 있어서는 사정이 다르다. 그들이 인간 간의 동질성을 전제로 하여 보편적인 지식을 추구하는 실증주의를 과연 포기할 수 있겠는가? 그들이 인간 행동의 우연성과 불확정성에 대한 이러한 혁신적인 생각을 진지하게 받아들여서 상황-특수적인 성격의 지식으로 표현할 수 있겠는가? 변함 없이 고정된 아동기 관념을 추구하면서 그것을 자신들의 학문적 토대로 삼는 것을 과연 포기할 수 있겠는가? 어린이란 사회적 · 역사적 존재라기보다는 자연적 존재라고 보는 믿음을 포기할 수 있겠는가? …
> 발달론자들은 어린이를 자연적 존재라고 보고 학자들 자신이 자연과학자라고 생각하며, 그 자연적 존재인 어린이의 예측 가능한 과정을

연구하는 이들이다. 그들은 자신이 직면할 수밖에 없는 상대적이고 가변적인 현상의 여러 징조에 대해 고민해 볼 생각을 거의 하지 않는다. 사학자들은 인간 현상의 상대적인 성격에 대하여 보다 심화된 생각을 가지고 있다. 그것을 통해 우리는 새로운 사회역사를 생성하는 데 필요한 여러 풍부한 관점을 잘 이해하고 수용할 수 있게 된다. … 우리는 앞으로의 상황을 예측해줄 수 있는 그 어떤 신뢰할 만한 규칙성이 있다고 확언할 수 없다는 것을 잘 인식하고 있다. 왜냐하면 인간 삶에는 우연성이라는 조건이 철저하게 내포되어 있기 때문이다. (Zuckerman, 1993: 231, 235, 239-240)

• 발달심리학과 위기에 처한 질의 문제

인간 발달을 각 문화와 계층, 성(性), 역사에 관계없이 동일한 현상의 일반적 모형으로 제시하는 발달심리학에서는 차이의 문제가 정상적인 발달에서 벗어나는 비정상 및 일탈의 정도나, 단선적 발달선상에서의 진보 정도 등의 문제로 인식된다. … '진보(progress)'의 개념은 (그것이 한 사회의 진보를 말하는 것이든 인간 개체의 '생애'를 말하는 것이든) 역사나 문화의 차이에 관계없이 보편적인 선형적(線形的) 움직임(linear movement)으로 간주되고 있다. 그러나 이러한 개념에 대해 깊이 성찰해 본다는 것이 요즘에는 뭔가 어색하게 들릴 정도가 되었다. 특히 인간의 감정이 개입되지 않은 비개인적이고 냉철한 방법으로 인간의 진보 상태를 가늠할 수 있는 일련의 도구 및 테크닉(예를 들면, 발달심리학 이론과 같은)이 있다고 보는 믿음으로써, 추상적이고 비개인적인 심리학적 존재의 실재를 맹신하며 모든 내용을 발달심리학의 이론체계로 설명하고자 하는 정도에까지 이르렀다. 그리하여 발달심리학

> 의 이론으로 설명될 수 없는 모든 내용은 단지 부수적이고 부적합한 지식으로 그 위상을 격하시켜 버리는 것이다. … 그러므로 중요한 문제는 대상에 대해 무관심하고 비개인적인 '참' 지식(disinterested and true knowledge)을 원하는 우리의 갈망 밑바닥에 바로 인간의 주관성이 숨어 있고 또 작용하고 있다는 것을 드러내고 인정하는 일이다. (Burman, 1994: 185, 188)

> 발달주의(developmentalism)와 사회화 이론의 기능주의적 모형은 지난 20여 년간 비판을 받아 왔음에도 불구하고 아직도 매우 강력한 힘을 발휘하고 있다. … 아동발달 이론에 대한 비판이 여러 방면으로 상당한 기간에 걸쳐 일어난 반면, 발달 이론은 아동건강, 복지 및 교육 분야의 정책과 실제에서 탄력적인 회복세를 보이며 큰 영향을 미쳐 왔다. 따라서 이제 아동심리학의 패러다임을 이보다 더 광범위하게 구성한다는 일은 불가능할 정도로 포괄적인 학문이 되었다. (Mayall, 1996: 52, 55)

앞서 1장에서 1990년대에 유아교육 · 보육에서 질의 개념이 어떻게 문제시되게 되었는가 하는 점을 살펴보았다. 그러나 유아교육 · 보육 분야의 질에 관한 담론과 너무도 밀접하게 연관되어 있는 학문인 발달심리학은 더 철저하고 강도 높게 문제시되고 해체되는 과정을 겪어 왔다. 그 과정은 가장 저명한 학자들에 의하여 유아교육 · 보육 분야의 안과 밖에서 모두 이루어졌다(Bronfenbrenner et al., 1986; Burman, 1994; Cole, 1996; Elder et al., 1993; Henriques et al., 1984; Kessen, 1979, 1983; Lubeck, 1996; Mayall, 1996; Morss, 1996; Prout and James, 1990). 발달심리학에 있어 문제시되었던 내용은 유아교육의 질 담론에 있어 문제시되었던 내용과 비슷하다(둘 다 모더니즘에 깊숙이 관련되어 있는 내용이므로 전혀 놀라운 일이 아니다). 이를테면, 현장의 복잡성을 단순화 · 계량화된 표상으로 환원시키는 실증주의적 접근과 방법을 비롯하여, 인간의 주관성과 철학에 대한 불신 또는 거부적 태도, 일반적 법칙과 보편적 진리에 대한 믿음, 생물학적으로 결정된 일련의 단계로 인간 발달을 탈맥락화하는 관점, 인간 개체에다 탐구의 초점을 맞추는 경향, 모든 현상을 이해하는 데 있어 '정상'의 가상 상태를 기준으로 하여 '정상' 또는 '비정상' 상태로 이분적으로 규정하는 경향, 일정한 법칙이나 원리를 기준 삼아 규제 및 통제를 조장하는 경향, 그리고 '발달'이라는 개념 자체의 문제를 들 수 있다.

발달심리학과 질에 관한 담론은 모두 위기에 처해 있다고 말할 수 있는데, 둘 다 "영구지속적인 준거를 확립하고자 하며, 사실상 그런 지식은 불가능한데도 불구하고 논쟁의 여지 없이 확실한 지식의 기초를 발견하고자 하는"(Schwandt, 1996a: 59) 실증주의적 이론화의 토대 위에 서 있기 때문이다. 오늘날 이러한 경향에 찬동하는 철학자를 발견하기는 어려운 일이다(Shadish, 1995). 실증주의는 이제 거부되고 있고, "비개인적이고 객관적이라고 가정된 규준을 따라 모든 것을 인간의 인식 가능한 범위에서 명확한 지식으로 만들고자 하는 이론화 경향과 '과학적' 절차가 근본적으로 의문시되고"(Apple, 1991) 있기 때문이다.

어떤 이는 이러한 내용을 심각할 정도로 부정적으로 보지는 않는다. 이미 앞서 논의하였듯이 이 위기를 낙관적으로 보는 것이다. 즉 새로운 가능성과 지평을 열어 주며 대안적 탐구 관점과 해결책을 찾을 수 있는 기회가 되는 동시에, 현상에 대한 새로운 이해를 꾀할 수 있는 기회라고 볼 수 있기 때문이다. "지난 20여 년간 실증주의적 가정이 인간의 복잡성에 대해서는 결코 적절하게 설명할 수 없다는 비판을 계속 받아 왔기 때문에, 사람들은 이제 인간과학에서 보다 적합하고 가능성 있는 다른 관점을 찾기 시작하였다" (Lather, 1991: 2). 이론이란 반드시 현상을 예측하고 통제하는 것이어야 하고 명확한 흑백논리식의 사고로 이어져야 할 필요가 없으며, 모더니즘 관점으로 세계를 이해하던 이들도 반드시 모더니즘 관점에 얽매일 필요는 없는 것이다.

그러나 현실에서는 실증주의에 대하여 여전히 관심을 지닐 만한 이유가 있다. 왜냐하면 실질적인 지적 파산에도 불구하고 실증주의적인 지적 풍토는 여전히 여러 학계의 출판물이나 연구비 지원, 학자들의 승진이나 정년보장제 등에 있어 영향을 미치고 있기 때문이다(Fishman, 1995). 질에 관한 담론에서 볼 수 있듯이, 확실성에 대한 데카르트적인 열망은 좀처럼 사라지지 않고 단정적이고 보편적인 기준적 지식을 지속적으로 찾아 헤매게 만들고 있다(Schwandt, 1996a). 발달심리학과 질의 문제는 여전히 지배적인 담론으로서 어린이와 유아교육 · 보육기관에 대한 사람들의 인식을 주도하고 있다. 사실 유아교육 · 보육 분야의 많은 정책입안자와 실천자들은 발달심리학이 비판받아 왔음을 잘 모르고 있다. 그들은 여전히 그 내용이 어린이에 대한 '참' 지식을 제공해 주며 정책과 실천의 기초가 되는 것으로 의지하고 있다. 그리하여 이를 대신할 대안적 접근 및 관점의 개발 작업을 소홀히 하게 만들고, 미국에서 수출하는 유아교육 · 보육 프로그램과 질 평가척도, 어린이의 '정상' 발달 이론 등을 세계의 다른 나라에서 아무런 의문의 여지 없이 받아들여 자국의 현실에 적용하게끔 한다. 미국은 질 개념과 아동발달에 관한 실증주의적 담론을 만들어낸 심장부 격 나라이다. 앞으로 사람들은 실증주의적 이론과 같은 모더니티 프로젝트에 대해서 아마 더욱 의문을 제기하게 될 것이다. 그러나 현재 진보와 보편적 진리에 대한 믿음은 계속하여 강력하게 문제성 높은 영향력을 온 세계에 끼치고 있는 실정이다. 그 내용에 대해서는 8장에서 더욱 상세히 다루기로 한다.

3. 질(質)의 문제를 넘어 의미창조를 향하여

'질의 문제'를 어떻게 해야 할 것인가? 질의 개념이 인간 및 사회 현상의 다양성과 주관성, 복합적인 관점과 시 · 공간적 맥락의 특성을 수용할 수 있도록 이를 재개념화할 수 있는가? 예를 들면, '맥락(context)'이라는 항목을 질에 관한 연구 설계에 한 변인으로 첨가하여 그 효과를 통계처리하면 해결될 수 있는 일인가? 질이란 개념을 해당 사회나 문화의 특성에 맞추어 정의(定義)내리고 적합하게 적용시킬 수 있는가? 스웨덴이나 영국 또는 캐나다의 몇 가지 기본적인 특성을 표준으로 제시하고 이에 준하여 각국의 여러 상황을 비교논의하면 되는가? 그러나 아무리 여러 명의 관련자들에게 자문을 구하고 그들에게 상황을 아주 잘 인지시킨다 하더라도, 그들 간의 공동의 이해를 근거로 보다 포괄적이고 모두가 합의할 수 있는 질 개념의 정의를 과연 만들어 낼 수 있겠는가? 아니면, 질의 문제에 대하여 관련 기관이나 공동체가 각자 자신들 나름대로 관심과 가치, 이해에 근거하여 자유롭게 정의내리게 하고, 그 내용을 모두 타당한 것으로 공평하게 인정해 주어야만 하는 것인가?

이러한 여러 질문 중 어느 하나도 근본적으로 새로운 사고로부터 나온 것은 없다. 모두 유사한 관점과 한계 속에서 비슷비슷한 성격을 지닌 것들이다. 즉, 모두 '내용'으로부터 '맥락'을 분리시킬 수 있고 그 효과를 '독립적'으로 측정할 수 있다고 가정하고 있는데, 이는 맥락이란 것의 개념을 그 어떤 무엇을 '둘러싸고 있는' 껍질쯤으로 간주하고 있기 때문이다. 이렇게 개념화하는 방식은 환원주의적인 단순화 현상이라는 점에서 문제가 있다. 이와는 달리, 맥락이란 개념을 그 어떤 대상과 "이미 서로 얽혀 짜여 있는 것"으로 이해하면, 맥락을 독립적인 변수로 분리시킬 수 있다는 생각은 아예 불가능해진다(Cole, 1996). 어떤 심리학자는 인간의 인지와 문화의 관계를 논하면서, 문화란 인지에 영향을 미치는 독립 변수가 아니라 인지 과정 자체의 근본 성격이라고 본다. 즉 인지 과정이란 본질적으로 문화적인 것이라고 주장하는 것이다(Rogoff & Chavajay, 1995). 이 논리를 유아교육 · 보육기관에 관한 연구에 적용할 때, 이 기관 또한 본질적으로 문화적인 성격을 지닌 것으로 인식할 수 있다. 문화뿐 아니라 맥락을 구성하는 다른 요소와도 필연적으로 서로 얽혀 짜여 있는 기관으로 말이다.

유아교육 · 보육기관이 본래부터 문화적이라고 생각할 때, 각 문화의 특성을 포함시킨다는 취지하에 자칫 '스웨덴적 질', '영국적 질', '캐나다적 질'과 같은 개념을 규정하는 것이 바람직하다고 생각할지도 모른다. 그러나 이러한 용어는 다른 분야에서 선례(先例)가 전혀 없을 뿐 아니라 상당히 이상하게 들리고 적합하지 않은 개념이다. 자동차나 여타 제품 광고에서조차 '질'이란 개념이 이러한 방식으로 사용된 것은 없고, '거리의 테크놀로지(technology of distance)'에 따라 원거리 간 개념상의 어떠한 차이도 항상 보편적인 측정체계로 통일되어 있기 때문이다. 문제는 두 관점 사이에는 근본적인 개념상의 모순이 존재한다는 데 있다. 구체적으로 말하면, 유아교육 · 보육기관의 질 개념이 사회적 · 문화적으로 구성된 특수한 것이라는 인식 자체는 질의 개념을 세계 보편적이고 객관적인 규준으로 보는 관점과 결코 양립할 수 없는 것이라는 점이다. 여러분이 과연 현실의 다양성을 인정하고 여러 복합적인 관점이 가능하다는 것을 인식한다고 한다면, 현실적인 실천에서 다양성 및 복합성과 단일성 사이에서 어디쯤에다 뚜렷한 분리선을 그을 것인가? 여러분은 이제 유아교육 · 보육기관의 현 실태가 어떠한지, 또 그러한 기관에 대해 우리가 진정 무엇을 원하고 있는지에 대해 종전과는 다른 생각을 해야 할 것이다. 우리가 다양하고 복잡한 현실을 마주할 때 미리 결정된 객관적인 규준을 가지고 그 질을 표준화하는 일이 얼마나 무력한 것인가를 깨닫게 된다. 그러므로 유아교육 · 보육기관의 질을 객관적인 규준을 단순히 수용하여 평가하기보다는, 그 기관의 현실이 실제로 어떠한가를 있는 그대로 이해하는 데 더 집중해야 하지 않겠는가?

유아교육 · 보육기관의 평가에 관련된 많은 사람들은 비록 자문을 받고 여러 정보를 잘 알고 있다 하더라도, 질 문제에 대해서는 동의를 이루지 못하거나 서로 다른 주장을 할 것이다. 그렇지 않다면, 단 한 가지 옳은 답, 즉 그들이 지닌 전문 지식에 근거한 정답을 찾아내어, 종국에는 그들이 주장하는 이견 사이의 갈등이 해결될 수 있다고 볼 것이다. 그렇지만 이러한 '해피엔딩 식 가정' 은 결국 질의 개념을 보편적이고 명확하게 인식 가능한 개념 차원으로 돌려놓는 사고방식이다. 심지어 그 사람들 중에는 많은 내용에서 서로 합의를 이룬다 하더라도 여러 다른 중요한 이슈에 대해서 서로 견해를 달리할 수도 있다. 그들은 그러한 견해 차이로 인하여 한 집단 내에서 몇 개의 하위 집단(sub-groups)으로 나뉠 수가 있고, 이어 또 다른 수준에서 하위-하위 집단(sub-sub-groups)을 구성해 나갈 수도 있는 것이다. 만약 여러 이질적인 구성원이 모인 집단임에도 불구하고 어떤 문제에 대해 모두가 완벽한 동의를 이루었다고 하자. 이것은 매우 놀라운 일일뿐만 아니라 실상 좀 우려되는 일이기도 하다. 그 이유는 그 집단의 구성원이 모두 동일한 성향을 지닌 것이 아니라 각자 차이를 지닌 다양한 개인들로 이루어졌기 때문이다. "한 예로 '여성(women)' 개념의 경우를 자세히 분석하면, 이 개념은 파편화되어 있고 복합적이며 집단 또는 개개인의 경우에 따라 사실 서로 모순되기조차 하는 개념이다" (Lather, 1991: xvi). 이와 같은 점을 깨닫는다면, 어떠한 경우에 합의를 이룬다는 것이 과연 바람직한 것인가 또는 문제시되는 것인가라는 질문을 제기할 수밖에 없다(Karlsson, 1995).

마지막으로, "무엇이든 다 좋다."는 식의 무조건적인 상대주의적 사고에 찬동할 사람은 많지 않을 것이다. 특히 어린이 같이 비교적 힘없는 존재에 관한 일일 경우에는 더욱 그럴 것이다. 이 상대주의의 이슈는 보다 넓은 윤리적 맥락에서 논의를 전개하기 위해 이 장(章)의 후반부에서 더 자세히 다루기로 한다.

근본적인 문제점은 질의 개념 자체에 있는 것 같다. 이 개념이 과연 '이러한 의미' 또는 '저러한 의미' 등과 같은 내용물을 채우거나 비울 수 있는 빈 그릇과도 같은 것인가? 아니면, 매우 특정한 불변의 내용을 이미 가득 채워 놓은 그릇인가? 이 질의 개념은 이미 매우 특정한 의미, 보편적이고 인식 가능하며 객관적인 표준 의미를 지니고 있는 것으로서 세계에 대한 모더니즘의 이해를 가득 담고 있는 것으로 보인다. 질이란, 개인적인 가치판단을 배제하는 수단이자 각 집단 간 · 사회 간의 경계를 넘나들며 그 차이를 획일적으로 통일시켜버리는 '거리의 테크놀로지'[3]이다. 그래서 인간 현실의 복잡성과 가치, 다양성, 주관성, 다차원적 관점, 그리고 불확실하고 다양한 여러 특성을 수용할 수 있도록 재개념화하기에는 어려운 개념이다.

이러한 '질 관련 문제점'은 질 개념을 인위적 · 조작적인 방식으로 재구성한다고 하여 해결될 수 있는 것이 아니다. 만약 우리가 기존의 질 개념에다 주관성의 개념이나 복합적인 관점을 가미하는 방향으로 개념적 조작을 가하려고 한다면, 마치 야생 거위를 좇아다니는 것과 같이 점점 더 절망적인 노력이 되고 말 것이다. 그 이유는 유아교육 · 보육기관

3) 역자 주: '거리의 테크놀로지' 개념에 관하여는 167~168쪽을 참조할 것.

과 관련된 질의 개념이 돌이킬 수 없을 정도로 모더니즘적이며, 확실성에 대한 데카르트적 환상을 담고 있고, '진보' 와 '진리' 를 향한 계몽주의적 포부를 나타내고 있기 때문이다. 그것은 단정적이고 보편적인 기준적 지식과 확실성, 질서(결국에는 아무것도 얻을 수 없는 것)를 추구하는 것이다. 복잡성, 가치, 다양성, 주관성, 복합적인 관점, 시 · 공간의 맥락을 고려한다는 것은 세계를 이제까지와는 다른 포스트모던 방식으로 이해하는 입장을 취함으로써, 질 개념을 단순히 재구성하려고 애쓰기보다는 새로운 차원의 담론과 개념 및 질문을 생산한다는 것이다. 질 관련 문제점은 질 개념이 결코 가치중립적인 것이 아니라는 것과 우리가 그 개념을 자유롭게 취하거나 버릴 수도 있는 개념이라는 점을 깨닫게 될 때, 사실 별 문제거리가 되지 않는다.

4. 의미창조의 담론

> 우리는 여기에서 프로그램과 프로젝트에 관해 말하기보다는 인간의 추측이나 이미지, 모순, 모호함 등에 관하여 말하기를 좋아한다. 그런 것들은 우리 자신의 삶과 사회에 관하여 우리가 진정으로 가치 있게 여기는 것들이 무엇인지 일깨워 준다. 그러한 내용은 계속하여 변화하면서 바뀌는 것이므로, 결코 어느 시점에 완벽하게 이해한다거나 특정한 내용으로 고정해버릴 수 있는 것은 아니라고 믿는다. 그러나 그렇다고 하여 절망할 이유는 없다. 우리가 교육과 사회, 삶을 살아가면서 이해하게 됨에 따라 그것이 바로 현실 자체의 모습이라는 것을 깨닫게 된다. (Cherryholmes, 1994: 205)

> 심지어는 20세기 물리학의 핵심 부분에서조차 인간과 문화의 특이성을 배제하지는 못한다. … '인간화된' 모더니티의 경우, 고도의 모더니티(high modernity)에서 보이는 전형적인 탈맥락화 현상은 그다지 진지한 문젯거리로 여겨지지 않는다. … 논평자인 Walter Lippman이 말하기를 "모든 인간 문제점에는 간단하고 깔끔하며 '틀린' 해결책이 있다." 이것은 실천적 문제에만 해당되는 말이 아니라 지적인 문제에도 해당되는 말이다. (Toulmin, 1990: 201, 역자 '틀린' 강조)

이제까지 유아교육 · 보육기관(또는 여타 환경)의 질에 관한 모더니즘 담론이 보편적이고 무시간적인 기준을 객관적으로 적용함으로써 확실성에 대한 탈맥락화된 추구를 나타낸다는 것을 논하였다. 이러한 추구가 의도하는 바는 유아 기관이 미리 예정된 이상적 수준에 얼마나 일치하는가 하는 점을 측정하기 위한 것이다. 왜냐하면 "이 세계에는 여러 복합적인 원인 · 결과가 역사적 · 문화적인 특성으로 얽혀 있는 현장에서 발생하여, 서로 복잡하고 비선형적인 방식으로 상호작용하고 있는데도 불구하고," 모더니티 프로젝트 속에 깊숙이 자리 잡은 질에 관한 담론은 "이와 같은 세계의 복잡성을 이해하는 데 있어 부적합한 것이다"(Lather, 1991: 21). 이러한 세계를 이해하는 데는 포스트모던 프로젝트에 속하는 다른 종류의 담론이 필요하다. 그것은 다양성과 복잡성, 주관성, 복합적인 관념을 포용할 수 있고, 우리로 하여금 "이미 생산되어 있는 의미를 단순히 반영하는 존재가 아니라 주체적 행위자로서 스스로 의미를 생산하는 존재"가 되도록 해 주는 해방적 실천(emancipatory practice)을 말한다(1991: 37).

우리는 포스트모던 담론을 *의미창조의 담론*이라고 이름 붙이고자 한다. 이 담론은 16세기의 인문주의자들이 주장했던 (또한 17세기에 확실성을 추구하는 데카르트적 환상이 밀어내 버린) 회의론적 접근과 상당 부분

유사한데, 현대에 와서는 철학 분야에서 다시 나타나고 있다(Toulmin, 1990). 이 담론은 앞서 소개했던 만남의 윤리(the ethics of an encounter)라는 윤리적 입장에 속한 것으로서, 타자와의 대화 속에서 이루어지는 의미창조의 중요성을 전면에 부각시키는 것이다. 그러므로 이 접근은 타자들과의 관계가 결여된 채 개별적으로 각자 개인적 판단에 의존하거나, 반대로 전문가의 판단에 맡겨버리는 방식과는 확연하게 구별되는 특성이다. 동시에 아무리 전문가의 작업이라 하더라도 숫자 및 객관적인 과학적 방법을 적용하여 전문적인 판단을 표준화되고 양화(量化)된 기준으로 재생산해 내거나 이를 적용하는 질 담론과도 구별되는 것이다.

유아교육 · 보육 분야에서 의미창조의 담론은 유아교육 · 보육기관 및 그 실천에 대해 *이해(understanding)*를 구축하고 심화시키는 데 노력하는 것으로서, 현재 진행되고 있는 그대로의 실태를 이해하고 의미를 생산하는 데 초점을 맞춘다. 그다음 이러한 이해를 기반으로 사람들은 현상 속에 내재하는 가치 차원에 민감해지고, 특정 내용을 이해하는 데는 특정한 가치를 적용하여 판단하는 *일(judgements)*을 필연적으로 포함한다는 것을 알게 될 것이다. 마지막으로, 더 나아가 사람들은 이러한 가치판단에 대해 *타자들과 동의(some agreement with others)*를 이루기를 원하면서 노력하게 된다. 즉, 현재 진행되고 있는 내용 및 그것의 가치와 의미에 대해 어느 정도 동의를 이루려고 애쓰는 것이다. 그러나 이 담론은 이 세 가지 단계를 반드시 따라야 한다는 것이 아니다. 사실상 비록 가치판단의 단계나 타자들과의 동의 단계까지는 못 가더라도, 때로는 단지 이해를 심화시킬 수 있는 것만으로도 충분한 것일 수 있음을 알아야 할 것이다.

질에 관한 담론과 의미창조의 담론에는 서로 연결되는 부분이 있다. 특히 현장의 실태를 있는 그대로 이해하고자 하는 바람은 질에 관한 모더니즘 담론뿐 아니라 포스트모더니즘 대항 담론을 함께 유발시키는 것이라고 할 수 있다. 아마도 서로 다른 성격의 이 담론은 모두 공통적으로 유아교육 · 보육기관에서 좋은 지도 활동이란 어떤 것이며, 그것을 어떻게 규정하고 실천할 수 있는지에 대해 해답을 얻고자 하는 노력일 것이다. 그러나 이 두 가지 담론은 이 공통된 목적에도 불구하고 방법 면에서 각기 다른 특이한 접근을 취함으로써 이해한다는 것이 무엇을 의미하는 것인지, 그리고 좋은 교육 실제를 탐구한다는 것은 무엇을 말하는 것인지에 대해 서로 다른 이해를 지니게 되었다. 예를 들어, 포스트모던 시각에서는 좋은(*good*)이란 개념이 그 어떤 본래적이거나 실제적인 활용도가 있는 것을 말하는 것이 아니며, 또한 보편적인 범주의 내용, 즉 계몽주의 정신이 신봉했고 정당화하고자 했던 이상이 결코 아니다. 반면, 그것은 담론적 실천(discursive practice)의 생산물로서, 구체적인 시간과 공간 속에서 항상 맥락화되어 있고 때론 상이한 견해로 의사가 맞지 않고 불일치하여 부득이하게 상호 협상과 조율을 필요로 하는 경우까지 포함하는 개념이다. '의미창조의 담론'은 어느 정도의 상호 합의나 동의를 이룰 때가 있음을 충분히 인식하면서도, 만장일치와 같은 완벽하고 철저한 합의를 추구하는 것은 결코 아니다. "곧 보편적인 합의가 판치는 곳은 진정한 의미의 책임과 자유, 그리고 인간 개개인의 의미가 마지막 숨을 거두는 곳이기 때문이다" (Bauman, 1997: 202). 유아교육 · 보육기관의 좋은 교육 실제가 무엇인가에 대한 대답은 우리가 앞서 여러 장(章)에서 논의했던 유아기 및 유아교육 · 보육기관 자체, 또한 유아교육(early childhood pedagogy)의 이슈와 결코 무관하게 거론될 수 있는 내용이 아니다.

모든 담론은 우리에게 그 어떤 형태이든 일종의 선택과 가치판단을 하도록 한다. 질에 관한 담론이 가치중립적인 기술적 선택을 말하는 반면, 의미창조의 담론은 윤리적이고 철학적인 선택을 분명하게 요구한다. 그러한 선택은 가치내재적인 판단을 요구하는 것으로서, 우리가 지금 이

곳에서 그리고 미래에도 "우리 어린이들을 위해 무엇을 하고자 하는가?" 라는 보다 넓은 맥락의 질문, 즉 계속해서 거듭거듭 제기되어야 할 질문이며, 더 나아가 '어떤 삶이 잘 사는 삶인가?', '인간 존재라는 것은 무엇을 의미하는 것인가?' 등의 폭넓은 질문과도 연결되어 이루어지는 가치판단인 것이다. 그에 대해 우리가 할 수 있는 대답은 각 사회 속에서 어린이가 처한 위치를 어떻게 이해할 것인가, 그리고 우리가 경험하고 있는 형태의 민주주의를 어떻게 이해할 것인가라는 문제와 많은 관련이 있는 것이다.

포스트모던 시각에서 '현장의 실제가 어떠한가를 이해하는 일'은 의미창조 및 구성에 관한 내용이다. 우리 각자는 행위자로서 이를 실천한다. 그러나 항상 타자들과의 관계 속에서, 그리고 특정한 공간적·시간적 맥락 속에 제한되어 있는 존재로서, "결코 비구체화된 *코기토(Cogito)*나 추상적인 개체로서가 아니라 유한한 존재, 육화(肉化)되어 있는 상처 입기 쉬운 연약한 존재로서" (Benhabib, 1992: 5) 의미창조를 실천하는 것이다. '이해'한다는 일은 추상화, 범주화, 계획 세우기와 같은 일이 아니라, '구체적인 인간 경험'의 기초 위에서 이루어지는 대화 과정과 비판적 성찰을 수반하는 일이다.

따라서 의미창조의 담론은 사회적 구성주의의 관점을 취할 뿐 아니라, 학습 과정(3장에서 논의한)을 함께 구성해 나가는 공동의 과정(process of co-construction)으로 우리가 타자들과 함께 세계의 의미를 창조해 나가게 한다. 이 담론에서는 우리 각자가 현실에 대해 유의하고 그것에 대한 자신의 이해를 공동구성하는 것을 전제로 한다. 이와는 대조적으로 질에 관한 담론은 학습이란 개념에 대하여, 지식전달자로 활동하는 전문기술자의 도움을 받아 사전에 이미 결정되어 있는 일련의 지식 체계를 재생산해 내는 과정으로 이해한다. 간단히 말해서, 이 두 가지 담론은 유아교육·보육기관에서 일어나고 있는 현실에 대해 서로 다르게 학습해 나가는 방식이라고 볼 수 있다.

의미를 창조하고 이해를 심화하는 능력, 즉 우리가 *지혜(wisdom)*라고 부르곤 하는 이 능력은 누구에게나 공평하게 분배될 수 없고, 변화하지 않고 고정된 형태로 남아 있을 수도 없다. 어떤 이는 다른 이보다 더 지혜로울 뿐 아니라, 지혜란 길러질 수도 있는 것이기 때문이다. 우리가 모더니즘의 확고한 명제인 확실성의 열망을 거부한다고 해서, 그것이 곧 엄격함과 개방성, 신뢰와 공평함을 모두 함께 거부해 버리는 것은 결코 아니다. 의미창조의 담론은 "객관주의의 '알맹이 없는 치밀함'에 견줄 수 있는 제멋대로 식 주관주의의 위험, 즉 단지 자신이 찾고자 원하는 것만 발견해 내는 위험"(Lather, 1991: 52)을 피하도록 힘써야 할 것이다. 의미창조의 담론은 민주적이고 공적인 책무성, 예를 들면 유아교육 · 보육기관의 실제에 대한 책무성이 중요한 것임을 전면에 부각시키는 동시에, 그것을 회계학적인 계산상의 책무성과 동일시하지는 않는다(Readings, 1996: 131).

의미창조를 위해서는 상호작용적이고 대화적인 관계가 이루어질 수 있는 매우 치밀하고 까다로우며, 일종의 공적 성격을 지닌 조건이 필요하다. 그 속에서 편파적 · 이기적이고 근거 없는 가정(假定)과 왜곡되고 편협한 시각이 드러나고 도전받게 된다. 유아교육 · 보육기관의 맥락에서 이러한 조건은 다음과 같은 성격을 지닌다.

- 유아교육 · 보육기관의 활동에 대한 의미창조의 작업을 '행복한 삶'에 관한 이슈(이를테면, 우리 어린이들을 위해 우리가 원하는 바는 무엇인가? 어떤 것이 좋은 아동기라고 할 수 있는가?)와, 어린이와 유아교육 · 보육기관의 개념적 · 역사적 구성, 교육철학 등에 관한 보다 넓고 지속적이며 비판적인 탐구로 접근한다.
- 문제 삼기(problematization)와 해체 작업(deconstruction)을 포함

한 비판적 · 성찰적 사고를 적용한다.

- 교육적 기록작업은 우리로 하여금 "교육실천에 대해 엄격하고 방법론적인 질문을 제기하게 하는"(Freire, 1996: 108) 것으로서, 비판적 · 성찰적인 사고 및 교육실천에 대한 이해를 도와주는 수단이 된다. 이 기록작업은 매우 중요한 내용으로, 이 책에서는 7장을 할애하여 교육적 기록작업의 의미와 내용을 논하고자 한다.
- 타자에 대한 도덕적 경외심과 인류평등주의적 상호관계의 원리에 따라 '만남' 및 '대화'의 중요성을 강조한다. 그리하여 타자의 목소리를 들을 수 있는 도덕적 · 인지적 능력을 신장하고, 평등하지만 차이를 지닌 존재로 타자를 보는 능력과, 반대되는 관점에서 생각할 수 있는 능력을 개발한다(Benhabib, 1992). 관점을 바꾸어 볼 수 있는 이러한 능력은 특히 유아교육 · 보육기관에서 중요한 의미를 지닐 수 있는데, 이는 성인 타자만이 아니라 어린이의 관점도 고려할 수 있게 하기 때문이다. 뒤에서 논하겠지만, 기록작업의 과정은 성인으로 하여금 어린이를 제대로 바라볼 수 있게 하고 그들의 관점을 이해하게 하는 도구가 된다.
- 교육 현장에 종사하였거나 철학적 식견이 있는 사람 등, 여러 분야에서 다양한 배경과 경험을 지닌 사람들을 참여시킨다. 다음 장(章)에서 이탈리아에서 '페다고지스타(pedagogista)'[4]라고 불리고 있는 촉진자의 사례를 말하고자 한다. 촉진자는 평가자의 역할도 함께할 수 있는데, 이를 통해 사람들로 하여금 현실에 대한 이해를 깊게 하고 가치판단 하는 능력을 개발하게 해 준다. Schwandt는 이러한 가

---

4) *페다고지스타*는 교육적 조언자로서, 유아 기관에서 교사들과 함께 일하면서 교육적 실천과 이론을 반영해 주고 잘 이해할 수 있도록 도와주는 역할을 한다. 페다고지스타의 이러한 역할은 레지오 에밀리아 시와 북부 이태리의 다른 지역에서 볼 수 있다.

치판단의 능력을 '실천적 지혜(practical wisdom)'라고 부르면서 평가 작업의 윤리적 목적으로 보고 있다[평가의 또 다른 윤리적 목적으로는 계몽(enlightenment)과 해방(emancipation)을 들 수 있는데, 이 각각의 목적은 평가자에게 서로 다른 역할을 요구하는 것이다].

> 실천적 지혜의 윤리를 개발하고자 하는 목적을 지닌 평가 작업은 사회과학 연구가 현재 누리고 있는 위치를 탈중심화한다. 사회과학의 탐구는 결국 우리가 자신을 이해하고 좋은 방향으로 행하려고 일상적으로 항상 애쓰는 것을 보완해 주는 일종의 통찰이나 자각의 원천이 되는 것이기 때문이다. 간단히 말하면, 사회과학적 탐구는 프락시스(praxis, 실천)보다 결코 앞설 수 없으며 이차적이거나 부수적인 것이다. … 여기에서 평가 작업은 고객으로 하여금 능력(실천 결과 여러 다른 결과가 초래할 수 있는데, 이 각 결과의 질적인 가치를 판단하는 능력)을 스스로 개발하도록 돕는 것이다. … 평가자들은 평가한다는 것이 무엇을 의미하는지, 그리고 평가의 가치에 대해 확실한 결론을 어떻게 내리는지에 대하여 자신의 특별한 지식을 이용한다. 그리하여 그 내용을 가지고 고객과 관련자들이 관례적으로 행해 왔던 실천 문제에 관하여 함께 대화한다. 이 과정에서 평가자의 지식은 단지 보완적인 방식으로 이용될 뿐이다. 현장에 대한 본질적인 관심이 결여된 채 객관적인 관찰자가 현장 종사자들을 계몽시키는 식으로 선언할 수 있는, 그러한 형태의 지식이 아니기 때문이다. … 여기에서는 평가자가 권위적으로 '전달' 할 수 있는 지식이란 아예 없는 것이다. (Schwandt, 1996b: 17, 18)

의미창조의 담론이 왜 그토록 엄격해야 하는가 하는 이유는 바로 그것이 추상적인 내용이 아니기 때문이다. 추상적이기보다는 매우 구체적인 것이다. 그것은 교육적 활동과 유아교육·보육기관의 활동에서 현재 진행되고 있는 바로 그 내용에 관심을 두고, 특히 다양한 형태의 기록작업을 통해 어린이들이 실제로 하고 있는 것을 가시화하고 그것을 공공의 성격으로 인식하면서, 그 내용에 관하여 함께 대화에 참여하는 많은 사람들에 관한 것이다. 이러한 담론에서는 사람들이 어린이와 교육·보육기관 및 그 활동에 관하여 직접적인 의사표명을 하게 된다. 결코 어느 기관이 '좋다'든지 '나쁘다'든지, 또는 아동발달 이론에 근거하여 어린이들이 얼마나 '정상적'인지 등을 측정하는 등의 이차적인 표상 체계를 통해 참여하는 것이 아니다. 현재 현장에서 진행되고 있는 실천의 문제를 사전에 미리 결정된 범주적인 규준에 맞추어 감환시키려 하지 않고, 서로 다른 이해나 의미구성이 무수히 가능하다는 것을 인식하는 가운데 실제적인 현장 실천에 관해 공부하고 그것으로부터 의미를 창출해 내는 것이다.

그러므로 맥락화, 즉 유아교육·보육기관의 실제를 구체적인 시간과 장소 속에 위치시키는 일은 의미창조의 담론에 있어 중요한 일이다. Schwandt는 평가의 윤리적 목적으로서 '실천적 지혜'가 지니는 함의와 관련지어 이 문제를 강조하고 있다.

> 실천적 지혜를 개발하기 위한 평가 실제의 이론에서는 인간사의 실천은 본질적으로 변화무쌍함, 비확정적임, 특이함이 그 성격이라고 한다. 그리하여 무엇이 과연 좋은 것인가라는 문제는 일반적인 규칙이나 원리 체계로 접근할 수 없다는 것을 깨닫게 된다. 따라서 좋은 판단을 하기 위해서는 현장의 구체적인 특이함을 지각적으로 알아채는 능력을 개발해야 하는 것이다. 인간의 실천 행위는 좋고 옳은 것에 대한 지속적인 헌신을 중심으로 구성되고, 그 헌신은 합의할 수 있는

> 잠정적인 사회적 목적을 향해 가게 된다. 그러나 옳은 행위(이 경우에는 실천 행위의 가치를 판단하는 행위)는 일반적인 원리에 의해 결정할 수 있는 것이 아니다. 우리는 여러 목표와 가치, 기준과 같은 것을 서로 견주어 보면서, 좋은 실천이 무엇인가 하는 판단의 문제를 계산상의 측정 문제로 감환시키는(상대적으로 단순한) 과정에 참여하는 것이 아니다. 대신, 우리의 실천이 낳는 여러 결과 및 목적의 질적인 가치를 판단하는 엄밀한 평가 작업에 참여하는 것이다. (1996b: 18)

이제까지 의미창조의 담론이 갖는 엄격함을 강조하며, 이 엄격한 일을 수행하는 절차를 구체적으로 살펴보았다. 그러나 우리는 그 어떤 완벽한 지식을 얻거나 현장을 철저히 통제하기 위하여 간단한 대답이나 결론을 기대하지도, 원하지도 않는다. 교육적인 작업이란 우리의 삶 속에, 우리가 살아가는 세계 속에 내재되어 있다. 그것은 쉽사리 그 어떠한 기준으로 측정할 수 있거나 범주화할 수 있는, 탈맥락화된 추상적인 내용이 결코 아니다. 간결하고 말쑥한 해결책이란 자칫 잘못된 해결책일 수도 있는 것이다. 반면에, 의미창조의 작업이나 이해를 심화시키는 일, 그리하여 스스로 판단을 내리고자 하는 일은 "모순과 애매모호함"(Cherryholmes, 1994: 205)으로 가득 차 있고, "구체적인 인간 경험의 불가피한 복잡성"(Toulmin, 1990: 201)이 깃든 일종의 투쟁이다. 그것은 아무런 확실함도, 그 어떤 보장도 주지 않는다. 오히려 우리 각자에게 모두 책임이 있는 타자들과의 관계 속에서 어떠한 판단과 선택을 스스로 내려야 하는 일이다. 그것은 끊임없는 노력이 될 것이다. 언제고 그 끝이 있을 수 없는 일로서 항상 시작만 있다. 이는 "그 의미가 지속적으로 변화하고 표류하기 때문에 우리가 언제고 충분히 이해할 수도 없고 확실히 못박아 결정할 수도 없다"(Cherryholmes, 1994: 205). 그러한 노력은 본질적으로 골치 아프고 혼란스럽다. 그렇지만 Cherryholmes(ibid)가 말했듯이 "바로 우리 삶의 실제가 사실상 그러하기 때문에 절망할 일이 아니라."는 점을 이해해야 한다.

의미창조의 작업은 또한 다른 면에 있어서도 혼란스럽다. 의미창조 담론이 갖는 가장 특징적인 면은 의미를 구성하고 이해를 심화시키는 것이다. 그러나 서로 상이한 다양성의 세계와 복합적인 관점, 즉 불가피하게 주관적일 수밖에 없는 인간 행위의 세계에서는 여러 복합적이고 다양한 이해가 생겨난다. 그러나 다시 말해서, 이러한 점은 절망할 이유가 되지 못한다. 왜냐하면 Stephen Toulmin(1990: 30)의 훌륭한 표현과도 같이, "다양함과 애매모호함, 또는 확실성이 부족한 결과가 초래된다는 것은 전혀 잘못된 일이 아니며", 그것은 "우리 자신이 신(神)이 아니라 인간에 불과하다는 사실에 대해 우리가 불가피하게 지불해야 할 대가"이기 때문이다.

그렇다고 하여 서로 간에 어떠한 동의도 할 필요가 없다는 것은 아닌데, 이는 유아교육 · 보육기관의 일에 관한 이해와 가치판단에 있어 어느 정도 생각을 공유할 필요가 있다는 의미에서이다. 이는 완벽한 동의를 추구하는 것이 아니다. 사실상 만장일치 같은 의견일치(consensus)는 바람직하지 못한 것이다. 서로 대화하고 어느 정도의 동의를 이루는 과정 자체가 결과만큼이나 중요한 것이다.

> 의사소통의 윤리 차원에 있어서 어떤 일을 도덕적으로 검토한다는 개념이 의견일치를 구하는 형태가 아니라 지속적인 도덕적 대화라는 개념임을 이해하게 될 때, 우리는 단순히 도덕적으로 허용 가능한 것인가 허용 불가능한 것인가를 놓고 동의 여부를 묻는 수준을 넘어설 수 있게 된다. 그 대신, 우리 사이에 도덕적 대화를 지속시키고자 하는 입장에서 무엇이 허용될 수 있고 또한 필요한 것인가를 묻게 될 것

> 이다. 여기에서 강조점은 *합리적 동의*에 있다기보다는, 사람들이 신중하게 숙고하여 동의(agreement)하는 방식이 일종의 *삶의 방식*으로 풍부하게 피어나고 그것을 지속해 나가는 실천 양식을 도덕적 관계 양식으로 발전시키는 데 있게 된다. … 이것은 우리의 목표가 되는 도덕적 대화 및 상호 이해의 과정으로서, 의견일치적인 합의(consensus)를 말하는 것이 아니다. (Benhabib, 1990: 346, 358)

Seyla Benhabib는 여기에서 도덕적 대화와 도덕적 판단에 관하여 말하고 있다. 이 내용은 유아교육 · 보육기관의 실제를 이해하는 데도 과연 적합한 내용인가? 우리가 보기에는 이것은 전적으로 적합한 것이다. 유아기관에서 실제를 있는 그대로 이해하고자 한다면 우리 각자가 도덕적 이슈와 직면하고 그것과 힘겹게 씨름할 필요가 있는 것이다. 그것은 단순히 가치중립적이거나 도덕적으로 중립적이라 생각되는 그 어떤 전문기술을 적용하는 것이 아니다. 우리 각자가 어린이와 유아기의 성격을 어떻게 이해할 것인지, 어린이 및 유아교육 · 보육기관의 사회적 위치, 그러한 기관 내에서 일어나는 민주적 과정과 활동을 어떻게 이해할 것인지에 대하여 각자 자신의 관점과 가치관에서 검토하고, 또한 그것을 상호 검토해 가며 구체적인 도덕적 · 정치적인 선택을 하여야 하는 것이다.

5. 평가와 의미창조의 담론

평가라는 개념은 많은 사람들 생각 속에서 질에 관한 담론을 연상시키거나, 각 분야에서 '진리적인' 내용을 발견하고자 하는 모던 프로젝트의 열망과 관련되어 있을 것이다. 그러나 평가라는 개념을 모던 프로젝트로부터 포스트모던 프로젝트로 전환시켜 생각할 때, 이는 곧 성찰과 토론, 그리고 재구성의 과정이라고 할 수 있다. 그러한 과정에서, 질에 관한 담론을 보다 잘 이해하고자 하는 우리의 시도와 공명되는 부분을 상당히 많이 발견할 수 있다.

Daniel Fishman(1995: 301, 307)은 Denzin과 Lincoln의 『질적 연구 핸드북(*Handbook of Qualitative Research*)』에 관한 자세한 서평을 하였다. 그는 이 책이 "광범위한 지적 운동인 포스트모더니즘의 역사적 윤곽을 그려 주고 전체적인 개념 이해를 도와주는 우산 역할을 한다. … 특히 프로그램 평가 분야와 사회과학 일반에 걸쳐 그러하다. … 이 책은 모든 프로그램 평가자들과 여타 분야의 사회과학 연구자들이 전통적인 실증주의적 · 양적 연구 풍토를 비판하고 대안적인 연구방법론을 전개하는 데 확실한 영향을 미칠 것이다."라고 하였다. 그는 다음과 같이 결론짓는다.

> 이 *책*은 객관적 지식의 실증주의 및 후기 실증주의적 토대에 대한 포스트모던 비판의 관점에서, 진리를 발견하고자 하는 '순수한' 연구가 정당화될 수 없다는 사실을 명확히 해 주었다. 포스트모더니즘 관점에서는 객관적 진리를 대신하는 것은 단지 구체적인 사회문화적 · 역사적 사건과 사물에 관한 대안적인 이해를 구성하고 그러한 관점을 활성화하는 일뿐이라고 주장한다. … "모든 중요한 연구는 사실 적용된(applied) 것이다."라는 포스트모던 개념이 시사하는 바는 모든 연구가 '정치적'이라는 것, 즉 연구에 연관되어 있는 인간의 목표나 목적은 항상 정치적 맥락 속에서 일어난다는 점이다. … 물론, Mark Twain의 화법을 인용한다면 "실증주의 및 후기 실증주의의 지배가 종말에 이르렀다는 보고는 매우 과장되어 있다." … 그러나 어떠한 동향이 매우 확실하게 나타나는 것 같다. 즉, 일반적인 문화가

> 모더니즘으로부터 포스트모더니즘으로의 전환하면서, 비판이론과 구성주의가 힘을 얻고 있고 보편적인 지지를 얻고 있다. … 이 모든 것은 프로그램 평가자인 우리에게 많은 것을 생각하게 해 준다. (1995: 307)

또 다른 미국인 평가자로서 평가 개념의 모더니즘 명제를 비판하는 Thomas Schwandt(1996a)도 유사한 방식으로 평가 문제가 지닌 모던 프로젝트의 특성을 문제시하였다. 구체적으로, 논리실증주의적 인식론과 갖가지 준거를 기준으로 현장 실제를 평가하는 일종의 기준학적 믿음, 탐구 대상과 심정적으로 분리된 사회과학자의 객관적이고 무심한 자세, 철학 및 도덕적 이슈를 등한시하는 점 등을 지적하였다.

> 특히 미국을 비롯한 서구 사회에서는 평가(사회 정책 및 프로그래밍, 행정에 관련된 다른 전문 분야도 포함하여) 문제가 가치중립적인 사회과학의 전통으로부터 크게 영향받고 있다. 이러한 과학적 이론에서는 윤리적 영역의 문제를 비이성적이고 주관적이며, 감정적이고 개인적인 태도에 관련되는 문제인 것으로 사전에 규정하고 있다. … 이것은 이차적 문제점을 낳는다. 많은 학자들이 지적하였듯이, 모던 자아(modern self)는 사회적 세계로부터 분리되고 특정한 인식론의 통제를 받으면서 그 손아귀 속에서 씨름하여 왔다. 이러한 방식의 앎은 개인적이고 직관적이며 지각적 · 감정적인 영역, 즉 도덕적 참여가 갖는 모든 특성을 짓눌러서 찌그러뜨려 버린다. 이 점은 사회과학 및 경영 실제에서의 모더니즘 경향에서 드러나는데, 본질적으로 도덕적 · 윤리적인 문제를 기술적 · 행정적인 것으로 전환시켜 버리는 것이다. (1996b: 3)

이러한 비판은 평가와 사회과학적 탐구라는 두 가지 중요한 주제에 관하여 새로운 개념을 낳게 한다.

> 첫째, 사회과학 탐구의 대상은 사회적 · 언어적으로 구성된 내용으로서 사회과학 담론에 표상되기 때문에, 대상 자체가 이 담론에 의해 어느 정도 구성되어 있다. … 둘째, 우리가 자연과학적 탐구 행위를 모방하는 모던 관점에서 벗어날 때, 사회적 실천과 실천적 철학을 향해 눈을 돌릴 수 있게 된다. 그것은 (a) 사회탐구의 목적이 '인간 삶과 행위에 대해 중립적인 자세를 취하며 그것을 객관화하는 과학' 이나 그 어떤 *인식소(episteme)*에 있는 것이 아니라, *프락시스(praxis)*에 대한 보다 나은 이해를 추구하는 데 있다는 것을 뜻한다. (b) 여기에서 연구한다는 일은 윤리적이고 정치적인 관심과 결부되어 있을 수밖에 없음을 의미한다('윤리적' 이라 함은 실천 행위가 인간의 습관이나 사고방식, 관습 등에 의해 규정되기 때문이며, '정치적' 이라 함은 행위가 공동체 내에서의 우리의 삶에 관련되어 있기 때문에 공공의 성격을 띤 것이란 의미이다). (c) 우리 일상의 합리성(사회과학적 실천 자체의 합리성도 포함하여)은 본질적으로 대화적(dialogic)이며 소통적(communicative)인 것임을 의미한다. (Schwandt, 1996a: 62)

Schwandt(1996a)는 이러한 분석을 기초로 평가와 같은 사회적 연구는 인간 행위자에 '대한' 것이 아니라 인간 행위자와 '함께' 하는 '실천적 철학' 으로 재개념화되어야 한다고 주장한다. 이것은 주로 현장 실천자들이 '자신이 행하는 구체적인 실천 행위의 합리성이 과연 무엇인가 하는 문제를 스스로 숙고하고 파악하며 정교화시켜나갈 수 있도록' 도와주기 위한 것이다. 이 접근의 특성은 다음과 같다. 우선, 연구자들은 연구 과정에 함께하는 참여자들과 개방적인 대화적 관계를 수립하려고 노력한다. 또한 참여자들을 실천적인 예술 행위에 참여한 이들로 인식하는데, 이 행위에서는 결정이 인지적이고 감정적일 뿐 아니라 항상 맥락화된 상태로 내려진다. 연구의 목적은 실천에 대한 성찰적 검토로서, 그 속에서 연구자는 현장 실천자들로 하여금 그들의 상식적 지식을 비판적으로 성찰하게 하고 재검토하게 격려한다. 종합적으로 Schwandt에 따르면, 이미 파산한 것과 다름없는 기준학적 프로젝트에 대해 우리가 마지막 인사를 고하고 있다는 사실이다. 그리고 그것은 "우리가 기준의 문제를 해결지었다는 것이 아니라, 그 문제를 넘어서서 벗어났음을 의미한다. … 한때 정확한 기준의 문제가 결정적으로 중요하게 여기던 때가 있었으나, 이제는 그것이 어떻게 실천적 이성을 개발할 것인가 하는 문제로 바뀌었다."는 의미이다(Schwandt, 1996a: 70).

Bill Readings는 그가 '수월성(秀越性, excellence)의 담론'이라 부른 내용을 비판하면서, 대학(大學)에 관련된 평가 이슈를 거론하고 있다. '수월성'의 개념은 마치 '질' 개념이 유아교육 · 보육기관에 대해 지니는 관계와도 같이 대학의 슬로건이 되었던 까닭에, Readings는 수월성의 담론에 대하여 비판하는 과정에서 평가의 중요성을 인식하게 되었다. 그에게 있어 평가란 가치판단과 스스로에게 질문을 던지는 성찰적 행위를 의미하는 것으로서, 평가는 "담론적 또는 실제적 맥락 속에 이미 깊이 내재되어 있으므로 맥락 그 자체에 대한 인식이 반드시 포함되어야 한다" (1996: 133)고 하였다. 그에 따르면, 평가는 가치에 대한 판단을 낳는다. 그는 표준화된 양식을 채워 넣거나 통계적 계산을 적용하는 평가 유형에 대해서는 비판적이다. 그러한 유형은 "평가란 단언적으로 서술된 내용으로부터 직접적으로 연역될 수 있는 것이라고 추정하고 있으며, 가치(value)에 대한 진술을 사실(fact)에 대한 진술과 혼동하게 만든다". 가치의 이슈를 검토한다는 것은 "단일한 평가 척도를 생산해 낼 수 있을 만큼 교육적 장면의 모든 요소를 아우를 수 있는 합의된 가치 표준이란 결코 불가능하다는 사실을 인식하는 것" 이며, "평가가 단순한 측정의 문제가 아니라 사회적 질문" 이 됨을 말한다.

판단의 문제가 사실에 관한 진술과 혼동되어서는 안 되며, 구체적으로 가치분석이 행해지는 일종의 판단인 동시에 타자들의 판단을 포함하는 것으로 이해되어야 할 것이다. 바꾸어 말하면, 평가자는 "객관적인 것으로 간주되는 통계적 허식 뒤에 숨지 말고" 자신의 판단 내용에 대해 담론적 행위로 인식하여 책임을 지면서, "수요자중심주의(consumerism)의 논리나 회계학의 결정적 논리와 전면적으로 대치되는 책무성(accountability)을 자각" 하는 것이다. Readings는 가치분석 및 판단으로서의 평가가 잠정적인 것임을 힘주어 강조한다. 그것은 관련 이슈에 대한 논의를 종결지으려고 애쓰지 않고, 논의를 개방적으로 계속 열어 놓고 그것에 관하여 끊임없이 토론이 일어나게 하여야 한다는 것이다. "평가의 문제는 궁극적으로 대답 불가능하며 본질적인 것" 이기 때문이다.

평가 분야에 관한 이와 같은 논의는 앞에서 의미창조의 담론이라고 기술한 내용과 밀접한 관계가 있는 것이다. 우선, 지식이 사회적으로 구성된 것임을 전면에 드러내어 준다는 점에서, 또한 현장에서 진행되고 있는 실천(또는 프락시스)에 대한 이해를 구성하고 심화시키는 데 초점을 둔다는 점에서, 특히 현장 실천자들과 같은 다른 사람들과의 대화에 참여함으로써 성찰적인 분석을 통해 그것을 실천한다는 점에서, 또한 그러한 과정은 구체적인 가치에 기초하고 있으며 따라서 정치적이고 도덕적이라는 점을 인식한다는 점에서, 마지막으로 불확실성과 잠정성을 기꺼이 수용한다는 점에서 그러하다. 평가를 이러한 방식으로 이해했을 때, 그것은 당당히 의미창조 담론의 한 어휘가 될 수 있을 것이다.

6. 의미창조의 담론에 대해 질문하기

• 의미창조 담론을 형성하기 위한 조건과 구성 틀

앞에서 유아교육 · 보육기관에서의 활동에 대해 이해하기 위하여 일종의 대안적 담론을 제안하였다. 그것은 우리 각자가 실천적인 행위와 책임을 가지고 교육적인 작업과 프로젝트에 관하여 깊이 이해하고 의미를 구성해 나가는 과정을 중시하며, 이에 관하여 이야기하는 담론이다. 구체적으로, 이 담론은 포스트모던 인식론에 기초한 내용으로서 실천과 맥락의 중요성을 전경에 드러내며 타자들과의 관계 속에서 이루어지는 엄격한 과정을 따른다. 이것은 총체적인 합의나 만장일치를 경계하면서, 다양하고 복합적인 관점과 목소리, 타자들과의 부분적일 수밖에 없는 동의가능성을 인정한다. 그리하여 불확실성과 비결정성은 피할 수 없는 성격으로 본다.

이러한 의미창조의 담론은 많은 질문과 반대에 봉착하게 될 것이다. 그 중 어떤 내용은 현재 우리 분야를 지배하고 있는 주도적인 담론적 제국을 우리가 문제 삼은 것에 대해 나타나는 불가피한 반응일 수 있다. 지배적인 담론적 제국의 내용은 결코 의문할 수 없을 만큼 확실하고 영속적인 성격을 지닌 절대 지식으로 인식되면서, 우리의 현실 속에 구체적으로 구현되고 우리의 사고방식과 논리를 압도하고 있다. 질의 개념 자체가 문제성이 있다는 점을 제기하고, 질에 관한 담론이 특정한 철학적 입장을 취하는 것이라는 점과 본질적으로 권력의 산물이며 특정한 가치가 배어든 것이라는 점을 제기하는 일은 매우 도전적인 것이므로 사람들이 이에 귀 기울이지 않거나, 설령 듣는다 하더라도 무시하고 만다. 이제까지 추상적이기만 했던 우리의 논의를 보다 구체적인 것으로 만들기 위해 또 다른 많은 내용을 다룰 필요가 있는데, 그것은 다음 후속 장(章)에서 다루기로 한다.

앞 장에서 논의한 바와 같이, 의미창조의 담론에 따라 작업한다는 것과 유아교육 · 보육기관을 시민사회의 포럼으로 운영되도록 하는 것은 여러 조건이 잘 갖추어져 있지 않으면 불가능한 것이라고 말하는 이들도 있을 것이다. 그 조건이란 구체적으로, 잘 훈련되고 경험이 많은 적정 수의 교직원, 어린이의 수많은 언어를 지원하고 그들의 언어로 기록작업을 해낼 *아틀리에리스타(atelierista)*의 존재[5], *페다고지스타(pedagogista)*와 활동 촉진자들의 존재, 이들의 의미창조를 가능하게 하는 충분한 시간 양, 이 모든 사람들이 도전적이고 힘든 이 작업을 기꺼이 수행할 수 있도록 하는 효과적인 동기 유발, 보육과 학습을 통합된 서비스로 제공할 수 있는 기관, 유아교육 · 보육기관이 시민사회의 포럼으로 기능할 수 있도록 하는 충분한 공공 자원, 장기적인 정치적 헌신과 참여 등등을 들 수 있다.

우리는 이에 동의한다. 정치적 헌신은 물론 기관의 구조와 자원은 필요한 요소이다. 이슈가 복잡하고 까다로운 것일 때 이에 걸맞게 적절히 까다롭고 복잡한 반응을 할 수 있도록 해 주는 그 어떤 간편한 마술 공식은 존재하지 않는다. 우리가 의미창조의 담론에서 언급한 주요 사례 중 두 가지가 유럽의 일부 지역, 즉 이탈리아와 스웨덴에서 발생하였다

---

5) *아틀리에리스타*란 시각 예술 분야에 훈련된 페다고그(pedagogue, 교사)를 말하며, 레지오 유아보육 · 교육기관의 다른 교사 및 어린이들과 밀접한 관계 속에서 작업한다. 그들은 어린이로 하여금 다양한 비음성적 언어로 자신을 표현하게 개발해 주고, 어린이가 어떻게 학습하는지에 대해 성인들이 이해할 수 있도록 도와준다. 그들은 아틀리에로 불리는 워크숍 공간 활용과 전문기술을 통해 일련의 기록작업을 생산해 낼 수 있도록 하고, 교육적 작업에 대한 비판적 성찰도 돕는다(Edwards, Gandini & Forman, 1993). 음악이나 댄스, 드라마 등등의 여타 형태의 예술적 표현에서 훈련을 쌓은 *아틀리에리스타*를 활용할 수도 있다.

는 것이 결코 우연의 일치는 아니다. 이탈리아와 스웨덴의 유아교육 · 보육기관은 충분한 세금 혜택을 통한 공적인 지원을 지속적으로 받아 왔고 통합적인 서비스를 제공하고 있다(세 번째 주요 사례는 캐나다에 있는 인디언 원주민 집단('the First Nations' in Canada)[6]인데, 이들의 담론은 문화적 탄압의 맥락 속에서 발생한 사례로서, 공동체들이 지배적인 진리의 제국을 의문시하기 시작했던 곳이다).

이탈리아와 스웨덴의 사례에서 알 수 있듯이, 유아교육 · 보육기관은 어린이에 대한 정치적 · 공동체적 헌신을 대변하는 노력으로 공적으로 뒷받침되는 체제 내에서 존립하고 또 그렇게 운영되어야 할 필요도 있다(비록 실제적인 설립 주체는 공적 기관이건 사적 기관이건 상관없이). 그러나 다시 말하건대, 유아교육 · 보육기관이 공적 지원체제의 뒷받침을 받는다 하여, 반드시 우리가 앞에서 제안한 방식대로(시민사회의 포럼 형식으로) 기관을 운영하게 된다거나, 질에 관한 담론 대신에 의미창조의 담론을 채택하는 방식으로 운영되는 것은 아니다. 공적 지원체제 또한 유아 기관을 쉽사리 모더니즘적 방식으로 운영되도록 할 수도 있어, 표준적이고 질적 기준에 의존하는 방식으로 하락해 버릴 수도 있는 것이다.

질에 관한 담론 대신에 의미창조의 담론을 채택하는 일은 개인적인 고민 없이 무관심하고 편안한, 또는 '저가(低價)' 또는 '예산 절감'의 해결책을 찾기 위한 그 어떤 비법을 처방받는 일이 결코 아니다. 어린이와 유아교육 · 보육기관의 중요성에 대한 우리의 인식을 바탕으로 잘 조직되고 좋은 자원으로 뒷받침되는 기관 체제를 구축하기 위한 방법으로 보

6) 역자 주: 캐나다에 거주하고 있는 인디언 원주민 집단은 자신들을 가리켜 'the First Nations'라 일컫는다.

아야 할 것이다. 그러나 이러한 체제를 구축하는 일이 보편적이고 정적인 일련의 구조적 기준을 마련하는 일은 아니다. 그보다는 '유아교육·보육기관이 바람직하게 활동하기 위해서는 무엇을 필요로 하는가?', '진정한 교육적 활동과 의미창조의 과정이 전개되기 위해서는 어떠한 것이 필요한가?' 등과 같은 질문을 반복적으로 제기하면서 현실을 개선해 나가는 것이 중요하다.

앞에서 두 가지 대안적인 담론, 즉 질에 관한 담론과 의미창조의 담론 및 관련 개념에 관하여 설명하였다. 그리고 이 각각의 담론은 서로 상이한 철학적 입장을 지니고 있고 매우 다른 가정과 관점을 가지고 있다는 점을 밝혔다. 그러나 어느 것이 더 낫고 어느 것이 더 못하다는 식의 비교를 하는 것은 아무런 의미가 없다. 더욱이 *의미창조의 담론이 지금보다 더 널리 확산된다 하더라도 그것은 질에 관한 담론과 함께 당분간 공존할 것임을 알아야 한다.* 비록 우리가 포스트모더니티 시대 또는 최소한 모더니티 후기로 움직이고 있는 가운데 거대하고 근원적인 변화가 현재 진행되고 있긴 하지만, 우리는 여전히 여러 면에서 질에 관심을 갖는 시대를 살고 있기 때문이다.

전국적으로 일정 수준 이상의 서비스를 보장하고자 하는 시도로서 일련의 공통된 조건이나 자격, 요구 사항을 결정하여 의무화하는 경우가 많은데, 이를 '표준화의 틀(frameworks of normalization)'이라고 부를 수 있다. 유아교육·보육기관은 거의 다 이와 같은 지역적 또는 전국적 틀 속에서 운영되고 있다. 이러한 틀은 다양한 형태를 취하고 있다. 예를 들면 어린이를 위한 법적 권리, 기관 운영을 위한 기준이나 규정, 교육과정 지침, 감사 및 질 보증 체제 등이다. 의미창조의 담론에 기초하여 운영한다고 하더라도 이러한 표준화의 틀을 다 배제할 수는 없다. 그것은 둘 중에서 하나를 선택하고 나머지 하나는 배제하는 것과 같은 단순한 이분법적 선택이 아니기 때문이다.

이러한 틀의 한계를 이해할 필요가 있다. 표준화의 틀은 그 자체로 사회적으로 구성된 것으로서 특정한 가치를 담고 있는 까닭에, 결코 그 어떤 본래적이거나 가치중립적인 진리를 담고 있는 것이 아니다. 예를 들면, '표준(standards)' 개념 자체가 많은 질문을 야기시킨다: "기준을 정함으로써 우리는 어떠한 가능성을 예방하고 어떠한 가능성을 확실히 하고 싶은 것인가?", "왜 다른 가능성이 아닌 바로 이러한 가능성을 붙잡고 싶은 것인가?", "이러한 선택에는 누구 또는 어떠한 집단의 이해관계가 고려되었는가?", "여기에는 어떠한 이해관계가 서로 교환되고 있는가?" 등과 같은 질문을 제기할 수 있다. 이 틀이 과연 어떠한 맥락에서 구성되었는지 알기 위해, 우리는 이것을 지속적이고 반복적으로 해석하고 해체하여야 한다. 스스로 눈을 질끈 감아버리지 않는 한 주관성과 복합적인 다양한 관점을 외면할 수 없을 것이다. 지역 특성에 맞춘 해석을 피하기 위하여 정상화의 틀을 더욱 탄탄하게 조이면 조일수록, 그 내용이 경직되었다는 비판을 받게 되고 현지 상황에 부적합한 것이 되어 버리기 때문에, 결국 무시될 가능성이 더 커진다.

표준화의 틀은 또 다른 면에서도 문제시된다. 쉽사리 규준적인 내용, 즉 생명 없는 개혁이나 열망이 되어 버릴 수 있기 때문이다. 그 틀은 우리로 하여금 구체적인 현장의 실제적인 지형, 즉 특수한 문제와 내용의 생생한 측면보다는 요약적인 표상이나 윤곽만을 표시한 추상적인 지도에 관심을 갖게 한다. 더 일반적으로 말하자면, 그것은 교육 및 보육 서비스의 확실성과 보장성을 제공하는 데 더 관심을 갖기 때문에 우리에게 잘못된 안전 의식과 안도감을 지니게 할 수 있다. 궁극적으로 우리는 그 어떤 것도 확실한 해답이 될 수는 없으며 아무런 보장도 있을 수 없다는 사실을 깨달아야만 할 것이다. 우리가 만약 "잘못된 내용과 제대로인 내용을 확실하게 구분해 줄 그 어떤 누군가가 어딘가에 있을 거야. 위대한 스승, … 최고의 실천가, 최고의 이론가가 말이야" (Bauman, 1997: 202)라고 원한다면, 현장 활동의 질에 대한 보장과 확실성을 확보하기 위하여 모더니즘의 관점과 질에 관한 담론을 채택하게 될 것이다. 그러나 이러한 방법을 통해 달성하는 것 모두는 결국 같은 하나의 관점, 즉 현장 활동을 보는 동일한 방법으로 귀결되는 것이다. 그 관점을 쉽사리 누구나 따를 수 있는 것이다. 유아 기관은 표준화의 틀과 그 평가자들이 관심을 두는 기준을 파악하여 미리부터 거기에 맞추어 나가게 될 것이다. 이는 곧 순환논리적이고 자기패배적인 과정의 위험에 빠질 수 있음을 말한다. 그리하여 목표가 달성된다 하더라도 그것이 교육적 활동의 핵심을 나타내기 때문이 아니라, 그것이 달성되도록 이미 짜맞추어져 있는 바로 그 '목표' 이기 때문에 달성되는 것이다. 이것은 '평가'가 교육적 실천 전체를 대신하는 것으로, 마치 개의 꼬리가 개 몸뚱이 전체를 흔들어 대는 격이다. 더욱이 우리가 위대한 대스승(grandmaster)의 권위에 의존하는 격이 되어, 반드시 우리 스스로 책임을 져야만 하는 내용을 간편하게 책임 회피할 수 있는 것이다. 즉 어린이와 그들의 삶에 대한 책임 말이다.

만약 유아교육 · 보육기관이 의미창조의 담론을 그 운영 논리로 삼고자 하는 동시에 표준화의 틀도 만족시키고자 하는 이중적인 상황이라면, 이 둘 사이의 균형은 어떻게 맞출 것인가? 도대체 얼마나 많은 일반적 규칙과 규정 및 조건을 따라야 하는가? 각 유아교육 · 보육기관이 자체의 교육적 활동의 의미를 스스로 생산하고 창조하기 위해서는 어느 정도의 자율성을 가질 수 있는 것인가? 어떤 나라는 지역적 · 현지적인 특수성을 고려하는 융통적인 틀을 지니고 있는데, 그 사례를 연구해 보면 위의 질문에 대한 대답을 얻을 수 있을 것이다. 예를 들어 스페인과 스웨덴의 국가수준 유아교육과정 사례를 들 수 있다.

표준화의 틀과 지역적 자율성 간의 관계는 다른 지역에서 이슈로 떠오르고 있다. 다수세계 나라(Majority World Countries)(8장에서 더 논의될 것임)에 대한 발전지원 현장에서는 "많은 전문가들이 복잡한 것을 단순화하고 다양한 것을 표준화하는 데 열중하고 있는 듯이 보이며"(Chambers, 1997: 42), 지역 수준의 복잡한 관계를 상명하달(上命下達)식으로 관리하였던 적도 있다. 그로부터 제기되는 내용은 다음과 같다.

> 복잡하고 조화로운 현지적 행동을 발생시키는 조건은 중심화 현상과 복잡한 많은 규칙이 아니라 탈중심화 현상 및 몇몇 단순한 규칙이다. … 중요한 열쇠는 중앙의 통제를 최소화하고, 복잡하고 다양하며 지역적으로 적합한 행동을 유발시키거나 촉진하는 몇몇 규칙을 채택하는 일이다. 실천적인 결론은 통제적인 규칙을 최소화하여 탈중심화하고, 지역민들로 하여금 그들 자신에게 필요한 다양한 방식에 맞추어 스스로 감정하고 분석하고 계획하며 적응시켜나갈 수 있도록 능력을 길러 주고 힘을 실어 주는 것이다. (1997: 195, 200-1)

그리하여 만약 필요하다면 표준화의 틀이 반드시 존재하도록 하라. 그러나 똑같이 강조할 점은 우리로 하여금 그 표준화의 틀이란 것이 과연 무엇이고 그것으로 무엇을 할 수 있는지에 관하여 자신을 스스로 우롱하는 일은 없도록 하는 것이다. 그것의 한계와 위험, 가정, 그리고 거기에 내재된 가치에 대해 인식하도록 하자. 그 표준화의 틀로 인하여 유아교육·보육기관과 그 활동에 대해 존재 가능한 다양한 사고 및 이해 방식을 희생시키지 않도록 하자.

• 상대주의라는 거대한 도깨비

질의 개념을 문제시하고 의미창조의 담론 구성에 관심을 지닌 많은 사람들이 의문하는 가장 큰 개념은 '상대주의'이다. 여기에는 혼란과 무질서 상태, 즉 질서와 도덕성의 붕괴에 대한 일반적인 불안감이 존재하고 있다. 선한 것 또는 옳은 것, 참된 것에 대한 합의가 전혀 없는 세계에서 우리가 어떻게 살아갈 것인가? 그러나 보다 더 구체적인 불안은 이러한 의문이 어린이를 비롯한 연약한 사람들에게 어떠한 의미를 지니는가라는 데 있다. 왜냐하면 "상대주의에 빠져드는 것은 어려운 환경에 있는 자들에게는 위험한 것으로 보인다. 그들로서는 사회정의를 위한 투쟁의 기반을 박탈당하는 것이고 허무주의와 정태적(靜態的) 삶을 취하게 하기 때문이다"(Lather, 1991: 115). 이러한 관심에 대해 두 가지 다른 반응이 있는데, 그 하나는 '상대주의'라는 개념 자체에 대해 질문을 던지는 것이고, 다른 하나는 표준이 되어 줄 정초적 토대 없이 살아가는 능력과 정초 없는 세상의 열린 가능성에 관해 생각하는 것이다.

'상대주의'란 말은 모더니즘 관점을 취하는 이들이 포스트모던 관점에 대해 비난조로 쓰는 경우가 많다. 사실상 "상대주의는 포스트모더니즘에 대해 다른 관점을 취하는 담론, 즉 상황의 맥락과는 상관없이 그 어떤 확실성의 기반을 놓고자 하는 정초주의의 담론에서 자신과 반대되는 관점에 대해 부르는 개념이다"(Lather, 1991: 116). 따라서 만약 사람들이 한편으로는 정초적 구조를 그대로 신봉하는 동시에 다른 한편으론 그것을 무시하고자 할 때, 그리고 보편적이고 흔들리지 않는 기반을 가진 법칙과 규약이 있다고 믿을 때, 그 어떤 절대적 지식이 있다고 확신할 때, 상대주의는 분명히 하나의 이슈가 된다(Cherryholmes, 1988). 그러나 포스트모던 관점에서는 그 어떤 정초도, 보편적 규칙이나 규약도, 확실성을 보장해 줄 외부적 권위도, 역사와 사회의 한계와 특수성을 넘어서서 보편적으로 이해되는 그 어떤 내용도 없는 것이다. 그러므로 여러 주장이나 입장을 객관적으로 판단해 줄 수 있는 절대적 진리의 기준은 존재하지 않는다. "우리는 단지 마땅한 방법이 아닌 다른 방법으로 항상 생각해 왔다. 신을 믿거나 왕의 말을 신봉하거나, 근래 들어서는 과학자의 '객관성'을 믿어 왔다" (Lather, 1991: 117).

포스트모더니즘은 "모더니티에서 그 핵심이 되는 환상이 빠진 것이다. … 그 환상이란 인간 세계의 '혼란스러움'이 잠시 일시적인 것이고, 세계가 언젠가 질서 정연하고 체계적인 이성의 법칙으로 말끔하게 수리될 것이라는 믿음이며, 포스트모더니즘은 이 환상이 말라서 졸아들어 버린 상태를 말한다" (Bauman, 1993: 32). 우리는 '상대주의'란 말 대신에 '부분적이고 지역적이고 비판적 지식'(Lather, 1991: 117)과 '차이'에 대해 말함으로써, 구체적인 맥락과 입장을 표현하고 자신이 지닌 특정한 관점과 이해에 대해 이야기하고자 한다. 그러나 차이를 인식한다는 것은 단순히 세계가 돌아가는 방식과 그것의 다양성과 혼란스러움을 그대로 수용한다는 것이 아니다. 그것은 가능성과 기회를 열어젖힌다는 것이다. 왜냐하면 만약 보편적인 타당성을 갖는 원리나 법칙, 규약 등의 정초가 되는 기반이 존재한다면, 우리가 하는 모든 탐구는 그 보편적인 것들을 그대로 따르는 내용이 될 것이다. 다시 말해서, 법칙 내용에 들러붙어서 그것을 신봉하고 규약을 배우며 지식을 섭취하고 갖가지 기준을 수행하는 일을 할 것이다. 그러나 만약 그렇게 정초되는 것을 제거해 버릴 수 있다면, 의미를 창조하고 의사결정을 하는 개인적인 주체 행위와 책임감을 전개해 나갈 수 있는 공간이 생기게 된다. 물론 우리가 신이 아니라 인간이라는 데서 오는 모든 복잡함과 불확실성을 동시에 인식하면서 말이다.

Zygmunt Bauman은 포스트모던 윤리학에 관한 그의 연구에서 포스트모던 시대에 각 개인이 지니는 높은 도덕적 책무에 대해 논의하였다. 그의 주장은 유아교육 · 보육기관에 대하여 이해하고자 하는 사람들에게도 광범위하게 적용될 수 있는 내용이다.

> 우리가 언급할 수 있는 진리는, 도덕적 선택이 진실로 선택이며 딜레마는 정말 딜레마라는 것이다. 그것은 인간의 약함이나 무지 또는 실수 등이 초래하는 일시적이고 교정 가능한 내용이 아니다. 이 문제에는 예정된 그 어떠한 해결책도, 특정한 방향 선택을 할 수 있는 십자로도 없다는 것이다. 상황을 벗어나기 위해 우리가 열심히 힘들여 배우고 암기하여 펼쳐 나갈 그 어떤 신속한 탈출 법칙도 없다. … 인간의 현실은 혼란스럽고 골치 아프며 모호하다. 그래서 추상적인 윤리적 원리와는 달리 도덕적인 결정을 내리는 일은 항상 애매모호하다. 우리가 살아가야 할 세계는 이러한 종류의 것이다. 비록 삶을 인도하는 원리가 무엇인지 분명히 말할 수 있는 사람이 거의 없고, 서로에 대한 근원적인 선함과 친절함이 가장 중요한 것이라는 점 외에는 그 어떤 정초에 대해서도 확고하게 말할 수 없다는 것을 아는 사람은 더더욱 없다. 그러나 원리적 정초가 없는 도덕성을 도저히 이해할 수 없어 근심에 싸여 있는 철학자를 크게 마음에 두지 않는 것처럼, 우리는 여전히 그러한 세상에서 하루하루 살아가며 사는 법을 배우거나 삶을 영위할 수 있다는 것을 시범해 보인다. (1993: 32)

미국의 철학자 Richard Rorty(1980)는 유사한 의미로, 정초를 전제로 하지 않고 살며 일하는 것은 우리 각자가 선택하고 결정하는 데 스스로에게 훨씬 더 많은 책임을 지우는 일이라고 주장한다. 그는 더 나아가, 실제로는 어느 누구도 상대주의적 관점을 가지고 있는 이는 없다고 주장한다. 다시 말해서 "무조건 모두에게 친절하고자 하는 신입사원의 경우가 아니고서는, 어떤 중요한 문제에 대해 서로 반대되는 두 가지 견해를 다 동등하게 좋다고 말할 사람은 아무도 없을 것이다" (Rorty, 1982: 166). Bauman과도 같이, 많은 사람들은 특정한 정초적인 신념이 없으면서도 필요한 선택을 하고 결정을 내리면서 잘 살아나간다. "우리 자신은 큰 희망을 주는 듯이 보이는 의미 있는 어휘들이 단지 우연적인 의미만을 지닐 뿐이라는 것을 깨달으며, 곧 우리 자신의 양심이 자각하는 우연성을 인식할 수 있다. 그러나 그러한 (우연적인) 양심에 충실하고자 하는 경향이 강한데도 불구하고 (실제로는 확실성을 추구하는 사람들이 많다.) 금세기의 자유사회는 그렇지 않은 (자기모순적인) 사람들을 더욱더 많이 생산해 내고 있다" (Rorty, 1989: 46).

'상대주의' 란 일종의 미혹스러운 용어로서 이해를 촉진시키기보다는 불안을 가중시키는 데 더 많이 사용된다. 그럼에도 불구하고 우리는 혼란스럽고 모호하며 복잡하고 다양한 세계에서 살아가는 법을 발견하고자 하는 사람들에 대해 이야기하길 선호한다. 특히 어린이를 위한 페다고지(pedagogy)와 같이, 복잡한 이슈에 관하여 이해하고 비판적 판단을 할 수 있는 방법을 고심하고 궁리하는 사람들에 대해서이다. 이러한 작업을 지원하는 방법과 절차도 있다. Bauman과 Rorty가 말한 바와 같이 사람들은 보편적인 규약에 대해 비판적 안목을 스스로 기르고 타당한 결정을 할 수 있는 잠재력이 있다고 우리는 믿는다. 우리는 주체적인 행위와 책임을 행사할 수 있으며, 그것을 통해 주체적인 선택을 할 수 있는 자유 또는 의무도 함께 지고 있다. 또한 그로부터 야기되는 어떠한 불확실성과 애매모호함도 기꺼이 떠맡는다.

> 우리는 제 손으로 자신의 케이크를 스스로 만들고 직접 먹고 싶은 유혹을 느낀다. 즉 잘못된 선택을 했을 때 오는 벌칙을 두려워하지 말고 스스로 선택하는 즐거움을 충분히 만끽하는 것, 또는 어떠한 실수도 없는 완벽하게 보장된 확실한 선택, 불안감 없는 자유를 누리고 싶은 것이다. … 만약 아무도 실수할 위험이 없는 확실한 조리법이 있다 하더라도, 그것이 자유와 책임, 또한 책임 있는 자유에 관하여 가지는 관계는 마치 물이 불에 대해 갖는 관계와도 같다. … 불안감 없는 자유란 것은 없다. … 종합하여 보면, 선택을 해야 하는 어떠한 상황에서 우리 대부분이 정작 선택하는 내용이란 자유로 인한 불안감인지 비자유로움이 주는 확실성의 안도감인지 분명하지가 않다. 그럼에도 불구하고 중요한 점은 선택할 수 있는 자유가 지금까지 우리에게 주어진 적이 별로 없고, 지금도 거의 주어지지 않고 있다는 것이다. 자유란 우리의 운명과도 같은 것으로서, 우리가 아무리 눈을 돌린다 하더라도 우리의 소망에서 벗어날 수 없고 우리의 관심으로부터 달아날 수도 없는 것이다. 의견일치를 기하는 모든 시도가 다른 방식의 불협화음을 끊임없이 유발시키는 다양화된 세계, 여러 목소리가 혼재하는 다성적(多聲的) 세계에서 우리가 살아간다. (Bauman, 1997: 202-3)

우리는 우리의 생각만이 이 세계와 아동기에 대하여 제대로 이해하는 방식이라고 말하는 것이 아니다. 다른 견해나 관점이 있을 수 있다. 이를테면 어떤 사람들은 모더니즘(근대주의) 시각을 지니고 질 담론에 사로잡혀서 현상을 우리와는 다르게 파악하고 계속하여 이에 얽매일 수도 있다. 우리는 그들이 어떻게 생각해야 하고 무엇을 해야 하는지 세세히 처방해주려는 것이 아니다. 포스트모던 기획은 '이것 아니면 저것(either/ or)' 이라는 흑백논리식 이분법적 논리보다 '둘 다/함께(both/and)' 라는 다양성의 접근 논리를 가치 있게 여긴다. 예를 들어, 많은 유아교육 · 보육기관이 한편으로는 의미창조의 담론을 채택하면서도, 다른 한편으로는 민주적인 방식을 통해 결정된 전국적 · 지역적 표준과 목표(앞에서 '표준화의 틀' 이라고 이름 붙인 것)를 따라가는 상황을 생각해 볼 수도 있다. 우리는 또한 서로 다른 접근 속에서 활동하는 여러 연구자들의 모습을 그려 볼 수 있다. 이를테면, 유아환경척도(ECERS)나 표준화된 다른 척도를 사용하여 유아기관의 수준을 비교해 보는 사람도 있을 것이고, 반면 다른 이들은 기록작업과 같은 방법과 관점으로 유아교육 · 보육기관을 비교하여 새로운 이해에 도달하는 경우도 있을 것이다. 질에 관한 담론의 경우, 이는 고도의 기술적 문제에 관한 내용에 이용될 수 있다. 예를 들면 유아교육 · 보육기관에서 어린이의 신체적 안전을 보장해 주는 식품안전이나 시설에 관련된 내용에 특별히 잘 이용될 수 있다고 생각한다. 의미창조 담론의 경우, 양화(量化) 현상을 거부하기 위한 목적으로 채택해서는 안 될 것이다. 유아교육 · 보육기관을 잘 조직된 구조 및 풍부한 자원과 지원을 갖춘 형태로 운영하기 위해서는 공간의 제공 및 사용 방법, 기관 운영에 소요되는 경비, 젠더(gender) 및 민족적 특성, 인력 훈련 등의 주제에 관하여 종합적이고 신뢰할 만한 정보 체계가 필수적인 조건이다.

그러나 유아교육 · 보육에 종사하는 모든 사람에게 중요한 문제라고 생각하는 점은 우리와 다른 관점이 존재한다는 것, 우리가 하는 활동은 항상 그 어떤 특정한 관점을 취하고 있다는 것, 그러므로 가치판단이 이루어지는 선택의 문제는 이론과 실천 측면에서 엄청난 함의를 발생시키게 된다는 것이다. 우리가 어린이에 대한 모더니즘의 접근(특히 표준화된 척도를 사용하는 작업으로 대변되는)을 비판하는 주된 내용은 마치 그것을 유일하게 신뢰할 만한 단 하나의 진리적 접근인 것처럼 사용하면서, 그 과정에서 현장의 복잡함과 다양성을 통제 가능하고 조정 가능한 방법적 문제로 감환시킨다는 것이다.

유아교육 · 보육 현장에서의 모더니즘 관점은 1장에서 제기하였던 헤게모니적 사고의 한 예가 된다. 이 관점은 미국에서의 관련 연구와 발달심리학의 권력에 의해, 그리고 여러 분야를 지배해 온 질에 관한 담론에 의해 발전해 왔다. 이것은 지배적인 담론적 제국의 힘을 발휘하면서 자체 담론의 내용을 당연시하고 그 속에 내재된 전제를 가치중립적이고 문제성 없는 것으로 가정하는 한편, 상이한 관점이나 입장을 부인하고 이에 무관심하거나 심지어는 그러한 관점이 존재한다는 것을 의식하지도 못하는 특징적인 헤게모니적 실태를 보이고 있다. 그러나 이제 세계를 상이한 눈으로 보는 연구자나 현장 실천자들과 여러 관심 있는 사람들이 대화에 함께 참여함으로써, 무엇이 옳은 것인지 '증명'하려 하기보다는 상호 간 이해와 인식을 증진해야 할 것이다. 각자가 왜, 어떻게 사고하고 가치 판단하며 선택하는지를 이해하고자 노력해야 할 시기가 왔다.

Beyond Quality in Early Childhood Education and Care

제6장

스톡홀름 프로젝트: 어린이, 교육자, 그리고 부모의 목소리가 살아 있는 페다고지의 구축

1. 레지오로부터의 영감

레지오 경험과 Loris Malaguzzi의 인상적인 점은 우리 시대의 지배적인 담론 특히 고유한 교육적 실제인 유아교육 페다고지에 도전하는 방식이었다. 이것은 하나의 사회적, 정치적 그리고 윤리적 맥락에서 사회적으로 구성되었던 방식을 해체하였고, 어린이와 교사의 주관성을 재구성하고 재정립하였다. 이들은 어떤 종류의 사고, 개념, 아이디어, 사회적 구조 그리고 행동 패턴이 이 분야를 지배하고 있는지 그리고 이러한 담론이 어린이와 아동기에 대한 우리의 개념과 관점을 어떻게 형성하였는지, 우리가 어린이와 상호작용하는 방식, 우리가 이들을 위해 어떠한 환경을 만들었는지를 이해하려고 하였다. (중략) 이러한 모든 것은 Malaguzzi가 이 분야와 전통을 매우 잘 알고 있었을 뿐 아니라, 자신의 사고를 안무할 수 있는 용기와 창의적 능력이 있었기 때문에 가능하였다. (Dahlberg, 1995: 9-10)

레지오는 구성, 협력적 구성, 그리고 재구성과 같은 개념을 기초로 하는 사회구성주의 관점을 공유하고 있다. (중략) Malaguzzi가 자주 인용하는 Heinz von Foerster에 의하면 "객관성은 나 없이 관찰이 일어날 수 있다는 주체의 잘못된 관점"이다. 우리가 세계를 주목하지 않고 그리고 우리가 세계를 설명하고 있다는 것을 알지 못하고 세계를 설명할 수 없다는 Malaguzzi의 관점은 학문적 다양성에서 영감을 받았다. 예를 들어 그는 카오스 이론과 관련이 있는 새로운 양자역학 그리고 인공두뇌학, 수학의 대표적인 과학자와 철학자를 인용하였다. Malaguzzi의 사회구성주의 관점은 표상의 절차에 대한 중요성을 인정하는 데 있었다. 레지오 교육자들은 사전에 기술된 규칙, 목표, 그리고 방법이 있는 교재 중심의 접근에 반대하여 왔다. 이는 그들이 자신들의 '프로그램이나 교육과정'이 다른 문화에 쉽게 전이되거나 적용될 수 없는 이유이기도 한다. 레지오를 방문한 스웨덴의 교육자들에게 Malaguzzi가 한 매우 진지한 질문 하나가 생각난다. 그 당시 레지오의 프로젝트 가운데 가장 잘 알려진 '비둘기' 주제를 우리가 하고 있는지에 대한 것이었다. 나는 그렇다고 대답할 수밖에 없었다. (Dahlberg, 1995: 11-12)

최근 들어 레지오 에밀리아의 교육은 더욱더 많은 사람에게 알려지고 영감을 주고 있다. 세계 전역에서 많은 사람들이 레지오를 방문하고 있고, 레지오의 관계자들은 세계로부터 강연 요청을 받고 있고, 레지오

전시 요청도 지속적으로 이루어지고 있다. 1992년 미국의 *Newsweek* 잡지는 레지오 유아교육기관의 하나인 Diana를 '세계 최고'의 학교라고 지명하였다. 레지오와 이 책의 관점에서 보면 문제가 있기는 하지만, 그럼에도 불구하고 레지오는 중요한 유아교육 페다고지로 보여지고 있다.

그렇다면 왜 이렇게 중요한가? 비판적으로 질문하지 않고, 해결책을 찾으려고 하고, 구체적이며 기술적인 특징을 찾고, 설명할 수 있고, 분류할 수 있는, 그리고 맥락에 관계없이 반복할 수 있는 프로그램을 추구하는 백인계 미국인의 관점에서 보면 이 질문의 대답은 간단하다. 분명히 중요한 '교육적 도구'가 있다. 구체적으로 교육적 기록작업의 절차, *아틀리에리스타*와 *페다고지스타*와 같은 전문가의 역할, 교육적 실천을 분석하고, 토의하고, 성찰하도록 하는 교육자 작업의 시간은 표면적이고, 더 중요한 것은 세계와 관련지어 어린이를 매우 심도 있게 이해하는 실천과 많은 측면에서 포스트모던으로 보이는 철학적 관점에 있다.

앞에서 제시된 두 인용문은 사회구성주의의 관점을 선택한 레지오의 실천, 해석, 그리고 관점이 드러나 있다. 구체적으로 지배적인 담론에 도전하고, 담론을 해체하며, 유아교육 페다고지를 포함하여 자신들의 사고와 행위를 형성하고 지배하는 이러한 담론의 권력을 인식하고 있다. 규율, 목표, 방법과 규준의 처방에 반대하고, 그렇게 함으로써 불확실성과 복잡함을 감수하며, 새로운 담론을 구성하려는 용기가 있고, 풍요롭고 무한한 능력과 백 가지의 언어를 지닌 존재로 어린이를 이해하려는 선택을 감행하였다. 관계, 만남, 대화 그리고 협력, 성찰 그리고 비판적 사고를 기반으로 하는 새로운 교육 프로젝트를 시도하였고, 학문과 관점의 경계를 넘어서서 흑백 논리 대신 개방의 논리로 대치하였다. 또한 전이될 수 있는 '프로그램'이나 보편적인 '비둘기' 프로젝트를 문제의식을 가지고 바라보고, 교육적 실제의 맥락적이고 역동적인 본질을 이해하였다.

마지막 요소는 레지오가 자신들의 실천을 교재로 만들지 않으려는 이유이기도 하다. 비둘기와 같이 보편적인 담론을 담아 소위 레지오 접근처럼 보이도록 하는 교본을 만들어, 어느 곳으로나 방출할 수 있고, 적용할 수 있는 프로그램으로 만드는 것이 얼마나 쉬운지 알고 있다. 레지오의 작업을 만나는 것은 광범위한 내용을 담고 있는 일련의 프로젝트나 사건과 만나는 것과 같다. 이러한 사건의 특이성을 존중하는 것은 가능한 답은 하나만 있으며 작업 방식 역시 한 가지만 있지 않다는 것을 인정하는 것이다. 이는 또한 "이데아를 진리의 위치에서 쫓아내는 효과", 즉 불확실성을 소개하는 것처럼 위험스럽다는 것이 명백해진다(Young, 1990: 82).

마르크시즘, 해체주의, 페미니즘, 정신분석 그리고 콜로니즘과 페다고지의 기관과 실천에 대한 비판에 걸쳐 관심이 다양하고 광범위하다는 점에서 레지오와 Gayatri Chakravorty Spivak의 작업 간에 유사성을 발견할 수 있다. Spivak은 아래와 같이 인지하고 있다.

> 학문은 상호연계되어 있고 서로 영향을 미치고 있다. (중략) 하나의 분명한 위치를 정해 놓기보다는 수년에 걸쳐 정교화하고 발전시켜 그녀는 현재 이론과 정치적 관심의 영역을 넘나드는 일련의 에세이를 냈고, 이들 모두에 반대되는 유형의 프로토콜에 따라 어느 것도 부정하지 않고, 매우 생산적이고 교란하는 방식으로 질문하고, 다시 작업하고 성찰하였다. (중략) Spivak의 작업은 쉽게 요약될 수 없고 더구나 그녀는 해체적인 양식으로 비판적인 분류법에 저항하고 담론을 완성하는 것을 피한다. 그녀의 작업을 읽는 것은 *일련의 사건을 만나기 위해 하나의 시스템과 만나는 것과 다르지 않다.* (Young, 1990: 157, 이탤릭체 강조 첨가)

레지오는 사고의 *위기(crisis)*가 어떻게 발생하고, 의미를 넘어서기 위한 갈등이 어떻게 어린이와 유아교육기관, 유아교육 페다고지를 새로운 방식으로 바라보도록 하는 가능성을 줄 수 있는지를 목격하게 해 주었다. 구체적으로 어린이와 교사는 지식과 정체성의 공동구성자이고, 유아교육 · 보육기관은 시민사회의 포럼으로서 그리고 어린이가 스스로 사고하고 행동할 수 있는 용기를 갖도록 하는 목적을 지닌 공공 공간의 주요 프로젝트의 하나로서 유아교육 페다고지를 바라보게 하였다. 레지오는 능동적인 참여가 있는 실천, 민주주의, 다이얼로그, 다양성을 가치 있게 여기지만 동시에 문제의식을 갖도록 하는 반성적인 문화, 주변 세계에 개방되어 있고 타인과 교류하는 반성적인 문화를 우리에게 제안한다. 이 실천은 유아기, 성, 환경, 평화, 그리고 인간의 공존과 같이 우리 시대 주요한 이슈는 물론 과학, 철학, 그리고 윤리학의 발전에 대해 능동적으로 탐구하는 것이 특징이다. 자유와 정치문화에 대한 새로운 전망과 비전을 제공하면서 레지오는 새로운 사회 운동이 되고 새로운 대학을 창조하였다.

2. 스웨덴과의 연대

레지오 에밀리아는 스웨덴에게 매우 특별한 매력이 있는 것 같다. 레지오 도시에 있는 유아교육기관의 작품을 전시하는 레지오 전시회가 1981년 스톡홀름에서 처음 열렸다. 9만 명가량의 스웨덴 사람들이 그 전시회에 다녀갔고, 5년 후에 전시회가 다시 열렸다. 그 이후 레지오의 유아교육기관에서 일어나는 작업에 대한 흥미는 물론 호기심이 점진적으로 증가하였다. 과거 10년 동안 3천 명 이상의 스웨덴 사람들이 교육을 연구하기 위해 레지오를 방문하였고, 레지오에 대한 많은 책과 필름이 1980년대와 1990년대에 출판되었다(Barsotti, A., 1986, 1997; Barsotti, C., 1981, 1986, 1994; Wallin, 1986, 1996; Wallin et al., 1981).

왜 그렇게 많은 스웨덴의 사람들이 레지오 에밀리아 교육철학과 실천에 관심이 있었는가? 단지 우연이라고 생각하지 않는다. 레지오가 위치한 이탈리아 북부의 에밀리아 로마냐(Emilia Romagna) 지역과 스웨덴은 많은 점에서 유사하다. 두 지역 모두 현대화 과정이 유사하였다. 두 지역 모두 부모의 취업률과 생활수준이 매우 높다. 1960년대와 1970년대 두 지역 모두 사회에서 일어나고 있던 구조적 변화를 받아들여, 공적 자금으로 운영되고 있던 유아교육기관의 체계를 세우는 것을 포함하여 사회 계획과 사회복지체계의 변화에 대응하려고 하였다.

그래서 레지오 에밀리아를 방문한 스웨덴 교육자들에게는 규명하여야 할 것들이 많았다. 이것은 사회, 문화, 그리고 정치적 상황을 초월하는 것이었다. 이는 유아교육기관과 교육적 아이디어로 연계되었다. 1960년대 이래 스웨덴은 결손 개념과 이 결손을 보상하기 위한 유아교육기관의 역할, 그리고 이분법적으로 '위기에 처한 어린이'와 '특별한 요구가 있는 어린이'로 단순히 구분해 온 것에서 벗어나려고 하였다. 대신 모든 어린이를 위한 유아교육기관의 역할을 강조하였고, 특별한 요구를 가진 어린이는 부가적인 지원이 필요한 어린이로 관점을 바꾸었다. '풍요로운 어린이' 이미지를 지니고 있는 레지오 유아교육기관은 이와 유사한 관점을 채택하고 있었다.

스웨덴 유아교육 체계는 일하는 부모의 자녀를 보호하기 위한 공간을 제공한다는 관심에 의해 확장되었고, 여전히 교육철학에 대해 토론하는 중요한 공간이었다. 레지오 에밀리아의 대화(dialogue)의 개념은 스웨덴에서도 1970년대 이래 중요한 아이디어였다. 이 개념은 1972년에 출판된 어린이보육위원회(Child Care Commission) 보고서에서 처음 도입되었다(SOU, 1972). 이 위원회는 어린이 삶의 불평등한 요소를 줄이기 위하여, 앞으로도 유아교육 체계는 사회-교육 자원이어야 한다고 제안하였다. 이러한 맥락에서 통합은 가치 있는 단어가 되었고, 대화의 페다고지(dialogue pedagogy) 아이디어와 결합되었다.

'대화(dialogue)'라는 용어는 기존의 유아교육 전통을 넘어설 수 있는 페다고지를 상징화하기 위하여 선택되었다. 이 전통은 게젤의 성숙이론 혹은 어린이를 지식으로 채워야 한다는 수동적이고 빈 그릇으로 바라보는 문화전수이론을 기반으로 하고 있다(3장에서 논의된 재생산자로서 어린이). 위원회는 또한 어린이와 어른의 관계를 좀 더 민주적이고 대화를 하는 존재로 의미화하여 어른과 어린이 간의 힘의 불균형에 도전하였다. 1972년 위원회 보고서에는 '대화의 페다고지' 개념이 다음과 같이 논의되었다.

> 대화의 페다고지는 어린이와 성인이 내적은 물론 외적 수준에서, 정서, 경험, 지식을 주고받는 지속적인 대화에서 시작된다. (중략) 어린이와 성인 간의 '대화' 에는 어린이를 능동적인 개인으로 존중하는 성인이 존재하고, 어린이가 의미 있는 인간관계를 경험할 수 있는 가능성이 있어야 한다. 장기적으로 볼 때 이 가능성은 어린이가 스스로 관계를 발달시킬 수 있도록 한다. (SOU, 1972: 26, 46)

이 개념에 대한 이론적, 철학적 근거를 제시하기 위하여, 위원회는 Jean Piaget와 Eric Homburger Erikson의 이론을 인용하였다. 후에 Paolo Freire와 George Herbert Mead의 사상이 연계되었고 '대화의 페다고지' 로 인정되었다(Schyl-Bjurman and Strömberg-Lind, 1977; Selander, 1984).

1975년 교육자를 위한 새로운 훈련에 관한 위원회 보고서의 부록(von Euter, 1975)에는 대화의 페다고지가 교육자에게 매우 필요하다는 주장이 담겨 있다. 보고서는 어린이의 발달을 과정으로 이해할 것을 요구하였고, 지식은 어린이와 주변 세계 간의 관계에서 구성된다는 점을 강조하고 있다. 더 나아가 지금까지 당연시되어 왔던 실증주의적 관점의 교육과정 연구에 대하여 논의하고 있었다.

> 점차 대화의 페다고지 틀 안에서 앞뒤가 바뀌고 있다. 나와 너의 관계를 인정하는 대화의 페다고지에서 어린이는 도구가 될 수 없다. 만일 어린이가 대상, 사물로 보인다면 페다고지(방법론)는 교육자/교사의 도구가 될 것이다. 가르치는 것이 교육적 기술과 기법에 관한 논의로만 제한될 위험이 있다. 어린이와 교사의 목적이 이들이 살고 있는 세계에서 일어나는 상황이 목적이 되어야 하는 것처럼, 교사 훈련자와 학생 교사의 목적 역시 학생 교사가 만나게 될 그리고 인간의 다이얼로그가 이루어질 상황이어야 한다. (중략) 가치가 불분명한 측정과 수량화할 수 있는 자료(예를 들어 구조, 추정, 측정 도구에 체크하는 것)의 방법은, 관찰자가 상황 밖에 어린이를 두게 되어, 어린이를 객관적으로 보게 할 것이다. 이러한 방법은 교육을 기술적으로 보게 할 것이고 대화를 배제하게 할 것이다. (SOU, 1975: 338, 340)

여러 가지 이유로 위원회의 아이디어는 현장에서 받아들여지는 데 어려움이 있었고, 그 이유는 1970년대 이후 특히 대화 페다고지의 개념이 많은 관점에서 분석되고 비판을 받았기 때문이다(Gallewaert and Kallós, 1976; Hultqvist, 1990; Selander, 1984). 그럼에도 불구하고 위원회가 제안한 페다고지의 의사소통 측면은 신기원을 이루었다. 비록 발달심리학이 삶을 지배하는 힘(2장에서 논의됨)이 되어 과학적 분류와 표준화의 담론으로 어떻게 영향을 미쳤는지를 알지 못하더라도 위원회의 작업은 대응하는 담론을 형성하였다. 레지오가 그랬던 것처럼 교육에 대한 전통적이고 도구화된 아이디어를 문제 삼았다. 전통적인 교육에서 교사는 기정사실화되고 사회적으로 용인된 지식체를 중립적으로 전달하는 존재이고 어린이는 수동적인 수혜자가 된다. 그러나 위원회의 페다고지 개념은 지식이 생산되는 조건과 수단은 교육자와 교사가 함께 그리고 교육자와 어린이의 민주적 관계에 의해 가능하다는 것을 강조하였다.

레지오와 스웨덴의 연계는 수년 동안 더 강화되었고, 1990년대 스톡홀름에 레지오 프로젝트와 레지오 기구를 설립하게 이르렀다. 이 장의 나머지는 저자 중 한 사람인 Gunilla Dahlberg[1)]가 스톡홀름 프로젝트의 이야기를 할 것이고, 이는 레지오 교육은 물론 이미 앞 장에서 논의한 이슈를 이해하도록 도와줄 것이다.

3. 스톡홀름 프로젝트: 변화하는 사회의 유아교육 페다고지

• 프로젝트의 시작

1988년 스웨덴의 유아교육 분야에 관여하고 있던 9명의 사람들이 모여, 왜 수많은 스웨덴의 교육자들이 레지오 에밀리아의 교육철학에 매력을 느끼며, 우리는 이탈리아의 경험에서 무엇을 배울 수 있는지를 논의하

1) Gunilla Dahlberg는 Gunnar Åsén과 함께 스톡홀름 프로젝트의 연구 리더이다. 스톡홀름 레지오 에밀리아 기관의 Anna Barsotti와 Harold Göthson 역시 프로젝트의 발전에 중요한 역할을 하였다. *아틀리에리스타* 자문을 한 Karin Frunes와 함께 이들은 프로젝트 팀이었다.

기 위해 포럼을 열었다. 이 집단의 사람들이 레지오 에밀리아를 방문하였고 그곳의 어린이와 교육자들을 만나게 되었다. 우리는 또한 스웨덴에 있는 다른 행정구역의 교육자와 행정가들을 만나기 위해 세미나를 개최하였다.

몇 년 후 우리 모두는 레지오 에밀리아 철학은 물론, 교육실제에 대해 이해하게 되었고, 어떻게 이 실제가 철학적 아이디어와 관련되어 있는지를 알게 되었다. 그러나 스웨덴에서 어떠한 교육실제도 이러한 관점을 심각하게 받아들이지 않고 있다는 것을 알게 되면서 매우 실망하였다. 교육적 아이디어가 교육과정으로 형성되는 *형식화의 영역*과 이러한 아이디어가 실천되는 *실현화 영역* 간에 차이가 존재하고 있었다(Lindensjö and Lundgren, 1986). 표면적으로 어린이를 엄청난 잠재력과 많은 능력을 지닌 존재 그리고 교육자를 성찰하고, 협력적인 실천가로 보는 것은 비교적 쉬웠다. 그러나 진정 레지오 철학은 이론적으로 그리고 실천과 관련하여 무엇을 의미하는가?

다행히 우리는 레지오 에밀리아를 방문했을 때 Loris Malaguzzi로부터 레지오와 스톡홀름이 함께 프로젝트를 시작해 보자는 제의를 받았다. 그는 레지오와 스톡홀름은 다르지만 스칸디나비아 지역이 어린이들을 존중하고 있다는 점에서 레지오와 공통점이 있다고 믿고 있었다. 이러한 신념은 다음과 같은 일이 일어나도록 하였다. 프로젝트 계획서를 사회부(Ministry of Social Affairs)로 제출하였다. 이로 인하여 1993년 우리는 변화하는 사회의 유아교육(Early Childhood Pedagogy in a Changing World)이라 불리는 스톡홀름 프로젝트를 시작하게 되었다.

프로젝트를 이야기하기 전에, 한 가지 언급하여야 할 것이 있다. 프로젝트는 포스트모던 상황에서 그리고 어린이와 유아교육기관에 대한 의미 역시 이 관점에서 구성되었다. 만일 우리가 교육실천을 새롭게 하고 유아교육기관의 합법성을 다시 세우려면 사회적 현상으로서 아동기를 이해하고, 어린이가 살고 있는 사회가 어떠한 사회인지, 그리고 미래에 어린이들이 만나게 될 사회가 어떠한지에 대한 이해가 매우 중요하다고 믿었다. 이를 위해 우리는 1980년대 후반에 북유럽 국가의 현대아동기 북유럽위원회(Nordic Council, Modern Childhood in the Nordic Countries)에서 시작된 한 프로젝트를 언급하여야 한다[바순(BASUN) 프로젝트].

바순 프로젝트(Dencik, 1989)는, 산업사회에서 유아교육기관과 일의 관계 그리고 산업사회가 후기 산업정보와 지식사회, 즉 *평생학습사회(learning society)*로 변화하면서 유아교육기관에 어떠한 결과를 가져오며, 학습과 의미구성, 자유, 민주주의를 위해 어떤 새로운 가능성을 가져오는지를 분석하기 시작하였다. 프로젝트는 이러한 사회 변화가 포스트모던 사회에서 살고 있는 어린이에게 어떠한 의미가 있는지 그리고 고정되어 있는 어린이의 정체성에 문제를 제기하면서, 어린이의 정체성, 생애에 어떠한 의미가 있는지에 대한 논의를 시작하였다(Dahlberg, 1992). 이 논의는 모더니티 프로젝트에 대한 사람들의 보편적인 열정과 레지오 에밀리아의 가치를 분석하고, 이해하도록 하였다.

• 프로젝트의 디자인과 조직

스톡홀름 프로젝트는 시작부터 실천 중심이었다. 사전에 많은 계획을 하지 않는 개방된 프로젝트여서 운영은 어려웠지만 일 자체는 매우 역동적이었다. 우리가 일을 시작하기 전 Malaguzzi는 레지오의 경험을 기반으로 세 가지의 충고를 해 주었다. "프로젝트는 어렵고 마치 프로젝트가 존재하지 않았던 것처럼 끝이 날 것이다." "교육만을 위한 프로젝트를 시작하지 말고 전체 조직체로 받아들여라." "변화를 지속하려면 한 가지 방법이나 조직에 매달리지 마라."

우리가 프로젝트를 시작할 때 몇 가지 아이디어가 있었다. 레지오의 교육자들과 작업을 하면 할수록, 우리는 지배적인 담론과 이 담론으로 인해 어린이, 교사 그리고 부모를 각각 동질 집단으로 보려는 관점을 버릴 수 있는 전략을 의식적으로 더 강구하게 되었다(Dahlberg, 1995). 우리는 유아교육 분야의 지배적인 담론을 해체하고 다른 담론을 재구성하였다. 또한 우리는 다음과 같은 방법으로 작업하는 데 동의하였다.

- 주제와 프로젝트로 실천하기: 스웨덴 유아교육기관이 오랫동안 주제 접근의 교육 전통을 지니고 있지만, 우리는 이 접근이 수행되는 과정을 레지오의 실천과 관련하여 비판하였다.
- 관찰과 교육적 기록작업하기: 스웨덴에서 이러한 용어는 아동발달 이론으로만 알려져 왔고, 관찰과 기록작업은 어린이를 발달 규준에 따라 측정하고 분석하기 위해서 이용되었다. 우리는 레지오에서 사용하는 용어로 이를 다르게 이해하기로 하였다.
- 경험, 재구성과 성찰을 교환할 수 있는 장소를 만든다.
- 유아교육 · 보육기관의 환경 변화를 촉진한다.
- 교육자의 책임 영역과 일하는 시간을 점검한다.
- 북부 이탈리아의 페다고지스타와 같은 지원을 교육자에게 제공한다.
- *아틀리에리스타*를 지원한다.
- 부모와 밀접한 관계를 유지한다.
- 유아교육 · 보육기관의 운영 측면에서 페다고지 작업에 대한 지원과 인정을 얻어낸다.
- 지역 정부나 지자체와 같은 전체 구역과 함께 작업한다.

프로젝트의 디자인과 조직은 사전에 계획되지 않은 채 4년 동안 지속적으로 변화 · 발전되었다. 프로젝트는 스톡홀름의 하마비(Hammarby)[2]에 위치한 유아교육기관인 애커베겐(Åkervägen)을 선택하여 시작하게 되었다. 이 기관은 이미 레지오 에밀리아로부터 영감을 받았고, 레지오를 방문한 교육자들이 많았음에도 불구하고 어려움을 겪고 있었다. 프로젝트는 같은 지역의 6개 다른 기관과 함께 일하면서, 7개 기관이 하나의 네트워크가 되었다. 각 기관은 한 달에 한 번 열리는 네트워크 모임에 참여하기 위하여 각 어린이 집단에서 한 명의 교사를 선정하였고, 이들은 돌아가면서 자신들의 현장 경험을 나누게 되었다. 튜터로 활동하고 있는 *아틀리에리스타*와 *페다고지스타*가 이들의 페다고지 작업을 지원하였다. 마지막으로 7명의 대표는 프로젝트 리더로서 네트워크를 함께 조직하였다.

네트워크의 기관을 선정하는 데 고려한 점은 기관의 대표가 아니라 집단 전체가 이 프로젝트에 참여할 수 있는 동기가 있는지 그리고 부가적인 일을 기꺼이 할 수 있는지였다. 우리는 재정 지원을 하지 않았으므로, 네트워크에 참가한 기관은 그 지역의 다른 20개 기관과 마찬가지로 동일한 재정 조건에서 일하여야 했다. 네트워크에 선정되기 위한 또 다른 조건은 기관이 이 프로젝트가 중요하게 생각하는 주제에 집중할 수 있도록 현장 훈련을 실시하는 것이었다.

네트워크에 참여한 7개 기관의 선정은 매우 힘들었고, 이 과정에서 민주주의와 변화에 대한 문제가 제기되었다. 스웨덴의 민주주의와 관료주의 전통에서 하마비와 같은 지역의 사람들은 동일한 시간에 동일한 지원을 받아야 했다. 기관과 교육자의 선정에 대해서도 "우리 지역에 28개의 유아학교가 있고, 우리 모두가 새로운 아이디어를 얻을 수 있는 프로젝트에 참여하여야 한다." 혹은 "왜 유아학교의 모든 교사가 프로젝트에

2) 하마비 지역은 인구 4만의 사회적으로 혼합된 지역이다.

참여해서는 안 되는 것인가?" 와 같은 전형적인 반응이 있었다. 그러나 다수가 동등한 권리를 갖는 민주주의의 담론은 우리를 힘들게 하였고, 처음부터 이러한 담론이 변화의 수준을 낮추거나, 변화를 어렵게 할 수 있는 가능성이 있다는 것을 알았다. 모두가 동시에 무엇인가를 얻을 수 있다는 아이디어보다는 다른 아이디어를 냈다. 민주주의 관점으로 프로젝트를 수행하는 것은 최소공배수를 의미하는 것이고, 변화는 거의 일어나지 않을 것을 의미하였다.

변화가 어떻게 일어나는지를 사람들이 이해하는 것이 이슈였다. 어떻게 대화의 수준은 물론 실천에서도 변화가 일어나도록 할 것인가? 이러한 경우에 민주주의는 무엇인가? 우리의 관점에서 변화가 일어나려면, 일이 더 많아지더라도 해 보려는 동기가 있는 교육자들과 일을 시작하는 것이 중요하였다. 우리는 최고의 수준보다는 좋은(good) 예를 찾고 있었고, '좋은(good)' 의 의미는 사람들을 열광시키고 영감을 줄 수 있는 변화 과정의 예를 기록하는 것이었다.

동시에 우리는 최고의 조건을 갖춘 기관이 지원을 받고 그렇지 못하면 지원을 받지 못하는 엘리트 프로젝트를 만들어 내는 것이 아니었다. 네트워크에 참여하기 위해 지원했으나 선정되지 못한 기관에게 프로젝트의 작업을 정기적으로 알리고, 그들이 첫 번째 네트워크의 지원과 경험을 기초로 다른 네트워크를 시작할 수 있다는 것을 알렸다. 이는 실현되었고, 현재 지역에는 몇 개의 네트워크가 자신들의 실천을 해체하고, 재구성하고 있다.

우리는 지역의 모든 교육자에게 강연을 개방하였고, 강연은 어린이, 교육자로서 우리 자신 그리고 교육실천에 대한 새로운 의미를 부여하고, 이해할 수 있는 공간을 제공하였다. 이 강연은 이론과 실천 모두를 다루었다. 레지오 에밀리아를 근거로 우리는 교육철학, 사회구성주의와 포스트모더니즘, 평가, 운영, 조직, 만남, 참여와 민주주의의 비전과 같은 새로운 관점과 주제를 제시하였다. 네트워크에 참여하고 있는 기관의 구체적인 예와 각 주제를 연결시켰고, 기관에서 교육자들에 의해 수행된 작업에 대한 *아틀리에리스타*의 자문과 토론이 포함되었다. 초기에 이러한 강의는 프로젝트 그룹별로 이루어졌다. 점차 네트워크의 교육자들은 지역의 동료들에게 자신의 작업을 발표하고 토론할 수 있는 자신감이 생겼다. 자신감이 생긴 교육자 집단은 점차 스웨덴 전역의 대학과 학교에서 자신들의 기록 경험을 발표하게 되었다.

전체 조직이 함께해야 하는 것의 중요성을 역설한 Malaguzzi의 충고를 따르면서 프로젝트 집단은 중심이 되는 네트워크를 넘어서서 지역과 다른 관계를 맺어 갔다. 프로젝트 집단의 구성원인 유아교육기관의 대표, 지역의 교육 자문가, 지역 현직교육 운영자, 애커베겐(Åkervägen)의 대표로 구성된 조정팀이 만들어졌다. 네트워크의 프로젝트 참여자, 교육자, 지역 정치가들과의 대화는 지속되었고, 교육철학과 실천에 대한 토론의 장이 열렸다. 우리는 또한 부모와 새로운 형태의 참여를 시도하였고, 여기에서 우리는 서비스의 소비자인 부모들의 일반적인 생각에 도전을 하였고, 참여한다는 것이 어떤 의미인지를 이해하려고 노력하였다.

우리는 많은 논쟁이 일어날 수 있는 포럼 혹은 광장을 만들었고(Dah-lberg and Åsén, 1994; Göthson, 1991), 이곳에서 프로젝트 참여자들은 물론 지역 관청 전체가 변화와 새로운 이해의 과정에 참여하게 되었다. 지역 관청은 프로젝트를 환영하였다. 이전까지 지역 관청에서 이루어진 토론은 돈과 예산 문제였고, 그 결과 많은 교육자들은 지역 관청이 자신들의 이야기에 경청하지 않는다는 느낌을 가지고 있었고, 일을 그만두고 싶어 하였다. 이러한 분위기는 방어적이 되었다. 프로젝트는 이와는 다른 분위기를 만들었고, 새로운 가능성을 만들었다.

이 작업은 하마비 외 다른 지역으로 퍼져 갔다. 프로젝트 수행 기간 동안 스웨덴의 34개 지역에서 새로운 네트워크가 시작되었고, 북유럽 네트워크 한 개가 생겼다. 이들은 스톡홀름 프로젝트와 밀접한 관계를 가지고 있던 레지오 에밀리아의 지원을 받았다. 매년 여름 심포지엄이 열렸고, 북유럽 전역에서 참석하였다. 몇몇 초등학교도 프로젝트로부터 영감을 받아 참여하였다. 《현대 아동기(*Modern Childhood*)》라는 잡지가 프로젝트의 경험을 알리는 역할을 하였다. 대학과 박사과정 학생들이 프로젝트와 관련하여 일을 하였고, 주제는 "교육적 기록작업의 파워, 저항, 해방의 개념"(Lenz Taguchi, 1998), "모던 아동과 발달 심리에 대한 입장과 어린이의 주관성이 행위와 언어로 구성되는 대안의 형성"(Nordin-Hultman, 1998) 그리고 "전통적 표상에서 상실과 의미, 즉 지식의 구성 과정에서 차이와 모호함"(Lind, 1998) 등이었다.

• 확대되는 지평: 새로운 공간, 새로운 시작과 새로운 희망으로

구체적으로 프로젝트에 대해 논의하기 전에, 변화에 대한 이론과 프로젝트와 레지오 에밀리아가 어떻게 관계를 설정하였는지를 생각해 봐야 한다. 한 맥락의 교육적 아이디어가 어떻게 다른 맥락, 즉 다른 조건으로 옮겨질 수 있었는지는 명확하지 않다. 이미 그 이유가 설명되었지만, 우리는 한 번도 '레지오 접근법'을 스웨덴 맥락으로 직접 전이하거나 적용하려고 생각하지 않았다. 우리가 프로젝트를 이식하는 데 참여하고 있다고 생각하지 않았다. 왜냐하면 이는 바람직하지도 않거니와 가능한 일도 아니었기 때문이다.

우리가 다른 전통과 문화가 있는 스웨덴에 살고 있다는 것에서 출발해야 한다는 생각이 명백하였다. 여기에서 우리의 레지오 에밀리아는

'진짜' 레지오 에밀리아가 아닌, 스웨덴의 전통과 문화를 기반으로 구축된 의미를 담고 있었다(Dahlberg, 1995). 우리는 사랑과 혹은 대결과 관련하여 사고하는 방식에서 레지오의 도움을 받았다. 스톡홀름 프로젝트에서 우리는 Loris Malaguzzi의 이 말을 중요하게 생각하였다. "페다고지는 그냥 만들어지지 않고, 우리가 현재 사랑하고 있는 관계에서 그리고 현재를 다른 방식의 표현으로 만날 때 만들어진다."

우리의 작업과 관련하여 레지오 에밀리아 경험은 우리에게 *영감*을 주었다. Melucci[3]의 말대로 스웨덴이 복지국가로 변화하는 과정에서 어린이의 권리와 지위가 어떻게 유지될 수 있는지에 대해 질문을 제기하고 있었을 때 우리에게 레지오 에밀리아는 살아 있는 유토피아가 되었다. 우리는 포스트모던 관점과 더불어 레지오를 *프리즘*으로 이용하여, 우리의 전통과 교육 실제를 성찰하고, 문제의식을 가지고 바라볼 수 있었고, 그래서 성찰과 문제의식 능력의 증진은 프로젝트의 중요한 요소가 되었다. 프리즘이라는 은유적 표현 뒤에 담긴 아이디어는 하나의 맥락에서 다른 맥락으로 철학을 전이하는 것은 이 철학을 탈맥락화(decontextualization)하고, 재맥락화(recontextualization)하는 것이다(Berstein, 1990; Dahlberg, 1985). 다른 맥락에서 똑같은 것을 얻을 수 없기 때문에 교육철학의 전이는 부정적이다. Bauman(1997)이 지적하였듯이 무엇인가를 하나의 맥락에서 다른 맥락으로 전이할 수 있는 가능성이 없다는 것을 안타까워해서는 안 된다. 어려움이 있더라도 재구성의 과정으로 이를 이해한다면 우리는 얻는 것이 있다고 생각한다.

---

3) Melucci(1989)는 오늘날의 신사회운동과 관련하여 살아 있는 유토피아는 영원한 미래에서만 실현될 수 있는 구시대의 거대 유토피아를 대치할 수 있다고 주장하였다. 유토피아에 사는 것은 목적이 수단을 정당화하거나 목적과 수단의 전통적인 관계와 반대되는 조직과의 성찰적인 관계를 의미한다. Melucci는 오늘날 신사회운동은 행위 자체가 목적을 드러내고 있으므로 유토피아는 어떻게 운동이 조직되고 변화를 위해 어떻게 행동해야 하는지의 수단을 내포하고 있다.

우리가 이 프로젝트를 시작할 때 왜 레지오 에밀리아인가? 라는 질문을 받았다. 스웨덴의 유아교육 · 보육기관은 세계적으로 유명하다. 우리는 레지오 에밀리아의 페다고지가 스웨덴과 다르지 않고, 운영에서만 조금 더 우월하다고 생각하였다. 스웨덴에서 페다고지를 설명하기 위하여 쓰는 많은 용어가 레지오 에밀리아와 유사하다. 그러나 레지오의 교육과 공동체에 대해 알게 되었을 때, 우리는 이들이 유아교육 페다고지는 물론 조직과 공동체에 대한 지배 담론에서 벗어나 있다는 것을 깨달았다.

레지오 에밀리아의 경험은 유아교육 페다고지의 전통은 물론 일반 교육학에도 도전이 되었다. 이 책에서 지속적으로 주장하였듯이, 유아교육기관과 교육실천은 사회의 지배 담론으로 구성되고, 이들의 교육실천은 그 당시 사회의 지배 담론으로 이루어지게 되어 있고, 그 당시 사회에 팽배하는 사고, 개념과 윤리를 담게 된다. 따라서 교육적 실제를 변화시킨다는 것은 이러한 담론을 문제시하고, 해체하면서, 그리고 이 담론이 교육실제와 어떻게 연계되어 있는지에 대해 이해하고 이를 드러내는 것으로 시작된다. 레지오 에밀리아는 이것을 가능하게 해 주었고, 이 과정에서 어린이, 교사 그리고 유아교육기관을 이해할 수 있는 대안, 즉 새로운 비전을 세울 수 있는 공간을 창조할 수 있게 되었다.

이러한 지배 담론을 이해하고 스웨덴의 유아교육 · 보육기관이 어떻게 이루어졌는지를 이해하기 위한 첫 걸음으로 사회과학과 행동과학에서 지배적인 과학적 패러다임에 집중하였다. 연구자로서, 교육자로서 우리는 방법론적 질문에서 길을 잃고 페다고지를 문화와 상징적 행위로 보지 못하였다. 철학과 분리된 페다고지는 대부분 가치와 지식을 분리하는 과학적 전통에 기반을 두고 있었고, 이 전통은 매우 지배적이어서 무비판적으로 유아교육 페다고지를 구축하였다. 20세기 초반 Maria Montessori가 교육학적 사고를 발전시킬 때 과학에는 주목하였지만, 새로운 측정과 기술 중심의 연구, 이러한 방식으로 교사를 훈련하는 것에 대해서는 반대하였다. 가치를 기반으로 하는 페다고지를 지키려고 하는 마음이 그녀의 글에서 나타난다.

> 많은 사람들이 물질적이고 기계적인 과학에 지나친 희망을 걸고 바라보고 있다. 그릇되고 편협된 방식에 우리가 기대고 있는 것이 명백하다. 우리가 미래 세대를 교육할 수 있는 예술을 부활시키려면 이를 극복해야 한다. (중략) 나는 개인적으로 우리가 과학적 기법보다는 교사의 영혼에 더 주목하여야 한다고 믿는다. 우리의 목적은 물질보다는 지적으로 되는 데 있기 때문이다. (1967: 4-5)

두 번째 단계로 스웨덴은 물론 다른 나라에서 유아교육 페다고지와 어린이의 의미가 어떻게 구성되었는지를 분석하였다. 이러한 해체의 과정에서 우리는 어린이와 교육자의 정체성이 어떻게 구성되었는지 이해하게 되었다(3장과 4장에서 논의함). 우리는 이러한 의미구성이 교육기관에서 생산적이 될 수 있도록 지속적인 분석을 하였다. 구체적으로 어린이, 교사와 우리의 관계, 우리가 환경을 구성하는 방식, 즉 전체 환경을 디자인하는 것이었다.

이러한 지배적인 담론의 제국과 실제는 권력과 결속되어 있다. 처음에 우리는 이에 대해 생각하고 이해하는 것이 어려웠다. 2장에서 논의한 것처럼 우리는 Foucault의 아이디어와 관련지어 생각하였다. 이데아가 진리로 임명되는, 즉 권력이 지배적인 담론과 진리를 낳는다는 것을 우리가 알지 못하였다. 또한 우리가 어린이에게 자유, 창의놀이를 허용하고, 다양한 Montessori 매체를 선택하게 하는 것, 혹은 찰흙으로 작업하게 하고, 그들의 작업을 관찰하고 기록하는 것이 힘의 논리에 관여하고 있다는 것을 알지 못하였다(Lenz Tagucci, 1996). Foucault의 관점에서 범주와 개념은 권력의 행사와 같다. 레지오는 지배적인 담론이 어린이와 교육자를 어떻게 각인시키고 있는지, 이러한 각인이 우리를 어떻게 지배하고 있는지를 보여 주었다.

의미를 구성하는 과정에는 언제나 권력이 작용하고 있고, 이러한 구성 과정에서 어린이와 교육적 실천의 의미가 양산되고 있다는 것을 아는 것이 중요하다. 우리가 결코 피할 수 없는 것이 있다. 우리는 권력에서 자유롭거나 권력관계와 무관할 수 없다. 즉 우리는 지식과 권력의 관계에 놓여 있다. Foucault(1970)는 "모든 것이 위험하다."라고 말하였는데 이 의미는 우리가 구성하는 의미는 언제나 제멋대로이거나 결코 중립적이거나 순수하지 않다. 이들은 항상 사회적 결과를 가져오고, 우리가 선택한 해결책은 어린이에게 부여하는 역할과 지위뿐 아니라 민주주의를 발전시켜 온 형식에도 영향력을 미친다. 간단히 말해 의미구성의 과정은 우리 모두에게 윤리적 책임을 요구한다.

많은 사람이 권력, 문제의식, 해체에 대해 이야기하는 것이 염세적이고 방향성이 없다고 할 것이다. 그러나 레지오 에밀리아의 영감을 받은 프로젝트의 경험에서 우리는 그 반대로 낙관적이고 생산적인 면을 발견하였다. 분명히 이러한 관점을 갖는 것은 위험할 수 있고, 어떤 변화를 가져올 수 없을 수 있다. 그러나 동시에 가능성과 역동적인 변화를 담고 있기도 하다. 만일 우리가 권력에 종속된다면 우리 역시 권력을 가지게 될 것이다. 관습과 사회적 표현이 권력을 담고 있는 반면 임의적인 의미구성은 변화에 개방되어 있다. 왜냐하면 학교나 유아교육 · 보육기관과 같은 기관이 담고 있는 전통을 벗기거나 문제 삼는 것은 중요하기 때문이다. 이렇게 함으로써 새로운 가능성, 변화와 희망을 위한 새로운 공간을 창출하게 된다. 여기에서 개념과 관점이 대안적인 이해와 실천을 구성하는 도구가 된다.

Patti Lather(1991)가 지적하였듯이 지배적인 담론과 의미에 문제를 제기하고 해체함으로써 이미 구성되어 있는 중요한 실천적 가치를 흔들 수 있었다. 우리는 언어와 실천을 재구성하여 다른 담론에 우리 자신을 넣어서, 다른 방식으로 실천을 구성할 수 있었다. 이러한 방식으로 프로젝트는 지식과 문화의 재구성자로서 어린이뿐 아니라 교육자와 유아교육·보육기관의 의미를 재해석하고 재구성할 수 있는 공간을 열었다. 이러한 새로운 공간에서 유아교육 페다고지를 다르게 이해할 수 있었고, 지배 담론의 제국에서 정교화될 수 없었던 대안적 실천 혹은 반대 담론을 구성할 수 있었다. 현대화 과정에서 어린이, 아동기, 지식 그리고 학습에 대한 관점이 어떻게 구성되었는지를 역사적으로 이해하고, '맥락화하는' 과정을 통해 우리는 이 분야, 어린이, 교육자의 의미는 물론 공공 기관, 정치가, 연구자의 역할 또한 재구성하게 되었다.

프로젝트의 주요한 질문거리는 다음과 같았다. 어린이, 지식, 학습 그리고 학습에 필요한 조건의 의미를 어떻게 다르게 구성할 것인가? 유아의 이론, 가설, 꿈, 그리고 상상을 중요시하고 공동구성의 관점에서 지식과 학습을 바라보는 유아교육 페다고지를 어떻게 재구성할 것인가? 지속적이고 선형적인 진보, 확실성과 보편성을 예측하는 모더니티 프로젝트의 경계를 넘어 불확실성, 다양성, 비선형, 다중의 관점, 한시적이고 공간적 한정성을 어떻게 인정할 것인가? 레지오 에밀리아의 영감과 신실용주의와 포스트모던 이론의 도전적인 질문에 답을 하고, 가능성과 한계를 알고 감히 실천을 하고, 불확실성, 다중의 관점과 관계로부터 도망치지 않는 실천을 시작하였다.

매우 힘이 드는 일이었다. 우리는 어린이의 의미를 구성하면서 많은 질문을 하였고 이는 곧 가치 있는 페다고지가 무엇인지에 대하여 의미를 생각하는 것이었다. 오래된 개념은 이미 다른 의미를 가지고 있으므로 우리에게는 새로운 개념을 창출할 필요가 있었다. 레지오와 포스트모던 사상가들은 항상 변화에 개방되어 있는 *일시적인* 의미와 도구를 어떻게 범주와 개념으로 이용할 수 있는지를 보여 주었다.

처음부터 레지오는 우리가 '풍요로운 어린이'에 대한 의미를 실천적으로 구성할 수 있도록 그리고 유아교육 · 보육기관에서 그 의미를 어떻게 실천할 수 있는지를 도와주었다. 사회구성주의 관점은 어린이와 교육자가 자신의 지식, 환경 그리고 자신들에 대한 의미를 공동으로 구성한다는 것을 알려 주었다. 학습은 어린이의 머릿속에서 일어나는 개인의 인지적 행위가 아니라 협력적이고 의사소통을 요하는 행위로 보게 되었다. Martin Buber(1970) 철학과 맥락을 같이하여, 지식은 개인이 소유하는 것이 아니라 세계와의 관계에서 자신의 위치를 찾거나, 자신을 놓아보는 것을 통해 얻는 무엇이다. 의사소통을 통한 행위인 너와의 상호작용은 나의 조건이고 너와의 관계에서만 내가 있을 수 있다. 어린이의 정신 구조를 인간의 본성과 영원성의 부분으로 보지 않고, 언어와 나 자신 역시 타인의 해석적 작업을 통해 매개되는 세계로 바라보게 되었다.

사회구성주의 관점에서, 우리는 어린이의 정체성이 유사하고 안정적이며, 어린이의 요구는 원래 타고난 것이라는 본질주의 관점에 질문을 던졌다. 대신 우리는 정체성은 구성되는 것이고 언어와 의사소통을 통해 구성되는 실천의 담론이라고 보게 되었다. 포스트모던 관점에서 개인은 성찰을 통해 자신의 정체성에 도달할 수 있는 특권이 없다. Alice의 질문처럼 "세상에서 나는 누구인가?"(Carroll, 1865, 1973: 24)라는 질문에는 진정한 대답도 진짜 지식도 없다. 정체성은 관계적이고 상대적인 개념이고, 정체성은 구체적인 맥락에서 구성되고 재구성된다. 맥락은 언제나 변화에 놓여 있고, 어린이가 누구인지의 의미는 정해져 있지 않다.

레지오는 우리의 사고를 위험에 빠뜨렸고, 우리가 지배적인 담론과 실천에서 벗어날 수 있도록 도와주었다. 비판적인 탐구와 성찰적인 실천을 통해 우리의 사고와 실천이 지배 담론을 어떻게 담고 있는지를 이해하게 되었고, 대안과 반대 담론인 다른 가능성이 있다는 것을 이해하게 되었다. 레지오와 함께 일을 하는 것은 비판적이고 생산적인 질문을 하도록 하였다. 어린이, 지식과 학습의 의미는 스웨덴의 맥락에서 어떻게 구성되어 왔는가? 유아교육 · 보육기관에서 해방을 실천할 수 있는 교육자로서 우리 자신과 어린이를 구성할 수 있는 방법이 있는가? 어떤 도구와 실천이 지배적인 담론, 반대 담론 그리고 다른 교육실천을 해체하고 재구성할 수 있도록 도와줄 수 있는가?

• 네트워킹(Networking)

> 우리가 작업을 하면 할수록 교육적 기록작업과 결합된 네트워킹이 분석과 자기성찰 결과 나타나는 변화를 열어 주는 주요한 도구였다. 경험을 나눌 수 있고, 비판적 논의와 교육적 기록작업이 가능한 네트워킹은 교육의 실천을 변하게 할 뿐 아니라 만남의 윤리를 구성하게 한다. 그 결과 상호호혜적 관계는 그 자체로 수단일 뿐 아니라 내용과 목표가 된다.

프로젝트에서 우리는 대화를 통한 자기성찰, 참여자 간의 상호호혜적 관계, 그리고 교육적 기록작업을 증진시켜 *함께 구성하는 학습 문화*를 세우려고 노력하였다. 이는 창의적인 의미구성은 물론 우정, 책임감과 참여를 발전시켜 무엇보다 중요한 민주적 관계를 만든다. 공동으로 우리는 교육자로서 자신은 물론 인간으로서 설 수 있는 새로운 공간을 만들었다.

지속적인 변화가 특징인 공동구성의 학습 문화를 만들기 위해 우리는 교육자들, 유아교육기관의 장들, 지역 유아교육 서비스 정치가들 간에 경험을 교환할 수 있는 새로운 방법을 시도하였다. 페다고지 작업은 조직이 필요하고, 교육적으로 유능한 운영이 교육적 변화를 지원하고 어린이와 교육자의 의미구성에 기여한다는 신념이 우리에게 있었다. 프로젝트가 이렇게 운영되도록 하기 위하여 우리는 네트워크와 교육자 그리고 운영자 집단과 정치가 간에 정기적인 모임을 열었다.

네트워킹은 프로젝트의 중심이었고 점차 다중의 소리와 다중의 담론이 일어나게 했다. 우리는 어떻게 교육자 네트워크와 작업하였는가? 우리는 이틀간의 모임으로 시작하였고 그곳에서 교육자와 프로젝트 그룹은 역사적 관점에서 자신들의 작업에 대하여 이야기를 하였다. 교육자는 그동안 해 온 자신의 작업에 대하여 말하였고, 실천의 측면에서는 물론 이론과 철학, 교육과정과 사회의 변화와 관련지어 자신의 작업이 어떻게 변화하였는지를 이야기하였다. 교육자들은 이러한 방식으로 이야기해 본 적이 없었고 이를 위한 시간과 공간도 없었다. 결과적으로 그들은 누구에게도 보이지 않고, 들리지 않는 존재였다.

스웨덴의 전통과 레지오 에밀리아의 영감을 차치하고라도, 우리는 기관에서 어떠한 일이 있는지를 기록하고 기록작업을 네트워크로 가져와 주제를 가지고 작업하기로 결정하였다. 우리는 일상의 교육적 실천을 중심으로 갈등하고 성찰해 보기로 하였다. 몇 번의 모임이 있은 후 우리는 주제를 중심으로 하는 작업이 변화의 아이디어와 맞지 않는다는 것을 알게 되었다. 우리는 언제나 쉽게 해 왔던 일을 기록하게 되고, 학습하는 어린이와 학습하는 교육자의 의미를 어떻게 구성하게 되었는지에 대한 문제의식을 갖지 않게 되었다. 또한 기록작업 그 자체가 매우 어려운 도구였고 훈련과 새로운 기술이 필요하다는 것을 알게 되었다. 그래서 우리는 방향을 바꾸어서 각 교육기관의 상황에서 작업을 하고, 관찰하고, 기록하기로 결정하였다. 우리는 "관찰에서 헤엄을 치게 되었다."

이러한 방향 전환은 매우 결실이 있었다. 다양한 매체를 이용하여 어린이가 어떻게 세상을 탐색하고 의미를 구성하는지, 어떻게 학습이 일어나는지를 관찰하고 기록하면서, 교육자들은 자신들의 페다고지 작업을 비판적으로 분석하고 발전시키게 되었다. 우리는 유아교육 · 보육기관이 어린이의 의미를 어떻게 구성하는지를 이해하기 위해 기록작업을 도구로 이용하였다. 이러한 작업은 다음의 질문에 답할 수 있었다. 어린이가 보이는가? '어린이를 본다'는 것이 어떤 의미인가? 이는 교육적 실천을 해체하는 작업의 형식이라고 볼 수 있다. 구체적으로 어린이에 대하여 이야기하는 방식에서 우리는 어린이를 어떻게 바라보고 있는지 그리고 실천하는 방식에 숨겨진 어린이의 의미는 무엇인가? 어떻게 의미구성이 환경을 배치하는 방식에 영향을 미쳤는가? 다른 의미는 없는가? 풍요로운 어린이, 교육자 그리고 부모를 위한 교육적 공간인가?

기록작업에 집중한 결과 우리가 발견한 것은 점점 더 복잡해지는 실천에 대한 토론이 끝이 나지 않는다는 것이었다. 왜냐하면 실제 교육실천은 변화하지 않고 있었기 때문이다. 우리는 새로운 개념의 도구로 새로운 언어를 쉽게 배울 수 있었다. 네트워크에서 예를 들어 '아동 중심' 관점과 '어린이의 관점'을 취하는 페다고지에 관해 토론할 때 우리는 추상적인 방식으로 이야기하게 되고 서로에 동의하게 되었다. 그러나 이것은 의미가 있는가? 이것은 단지 표면적인 이야기일 뿐이다. 새로운 단어와 개념은 자동적으로 실천을 변화시키지 않는다. 새로운 이해는 새로운 행위와 같지 않다. 우리는 이를 수행과 실천의 장에 존재하는 차이라고 칭하였다.

교육적 기록작업은 이러한 일이 벌어지는 것을 막아 준다. 만일 우리가 실천과 어린이의 학습을 기록하면 성찰할 수 있는 구체적인 예를 실천에서 얻게 된다. 기록작업은 개념의 도구와 실천 사이를 오가면서 가능성을 열어 준다. 해체작업과 함께 기록작업은 교육자가 어린이와 자신의 존재 의미를 구성하는 갈등을 거쳐 성장할 수 있고, 자신의 실천을 더욱 통제할 수 있도록 도와준다.

교육자가 어린이에게 귀 기울이기 시작하고 교육적 관계를 변화시킬 때, 어린이와 교육자에 대한 새로운 의미가 부여된다. 예를 들어 한 활동에 더 오래 집중할 수 있는 어린이를 보면서 교사는 어린이가 자기중심적이지 않다고 말할 수 있다. 프로젝트에서 어린이는 "보세요, 내가 무엇을 할 수 있고 무엇을 아는지."라고 말하기 시작할 것이고, 교육자들은 점점 어린이의 잠재적 가능성을 알게 될 것이다. 사실 어린이들은 분류 체계가 말하는 것 이상으로 더 잘할 수 있다. 교육자의 흥분은 다음의 이야기에서도 나타난다. "나는 20년 동안 유아학교 어린이와 일을 하였는데 한 번도 어린이가 알고 있고 그만큼 할 수 있다는 것을 몰랐다. 지금 내 앞에 다른 어린이가 있는 것 같다."

어린이에 대한 이미지 변화가 새로운 실천이 일어나도록 하는 것을 보는 것은 놀랍다. Malaguzzi가 언젠가 이러한 변화에 대하여 말하였다. "사실 매우 간단하지만 이것이 어렵다고 생각하도록 만드는 누군가가 있다." 지배적인 담론과 어린이에 대한 이미지를 문제로 삼는다면 우리는 "다른 어린이"를 만날 수 있다. 이 어린이는 능력이 있고 다른 어린이는 물론 성인 역시 경청할 수 있는 생각과 이론을 가지고 있다.

우리의 프로젝트는 어린이에 대한 이미지 구성이 놀라운 결과를 가져온다는 것을 명백하게 보여주었다. 우리는 어린이를 교육적으로 연결할 것인가, 환경을 어떻게 디자인할 것인가 그리고 부모와 어떻게 연결시킬지를 고민하게 되었다. 만일 우리 앞에 문제를 가진 어린이 대신 능력이 있는 어린이가 있다면 이는 모든 것에 영향을 미칠 것이다. 언어 자체가 생산적이 될 것이다. 레지오의 교육자들은 다음과 같이 말한다. "만일 우리 앞에 능력 있는 어린이가 있다면, 우리 역시 능력 있는 교육자, 능력 있는 부모가 되어 간다." 우리는 우리 자신의 학습 과정을 통제할 수 있고 세계를 해석할 수 있는 권리가 있을 뿐 아니라 다른 사람들과 이 해석의 의미에 대해 협상할 수 있게 된다.

이 작업은 교육자 자신의 가능성은 물론 교육자를 새롭게 이해하고, 새로운 이미지로 인식하게 하였다. 어린이가 주변 세계를 탐색하고, 해석할 수 있도록 하고, 어린이에게 학습과 지식 구성의 책임을 부여한다는 것은 교사에게도 책임이 있다는 것을 의미한다. 공동구성자로 어린이를 바라보는 것은 문화와 지식의 공동구성자로서 교사에 대한 관점을 전제로 한다. 이는 전문적인 관계와 책임감을 시사하는데, 어린이, 부모 그리고 타인과 의사소통하며, 어린이의 작업과 학습 과정을 성찰하며, 공동구성하는 관계에 있어야 하는 것을 의미한다. 이러한 과정에서 교육자는 매우 다양한 관점을 가지고, 때로는 지도자로서 문제를 제공하고, 구체적인 주제를 중심으로 하는 프로젝트를 주도하며, 프로젝트가 지속될 수 있도록 새로운 지식을 소개하게 된다. 때로 교육자는 어린이 자신이 주도하고 안내할 수 있는 과정에서 보조자가 되기도 한다(Dahlberg and Lenz Ta- guchi, 1994).

교육자는 어린이가 말하고 행동하는 것을 경청하고, 영감을 받아 배울 수 있다. 교육자는 어린이의 질문, 가설, 이론은 물론 환상까지도 살아 있도록 하고, 답을 찾거나 세계에 의미를 부여하는 방법을 찾아가면서 연구를 하는 것이 중요하다(Lindqvist, 1995; Rodari, 1998). 존재로서 어린이의 권리가 인정되고, 경청될 수 있으며 어린이가 문제를 제기하고 가설을 만들기 전에 우리의 지식과 범주를 강요하지 않는 문화를 만드는 것이 프로젝트의 윤리적 측면이다.

교육자가 어린이의 호기심과 창의력, 질문, 가설과 이론에 도전하지 않아야 한다는 것은 아니다. 프로젝트를 개발하는 것과 같은 페다고지 작업에서 교육자가 도전적이 되는 것은 매우 중요하다. 예를 들어 새로운 질문, 정보, 토론의 형식, 새로운 매체와 기법의 형식으로 도전하여야 한다. 교육자는 경청, 바라보기, 듣기, 질문하기, 도전하기와 같은 예술을 터득하게 되고 그렇게 함으로써 어린이가 다양한 관점, 복잡성, 모호함을 알도록 한다. 이러한 방식으로 교육자는 어린이가 선택하고, 이해하고, 의미를 구성할 수 있는 능력을 증진시킬 수 있고, 복잡한 상황에서 새로운 가능성을 볼 수 있고 자신의 가까운 상황에서 지식을 구성할 수 있도록 한다. 왜냐하면 지식은 어린이 자신이 가지고 있는 어떤 것, 즉 발견되어야 할 이미 존재하는 지식을 이해하는 것이 아니라 세상과 관계 맺으며 대화하면서 창조되는 것을 이해하게 된다. 실용주의 관점에서 우리는 어떤 것이 진짜인지를 찾는 진리에 대하여 염려하지 말고 다양한 가설을 선택하는 것에 대해 염려해야 한다. 오늘날과 같은 문화에서 어려운 것은 진실, 객관성, 확실성에 대한 욕망이다(Steier; 1991: 53). 우리는 불확실성을 참고, 인생은 우리가 감내해야 할 모호함과 복잡성을 담고 있다는 것을 인정해야 한다.

지식과 학습에 대한 이러한 관점에서, 교육과정은 언어와 표현으로 가득 찬 의사소통의 맥락이 된다. 어린이 혹은 교육자가 말하는 것은 수많은 협상, 감정과 기억으로 복잡하게 구성된 것으로 보아야 하고, 이는 타인에 의해 완전히 다시 구성되거나 이해될 수 없는 것이다. 그러나 말함으로써 타인의 욕구, 인식, 호기심을 일깨우고 질문을 하게 한다. "오늘 당신은 무엇에 대하여 궁금해했는가?"라는 질문은 교육실천을 살아 있게 한다. 아리스토텔레스와 같은 철학자는 물론 많은 사람들이 호기심이 경험과 학습의 가장 기초적인 필수조건이라고 하였다. 그래서 친숙하기도 하며 이상한 세상에 대한 어린이의 호기심에 우리는 관심을 가져야 한다. 우리는 프로젝트에서 어린이가 처음에는 신기해하지만 이들이 본래 지니고 있는 백 가지 언어를 잃어버릴 수 있는 것처럼 호기심도 쉽게 잃을 수 있다고 말해 왔다. 우리는 어린이를 둘러싸고 있는 인간의 존재와 삶에 대한 이들의 호기심과 놀라움에 관심을 기울여야 한다.

이를 위하여 교육자는 자신의 호기심을 되찾아야 한다. 그렇지 않으면 교육자는 어린이와 함께 의미를 구성하는 역할을 할 수 없게 된다. 어른이지만 우리는 다시 호기심을 갖는 것을 배워야 한다. 우리는 자연, 문화, 사회 그리고 무엇보다 어린이가 무엇을 생각하고 하는지에 관심을 가지고 놀라워하는 능력을 재발견하여야 한다. 어린이가 무엇을 말하고, 움직이는지에 대해 호기심을 갖는 것은 그들이 무엇을 말하는지에 귀 기울이고, 듣는 것으로 가능하다. 프로젝트에 참여한 한 교육자가 이렇게 말하였다. "당신은 무릎을 구부리고 어린이가 무엇을 할 수 있는지를 호기심을 가지고 보아야 한다." 페다고지의 최대 적은 지루함이다. Malaguzzi가 Bachelard에게 말하길, "성공적으로 양육하기 위해 당신은 주머니에 어릿광대를 넣어 가지고 있어야 한다." 그리고 Bronfenbrenner의 말을 인용하여 "성공적으로 양육하기 위해서 주변에 놀라움을 줄 수 있는 한 명의 얼빠진 삼촌이 필요하다."고 하였다(Dahlberg, 1995: 16).

네트워크에 참여하고 있는 유아교육 · 보육기관의 작업은 각 기관의 출발점이 달랐기 때문에 다양한 방법으로 진행되었다. 각 기관은 자신들만의 여정을 선택했고 고유의 전략을 개발하였다. 각각은 어디에서 시작해야 하는지를 토론했다. 환경을 먼저 변화시켜야 하는가? 아니면 어린이와의 교육 활동인가? 이 질문에 정답은 없었다. 몇 기관은 환경에서 변화의 가능성을 발견하여 *아틀리에*를 만드는 것으로 시작하였고, 그리고 네트워크에서 토론하면서 변화가 필요한 것을 찾았고, 다른 기관은 교육 활동에서 변화를 시도하였다.

비록 유아교육·보육기관 간에 차이는 있었지만 공통의 주제는 있었다. 우리는 교육자들의 안내로 작업을 하였고 교육적으로 유능한 리더십이 변화를 이끌 수 있었다. 프로젝트와 협력하면서 우리는 교육적 실천을 위해 성찰하고 비판하는 태도를 격려할 수 있었다. 변화해야 할 때 하게 되는 대답인 "우리가 항상 이렇게 해 왔던 방식인데 왜 변화를?"이라는 사고에 교육자들은 문제의식을 가지게 되었고, 새로운 개념의 도구를 찾고 교육적 실천을 변화시키게 되었다. 실천은 변할 수 있고 실천에 대한 권위를 자신들이 가지고 있다는 것을 인정하면서 스스로 사고하고 행동하게 되었다. 그들은 지배적인 담론에 도전하기 시작하였고 어린이와 교육자는 다른 방식으로 의미를 만들고 다르게 관계 맺을 수 있다는 것을 알게 되었다.

이러한 맥락에서 *비판적인 대화와* 소통의 중요성은 더욱 분명해졌다. 만일 우리가 어린이를 출발점으로 교육 활동을 하는 공동구성과 성찰의 문화를 원한다면 우리는 교육 활동을 비판적으로 검토하는 것을 배워야 한다. 프로젝트를 수행하는 데 가장 큰 어려움은 이 부분이었다.

비판적 대화의 문화를 만들고 자기성찰을 높이는 것은 쉽지 않았다. 레지오의 모든 기관은 기록작업, *아틀리에리스타*와 *페다고지스타*의 자극과 도전을 거쳐 일상이 진행되었다. 우리는 우리가 말한 것과 행한 것을 비판적으로 분석하고 토론하는 데 익숙하지 않았다. 교육자로서 우리는 어린이와 함께 무엇인가에 대하여 질문을 하면 이 작업을 재구성하기 위한 방법으로 여기기보다는 우리 작업이나 우리 자신에 대한 비판으로 받아들이기가 쉬웠다. 마치 우리가 사람과 이슈를 구별하지 못하는 것처럼 우리는 이러한 질문을 개인적으로 받아들였다.

우리는 문제의식을 갖는 데 익숙하지 않았기 때문에, 현재 벌어지고 있는 교육 작업이 아닌 외부의 것에 대하여 말하였고 이러한 일에 대하여 집중하고 비판적일 필요가 있었다. 우리는 어떻게 의미와 실천을 구성하고 해체해야 하는지에 대한 이슈로 갈등하였다. 프로젝트에서 우리는 가끔 레지오 에밀리아에 있는 Diana 유아교육기관의 *아틀리에리스타*인 Vea Vecchi의 이야기를 생각한다. 우리가 어떻게 성찰을 하며, 활기찬 환경을 만들 수 있는지를 질문했을 때 "우리는 토론하고, 토론하고, 토론하고 또 토론한다."라고 대답하였다. 모든 참여자가 자기성찰적인 태도가 필요한 탐구 과정을 교육실천으로 옮기기 위해 노력하였다. 이 모든 것은 시간과 많은 양의 작업을 요구하였다. 어려움에도 불구하고 우리는 많은 영감을 받았다. 이 작업은 우리를 생각할 수 없는 것을 생각하도록 하였고, 우리의 능력 이상을 발휘하여 실천을 낭만적으로 바라보지 않게 되었다.

변화의 주요한 요소는 *두 발로 걷는 것*이었다. 전통은 남아 있다. 우리는 오래된 짐을 한꺼번에 버릴 수 없었다. 이러한 생각을 갖는 것은 교육자들이 절망하지 않도록 도와주었는데 왜냐하면 변화는 오랜 시간이 걸리고 힘이 드는 작업이기 때문이다. 우리는 레지오가 30년 이상 그리고 실천을 구축하기 위하여 지속되는 갈등을 어떻게 해결하였는지에 대하여 이야기하였다. 레지오를 방문하면 자원도 없고 운영에 대한 지원도 없는 맥락에서 그렇게 작업하는 것이 가능하지 않다는 인상을 받게 된다. 그러나 우리 교육자들 역시 레지오의 교사들이 지원받는 만큼의 재정지원을 받고 있다는 것을 확신할 수 있다. 그들이 우리와 다른 것은 우리와 다른 관점, 의미, 아마도 참여이다.

4년의 프로젝트 기간은 매우 짧았다. 우리는 조직을 변화시키려고 하지 않았지만, 변화는 일어나고 있었고 정치가들은 교육 작업에 참여하게 되었다. 기록작업과 자기성찰이 지속되지 않으면 변화는 쉽게 멈출 수 있다. 우리는 확실한 방법을 발견했다고 말하게 되었고, 성공에 만족하게 되었고 이제 우리가 필요한 것은 공동구성, 문제의식, 그리고 기록작업이다. 우리가 무엇을 했는지 보기 위해 기관을 방문하는 사람들이 많이 오고 있는 것으로 프로젝트에 관심이 많은 것을 알 수 있지만, 작업을 발전시키기에는 시간이 많지 않다. 우리에게 도전은 이러한 실험 작업이 뒷걸음치지 않도록 하는 것이다. 그리고 이 과정이 어떻게 지속되도록 할 것인가에 있다.

• 공동구성자로서 연구자와 프로젝트 리더

> 실증주의적 탐구의 정당성을 파괴함으로써 사회과학 탐구를 새로운 방법으로 하게 되었다. (중략) 포스트모던 관점을 기반으로 우리는 언어를 통해 세계를 창조할 수 있고, 최초로 정치적 개입과 학문적 탐구의 관계에 대한 복잡한 문제를 심각하게 다룰 수 있게 되었다. (Lather, 1991: 14, 172)

프로젝트를 수행하면서 포스트모던 관점에서 자능화(empowerment)라는 개념과 어린이의 관점에서 페다고지를 수행하는 것을 이해하는 데 어려움이 있었다. 계몽주의 프로젝트에서 자능화 개념은 자신의 사고와 행위를 통제할 수 있는 것을 의미하지만, 포스트모던 관점에서는 이성과 능동적인 주체와의 관계 그리고 진리와 진보의 관계에 문제의식을 가지는 것을 의미하였다. 우리에게 중요한 질문은 "누가 자능화하는가?" 그리고 "누구를 위하여 말하는가?"와 같은 것이었다(Ellsworth, 1989). 이와 관련하여 더 나아가 질문을 하였다. 얼마나 많은 이론과 얼마나 많은 개념이 변화를 위해 필요한가? 이론의 역할은 무엇이고 연구자는 이와 같은 프로젝트를 수행하는 데 어떤 역할을 하는가? 연구자와 교육자의 역할은 무엇인가? 이러한 질문은 쉽지 않고, 옳고 그른 답도 없었다. 이 질문은 우리 작업의 목표와 비전에 따라 달랐다.

연구자의 역할과 연구자-교육자 관계를 성찰해 볼 때, 특히 정당성의 위기(2장 참조)로 설명되는 포스트모던 이론에 기반을 두어 연구자를 연구문제와 의미구성에 권한이 있는 전문가의 역할로 보는 것에 문제를 삼고자 하였다. 우리는 진리의 정당성을 지닌 과학의 위치와 전문가, 위대한 해석자(Dreyfus and Rainbow, 1980)로서 연구자의 개념과 "진리와 정의의 완성자."(Foucault, 1980a: 126)와 같은 연구자의 개념에 주목하고 문제를 제기하였다. 우리는 Derrida(1982, Lather, 1991, 재인용)의 영향을 받아 연구자를 '송신자' 이자 해방자로서 그리고 실천가를 수동적인 '수신자'로 바라보는 계몽중심의 은유 혹은 천동설적 관점을 해체하였다.

과학과 연구자의 역할에 이러한 지위를 부과한 지배적인 담론에서 갈등은 '진리' 에 도달하는 것이고 계량화할 수 없는 것은 흥미로울지라도 연구는 어렵다는 것이다. 이러한 패러다임은 연구의 관련성과 의미가 아니라 연구의 방법과 의의를 결정해 왔다. 유아교육 분야의 과학적 연구는 Cartesian의 이중성으로 특징지을 수 있다. 연구의 목적은 유아교육기관과 학교에서 일어나는 어린이 그리고 교육자의 일상생활과 분리되어 설정되어져 왔다. 많은 과학적 방법이 어린이를 인공적인 상황에 놓고 삶과 발달을 연구하였고, 어린이와 교육자의 생활경험을 나누고, 분절시키고, 탈맥락화하는 데 치중하여 왔다. 복잡성을 담기보다 이러한 방법은 단순한 그림을 제공하였다(Dahlberg, 1985). 방법적인 논의가 관련이 없다는 것이 아니고 나의 주장은 문제의식을 갖고 문제 자체와 관련된 새로운 관점을 찾는 것이다. 그러나 현재의 논의는 연구자가 제기하는 질문과 현재의 방법적 수단으로 가능한 연구로만 제한하는 경향이 있다는 것이다.

연구자가 자신을 '진리와 정의의 완성자'라고 보기보다는 연구에 직접 참여한 사람들이 행동하고 말할 수 있는 공간의 창조자가 될 수 있는가? 연구자들이 알려진 것과 이미 행해진 것에 대한 기원과 정당성을 주장하지 않을 수 있는가? 우리는 교육자를 더 잘 알 수 있는가? 우리가 어린이와 이들의 일상생활의 복잡성과 맥락을 인정하고 가치 있게 하는 연구를 할 수 있는가? 완성자의 목소리를 가지고 프로젝트에 대해 연구자 위주의 정의를 내리지 않기가 쉽지는 않다. 그러나 우리는 그렇게 하려고 노력하고 있다. 시작부터 우리는 이를 중요한 이슈로 삼아 왔다. 연구자인 우리는 프로젝트의 구성원과 교육자들과 함께 변화의 과정에서 공동구성자였다.

유아교육 · 보육기관의 어린이와 교육자의 일상생활에서 발견된 교육을 강조하는 네트워킹, 공동구성과 기록작업은 우리를 프로젝트의 중심에 두지 않고, 연구자와 참여자의 관계를 변화시킬 수 있는 상호작용의 형식이었다. 이러한 방식은 성찰적 교육실천과 해방시키는 연구 사이의 명백한 구분을 깨뜨렸다. 해방을 위한 연구는 해석과 분석에 기초하고, 연구자가 실천가나 교육자에게 현실에 대한 이해를 강요하지 않고, 교육실천을 낭만적으로 보지 않게 하는 협동 작업이다. 따라서 연구자와 교육자가 협력하기 위하여 노력하였고, 동시에 정치, 지식과 권력은 관계가 있으므로 우리가 권력으로부터 자유로울 수 없고, 절대 순수하지 않다는 것을 기억하면서 작업하였다.

이론, 개념, 그리고 실천의 관계는 중요한 문제이다. 프로젝트는 이론과 실천의 상호호혜적 관계를 세우는 것을 지속적으로 강조해 왔다. 네트워크 안에서 교육자와 함께 일하면서, 연구자는 다양한 관점에서 실천을 어렵게 하는 객관화의 욕구를 기억하면서 이론적 관점과 실천 간의 균형을 찾으려고 노력하였다. 연구자로서 우리는 이론은 실천 중심의 과정에 매우 중요하다고 보지만 이론적인 관심이 실천의 관심을 넘어서서는 안

된다고 보았다. 새로운 개념의 도구를 얻는 것으로는 충분하지 않다. 현장에서 이 도구는 시도해 봐야 하고, 토론하고, 협상하고 문제의식을 가지고 봐야 한다. 현장의 경험과 결부된 이론적 관점은 대화하고 직면하도록 가능성을 열어 준다.

교육자와 연구자의 관계에 대한 문제는 교육자와 어린이 사이의 관계에서 발생하는 문제와 유사하다. "누가 알고 있는 사람이고 알아야 하는 사람인가, 누가 가르치는 사람이고 배워야 하는 사람인가?" 프로젝트 그룹으로서 우리는 레지오 에밀리아 철학과 실천에 매우 친숙하다는 이유로 스웨덴 전역에서 강의 요청이 있고 자문 요청이 있다. 그러나 우리는 '레지오 접근' 의 대표자도, 대단한 해석자도 아니고 우리의 임무는 볼 수 없고 말할 수 없는 사람들에게 이성을 가지고 진실을 보여 주는 것이다.

시작과 끝은 있지만 정답은 없다. 우리는 단지 시도하고 있을 뿐이다. 우리는 이론과 실천 사이를 오가면서 네트워크 안에서 노력하고 있고, Patti Lather(1991)가 말한 것처럼 정치적 선봉과 의식 수준을 높이는 문제가 있을 수 있다는 지적에 동의한다. "의식적이고 능동적인 인간의 역사적 역할과 평등한 사회를 향해 변화를 주도하는 지식인의 노력은 정확히 말해 포스트모더니즘으로 문제시되는 해방정치의 측면이다."

4. 몇 가지 제안점

우리가 직면하는 많은 도전과 문제에도 불구하고 프로젝트는 교육실천이 변화하는 데 필요한 작업을 이해하는 데 도움을 주고 있다. 변화는 기록작업과 성찰이 기반인 네트워크를 필요로 한다. 당신은 교육자의 관점에서가 아니라, 어린이의 작업에서 어린이를 풍요롭고 능력 있는 존재로 바라보아야 한다.

이 작업은 교육자에 의해 능동적으로 수행되어야 하지만 교육자의 지원을 필요로 한다. 기관의 대표는 교육실천에 관여하여야 하고, 지역에 있는 기관의 운영은 교육적으로 역량이 있고 분석하고, 해체하고, 재구성하려고 하여야 한다. 그러므로 운영과 감독으로 그 역할을 제한해서는 안 된다. *아틀리에리스타*는 지식과 기록작업을 만드는 데 귀중한 지원을 하게 되고, *페다고지스타*는 다른 종류의 지원을 하게 된다. 그러나 이러한 자문은 어린이, 지식, 그리고 학습을 이해하고 관점을 공유해야 한다. 페다고지 작업에 대해 성찰하는 것은 언제나 중요하지만 유연하게 그리고 성공적으로 프로젝트를 수행할 수 있는 방법을 찾기 위해 다양한 전략을 채택해야 한다.

우리는 자원이 더 많거나 특별한 조건이 있는 기관을 세우는 것이 아니고, 유사하고 '평균의' 조건을 갖춘 기관과 작업을 하는 것이 중요하다고 믿고 있다. 이러한 상황에서 기록작업과 같은 작업이 이루어질 수 있도록 시간의 사용에 관심을 기울이는 것이 중요하다. 중요한 것은 교육자가 어린이와 함께 바깥놀이에 모두 나가지 않도록 하거나, 식사를 함께하지 않도록 하여 기록작업을 할 수 있는 시간을 제공해야 한다. 기록작업은 현직 훈련과 참여, 대화와 대결을 위한 공공의 포럼을 발전시킬 수 있다. 기록작업은 이 모든 것의 핵심이다.

Beyond Quality in Early Childhood Education and Care

제7장

교육적 기록작업: 반성과 민주주의를 위한 실천

1. 교육적 기록작업은 반성적이고 민주주의적인 교육을 향한 실천이다

> 나는 우리와 같은 사회권에 있어 진정으로 중요한 정치적 과업은 중립적이며 독립적으로 보이는 기관의 숨은 작용을 비판하는 것이라 생각한다. 그러한 비판 작업은 사회 전반에 걸쳐 언제나 이면에서 작용하고 있는 정치적 폭력을 파헤쳐 사람들이 그 폭력에 대항할 수 있도록 하기 위함이다. (Foucault, 1974: 171)

앞 장들에서 우리는 지식의 사회적 구성이라는 특성과 아동, 교육자, 또는 유아교육의 맥락적이고 구현적인 본질에 대해 논의하였다. 이러한 논의는 우리가 구성해 온 특정 아동관과 교사관에 따른 테크닉과 실천의 성격을 드러내고, 나아가 그 테크닉과 실천의 위험성을 드러내는 것이었다. 이러한 관점에서 본다면, 모든 교육 활동은 인간에 의해 사회적으로 구성된 것이라 할 수 있으며, 아동과 교사를 포함한 유아교육의 전 체제는 언어를 통해 사회적으로 구성된 것으로 이해될 수 있다는 논리로 이어진다. 또 한편으로 이러한 교육실천이 변화를 향해 개방되어 있음을 함의하기도 한다. 즉, 특정한 방식으로 교육 활동을 구성할 수 있다면 또 다른 방식으로의 재구성을 선택할 수도 있다는 것을 의미한다.

이 장에서 우리는, 전통적 방식을 극복하는 방법에 대한 논의를 발전시키기 위해 스웨덴 유아교육·보육기관 내에서의 하나의 대안적 실천을 소개하고자 한다. 이 대안적 실천은 교육자 스스로와 자신과 함께 일해 온 어린이들을 교육자들이 어떻게 구성하고 재현해 왔는지를 이해하고자 한다. 이 대안적 접근은 실천과 재현에 있어 새로운 의미구성의 가능성을 드러내면서 전통이라는 경계를 넘어선다. 이러한 실천을 위해서는 지식과 권력의 연쇄 작용에 불과한 진리의 제국에 반대하고 대항하는 적극적인 방법을 만들어 가야만 한다. 진리의 제국은 진위와 시비, 나아가 우리가 무엇을 생각할 수 있고 행할 수 있는가까지도 결정하기 때문이다.

자기성찰성을 높이는 것이 교육실천에서 중요한 역할을 한다는 것은 이미 앞서 논의한 바 있다. 자기성찰성을 높임으로써 우리의 사회적 지평이 넓어지고 삶과 일 그리고 창의성을 새롭게 볼 수 있게 된다. 그렇다면 우리는 어떻게 성찰적이고 의사소통적인 페다고지를 실천할 수 있을 것인가? 무엇보다도 먼저 전제가 되어야 할 것은 동료들과 함께 교육실천과 교육실천에 필요한 조건에 대해 생생하고 비판적인 토론의 공간을 창출할 수 있는 반성적 실천일 것이다. 그리고 이 실천가들이 사용할 특정 '도구' 또한 필요할 것이다. 오늘날 세계 각국의 많은 교육자들은 이탈리아 북부 도시인 레지오 에밀리아의 유아교육·보육기관으로부터 얻은 영감을 토대로 '교육적 기록작업(pedagogical documentation)'을 그 도구로서 사용해 오고 있다. 교육적 기록작업은 교육실천을 반성하기 위한 하나의 도구이다. 동시에 교육적 기록작업은 우리 자신과 타자, 그리고 세계를 윤리적 관계(우리가 앞서 '만남의 윤리'라고 명명한 관계)로 구성하는 수단으로서 사용된다.

교육적 기록작업이라는 아이디어와 실천은 오랜 역사적 전통을 가지고 있으며 레지오에서만 발전한 것은 아니다. 스웨덴의 예를 든다면, Elsa Köhler 교육이론의 중요한 측면이 실천을 기록화한다는 생각이었다. Dewey와 마찬가지로 Elsa Köhler는 교육실천과 관련 이슈에 대해 반성적, 문제해결 중심 접근을 취했다. 자기성찰적 교육자가 자아에 대한 이해를 발전시켜야 한다는 아이디어로 출발하여 의사소통과 상호작용과 관찰은 Köhler의 '활동 페다고지(activity pedagogy)'의 심장을 이루었다. 활동교육학에서 교육자는 일종의 연구자로 간주되었다. 교육자들이 반성작업과 연구에 관여했던 연유로, Köhler 시대의 많은 교육자들은 공부를 계속하여 박사논문을 쓰는 경향을 보이기도 하였다(Dahlberg & Lenz Taguchi, 1994; Stafseng, 1994).

레지오 에밀리아에서도 반성적 실천을 통한 연구자로서의 교육자를 양성한다는 생각은 중요하게 다루어져 왔다. 그러나 레지오에서 특별히 주목해야 할 점은 관찰과 기록화라는 작업 이면에 깔린 지배적 사고에 도전해 왔다는 점에 있다. 관찰을 보편적이고 객관적인 실제에 질서를 부여하는 행위로서 보기보다, 구체적이고 지역적인 상황에서의 의미의 공동구성 과정으로 보았다. 그 결과, 관심의 방향이 바뀌게 된다.

> 이론에서 실천으로, 이론의 검증에서 실천적이고 귀납적인 설명으로 … 제3자의 관찰로부터 당사자의 '의미구성'으로의 전환 … 우리는 주관적 세계의 사회적 구성에 사용되는 절차와 장치에 관심을 갖게 되었

> 다. … 결국 개인, 제3자, 외재적, 관조적 관찰자 자세, 관찰되는 활동 밖에서 조각 정보를 모으는 조사자로부터 멀어지게 되었다. (Shotter, 1993: 59, 60)

우리는 교육적 기록작업을 반성적이고 민주적인 교육실천을 창출하기 위한 살아 있는 도구라고 표현한 바 있다. 그러나 교육적 기록작업이 중요한 또 다른 이유가 있다. 그것은 의미창조 담론에 있어 중심 역할을 담당한다. 질에 대한 기존의 담론에서와 같이 질을 측정하는 표준화된 도구에 의존하기보다, 현재 진행되고 있는 것에 대해 우리의 의미를 창조하고 우리의 의사결정을 창출하는 우리 자신의 책임감을 회복하게 한다.

교육적 기록작업은 유아교육 · 보육기관의 민주화에도 공헌한다. 4장에서 논의한 바와 같이, 교육자와 관계자들을 교육실천에 대한 대화와 협상에 참여하게 하는 통로를 제공하기 때문이다. 교육실천을 가시화하고 민주적이고 개방적인 논쟁을 가능하게 함으로써 유아교육 · 보육기관이 그 사회에서의 새로운 형태의 합법성을 얻을 수 있는 가능성을 교육적 기록작업은 제공한다.

> 유아교육 · 보육기관이 주어진 상황에서 합법성을 어떻게 찾아야 할 것인가라는 질문의 해답은 경제적 측면이 유아교육의 교육적인 측면이나 가치추구적 측면과 보다 깊이 관련되어 있는 것은 아닌지를 의심하는 것에서부터 그 실마리를 찾을 수 있다는 것을 알게 되었다. 이 합법성의 전제는 교육실천과 기능이 학교세계와 교육 · 보육기관 밖으로 가시화되어 공적 담론의 한 부분이 되어야 한다는 것이다… 공적 담론화는 여러 관심 집단의 참여를 필요로 할 뿐 아니라, 부모와 스태프와 행정가와 정치가들 사이의 자능화(自能化, empowerment)

와 참여, 그리고 반성적 담론에 토대를 둔 교육실천을 필요로 한다.
(Dahlberg & Åsén, 1994: 166)

2. 교육적 기록작업은 아동 관찰이 아니다

교육적 기록작업을 이해하는 데 있어 그것이 아닌 것이 무엇인지를 명료하게 하는 것은 중요하다. 교육적 기록작업은 '아동 관찰' 과 혼동되어서는 안 된다. 우리가 이해한 바에 의하면, '아동 관찰' 은 발달심리학의 연구 결과가 제안한 선결정된 범주에 따라 특정 연령에 정상 아동이 해야 할 행동과의 관련성 속에서 어린이들의 심리 발달을 평가하는 것이다. 이러한 관찰의 초점은 어린이들의 학습 과정에 있는 것이 아니라 발달 수준이나 단계라는 일반적 도식 아래 어린이들을 분류하고 범주화하는 데 있다. 이러한 측면에서 본다면, 아동 관찰은 자연과의 연장선상에서, 그리고 지식의 전달과 습득이라는 관점에서 아동을 바라보는 정상화(正常化, normalization)의 기술공학이다. 유아교육·보육기관은 발달적 진보로 대표되는 아동이라는 결과물의 생산공장이 된다. 따라서 '아동 관찰' 의 주요 임무는 아동이 표준을 달성하고 있는지를 평가하는 일이 된다. 반면, '교육적 기록작업' 은 교육 현장에서는 무엇이 일어나고 있는지, 또한 그곳의 그 아동은 무엇을 할 수 있는지를 어떤 선결정된 기대의 틀이나 규범 없이 알아보려 하고 이해하고자 하는 데 주된 관심이 있다.

교육적 기록작업과 아동 관찰은 또 다른 점에서 차이가 난다. 아동 관찰은, 모더니즘 관점에 입각하여, 기록될 수 있고 정확하게 재현될 수 있는 객관적이고 외재적인 진리를 가정한다. 탐구와 관찰에 대해 객관론자나 합리론자들이 취한 전통적인 관점에 서 있기 때문에, 세계는 독립적으로 존재하는 우주로 이해되고 지식은 그 세계를 반영하거나 세계와 정합하는 것으로 이해된다. 관찰 대상, 즉 아동 속에는 발견될 수 있는 내재적/본질적 실재가 존재한다는 관점을 취한다.

교육적 기록작업은, 포스트모던 관점에 입각하여, 기록되는 것이 어린이들이 말하고 행하는 것을 바로 재현한다고 주장하지 않는다. 일어난 일에 대한 진리 주장이 아니라는 것이다. 물론, 포스트모던 이론만이 객관성에 대해 도전한 것은 아니었다. 지난 30년간 인공지능 이론과 체제 이론에서는 사회·문화적으로 구성되는 지식의 문제를 다루어 왔다. 이들은 사회과학 연구에 있어서의 성찰성과 자기참조성의 의미를 탐색하면서, 순환 피드백 기제를 연구하였고, *관찰 대상(observed)*에 대한 연구만큼이나 *관찰하는(observing)* 과정에 대한 연구에 몰두해 왔다(Gergen & Gergen, 1991; Israel, 1992; Steier, 1991; von Foerster, 1991). 인공지능 2세대 전통이라 불리는 이들은 관찰과 기술과 해석과 설명에 있어서의 관찰자의 역할을 강조하였다. "인간 활동으로서의 구성주의 탐구는 능동적 관찰자인 탐구자를 포함한 반성적 연쇄로서 앎의 과정에 관심을 두어야 한다" (Steier, 1991: 163)는 것이었다.

교육적 기록작업은 가시화의 과정이다. 이 말은 우리가 기록하는 것이 실재를 재현한다는 주장이 아니라, 오히려 인간사회와 자연계의 실재를 재현하지 않는다는 의미이다. 다시 말해서 우리가 기록하는 것은, 교육자들이 기록할 만하다는 가치 선택을 통해 공동구성자로 참여하게 되는 사회적 구성 과정이라는 주장이다. 의미는 단순히 보거나 관찰하는 것으로부터 나오는 것이 아니다. "의미는 감각기관이 펴 주기만을 기다리는 자연 속에 떠다니는 것이 아니라 구성되는 것이다. 의미는 해석이라는 행위 속에서 생산된다" (Steedman, 1991). 기록할 때 기록자는 자신이 기록하고 있는 어린이들의 사고와 말과 행위, 그리고 교육자로서의 자신과의 사이에 관계를 구성하고 있는 것이다. 이러한 점에서 기록작업이라는 실천은 그 과정에의 우리 스스로 관여를 떠나서는 존재할 수 없다. 마치 무대에서의 연기와 같이, 우리가 기록하는 것 또한 선택적이고 부분적이고 맥락적이다.

우리가 기록하는 것은 하나의 선택일 뿐이다. 다른 많은 선택지 중에서의 하나의 선택이며, 교육자 자신이 소외되지 않고 참여하고 있는 하나의 선택이다. 마찬가지로 우리가 선택하지 않은 것 또한 하나의 선택일 뿐이다. 레지오 에밀리아의 *페다고지스타*인 Carlina Rinaldi는 다양한 종류의 불확실성과 관점으로부터의 선택과 그 애매함을 있는 그대로 용감하게 직시하는 것에 대해 이야기한다. 우리가 일상에 대해 의미를 부여하게 되는 이해방식뿐만 아니라, 우리가 서술하고 있는 것과 우리가 적용하는 도식은 암묵적인 관습이나 범주와 불가분의 관계에 있다. 다시 말해, 우리는 능동적인 주체이자 참여자로서 기록작업을 공동구성하고 공동 생산한다. 하나의 진리나 답은 있을 수 없다.

따라서, 기록작업을 할 때, 우리는 어린이들의 삶의 공동구성자이며, 교육실천에 있어서 우리들의 생각이 소중하고 가치 있다는 신념을 구현하고 있는 것이다. 기록작업은 우리가 교육자로서의 우리 자신뿐만 아니라 어린이에 대해 어떻게 의미를 구성해 왔는가에 대해 말해 준다. 즉, 우리 스스로 실천 현장을 어떻게 이해하고 '읽고' 있는지를 우리로 하여금 볼 수 있게 한다. 그리고 이를 토대로 교육자로서 우리가 기술(記述)한 것이 구성된 기술이라는 것을 쉽게 볼 수 있게 한다. 그럼으로써 탐구적으로 변하며 토의와 변화에 대해 열린 태도로 변화해 간다. 이는, 기록작업을 통해, 우리가 어린이라는 존재를 다른 방식으로 접근할 수 있다는 것을 알게 된다는 것을 의미한다. 이러한 관점에서 본다면, 기록작업은 자기성찰에 대한 내러티브이며 자아를 구성해 가는 과정이라 할 수 있다. 실제는 재현되는 것이 아니며 지배 담론과의 관계 속에서 선택하는 것이라는 것을 의식하게 되면 기록작업의 구성적 특성을 보다 쉽게 비판적으로 분석할 수 있으며 지배 왕국에 반기를 들고 저항할 수 있다.

어린이라는 존재와 어린이의 발달에 대한 사실 기록이자 실재의 재현으로서의 아동 관찰과는 분명히 거리가 있다.

3. 교육적 기록작업이란 무엇인가?

'교육적 기록작업' 이라는 용어는, 사실, *과정(process)*과 그 과정 안의 중요한 *내용(content)*이라는 두 가지 관련 주제를 담고 있다. *내용*으로서의 교육적 기록작업은 어린이들이 말하고 행하는 것, 어린이들의 작품, 교육자가 어린이들과 어린이들의 작품에 관계하는 방식에 대해 기록하는 도구이다. 이 도구는 여러 가지 방식으로 만들어질 수 있으며 여러 형태를 띨 수 있다. 예를 들어, 어린이들이 말하고 행동한 것에 대한 수기(手記) 기록물, 오디오/비디오 녹음/녹화 자료, 스냅 사진, 컴퓨터 그래픽, *아틀리에리스타*와 *아틀리에*에서 만든 작품을 포함한 어린이들의 작업물 그 자체, 이 모두가 기록작업의 내용이 된다. 이 도구는 교육실천을 구체화하고 가시화하게 하므로 교육적 기록작업 과정에 있어 중요한 요소가 된다.

*과정*은 그러한 도구를 교육실천 반성을 위한 수단으로서 사용하고, 또한 그 반성을 매우 열정적이고 전략적이고 민주적인 방식으로 하게 하는 수단으로서 사용하는 것과 관련되어 있다. 반성은 교육자 단독으로도, 관련된 다른 사람(다른 교육자, *페다고지스타*, 어린이, 부모, 정치가)과 함께로도 이루어질 수 있다. 앞 장에서 스톡홀름 프로젝트와 관련하여 언급했듯이, 각 현장에서의 세세한 상황에 대해 그려 낸 교육적 기록작업이 어

떻게 교육자들 네트워크의 구심점이 되었는지를 우리는 보았다. 물론 쉽지만은 않았다. '훈련도 필요했지만 새로운 능력을 필요로 하는' 과정이었다. 뿐만 아니라 이 과정은 교육자들이 기록작업과 일련의 반성을 위한 시간을 할애하기 위해 자신들의 일을 재조직해 낼 수 있어야만 했다. 스톡홀름 프로젝트와 레지오 에밀리아에서의 노력을 통해 얻은 한 가지 결론은, 우리가 가능할 법한 교육적 자원에 대해 단순히 탐색해 보았다기보다는, 교육적 기록작업이 너무나 중요하다는 생각에 이르렀기 때문에 이를 최우선시하고 이를 위한 노력을 아끼지 않게 되었다는 것이다.

4. 학습 과정으로서의 교육적 기록작업

교육적 기록작업 이론에 대해 상세히 살펴보기 전에 우선 스톡홀름 프로젝트 네트워크의 구성원이었던 한 교육자가 실제로 했던 작업을 통해 교육적 기록작업의 한 사례를 들어 보기로 하겠다. 이 사례는 작업이 유난히 탁월했다거나 그 교육자가 유달리 유능했기 때문에 선택된 것은 아니다. 이 사례는 스톡홀름 프로젝트의 이면에 깔려 있는 문제의식과 학습 과정으로서의 교육적 기록작업의 이면에 깔려 있는 문제의식, 즉 지배 담론에의 도전 가능성이라는 단면을 드러내고자 선택되었다. 그러나 이러한 종류의 작업이란 너무나 많은 과정을 내포하고 있기 때문에 제대로 설명하기가 참으로 어렵다는 것도 미리 밝혀 둔다.

이 사례의 맥락은 다음과 같은 것이었다. 스톡홀름 프로젝트에 참여하면서 이 기관의 교육자들은 어린이들의 환상, 그리고 가설과 이론에 대해 열심히 귀 기울이고자 하고 있었다. 또한 어린이들의 학습 과정에 자신들이 개입하는 방식과 더불어 어린이들의 학습 전략과 의미구성에 대해 보다 체계적으로 주목하고자 하고 있었다. 여기서 소개할 사례는 만 5세반 교사 Anna이다. Anna는 어린이들이 하는 행동과 말을 기록하면서 프로젝트의 과정을 미루지 않고 성실히 기록해 나가기 시작했다. 어린이들의 일상뿐만 아니라 자기 자신이 어린이들을 어떻게 이해하고 있으며 심지어 교육자로서의 자신을 어떻게 이해하고 있는지, 있었던 일상에 대해 반성하고 재해석하기 위해 매일 밤 기록한 내용을 집으로 가지고 가서 반복해서 보며 분석하고 있었다. Anna는 어린이들의 학습과 교사의 학습이 자신들의 실천 속에서 어떻게 구성되는지, 지식은 어떻게 구성되며 어린이들의 실험과 상징화에 있어 환경은 어떠한 도구를 제공하는지에 대해 기록물을 통해 질문할 수 있게 되었다. 이 아이들이 가장 몰입하고 있는 것은 무엇인가? 이 아이들은 어떤 이론을 가지고 있는가? 나는 이 이론에 어떻게 개입해야 하는가? 어떻게 하면 그 주제를 장기간에 걸쳐 확장시키면서 아이들의 학습 과정을 심화시킬 수 있는가? 그 작업은 어떤 방식으로 지속되어야 하는가?

이러한 질문은 Anna의 사고를 자극했고 계획의 방향을 쉽게 결정짓지 못하게 했다. 이러한 질문으로 인해, 사실 아이들은 자신들의 학습 과정을 능동적으로 심화시키면서 특정 프로젝트 주제에 대해 훨씬 오랫동안 지속적인 학습을 할 수 있음에도 교육자가 마땅히 일어나야 할 것에 대해 사전에 계획했었다는 이유로 목적을 향해 내달리거나 새로운 아이디어나 내용으로 성급히 넘어가게 하지 않았다. 이렇게 기록작업이 반성의 도구로서 사용되는 경우에, 종종 기록작업은 그 주제에 대한 길고 연속적인 학습을 이끌게 되었다. 이런 종류의 학습은 교육자에 의한 많은 해석 작업, 다양한 관점이 유입되고 논의되고 직시될 수 있는 동료 교육자와의 대화, 그리고 다각적인 실험 정신을 요구하였다. 이런 방식으로, 자신의 해석을 의식화하고 '차이를 넘어 함께 일하는' 과정이 될 수 있었다(Ellsworth, 1989: 314).

Anna는 자신만을 위한 작업에 그치지 않고 어린이들에게 이 기록물을 다시 되돌려 주었다. 어린이들은 자신들이 이전에 한 작업을 재방문할 수 있었고 새로운 영감을 얻었고 그 주제에 대해 더 몰입할 수 있었다. Anna는 기록물을 교실 벽 높은 곳에 붙였고, 이것은 또 다시 부모들이 프로젝트에 참여하게 되는 중요한 통로가 되었다. 아이들은 시간에 대해 알아나가기 위해 모래시계와 같은 도구를 가지고 유치원에 오기 시작했다. 아이들이 부모들의 참여를 이끌기도 하였다. 예를 들어, 하루는 아이들이 부모들에게 복도를 뛰어 봐 달라고 한 후 그 시간을 쟀다. Anna는 기록작업을 통해, 같이 일하는 기관의 동료들과 프로젝트 네트워크에서 자신의 교육실천에 대해 토론할 수 있었을 뿐만 아니라 많은 여타 교육자들과 부모 모임의 부모들에게 자신의 교육실천을 드러내 보일 수 있었다.

Anna는 '동물의 시간' 이라는 아이들의 생각에 어떻게 반응해야 할지 판단하기 어려웠다고 네트워크에서 이야기했다. 동물은 시간을 이해하지 못한다고 쉽게 반응해 버릴 수도 있었을 것이다. 하지만 Anna는 그렇게 말해 버리는 대신 심각하게 아이들의 가설을 다루는 쪽을 선택했다. Anna는 *사회적 구축주의* 관점을 취하고 있다고 할 수 있다. 교육자가 참된 진리 지식을 가지고 있다고 가정하고 어린이들이 자신들의 가설을 탐색할 기회를 갖기도 이전에 교육자가 주장하게 되는 *구성주의* 관점(이 두 가지 관점에 대한 자세한 설명은 3장 참조)과는 달랐다. 교육자가 이미 답을 가지고 있으며 어린이들이 학습해야 할 것을 치밀하게 계획해야 한다고 가정하는 관점에 우리 대부분은 너무나도 익숙해 있기 때문에 사회적 구축주의 관점을 취한다는 것은 매우 어려운 과업이었다. 이번 작업에서도 Anna는 이 문제로 계속 고심했고, 소속 기관의 다른 동료들과 어떻게 대화의 공감대를 찾아가야 할지 고민했다(그러나 이 프로젝트 과정에서 어린이들은 소위 유아교육·보육에서 '바람직한 결과'라고 부를 수 있는 시간에 대한 지식을 교사의 특별한 가르침 없이도 가지게 되었다는 것을 주목해야 할 것이다).

시간에 대한 프로젝트는 6명의 만 5세 어린이들이 점심시간에 나눈 이야기로부터 시작되었다. 아이들은 벽에 걸린 시계를 보면서 엄마, 아빠가 통상 몇 시에 데리러 오는지에 대해 이야기하고 있었다. Anna는 이 아이들에게서 시간과 시계에 대해 더 알고 싶어 하는 강한 홍미를 보았다. 그래서 다음 날 Anna는 아이들이 보는 앞에서 벽에서 시계를 떼어 유치원 *아틀리에*의 테이블 위에 올려놓았다. 그리고는 아이들에게 "시간이 뭘까?"라고 물었다. 아이들은 대답했다.

"시계가 있으면 몇 시인 줄 볼 수 있어요. 시간을 알아야 하잖아요."

"여러 종류의 시계가 있어요. 손목시계도 있고, 스톱워치도 있고, 또 '쿠~쿠~' 하고 말하는 쿠쿠시계[1]도 있고요, 교회시계는 12시가 되면 '딩동~' 하고 말해요."

"동물은요, 우리가 일어나면 일어나요. 왜냐하면 동물은 자기네들 시계가 없거든요."

"낮에도 밤에도 시계는 12에 가요. 12까지밖에 숫자가 없어요."

Johan이라는 한 아이는 다른 아이에게 숫자에 대해 자기가 알고 있는 것에 대해서 이야기했다. 그리고 서로 다른 기능을 하는 시계의 '손'[2]에 대해 이야기했다. 또 다른 아이는 시계를 만들어 보고 싶다고 말했다. 아이들을(다양한 매체가 구비되어 있는) *아틀리에*에 앉아 이야기를 나누고 있었기 때문에 여러 가지 것을 만들 수 있다는 것 또한 잘 알고 있었

1) 역자 주: 뻐꾸기시계.
2) 역자 주: 시곗바늘을 가리켜 아이들이 사용한 단어.

다. Anna는 사전에 동그란 종이판을 준비해 놓았고, 숫자와 '손' 으로 된 시계를 그리기 시작하는 아이들에게 주었다.

이틀 뒤, Anna는 "시간이 뭘까?" 라는 질문에 아이들이 대답했던 내용을 포함한 이전 토론 내용에 대한 기록물을 아이들에게 다시 읽어 주었다. 아이들은 다시 이야기하기 시작했다. 이 토론에서 아이들은 동물과 시간에 대해 많이 이야기했고, Anna는 동물들은 어떻게 시간을 알 수 있을까를 다시 물었다. 아이들은 대답했다.

"동물들은 깨면 일어나고 아침밥을 지어요."

"해가 뜨면 일어나고 해가 지면 자요."

"여기에 해가 있으면 호주는 깜깜해요. 해는 나뉘어져 있어요."

"해가 동물들의 시계예요."

Anna는 아이들의 토론 내용을 모두 기록하면서 계속 지켜보았다. 잠시 후, Anna는 해로 시간을 잴 수 있는지를 아이들에게 물었다. 한 아이가 대답했다.

"아니요, 우리는 시계로 시간을 알 수 있어요. 시간은 돌고 또 돌아요."

그러자 Anna가 물었다. "우리는 시간을 잴 수 있을까?"

Martin이 대답하기를 "네, 달릴 때요, 뛸 때 시간을 잴 수 있어요."

그러자 아이들은 달리기 시간 재기를 하자며 유치원의 복도로 향했다. 거기서 아이들은 경주를 하기로 했다. Martin은 다른 아이들이 뛸 때 초를 세었다. Johan의 차례가 되자 Johan은 시계를 사용하였다. 초 '손'이 특정 숫자에 올 때까지를 기다렸다가 얼마나 시간이 걸리는지를 계산하였다. 아이들은 Anna에게 시간을 잰 결과를 써 달라고 했다. 잠시 후 아이들은 Martin이 쟀을 때와 왜 결과가 다르게 나오는지 궁금해하기 시작했다. 그러자 Isak은, Matin은 빠르게 세었고 Johan은 시계의 초 '손'

을 썼을 때는 훨씬 느렸다고 말했다. 아이들은 계속 왜일까를 궁리했지만 그 문제를 풀 수 없다는 것을 깨닫게 되었다.

아이들 중 한 명이 동물도 시계를 가져야 한다는 것을 발견하였다. 그래서 그 아이는 "우리가 동물들에게 시계를 만들어 주어야 해."라고 말했고, 아이들은 그 시계를 숫자가 있는 동그란 시계이어야 한다는 쪽으로 합의하였다. Bijörn이 동물은 시계가 없다고 반론을 제기했다. 하지만 Hans가 동물을 위한 시계를 만들어야 한다고 고집했다. 그래서 아이들은 모두 그렇게 하기로 했다. 아이들은 또 전등이 해가 될 수 있다고 결정했지만, 전등을 종이판 위에 직접 드리워도 아무것도 볼 수 없다는 것을 알고는 그림자를 드리울 무언가가 있어야 한다는 것을 깨달았다. 그러자 Anna는 펜을 꺼내서 아이들에게 주었다. Johan은 펜을 종이판 위에 올려놓으면 그림자가 생긴다는 것을 발견해냈다. Johan은 신나서 소리쳤다. "와, 꼭 바늘처럼 보여!" 하지만 동시에 Johan은 동물이 숫자를 읽지 못한다고 말했다.

Isak이 램프를 움직이자 아이들은 그림자도 움직인다는 것을 깨달았다. 모든 아이들이 해 보고 싶어 했고, 그림자가 어떻게 변하는지를 보기 위해 램프를 다른 위치로 움직이기 시작했다.

"우리가 해시계를 만들었어." Johan이 말했다.

"우리가 발명한 거야." Hans가 말했다.

하지만 Bijörn은 동물은 해가 뜨면 일어나니까 시계는 필요 없다고 말했다.

Anna는 아이들이 얼마나 흥미 있어 하는지를 볼 수 있었기 때문에 계속하기로 결정했다. 다시 한 번 Anna는 이전 기록물을 아이들에게 읽어 주어 자신들이 이전에 했던 것을 개관할 수 있도록 도와주었다. 아이들은 다른 재료로 해시계를 만들고 싶다고 했다. Anna는 찰흙을 주면서 시계를 너무 작게 만들지는 말라고 했다. 아이들은 너무나 신이 나서 찰흙으로 열심히 동그란 모양을 만들기 시작했다. 동물은 숫자가 필요 없다는 한 아이의 말에 아이들은 이렇게 결정을 내렸다. "그럼 점들만 만들자!" 시곗바늘을 만들기 위해 아이들은 나무 막대를 사용했다. 전등을 이용하면 이 막대가 시곗바늘 기능을 할 수 있다는 것을 발견했기 때문이었다. 아이들은 자신들이 만든 이 시계 주변을 뛰어다니며 춤을 추기 시작했고 해가 뜨고 진다고 말했다. 아이들은 전등을 움직이면 그림자가 변한다는 것, 길게도 짧게도 만들 수 있어서 여러 종류의 시계에 쓸 수 있다는 것을 관찰하기도 하였다.

아이들은 실외 정원에서 해시계를 만들었고, 해 다이얼을 만들기 위해 나무 블록을 땅 위에 놓고는 나중에 더 만들기로 하였다. 몇몇 남자 아이들은 진자를 이용해서 교회 시계를 만들기로 했고, 진자가 어떻게 앞뒤로 움직이는지를 탐색하게 되었다. 그 아이들은 진자가 앞뒤로 움직일 때 도시 전체가 벨 소리를 들을 수 있으며 사람들은 그 소리를 듣고 일하러 가거나 학교에 가야 할지를 알 수 있다고 했다. Anna는 물었다. "진자로 시간을 잴 수 있을까?" 아이들은 Anna가 가져다 준 낚시 추와 낚싯줄로 진자를 만들기 시작했다.

아이들은 줄의 길이가 달라지면 진자의 운동도 달라진다는 것, 즉 줄이 짧으면 진자가 빨리 가고 줄이 길면 느리게 간다는 것을 발견하였다. 아이들은 또 진자를 눌렀을 때 멈출 때까지의 시간차를 각 진자별로 비교하기도 하였다. Anna는 진자로 시간을 잴 수 있는지를 다시 한 번 물었다. 한 아이가 대답하기를 "그럼요, 모래시계를 쓸 때나, 성에 갇힌 죄수들이 하는 것처럼요"(당시 스웨덴에서 유행했던 TV 프로그램을 말하는 것임).

그리고 난 후 아이들은 모래로 채운 모래시계를 만들기 시작했고 진자와 모래시계를 비교하기 시작했다. 모래시계 위에 숫자를 쓰기 시작했고, 갑자기 (TV 프로그램에서 나오는) 성에 갇힌 죄수들을 상상한 역할 놀이로 이어졌다. 역할 놀이 후에 아이들은 모든 것을 모래시계로 재기 시작했다. 뿐만 아니라 한 남자 아이가 집에서 가지고 온 샘플이 도화선이 되어 물로 채운 모래시계를 만들기도 하였다.

Anna는 물었다. "시간은 언제나 있는 거니?" 한 아이는 "생일이 언제나 있잖아요. 우리 엄마는 내 생일이 언제인지 다음 생일까지 얼마나 남았는지 알려면 다이어리를 봐야 해요."라고 대답한다. 한 아이는 날(days)과 시간(hours)은 언제나 있다고 말했다. "시간을 되돌릴 수 있을까?" 하며 교사가 묻자 "아니요, 하지만 우리 엄마가 그러는데 옛날에는 타임머신이 있었대요. 그게 어땠는지 우리 엄가가 말해줬어요."라는 대답도 나왔다.

Anna가 9월 '달' 에 대해 이야기하자 아이들은 달을 세기 시작했다. 지금은 봄이고 전에는 겨울이었다고 했다. 한 아이는 "해처럼 시간도 돌아가요. 하지만 되돌아온 같은 시간은 같은 시간이 아니에요. 왜냐하면 내 생일이 돌아올 때마다 내가 다섯 살이 되는 게 아니니까요." 했다. "겨울, 봄, 그리고 가을, 겨울, 봄 그리고 가을… 그렇게 돌아가는 것, 그게 바로 인간의 시간인가 봐요." 또 다른 아이는 이렇게 보고 있었다.

5. 지배 담론에 대한 도전으로서의 교육적 기록작업

이미 앞에서 언급했듯이, Foucault 식의 사고에 의하면 우리는 항상 우리 자신에게 권력을 행사하고 있다. 즉 우리가 우리 자신과 세계에 대한 지식을 찾아가고자 하는 과정에서 자신을 통제하고 지배하게 된다. 우리에게 그리고 우리를 통해 권력을 행사하고 있을 뿐만 아니라 교육자로서의 우리 자신과 어린이들의 의미를 구성해 온, 지배 담론/왕국의 장막을 우리는 기록작업을 통해 벗겨 내고 그 정체를 드러낼 수 있다. 교육적 기록작업은 "도덕적으로나 윤리적으로 충만하고 미적으로도 기쁨을 주는' (Steedman, 1991: 61) 대안 교육의 비전을 보여 준다. 그럼으로써 교육적 기록작업은 지배 담론에 도전하는 비판적이고 반성적인 실천의 문을 열고 *대항 담론*을 구성하는 도구로 기능할 수 있다. 교육적 기록작업은, 우리가 2장에서 '자기 돌봄' 과 관련하여 논의한 바와 같이, 자기 기술(technologies of the self)의 하나라고 이해할 수 있다. 그 기술을 사용하게 되면 구체화된 실체적 개념으로부터 우리 자신을 비판적으로 분석하게 하여 진정한 자유를 향한 해방을 성취하고 새로운 개념을 만들어 낼 수 있게 된다. '자기 돌봄' 이라는 개념은 차후에 다시 논의할 것이다.

우리는 자신을 통제하고 지배하고 있기 때문에 우리의 교육실천을 변화시키고자 할 때 큰 어려움에 직면하게 된다. Jennifer Gore가 지적했듯이, "새로운 교육을 추구하는(이해하고자 하는) 사람들은 엄청난 장애물을 만날 뿐만 아니라 새로운 장애물을 만들기도 한다. 변화를 추구하는 사람들로 하여금 그 변화에 참여하기를 요구하는 바로 교육이라는 것이 지니는 본질적인 긴장으로부터 이러한 장애물들의 대부분이 파생된다" (1993: xi). 교육자는 변화를 도모하도록 임무를 부여받은 존재, 다시 말해 교육실천을 재구성하도록 임무를 부여받은 존재라는 사실이 이 긴장을 낳는다. 결국 이러한 장애물들은 교육자가 이 긴장을 다루는 방법을 찾아야 한다는 것을 시사하고 있다.

교육적 기록작업은, "우리 자신에 대한 이야기를 우리에게 말하게 함으로써" (Steier, 1991: 3), 교육자가 자기성찰성을 심화하고 자신을 교육자로서 구성해 나가는 방법을 찾아가는 데 도움을 준다. 교육적 기록작업은 교육자가 자신의 주관적 실천을 사회적으로 구성된 것으로 볼 수 있는 가능성을 열고, 나아가 지배 담론을 해체할 수 있는 기회를 열 수 있다. 왜냐하면 우리 행위의 조건과 위험 요소를 이해할 수 있도록 하는 데 그치지 않고, 지금의 우리가 누구이며 우리가 자신을 어떻게 이러한 방식으로 구성해 왔는지에 대한 이해를 넓혀 주기 때문이다(Gore, 1993). 이것은 바로, 어린이에게 있어서나 교육자에게 있어서나, 자신의 사고와 실천에 대한 통제권을 갖게 되는 것, 바꾸어 말하면 규율화된 권력의 지배로부터 자유로워지는 것을 의미한다.

우리가 어린이에 대한 어떤 이미지와 어떤 담론을 만들어 왔는지, 또한 유아교육 · 보육기관에서는 어린이들이 어떤 목소리와 권리와 지위를 부여받았는지에 대해, 기록작업은 우리로 하여금 보다 쉽게 묻고 볼 수 있게 한다. 우리는 '아동 중심성', '능동적 학습의 보장', '학습 방법의 학습', '창의성', '참여', '반성적 실천'과 같은 것을 개념적으로만 이야기하고 있는 것은 아닌가? 그러한 개념이 진정으로 교육실천에 스며들어 있기는 한가? 교육적 기록작업은 이러한 개념이 단순히 말로 끝나고 있는 것은 아닌지, 진정으로 실천 안에 녹아 있는지, 만약 그렇다면 어떤 방향에서 이해되고 있는지에 대해 비판적으로 성찰하게 한다.

여기서 중요한 점은 교육실천에 대한 우리 자신의 의식화의 정도가 높을수록 대안적 담론과 대항 담론이 형성되어 새로운 실천을 낳는 새로운 공간을 만듦으로써 변화의 가능성은 커진다는 것이다. 이것은 바로 다른 방식으로 보고 이야기 나누고 행할 수 있도록 하는 통찰력을 갖게 되는 것이며, 특히 모더니티라는 거대 프로젝트를 넘어서는 것, 진 · 선 · 미의 가치 아래 모든 인간사를 질서 지우는 것을 종식하는 것, 즉 경계를 넘어서는 것이다.

우리가 어린이와 우리 자신을 어떻게 구성해 왔는지를 가시화하고 반성하는 과정은 학습 과정으로서 기능할 수 있는 또 다른 잠재력을 안고 있다. 동시에 이 학습 과정은 교육을 재구성하는 출발점으로서 작용하게 된다. 현직 교육으로, 또는 5장에서 '의미구성의 담론'과 관련하여 논의한 바 있는 다선적 평가의 기초로서 가동될 수 있다. 교육적 기록작업은 교육자와 관련자들에게 교육실천에 대한 이해를 심화시키며, 판단과 그 판단에 대해 어느 정도의 합의를 이루게 하는 원천이 된다.

어린이들이 무엇을 하고 있는지와 어린이들의 작업과 관련하여 교육자가 무엇을 하고 있는지를 교육자는 다양한 도구를 이용하여 다양한 방식으로 기록할 수 있다. 어린이들과 교육자는 일이 진행되는 시점에서나 또는 그 후에 어린이들의 학습 과정이 어떻게 발전되는지를 분석할 수 있다. 교육자는 어린이들의 학습과 지식 구성에 대한 앎과 이해를 발전시킬 뿐만 아니라, 동시에 교육자 자신의 행위 결과에 대한 이해를 심화시킬 수 있다.

기록작업은 보존되어 되돌려져야 하며 교육실천에 대한 생생한 기록으로서 접근되어야 한다. 그렇기에 기록작업의 과정은 이전 경험과 사건을 재방문하고 재해석하는 도구가 된다. 기억을 낳고 과거에 일어난 일에 대한 새로운 해석과 재구성을 낳는다. 이를 통해 교육자는 잘 조직된 경험을 쌓고 활용하며, 어린이들의 학습과 지식 구성에 대한 새로운 이론을 만들어 내기도 할 것이다. 다시 말해서, 교육자는 이제 새로운 지식의 생산에 참여할 수 있게 된다. 그러나 교육자의 지속적인 자기성찰과 전문가로서의 높은 자질과 보다 깊은 관여를 위한 도전 의식과 영감을 전제로 하지 않고는 불가능하다.

실천을 가시화하기 위해서는 기록작업이라는 과정이 하루 일과 밖의 추가 업무가 아닌 일과의 부분이 되어야 한다. 여러 국면에 초점이 두어지고 그 초점이 교차되는 작업이다. 교사 자신의 경험, 현상에 대한 이론적 이해, 교육실천의 방향과 비전을 결정하는 철학적 · 사회정치적 가치 등이 그 초점이 된다. 그 과정에서 추상적 사고와 일상적 실천 사이의 긴장을 지속적으로 작동시켜야만 한다(Lather, 1991, Lenz Taguchi, 1997, 재인용). 다중적인 관점을 취하는 나선형의 사고를 가져야 한다. 자아성찰과 대화 사이의 고리를 잃지 않아야 한다. 전문가 집단의 언어(이론과 실천적 지혜)와 자신의 개인적 열정과 정서, 통찰력과 경험 사이를 오고 가야 한다. 이러한 과정을 위해서 가까이 가기와 거리 두기가 모두 요구된다.

학습 과정임과 동시에 의사소통 과정인 기록작업은 탐구, 성찰, 대화, 헌신과 같은 문화의 창출을 전제로 한다. 어린이와 교육자와 부모와 행정가와 정치가를 포함한 다양한 목소리가 참여하여 서로 간에 경청하도록 함으로써, 관점의 다중성을 면밀히 검토하고 분석할 수 있도록 한다. 어린이와 부모와 교육자들을 위한 의미 있는 교육실천(5장에서 기술한 의미구성)을 향한 돌파구를 우리는 이러한 방식으로 가지게 된다.

얀트법[3](Jante Law, Boalt-Boethius, 1994)은 다중적 관점에 기반을

---

3) 역자 주: 원어는 Janteloven(옌텔로운)이며 덴마크에서 전해져 오는 일종의 관습법이다. Aksel Sandemose(1899-1965)가 정리한 것으로 알려져 있으며 1933년 작품인 〈en flygtning krydser sit spor〉(A refugee crosses his track)에 실렸다고 한다. 모세의 율법처럼 지켜야 할 열 가지를 담고 있다. 겸손을 강조하는 것으로 해석되기도 하나, 이 법에 대한 반대자(Anti-Janteloven)들도 있어서 일부러 반대로 행동하는 사람들이 상당수 있다고 한다. 그 내용은 다음과 같다.

너를 특별하다고 생각하지 말라(You shall not believe you are anything).
네가 우리보다 중요한 존재라고 생각하지 말라(You shall not believe you are as worthy as us).
너의 바람이 우리 것보다 더 소중할 수 있다고 생각하지 말라(You shall not believe you are any wisher than us).
우리보다 네가 더 안다고 생각하지 말라(You shall not believe you know more than us).
우리보다 네가 더 낫다고 상상도 하지 말라(You shall not imagine you are better than us).
무엇이든 잘할 수 있다고 생각하지 말라(You shall not believe you are good at anything).
너의 의견이 존중될 것이라고 생각하지 말라(You shall not believe anything cares about you).
우리를 비웃지 말라(You shall not laugh at us).
우리에게 도전할 수 있다고 생각하지 말라(You shall not believe you are more than us).
우리를 가르칠 수 있다고 생각하지 말라(You shall not believe you can teach us anything).

둔 반성적 교육실천이 발전하는 데 큰 장애가 된다. 얀트법은 차이에 대해 일반적으로 가장 낮은 공통분모를 찾게 하는 것, 즉 오히려 깊이 관여하지 않게 되거나 다른 관점이나 접근과 목소리를 인정하지 않게 되는 반응을 유도한다. 얀트법과 얀트법이 수반하는 차이의 감환이라는 장애물을 극복할 수 있는 방법은 다중적 실재의 복잡성과 다중적 이해와 다중적 관점을 인정하고 그 안에 빠져드는 것이다. 그러한 다양성은 대안적인 관점으로 생각하도록 하여 보다 넓은 선택의 가능성을 염두에 두고 실천하도록 한다.

6. 결코 중립적일 수 없는 과정으로서의 교육적 기록작업

기록작업의 구성적 특성을 깨닫게 되면 기록작업이라는 행위가 결코 순백의 행위도 행위일 수도 없다는 것을 알게 된다. 관찰이나 기록작업의 과정은, 이미 앞서 말했듯이, 결코 객관적이지도 따라서 중립적이지도 않다. 생의학자 Heinz von Foerster(Israel, 1992: 19, 재인용)가 지적했듯이, "객관성은 관찰이 자신과 분리되어 일어날 수 있다고 믿는 주관의 환상일 뿐이다." 여기서 무엇보다도 중요한 문제는 어린이라는 존재 자체와 어린이가 행하고 말하는 것이 선결정된 범위 안에서 객관화되거나 정의되지 않는다는 점이다. 다시 말해, 언어를 기초로 발달해 온 이성 중심의 합리적 현대 담론 내에서 당연시되어 왔던 범주에 의해 그 의미가 결정되지 않는다는 점이다. 대신, 우리는 기록작업이 항상 우리 자신의 주관적 느낌과 소망, 그리고 가치를 담고 있다는 것을 깨닫고 인정해야만 한다. 이를 부정적인 시각에서 보기보다는 긍정적인 시각에서 바라보아야 할 것이다(Maturana, 1991). 피해야 할 것이라기보다는 기록작업이라는 과정 안에 어떻게 녹아들게 되는지를 이해해야만 한다.

자기성찰을 가능하게 하는 도구로서 기록작업을 인식함으로써 우리는 관찰에 대한 합리주의자들의 관점에 의문을 던지고 대항할 수 있게 된다. 우리 자신을 독립적인 관찰자이자 의미구성 과정이나 내재된 관습으로부터 독립된 존재로 보는 합리주의 전통에 저항하게 된다. 그러나 기록을 할 때 우리는 교육실천을 특징짓고 있는 복잡성과 함께 살아내고 융합되어야 함을 전제로 한다(Dahlberg, 1985). 또한 이 복잡성과 더불어 '살아내기(housing)'란 교육자들의 또 다른 능력을 전제로 한다. 그것은 환원주의자들이 상정하는 관찰자와 *관찰대상* 사이의 인과론적 관계를 일단 뒤로 밀어 두고, 대신 교육자로서의 우리가 만들어 내는 특수하고 개연적이고 지역적이고 구체적인 실천의 성격을 열린 마음으로 받아들이는 능력이다(Ellsworth, 1989).

이러한 관점으로부터 출발하여 교육자들은 자신들의 실천(의미구성)의 책임을 자신에게서 찾아야 한다(von Glasersfeld, 1991). 교육자들은 이제 자신의 미완결의 아이디어와 사고에 대한 믿음을 갖고 각각 다른 해석을 내놓고, 기꺼이 다르게 보고, 듣고, 질문하게 되는 상호 교류의 모습으로 전환된다. 이러한 모습이 비록 불확실성, 양가성, 복수성을 과감히 인정할 수밖에 없게 할지도 모르지만, 그렇다고 모든 의미구성을 균등하게 선(善) 가치로 받아들이는 상대주의에 빠지는 것과는 다르다. 오히려, 복잡성과 더불어 살아내기란 기록되는 것의 적합성의 문제이며, 나아가 그 적합성 여부는 항상 우리가 살고 있는 시간과 교육실천에 대해 지금 우리가 가진 방향과 비전과의 관계 속에서 역사적으로만 찾을 수 있는 문제라고 이해되어야 한다.

von Glasersfeld는 문제 그 자체나 그 문제에 대한 해결 어느 쪽도 존재론적 실체가 아니라 특정 방식으로 구성된 의미라는 것을 깨닫게 되면

사회적 상호작용에 있어 지대한 인내심을 갖게 된다고 주장한 바 있다. 어떤 한 가지 사태에 대한 해법이 존재론적 차원에서 '옳은' 것이란 없다는 것을 함의한다. "그 문제가 어떤 문제인가는 어떻게 보았는가, 어떻게 경험했는가에 달려 있다. 하나의 해법이 있는 곳에는 항상 다른 해법도 있다. 그렇다고 그 모든 해법이 다 좋은 것으로 균등하게 간주되어야 함을 의미하는 것은 아니다" (1991: 26).

7. 위험한 사업으로서의 교육적 기록작업

권력과 지식의 연쇄에 저항하는 중요 수단이라는 의미에서 교육적 기록작업은 위험한 사업이라 할 수 있다. 너무나 중요한 점이기에 재차 강조하지만, 기록작업은 결코 순백의 행위일 수 없다. 어떤 보장도 하지 못한다. '위험 요인' 과 '가능성' 이란 서로 상충된다기보다 공존할 수 있다는 것을 보아야 한다. 이러한 과정은 결코 중립적이지도 순백이지도 않으며, 사회 · 정치적인 요인과 결과에 항상 결부되어 있다. 그래서 Foucault (1970)가 지적했듯이, 이 과정은 정치적인 차원과 더불어 이론적인 차원과 결부되어 있기 때문에 위험할 수 있다. 지식의 생산은 언제나 권력의 생산과 관계되어 있다.

기록작업이 반드시 권력과 지식의 연쇄에 대한 급진적인 저항이어야 하는 것은 아니다. 그렇지만 반드시 급진적이어야 할 부분이 있다면 그것은 다중적 관점을 취할 수 있는 가능성에 대한 의식이다. 만약 기록작업이 열린 의미구성 과정으로서 다른 관점에 대해 기꺼이 주목하고 있다면 기록작업은 지식 구성의 구현적 성격을 드러내고 해방적 실천으로 기능하게 될 가능성을 지닌다.

그러나 동시에 위험성도 있다. 우리가 사용하는 범주와 분류가 또 다른 의미의 통합-배척의 도구가 되면서 그에 따른 파장을 일으킬 수도 있다. 어린이라는 존재와 어린이의 행위를 정상-비정상의 범주 안에서 규정하게 될 수도 있다. 타자를 '같음' 안에 두려고 할 수도 있다. 교육자는 그 아이의 정체성 형성 과정에 미치는 자신의 영향력을 통해 권력과 통제를 연습하게 될지도 모른다. 그래서 우리가 깨어 있지 않으면, 기록작업은 저항은커녕 통제와 권력을 연습하는 일이 될 수도 있다. 이 위험성을 고려하면서, 어린이들의 행위를 해석하고 기록하는 데 있어 우리가 가지는 권리는 무엇이며 윤리적으로 적법한 것은 무엇인가와 같은 질문을 항상 던져야만 한다.

8. 만남의 윤리

윤리적 이슈와 관련해서는 2장에서 소개했던 만남의 윤리라는 개념에서 단서를 찾아가고자 한다. 만남의 윤리란, 개별 어린이에 대한 존중과 차이와 다중성에 대한 인식의 공유 아래 타자를 같음 안에서 다루기를 거부하는 윤리이다. 집단이 지닌 해답 안에서 '타자'를 문제시하는 세계로부터 우리 자신을 탈피시켜(Lather, 1991: 138), 진리와 정의의 주체이자 현상의 해석자로서의 자신을 천명해야 한다.

타자의 말에 귀 기울임, 그리고 진지하게 받아들임의 예술은 만남의 윤리와 관련되어 있다. 그래서 보는 것이 중요해진다. 그런데 본다는 것은 도대체 무엇인가? 그 의미는 인간이 도덕적 관계를 떠나서 존재할 수 없다는 것과 관련되어 있다. Bauman이 관찰한 대로:

> 사진을 찍는 것은 보기 위한 것이다. 물론 찍고자 하는 대상에 렌즈를 맞추려면 일단 무언가가 보여야 한다. (중략) 그러나 *보이는 것(looking)*은 *보는 것(seeing)*과는 다르다. 보는 것은 인간의 기능이요, 인간이 부여받은 최고의 선물 중의 하나이다. 보는 것은 활동과 내적 개방성과 관심과 인내와 집중을 요구하는 일이다. 오늘날, *스냅사진*(공격적 표현은 중요하다)은 보는 행위를 하나의 물체로 변형시키는 것을 의미한다. (1995: 132-4, 강조 부분은 원저 그대로임)

'행위의 윤리적 주체'라고 표현한 Reeder(1997)의 말에서처럼, 참여 주체로서 교육적 기록작업이라는 과정으로 기꺼이 들어가고자 하는 인간의 통찰력은 중요한 책임을 함의한다. 관찰이라는 행위를 포함한 우리 자신의 모든 행위와 선택에 대해서 책임을 져야 하기 때문에 윤리가 개입되게 된다. Bauman이 지적한 대로, 우리는 "타자라는 도전에 직면하게 되며, 그 도전은 타자를 위한 책임을 지는 것, 즉 *무엇을 위한 존재(being-for)*가 되는 것"(1995: 1)이라는 의미에서 우리는 도덕적 존재일 수밖에 없다.

기록작업의 윤리적 차원을 논함에 있어, 윤리를 '자기 돌보기(Care of the self)'라는 용어로 설명했던 Foucault의 입장(Foucault, 1986: Gore, 1993도 참고할 것)을 다시 살펴보는 것은 매우 유용할 것이다. 2장에서 소개했듯이, 이 용어를 통해서 Foucault가 말하고자 했던 바는 단순히 자신에게 관심을 둔다는 차원이 아니었다. Foucault는 "자기는 우리에게 주어진 것이 아니라 우리가 스스로 예술적인 작업으로 구성해야 하는 것(1983: 237)"이라고 하면서 우리가 자신을 스스로 구성하고자 선택할지의 여부와 그 방법에 대해 말하고 있다. 교육적 기록작업과 관련해서는, '자기 돌보기'라는 Foucault의 아이디어에 녹아 있는 그리스인의 통찰력을 좀 더 깊이 살펴보면 흥미로워진다. Foucault가 영감을 얻었던 그리스-로마인들의 자아에 대한 접근은 고해나 치료와는 다른 개념이었다. 캘리포니안 자기 숭배[4]라고 불리는 개념과도 다른 것이었다. 자아도취나 자기몰입과는 달리, 자기해방이자 자아창조로서, 자아를 의식하는 것이 아니라 자아를 구성하는 것이다. 그리스인들이 자아를 구성하는 데 썼던 전략 중의 하나는 자신과의 영원한 관계를 구성하기 위해 사용되었던 노트인 *히포네마타(hypomnemata)*였다.

> 노트는 '자신에 대한 설명' 으로 채워지지 않는다. (중략) 기술될 수 없는 것, 숨겨져 있는 것, 언급되지 않은 것은 추구하지 않는다. 오히려 이미 언급된 것, 듣고 읽을 수 있는 것을 모으는 데 초점을 두고 있으며, 그 목적은 자신을 구성하는 것 이외에는 없다. (중략) 그것이 *히포네마타(hypomnemata)*의 목적이다. 즉 가르침이나 듣기 또는 읽기로 전수된 조각조각 상태의 *이성(logos)*의 재수집을 통해 가능한 한 적합하고 완전하게 자신과 관계 맺도록 하기 위한 것이다. (Foucault, 1986: 365)

Foucault의 자기 돌봄이라는 개념을 교사 교육과 관련하여 분석한 Gore의 주장은 중요하다. "급진주의적인 교육실천과 비교할 때 저널 쓰기에 대한 그런 접근의 시사점과 효과를 탐구하는 것은 교사 교육에 있어 저널을 보다 사려 깊게 활용할 수 있게 할 것이다. (중략) 내가 생각하는 방향은 개인적이거나 자서전적인 설명보다는 특정 맥락에서의 교사됨의 의미에 대한 역사적 추적이다" (1993: 151).

---

4) 역자 주: The Californian cult of the self. 캘리포니아 사람들이 유달리 육체적 · 정신적 건강에 신경을 쓴다는 차원에서 '자신의 안녕을 최우선에 두는 개인의 삶 돌보기' 라는 의미임.

9. 공공의 대화의 장을 열기

지식과 의미구성과 학습에 대해 우리가 취하는 사회적 구성주의 관점은, 타자를 동일하지 않으나 평등한 존재로 가정하는 소통적 행위와 사회적 관계에 대한 비전과 인간 존재 사이의 결속의 중요성과 밀접하게 관계되어 있다. 그런데 이 관점은 우리가 유아교육 · 보육기관에 바라는 바와 관련된 '가치가 개입되는 생생한 대화'와 '정치학'을 가정한다. 유아교육 · 보육기관은 문화적 · 상징적 가치를 담고 있고, 나아가 그 가치를 창조하는 곳으로 이해되어야 한다. 또한, 이미 4장에서 논했듯이, 민주주의를 폭넓게 실현하는 핵심 장치로 이해되어야 한다. 유아교육 · 보육과 유아교육 · 보육기관은 항상 우리 스스로에게 끊임없이 되물어져야 할 "지금, 이곳, 그리고 미래의 우리 아이들에게 우리는 무엇을 바라는가?"라는 철학적 질문과 관련되어 있다. 우리가 어린이들과 함께 일하기 위해 선택한 전략인 우리의 교육실천은 많은 정보를 담고 있다. 사회 속에서의 어린이들의 잠재력과 지위와 권리를 우리가 어떻게 개념화하고 있는지, 그 결과 우리가 민주주의라는 이념을 어떻게 구성해 왔는지를 말해 준다.

어린이를 위한 기관을 관여와 대화를 위한 공공 대화의 장으로서 만들어 가게 되면, 이 기관은 어린이들의 가시성과 통합을 바탕으로 재구성된 복지와 민주주의를 실현한다는 새로운 가능성을 열게 될 것이다. 어린이들을 위한 기관을 시민사회 공공 대화의 장이자 어린이들과 어른들이 함께 와서 대화에 (사회적, 문화적, 정치적, 경제적 차원에서) 참여할 기회를 제공하는 곳으로 보게 되면, 이 기관은 아주 특별한 의미를 부여받게 된다. 바로, '공동체'라는 의미이다. 어린이들의 삶과 일이 그 공동체에 기여한다고 보는 공동체이다.

의사소통, 성찰, 그리고 실행은 교육실천을 연결하는 접착제이자 유아교육 · 보육기관과 이를 둘러싼 사회를 연결하는 접착제로 볼 수 있다. 유아교육 · 보육기관이 어린이를 공동체의 시민이자 부분으로 간주하는 '공공 대화의 장소'라는 생각은, 개인과 공공기관과 그 지역과 시장 사이의 '사회적 계약'을 우리가 지속적으로 다시 만든다는 것을 전제로 한다. 그것은 참여적 관계를 요구하며, 유아교육 · 보육기관은 어린이와 교육자와 부모와 정치가 등이 함께 관여하는 공공 대화의 장소가 된다. 이를 위해서는 만남의 윤리를 구현하는 대화의 장을 만들어야 한다. 보다 임의적으로, 보다 탐색적으로, 보고 듣고 도전하는 것을 특징으로 하는 그런 만남이다.

그러한 유아교육 · 보육기관을 만들어 나가는 데 있어 교육적 기록작업은 결정적인 역할을 담당한다. 기록작업은 대화를 위한 중요한 출발점을 제공할 뿐만 아니라, 유아교육 · 보육기관이 하고 있는 실천을 개방하고 가시화함으로써 더 큰 공동체와의 관계에 있어 신뢰와 합법성을 창출한다. 기록작업과 개별 어린이와 개별 교육자와 개별 기관에 대한 감사의 목소리가 확산될 것이며, 가시화된 정체성을 가지게 될 것이다. 기록된 것은 유아교육 · 보육기관에서의 어린이들의 삶의 내러티브이자 교육자들의 삶의 내러티브이자 부모들의 삶의 내러티브이며 유아교육 · 보육기관이 우리 사회와 민주주의의 발전에 공헌하는 바를 보여 주는 내러티브로 간주된다. "기록작업은 어린이들과 어른들에게 진정한 민주주의의 순간을 준다. 본래 차이에 대한 인식과 가시화 과정의 소유물인 민주주의는 대화로 인해 생겨난 것이었다. 민주주의는 가치와 윤리에 관련된 일이다"(Rinaldi, 1994).

Beyond Quality in Early Childhood Education and Care

제8장

다수 세계에서의 지배소수의 움직임: 위협과 가능성

1. 서론

진보라는 개념은 17~19세기가 현대 사회과학에 남긴 주요 철학적 유산이다. (중략) 그 개념의 핵심은, 예외적인 주장이 간간이 있기는 했지만, 모든 사회는 자연적으로, 그리고 지속적으로 가난, 야만성, 폭정, 문맹으로부터, (과학을 수식하는 최상의 표현인) 부, 문명, 민주주의, 합리성이라는 길을 '향해'(up) 나아지고 있다는 것이다. 유럽인이 발견해 왔던 인류 사회의 무한한 다양성은 발견자들이 납득할 수 있는 방식으로 그 의미를 찾고자 했으며, 적어도 정리되거나 범주화되어야 했다. (중략) 무엇이 다양성을 낳았는가? 사회마다 서로 다른 발전의 단계, 사회 변화는 무엇이었는가? 서로 다른 사회 형태를 통해 일어나는 필요한 진전…. (Shanin, 1997: 65-6)

> 지구상의, 그리고 지구와 함께하는 인간 삶에 대한 새로운 패러다임은 탈중심화와 민주주의와 다양성을 가져온다. 지역적인 것, 다른 것이 가치롭게 여겨진다. 중심화, 권위주의, 단일주의를 향했던 방향이 역전된다. 환원주의, 선형적 사고, 표준화된 사고는 통합주의, 개방적 사고, 다양한 선택과 실천에 그 자리를 내어 주게 된다. (Chambers, 1997: 189)

앞 장들에서는 어린이와 유아교육 · 보육기관에 대한 지배 소수세계에서의 다양한 이해 방식에 일차적으로 초점을 두어 왔다. 그러나 그 소수의 영향은 지구 전반에서 느껴진다. 특히, 이미 논한 바 있듯이, 미국식의 사고와 실천은 특정 학문(발달심리학)이 주도한 모더니티라는 이상 안에 굳게 자리 잡고 있고, 이러한 사고와 실천은 "지역적이었던 서구 아동관을 세계화"시킬(Stephens, 1995: 8) 가능성을 높이면서 점점 전 세계로 힘을 뻗어 가는 패권적 점유를 당연시하고 있다. "구호 운동과 발전 정책에 반영되어 있는 서구아동관" (Burman, 1994: 183)을 제공한 발달심리학의 내규에 의해 세계화는 정당화되고 있다. 사회 환경의 '독성', 대다수의 어린이와 가족의 행복(Garbarino, 1996), 유아 지원 서비스의 질(Kagan et al., 1996)에 대해 걱정스러운 관심을 보이는 한 국가가 지식과 어린이 교육과 서비스의 유일한 원천으로 주목받는 현상은 아이러니하다. 그러나 이러한 경우의 패권적 관계는 군사력과 같은 강압적 수단을 가동시킨 결과가 아니다. 경제, 문화, 학문이라는 권력이 낳은 지배 담론의 결과이다. 지배 담론은 특정의 것만 말하고 특정의 것만 생각하라고 지시하게 되며, 그 특정의 것은 질(quality)의 측정 방법과 같은 정상화의 기술과도 결부된다.

미국이라는 제국은 다수세계에서의 소수세계 지배라는 현상의 최신판이라 할 수 있다. 백년 전 유럽이 영토 확장과 식민지 확보를 위해 시작했었던 바로 그 현상이다. 이 지배는 '단선적 진보와 발전', '확실성과 객관성', '보편성과 전체성', '다양성과 복잡성의 감환'이라는 모던정신에 의해 유지되어 왔다. 따라서 모더니티는 식민화와 지배론에 대한 근거, 즉 억압이라는 형태에 내재된 지식 구조를 제공해 왔다(Young, 1990). 모더니티는 이 무거운 책임을 위대한 자신감의 소유와 동일시해 왔다.

> 현대 서구문화가 스스로에게 부여한 긍정적 자아상은 18세기 계몽주의가 낳은 이미지이다. 이 자아상은 개인의 삶과 자유에 최고의 가치를 두고 있는 과학적 지식과 합리적 지식에 기초한 문명이라는 이미지이다. 이 자아상은 자유와 합리성이 모든 이들에게 보다 나은 도구적, 정치적, 지적 삶을 창조함과 동시에 도덕적이고 자기통제적인 실천을 통해 사회 진보를 이끌 것이라고 믿는다. (Cahoone, 1996: 12)

그런 이미지로 고무된 지배 소수세계는 종종 놀라운 성공을 보였고, 그러한 덕목을 개편하고자 되돌아 본 적이 거의 없었다. 식민지 개척자가 가졌던 언어와 사고와 행위는 많은 경우 정체성의 융합(그리고 혼란)을 낳으면서 현지인들의 삶의 양식에 침투되었다. 그러나 현대화라는 프로젝트에 대한 비판 또한 점점 늘어나게 되었다. 소수세계와 다수세계 모두에서, "모더니티를 '인종적 · 계층적 지배의 움직임'이자 '유럽 제국주의'이자 '민족중심주의'이자 '자연의 파괴'이자 '공동체와 전통의 와해'이자 '소외의 증가'이자 '관료주의 속 개인의 사장'이라고 보는"(Cahoone, 1996: 12) 사람들에 의해 그 '긍정적 자아상'은 도전받게 되었다.

1980년대에 시작된 '발달' 담론에 대한 비판과 해체가 다수세계에서 확산되는 과정에서 이러한 반응은 강력하게 나타났다.

> 발달은 사회적 삶을 발달 전문가라는 특정 집단에 맡겨진 기술적인 문제이자 합리적 의사결정과 운영의 문제로 생각하도록 했다. 발달 전문가의 전문 지식은 삶을 발달과제에 따라 배열시켰다. 변화를 각 사회의 역사와 문화 전환에 대한 해석에 뿌리를 둔 과정으로 보기보다 (중략) 이 전문가들은 모더니티의 구조와 기능을 구현할 기존의 모델에 사회를 맞추는 메커니즘과 절차를 마련하려고 하였다. 발달 전문가들은 마법사의 제자처럼 바로 자신들의 손으로 다시 한 번 이성에 대한 꿈을 깨웠다. 실제를 왜곡했던 이성에 대한 꿈을 말이다. (Escobar, 1997: 91)

발달 전문가들은 통제 가능한 방향으로 실제를 재구성했다. Chambers의 지적처럼, "다양성 속의 보편성, 전체 속의 부분, 복잡성 속의 단순성, 통제 불가능 속의 통제, 측정 불가능 속의 측정 가능, 구체성 속의 추상성, 역동 속의 안정, 변화 속의 항구성" (1997: 55)을 추구했다. 우리가 이 책의 앞 장들에서 다루었던 이슈(예를 들어, 질에 대한 담론 등과 관련하여 논의한 이슈)이라는 것을 알 수 있다. 질에 대한 대안적 담론이 가능하다고 우리가 제안했던 것과 너무도 흡사하게, '후기 발달(post development)' 연구자들은 실천과 삶에 대한 대안적 담론과 새로운 방법에 대해 논하였다. 이 담론과 방법은 지역성, 복잡성, 다양성, 역동성, 예측 불가능성을 강조했고, 측정하기는 어렵지만 판단을 요하는 상황에 주목했다. 그들이 제안한 새로운 원리, 법칙, 실천은 "자연과학, 카오스 이론과 복잡성 이론, 사회과학과 포스트모더니즘, 경영학 분야에서 일고 있던 변화와 그 맥을 같이 하고 있었다" (Chambers, 1997: 188).

다수세계 국가에 적용되었던 *발달* 개념이 보편적 진보 모델에 입각한 진단이었다는 점을 들어 비판적으로 해석되었던 것과 마찬가지로, 어린이에게 적용되었던 발달 개념도 비판되었다. 여기서의 논쟁의 핵심은 발달 개념을 목표 달성을 위해 누구나가 따라야 할 보편적 현상이자 선결정된 선형 계열로 볼 것인가 아니면 특정 시간과 장소와 문화에서 특수하게 구성된 개연적인 것으로 볼 것인가에 있었다. 즉, 본질과 보편성을 추구하는 모더니티와 다양성과 맥락화를 중시하는 포스트모던 정신 사이의 논쟁이었다. '아동발달'과 '인류사회 발달'이라는 *두 차원*에 걸친 보편성의 문제는 '유아보육 · 발달[ECCD: Early Childhood Care and Development)' 라는 약자로 알려져 있음]을 활성화하기 위한 국제 활동의 핵심 근거가 되었다. 모더니즘 관점이 논의를 지배했다. 지배 소수세계의 경험에 대부분 근거하고 있는 '최상의 실천(best practice)' 을 다른 세계에 일반화시켜 적용할 수 있다는 믿음과 과학적 탐구의 결과라는 이유로 그 합법성을 인정받는 보편적 지식에 대한 믿음이 굳건히 뿌리내려 있었다. 그러나 포스트모던 관점을 반영하는 것처럼 보이는, 다양성에 대한 인식과 가치를 지원하는 움직임도 확산되고 있었다.

모더니스트와 포스트모더니스트 정서 간의 썰물-밀물 현상은 ECCD 세미나의 예에서 잘 드러난다. 먼저, 1989년 플로렌스에 있는 UNICEF 국제아동발달센터에서 개최된 ECCD의 세미나 보고서(Landers, 1989)의 서문에서 센터 회장은 모더니즘의 정서를 단호하게 내보였다.

> 유아발달 지원 활동이 어린이들에게 유익하냐 아니냐는 더 이상 물을 필요도 없다. 과학자들은 발달적 요구가 충족되는 아동이 그렇지 못한 아동보다 더 높은 성취를 보인다는 것을 밝혀 왔다. 아동이 유아기에 받는 *발달적으로 적합한 보육*은 놀라울 정도로 긍정적인 결과를 가져왔다. (Himes, Landers 1989, 재인용: iii, 강조는 첨가된 것임)

독자들은 '발달적으로 적합한' 이란 용어를 보고 미국유아교육협회(NAEYC)가 편찬한 정책보고서인 『발달적으로 적합한 실제(*Developmentally Appropriate Practice*)』(Bredekamp, 1987)와 관련해서 이 책에서 앞서 다루었던 용어를 떠올릴 것이다. 그 보고서의 용어와 그 용어 밑에 깔려 있는 사고방식이 이토록 빨리 주요 국제 포럼에서 발견된다는 사실은, 미국의 비정부조직의 간접적 영향과 더불어 1980년대 후반 유아교육 분야의 세계적인 동향을 말해 준다.

후속 UNICEF 세미나가 개최된 1996년경에는, 이러한 '보편주의적' 관점의 영향력에 대해 몇몇 참가자들이 비판적인 입장을 표명하게 된다.

> 많은 ECCD 프로젝트에 녹아 있는 문화적 · 재정적 편견에 대한 주목할 만한 비판적 논쟁이 있었다. 특히, 아동발달에 대한 '과학적' 지식이라는 수출 품목이 있다는 관점, 또 그 품목은 각 지역의 특수한 상황에서 약간의 조정만 하면 세계 어느 곳에서든 프로그램화할 수 있는 기초로 사용될 수 있다는 관점이 비판받았다. (Penn & Molteno, 1997: 3)

도구나 프로그램으로 치닫는 보편주의적 관점에 대한 비판의 위상이 높아져 가고 있었지만, 반면 동시에 '최상의 실천' 옹호자들도 세계적으로 엄청난 위상을 떨치며 바로 그 프로그램[예를 들어, NAEYC와 헤드스타트(Head Start)는 모두 미국 조직이며, 이 조직은 근래 세계적인 '확장과 훈련/교육' 사업을 고안해 왔다. 미국에서 시작된 또 다른 조직인 하이스코프재단(High Scope Foundation)도 그런 종류의 사업에 있어 이미 큰 성과를 이룬 바 있다)을 통해 영향을 미칠 방법을 고안하고 있었다. 많은 다수세계 국가가 유아기의 중요성과 그 의미를 '노동 생산성 및 국가 경제 번영'(A. Choksi, 세계은행 부은행장의 서문, Young, 1996) 차원에서 해석하고 있었기 때문에, 보편주의의 한계에 대한 우려 어린 관심의 목소리가 보편주의 옹호자들의 목소리와 함께 부상하고 있었다는 것은 매우 중요하다.

그러한 우려의 목소리 중 하나가 Martin Woodhead이다. 소수세계와 다수세계의 유아교육실천에 대해 많은 관찰을 해 온 Woodhead는 지난 20년을 다음과 같이 이야기했다.

> 어린이에 대한 지식 또는 전문성으로 간주된 대부분이 그 근본적인 질문을 '유아기 발달 프로그램' 으로 격하시켰다는 점에서 심각한 문제를 가지고 있다는 것에 많은 관심이 일기 시작했다. (중략) 유아기 발달에 관련되어 있는 사람들은 자신들이 어린이에게 최선이라고 믿고 있는 그 소중한 신념의 대다수가 문화적으로 구성된 것이라는 것을 인식해야만 한다. (Woodhead, 1996: 6, 8)

보편화 경향에 대한 또 다른 비판은 남아프리카의 유아교육기관을 관찰한 Helen Penn의 방문록에서도 보인다.

> 흑인 보육시설을 위한 문서화된 교육과정이나 교육실천은 주로 NGO(비정부조직)에 의해 제공된다. 적용 대상자의 모국어가 무엇이건 그 대부분이 영어로 쓰여 있다. 흑인 시설과 백인 시설에 있어서의 모집, 재정, 조직상의 차이에도 불구하고 교육과정 문헌과 연수 자료는 모두 서구의 것으로부터 도출되었다. 그중에서도 주로 몬테소리와 하이스코프 방법이 채택되었다. (중략) 에듀케어 센터에서 참고하는 하나의 자료로 쓰일 수는 있겠지만, 그 자료들이 전하고 있는 서구의 신념은 보편적인 것으로 가정된다. 무엇이 '지적인' 또는

'사회적인' 행동의 적합성을 구성하는가에 대한 질문은 거의 아니 전혀 없어 보인다. (Penn, 1997a: 107)

Helen Penn은 "아프리카와 미국 백인 문화 사이에는 아동양육의 관념에 있어 중요한 차이가 있다. 그러므로 '발달적으로 적합한 실제' 와 서구식 탁아교육/ '에듀케어' 모델을 의욕적으로 전수하는 것은 오히려 어린이들의 유능성을 향상시키기는커녕 그 실제와 모델을 사용하는 사람들에게 해를 끼칠지도 모른다"(Penn, 1997a: 106-7)며 우려를 나타냈다. 동아프리카를 관찰한 Serpell도 "조심스런 숙고 없이 이식된 보육 형태는 고유의 문화 가치와 실천을 파괴할 가능성이 있다."(1993: 469)는 점을 들어 비슷한 문제를 지적하였다.

주목받는 심리학자인 Michael Cole도 지배적인 소수 사회에 근거한 아동발달에 대한 관념이 전 세계적으로 패권주의적 힘을 발휘하고 있다는 점에 대해 우려하는 목소리를 내기 시작하였다. 1996년 저작인 『문화심리학: 과거, 그리고 미래의 학문(*Cultural Psychology: A Once and Future Discipline*)』에서 Cole은 "왜 심리학자는 마음속에 문화를 두기가 그토록 힘든가?"라는 떨쳐버릴 수 없는 질문에 대한 답을 찾고자 하였다. Cole은 심리학의 과학화를 시도했던 Wundt가 심리 과정과 문화와의 관계는 '심리학의 제2영역'(second psychology)에서 다룰 문제라고 구분하기 시작했던, 1880년대 이후 심리학의 발전사를 추적하였다. Cole이 주장하고 있는 핵심은 "Wundt가 정의한 과학적 문제는 심리학과 여타 행동과학을 지배하고 있던 과학 패러다임으로 인해 부적절하게 다루어졌다"(1996: 7, 8)는 것이었다. 그는 "적어도 17세기부터 역사적이지만 보편적인 심리 이론과 역사적이지만 지역적으로 임의적인 심리 이론 사이의 이분법은 '자연' 과학과 '문화-역사' 과학 사이의 대립이라는 또 다른 이분법에 근거해 왔다"(1996:19)고 주장하였다. Cole은 Berlin(1981)이 지적한 바 있는, 자연과학과 문화-역사적 접근에 전제되어 있는 대립 가정을 다시 정리하였다. 자연과학의 신념은 "1) 어떤 실재적 질문도 하나의 해답을 갖는다; 2) 원질문에 대한 해답에 이르는 방법은 자연적이며 보편적으로 적용 가능하다; 3) 원질문에 대한 해결은 장소와 시간을 불구하고 인류 모든 이들에게 진리이다."로 정리되었다. 주류 심리학은, 자연과학의 길을 따르기로 선택한 시점으로부터 약 수십 년 동안, 행동과 문화가 불가분하게 얽혀 있다고 주장하는 사람들과의 소원해짐을 통해 그 정체성을 찾게 되었던 것이다.

좀 더 조심스럽게, 그러나 역시 아동과 아동발달에 대한 보편적 접근에 대해 우려의 목소리를 내면서, 영국어린이구호협회(Save the Children UK, Moteno, 1996)는 아동발달에 대한 지배 소수세계의 연구 결과가 모든 어린이들에게 맞는 경우가 있기는 하겠지만, 그 경우에도 문화-특수적이며 상황-특수적인 것과 연관될 수밖에 없다고 결론지었다. "경제적, 기술공학적, 정치적 측면에 걸쳐 세계적인 압력에 의해 지배되는 세계에는 사회적인 질문에 대한 해답으로 보편적인 것을 찾는 사고의 위험성을 안고 있다"(1996: 4)는 것이다.

Robert Myers는 『살아남은 열둘: 제3세계에서의 유아기 발달 프로그램을 강화하기(*The Twelve Who Survive: Strengthening Programs of Early Childhood Development in the Third World*)』라는 영향력 있는 책에서, 일차적으로 보편주의적, 실증주의적, 현대주의적이었던 입장으로부터 보다 토착적, 탈실증주의적, 탈현대주의적 이해로의 잠정적 전환을 시도한다. Myers의 학문적 수련 과정과 아동발달의 국제적 증진에 대한 시대 경험은 그로 하여금 '양쪽 세계'를 모두 인정하고 두 세계 사이를 잇는 틀이 필요하다는 것을 인식하게 한 것도 사실이다. 그러나 Myers는 "유아교육 프로그램의 변화의 지향점을 모색할 때 개인주의적이고 결과중심적인 서구 문화로의 가치 전환을 강요하는 수입 모델로부터 단서를 찾고 있다는 점을 경고한다. 그것이 진정 우리가 원하는 것인가?" (1992: 29).

6년 후에도 Myers의 이 질문은 중요했다. 1998년 3월, 파키스탄의 카라치에서 개최된 UNICEF 지역 워크숍과 같은 해 4월 영국 Wye 대학에서 개최된 후속 모임에서, '최상의 실제'에 대한 모더니즘적 접근, '질'에 대한 확증적 이해, 그리고 과학의 계시적 권력 사이의 차이가 무엇인지는 미궁에 빠지게 된 것 같다. 마찬가지로, 같은 모임에서 강조되었던 '지역중심의 ECCD', '지역적 다양성'에 대한 존중, '맥락적 아동에 대한 반응' (UNICEF, 1998a, b)에 대한 요구가 의미하는 바도 미궁에 빠졌다. 전혀 다른 이 개념은 다음과 같은 한 줄 문장의 의미조차도 쉽게 공유할 수 없는 낯선 동침자에 지나지 않았다. "경험은 지속적인 ECCD 프로그램이 그 문화가 제공하는 것으로부터 시작한다는 것을 의미한다; *지역 문화에서 부정적 실천으로 간주되는 것을 대체하기 위해 현재 보편적인 '과학적' 메시지로 인정받는 것으로서의,* 커리큘럼과 활동은 지역적 아동양육 태도와 실천과 신념 위에 구축된다" (UNICEF, 1998a: 11, 강조 부분은 첨가된 것임). 그러나 아마도 둘이 차지하기에는 그저 침대가 너무 좁았던 것 같다. 다음 문장은 그 단서를 보여 준다. "우리는 무엇이 보편적 진리를 구성하는지를 추정함에 있어 조심스러워야 한다. 왜냐하면 이 '진리'는 시간에 따라 변하기 때문이다."

객관적인 과학에 의해 생산된 일반 법칙과 원리에 대한 본질적 중요성을 강조하는 기성의 모더니즘 관점과 나란히 보편아와 사회 발전에 대한 의구의 목소리도 커져 갔다. 소수세계와 다수세계 사이의 불평등한 권력과 자원의 갭이 넓어진(심지어 더 넓어져 가는) 시대가 되었다. 이러한 맥락과 시점에서, 이 장의 목표는 우리가 이 책에서 선택한 포스트모던 관점이 타자의 변화에 대한 경청 · 존중과 더불어 유아교육 · 보육 분야의 패권적 경향의 재조정을 수반하는 진정한 대화에 얼마나 공헌할 수 있는가를 모색하는 것이다. 이러한 논의는 소수세계와 다수세계 사이에서뿐만 아니라 몇몇 문헌에서 제4세계 사람들이라고 명명되는 세계(소수세계 국가의 소수 인구와 다수 인구) 사이에서도 매우 필요하다. 여기서 잊지 않아야 할 점은 이 책이 보편적으로 채택될 수 있거나 채택되어야 할 대안적 관점에 대해 다루고 있는 것이 아니라는 것이다. 다수세계 또는 제4세계의 많은 이들은 여전히 강력한 영향력을 미치고 있는 현대 이전의 관점이나 모더니즘 안에서 스스로의 위상을 찾고자 할지도 모른다. 그러나 우리의 관점은 다수세계의 대항세력뿐만 아니라 제4세계 사람들과 소수세계의 유아교육 실천가들이 대화와 존중에 기초한 관계를 맺어 가는 *한* 방법을 제공할 수 있을 것으로 생각한다. 다양성의 인정, 복잡성과 맥락화, 그리고 만남의 윤리에 기초한 관계 말이다.

포스트모던 관점이 그러한 관계 수립에 공헌할 것이라는 희망을 가지게 된 하나의 이유는 세계대전 이후 비판의 대상이 되었던 유럽 중심주의가 유럽인들의 식민화 정책의 뿌리가 되었던 계몽사상이 낳은 가지이며 포스트모더니즘의 출발점이라는 점에 있다. Foucault(1980b)가 지적했듯이, 2차 세계대전 후 계몽사상에 대한 새로운 철학적 관심은 "식민화 시대와 유사하게, 서구 문화, 서구 사회조직, 서구의 합리성에 이르기까지 무엇이 그 보편적 타당성을 주장할 수 있도록 하는가?"를 서구 사회에게 묻게 되었다. 이 비판적 재검토의 결과, 유럽 중심주의는 계몽사상, 나아가 계몽이라는 가치의 보편성이라는 주장과 밀접히 연계되어 있다고 해석되었다. 그리하여, 앞선 주장과 그 주장이 낳은 억압적 결과에 대한 반기의 하나로서 포스트모더니즘이 등장하게 되었다. Robert Young은 이에 대해 다음과 같이 논하였다.

> 포스트모더니즘은 세상에는 더 이상 확실하고 지배적인 중심부란 없다는 유럽 문화의 자각으로 가장 잘 정의된다. (중략) 따라서, 포스트모더니즘은 한 문화의 역사적 상대성에 대한 단호한 자기-의식이 된다. 그러한 자기-의식은 (포스트모더니즘 비판가들이 불평하는) '역사에 대한 서구식 설명이 갖는 절대성에 대한 감각의 상실'이 왜 포스트모더니즘과 결부되어 있는지를 설명하기 시작한다. (중략) 반대로, 보다 확장된 정의에 따르면, 포스트모더니즘 자체는 '후기' 자본주의의 새로운 단계가 낳은 문화적 효과에 머무르지 않는다. 그것은 인류 역사와 문화로서의 유럽 역사와 문화의 상실, 세계의 중심으로서의 불문의 장소의 상실, (중략) 유럽 중심주의의 상실이다. (1990: 19, 20, 117)

이것은, 한편으로는 계몽사상과 계몽이라는 대과업과 보편적 진리, 그리고 또 한편으로는 유럽식민주의 역사 간의 관계에 대한 문제였다. 이 문제는 Young이 말하는 다음과 같은 불신을 낳는 데 공헌해 왔다.

> 이론과 개념에 의존하는 지식의 통일체제에 대한 불신, 즉 보편성에 대항하여 보편성으로부터 개별성을 분리해 내어 전경에 두는 데에 최우선의 관심을 보여 온 Foucault와 Lyotard가 강조했던 바로 그 불신이다. 정의(definition)에 의한 모든 개념화를 거부하는 개별적이고 개연적인 사건에 대한 탐구는, 같음 안으로 흡수시키지 않고도 타인을 존중하는 지식의 형식을 구성하는 과업과 명백히 관련될 수 있다. (1990: 9-10)

포스트모더니티가 소수세계와 다수세계 간의 관계에 무엇을 제안해야 하는가는, 소수세계의 입장에서 본다면, '확실성에 대한 불확실성',

'보편성이라는 주장에 대한 회의', '지식과 권력의 관계에 대한 자각'의 혼합이라 할 수 있다. 이것들은 서구 학문이 지식에 대해 역사적으로 식민주의 역사에 깊이 연루되어 있다는 인식의 결과이다. 모더니즘 관점은 보편적이고 객관적으로 '진리'인 최상의 실제, 질의 기준, 측정에 대한 발달 규범과 방법을 찾아내고자 한다. 반면, 포스트모더니즘 관점은, 아동기와 유아교육 · 보육기관, 그리고 유아교육 · 보육기관에서 어린이와 함께하는 '좋은' 실천에 대해, 보편적이거나 탈맥락적이 아닌 개별적이고 개연적인, 그리고 다양하고 본질적으로 주관적이며 생산적인 많은 이해 방식이 존재한다는 깨달음을 포용하고 있다.

이 포스트모던 관점을 채택한 비교문화 작업의 가능성은 Tobin과 Wu와 Davidson이 쓴 『세 문화에서의 유치원: 일본, 중국, 그리고 미국 *(Preschools in Three Cultures: Japan, China, and the United States)*』에 잘 나타난다. 그들은 백인에 의해 수행된 대다수의 미국 연구를 이끌어 온 연구문제와 연구방법에 자신들이 얼마나 친숙한가에 대해 서문에서 밝히고 있다.

> 우리의 연구방법은 유아교육에서의 일반적인 비교연구에서 쓰인 것과 다르다. 우리는 다양한 운영 패턴과 교육적 접근의 효율성을 실험하지 않았다. 우리는 교사-학생 상호작용의 빈도를 측정하지도 않았고 학생 1인당 지출액을 계산하지도 않았고 (중략) 학생들이 읽기준비 연습을 하는 데 하루에 몇 분이나 시간을 보내는지도 계산하지 않았다. 이 모든 이슈와 그 이외의 것들을 이 책에서 다루고는 있지만, 우리는 의미를 뽑아내는 데 초점을 두었다. 우리는 세 문화의 유치원의 순위를 매기려 하기보다 그 유치원의 실천과 존재가 의미하는 바를 찾고자 하였다. (1989: 4)

'다성적 문화기술지(multivocal ethnography)'라는 이름으로, 이 연구는 궁극적 '진리'와 보편성의 발견을 위한 모더니즘의 탐구 양식을 버리고, 대신 다중적 관점을 수반하는 대화를 통해 구성되는 것으로 지식을 접근하고 있다.

> 다양한 관점에서 한 사건에 대해 말하기와 다시 말하기는, 내부인과 외부인, 실천가와 연구자, 미국인과 중국인, 미국인과 일본인, 중국인과 일본인 사이의 진행형 대화였다. 각 장에서의 목소리는 우리 자신의 것과 아울러 일본과 중국과 미국의 유아 교사, 행정가, 부모, 어린이, 그리고 아동발달 전문가의 것이다. (Tobin et al., 1989: 4)

비교국가 또는 비교문화 작업을 위한 포스트모던 관점의 가능성을 탐색하게 된 배경은 순수 연구가 아니라 유아교육실천가 훈련을 위한 캐나다 프로젝트였다. 이 프로젝트는 북미원주민부족협의회에 의해 시작된 것으로 다수 인구를 차지하는 지역사회와 대학교수와 스태프가 함께한 것이었다. 스톡홀름 프로젝트와는 달리, 이 작업은 모더니즘이나 포스트모던 사고와 이 두 관점 사이의 논쟁에 대해 사전에 깊이 알고 있었기 때문에 진행된 것이 아니었다. 그러나 거꾸로, 적어도 부분적으로는 포스트모더니즘 가운데 서서 모더니즘의 가정에 문제제기를 해 오면서 그러한 논쟁 속에서 제기되었던 이슈와 부딪혀 왔다고 볼 수 있다. 이러한 점에서 캐나다 프로젝트는, 모던/포스트모던 논쟁이라는 이론적 연관 고리 속에서 스스로를 보고 있지는 않지만 실천하는 과정에서 지배적 가정과 담론에 도전하고 있는 다른 프로젝트와 유사할지도 모른다. 스톡홀름 프로젝트나 레지오 에밀리아의 경험과 마찬가지로, 부족협의회의 작업은 포스트모던 *이론*과 현장-지향 *실천* 사이의 관계의 중요성을 보여 주고 있다.

2. 세계 여러 곳

세계의 여러 곳에서, 지역 공동체는 자신들만의 문화적 신념과 가치와 실천을 살리거나 되찾을 수 있는 방법을 찾고자 한다. 동시에, 많은 경우, 주류 사회에 접근하고 성공할 수 있는 채널을 원하기도 한다. 캐나다에는, 비토착인 사회를 만든 다수에 의해 식민화된 600개가 넘는 인디언 원주민공동체가, 대량 학살에서 동화에 이르기까지, 다양한 시대를 거쳐 다양한 방식으로 문화적 강압 세대를 경험해 왔다(Canadian Royal Commission, 1996). 캐나다에 사는 대부분의 원주민공동체는 현재 자신들의 문화를 활발히 재창건하고 있다. 그 중 몇몇 공동체는 일차적으로 자신들의 전통문화의 재건에 초점을 두고 비원주민 집단과 적극적으로 접촉하고자 하지는 않는다. 그러나 대다수의 공동체들은 자녀와 젊은 세대가 그들만의 특수 문화와 원주민공동체 속에서뿐만 아니라 주변 사회의 문화와 지역공동체 속에서도 성장하기를 원하고 있다. 이 원주민공동체는 대체로 과거의 재생산을 추구하기보다 오히려 방법과 행위를 통해 근본적으로 통제 가능한 과정을 거쳐 발전된 다중의 뿌리와 전통에 입각해 새로운 의미를 구성하고자 하는 것이다.

여기서 기술될 이 프로젝트는 북부 중앙 캐나다에 사는 대표적인 원주민인 메도우레이크 지역부족협의회가 1988년에 시작한 것이었다. 부족협의회는, 부족의 원로인 Louis Opekekew의 표현에 의하면, 젊은 세대가 "양쪽 세계에서 걷는" 준비를 해야 한다고 생각했고, 이 준비는 지배적인 지역사회의 주류 중에서도 대학과의 파트너십을 통해 해야 한다고 생각했다. 그 파트너십을 통해 발현된 교육적 접근인 '발생적 교육과정 모델'은 25개 공동체를 대표하는 다른 6개의 원주민공동체 조직에도 적용되고 있다. 각각의 원주민공동체는 고유의 역사와 역동 구조를 가지고 있을 뿐 아니라 복잡한 사회-문화적 환경 그 자체이기 때문에, 각각의 파트너십을 통해 얻게 된 정보의 정확한 본질이나 특성에 대해서는 사전에 알 수 없었다. 그리고 그 사정은 어느 원주민공동체에서나 마찬가지였다. 발생적 교육과정 접근은 다양성을 인정할 수밖에 없었고, 그렇기 때문에 많은 부분을 미결정으로 남겨 두어야 했다. 선설정된 내용과 결과에 대한 단일 구성에 바탕을 두고 있는 대부분의 교육과정과 달리, 발생적 교육과정은 사전에 충분히 예견할 수 없는 새로운 아이디어와 가능성의 창출을 낳는 공동구성이었다.

이제 독자들은 약 10년에 걸쳐 확대되고 있는 파트너십에 대한 이야기 시리즈를 보게 될 것이다. 이 파트너십은 우리가 흔하게 접할 수 있는 일반적인 것과는 다르다. 파트너십에 대해 소개함에 있어 일차적 초점은 초기의 파트너십 형성 과정에 두었다. 그리고 이 책에서 제안하고 있는 렌즈를 통해 그 파트너십 자체와 파트너십으로부터 발현된 교육모델을 이해해 보는 데 2차적 초점이 두어졌다. 기술된 이야기는 공동저자 중의 한 사람인 Alan Pence[1]가 소수세계 관점과 더불어 자신의 관점에 서서 진술한 것이다. 최근에는, 발생적 교육과정 접근을 사용하고 있거나 사용하기를 원하는 원주민공동체의 지원으로 마련된 원주민부족 파트너십 프로그램 사무소가 다양한 공동체 구성원의 경험과 진술에 기초하고 있는 발생적 교육과정을 평가하는 2년 프로젝트를 진행 중에 있다. 이 프로젝트는 다양한 지역에서의 발생적 교육과정 접근의 역동을 보다 잘 이해하게 하고, 여타 원주민부족의 질문에도 보다 명백하고 보다 공동체-대-

1) Alan Pence는 1988년 메도우레이크지역부족협의회와 함께 최초로 일을 시작한 이래 지역적으로 그리고 문화적으로 다른 일곱 개 부족 조직과의 파트너십 형성에 관여해 온 캐나다 원주민부족파트너십 프로그램의 코디네이터이다. 10년이 넘는 기간 동안 빅토리아 대학팀의 규모와 관계자 구성에는 다양한 변화가 있었지만, Lynette Halldorson과 Jessica Ball이 핵심 멤버로 참여해 오고 있다.

공동체적인 반응을 할 수 있도록 할 것이다. 발생적 교육과정 모델의 복잡성 때문에 대략적인 연대기에 따라 경험을 차례대로 이야기할 것이다. 이 책에서 다루어 왔던 전반적인 담론과 이 경험을 연결하는 미완결의 코멘트도 덧붙여질 것이다.

• 메도우레이크와 대학교: 우리의 무엇이 이 안에 있는가?

1980년대 말, 북부 사스캇체완(Saskatchewan)의 메도우레이크 지역부족협의회(the Meadow Lake Tribal Council)는, 원주민공동체 구성원을 위한 특별 유아교육 · 보육기관 설립에 강력한 관심을 보이는 9개의 공동체를 캐나다 연방정부자금으로 지원할 수 있다는 것을 깨닫기 시작했다. 그 시기에는 사스캇체완뿐만 아니라 다른 지역에도 그런 종류의 특별 서비스는 개념조차 없었다. 1980년대 초 부족협의회는 원주민공동체의 밝은 미래는 공동체 어린이의 건강과 복지에 달려 있다고 보았고, 1989년에 어린이를 위한 보육의 나아갈 길을 명문화한 '선언문'을 만들었다. 그 선언문은 다음과 같다.

> 메도우레이크 지역부족협의회 원주민들은 부족민이 개발하고 운영하고 관장하는 아동보육 프로그램이 부족이 지향하는 지속적인 성장과 발전의 중심 요소라고 믿는다. 21세기로의 진입을 준비하는 장기 발전 계획의 모든 영역에 영향을 미치기 때문이다. 부족의 문화와 언어와 역사를 보전하고 증진하기 위한 힘든 과업을 물려받을 사람은 어린이이다. 어린이야말로 보다 나은 삶의 질을 보장하기 위한 경제 발전을 추진해 갈 주체요, 자신의 운명을 스스로 개척하려는 굳은 결의를 가지고 전진해 나갈 주체이다.

이 선언문의 심장은 어린이와 원주민공동체에 있었다. 부족협의회는 유아교육 · 보육센터에서 일할 원주민공동체 구성원을 훈련하는 과목을 개설하면서 자신들의 미래 계획을 지원할 예비 교육 파트너와 접촉을 시작했다. 이 과정에서 부족협의회는, 접촉을 시도한 기관이 인디언을 위한 유아보육 · 발달 프로그램이 없을 뿐 아니라 개발할 계획도 없다는 점, 기관에 그런 프로그램이 있다 하더라도 선결정된 것이거나 대체로 변경할 수 없는 것이라는 점을 알게 되었다. 기존에 개발된 대다수의 프로그램을 검토한 결과, 인디언 관련 요소를 주류 프로그램에 '덧붙이기' 하는 식의 수정판이라는 것이 드러났다. 인디언 관련 요소라는 것도 캐나다 전역에 걸쳐 있는 여러 부족 집단의 서로 다른 요소에서 발췌된 것으로, 결국 어떤 개별 부족의 현실이나 경험도 제대로 반영되지 않는(어디에도 존재하지 않는) 범인디언 집성체에 기반하고 있었다. 부족협의회가 교육 파트너를 어렵게 찾아가는 과정은 암묵적으로 이러한 프로그램을 향해서 "*우리*의 무엇이 이 안에 있는가?"라는 의미심장한 질문을 던지는 것이었다. 그리고 대답은 '거의 없다'는 것이었다.

'거의 없다'는 대답은 공통 교육과정이라는 점에 기인한다. "우리의 무엇이 이 안에 있는가?"라는 질문을 누가 물었느냐와 관계없는 대답이다. 학문은 지식에 대한 모더니즘적 이해에 깊은 뿌리를 두고 있다. 이미 수립된 사상과 지식을 전수하고자 하며, '새로운 지식'을 창조할 매개 변수를 정의하고자 한다. 모더니즘 전통에 있어 교육은 근본적으로, 유아교육이든 초등교육이든 중등교육이든 성인교육이든 간에 '학습자가 이 기성의 것에 들고 오는 무엇'(즉, 나의 무엇이 이 안에 있는가?)에 관한 것이 아니다. 그런 질문은 모더니티에는 부적합한 것이다. 모더니티는 학습자가 학습 활동에서 부족한 무엇에 기반을 두고 있는 것으로, 학습자가 학습 활동에 가지고 들어오는 무엇에 기반을 두고 있지 않기 때문이다. 개인의 목소리든 집단의 목소리든 무시하는 입장에서 작용하기 때문에, 모던교육은 세계에 대한 다성적(多聲的) 이해보다는 단성적(單聲的) 이해를 형성하는 강력한 기제이다. 이 과정에서는, 여러 목소리를 내는 여러 사람들의 방법은 존중될 수 없으며 오히려 유일한 '진리'라는 잣대에 맞춰 평가되어야만 하는 것이다.

"우리의 무엇이 여기에 있는가?"라는 부족협의회가 던진 함축적인 질문과, '거의 없다'는 교육기관의 자명한 반응과, 적합한 파트너 찾기를 계속했던 부족협의회의 결의는 이 프로젝트가 근현대라는 흐름으로부터 벗어나기 시작한 첫걸음이었다고 볼 수 있다. 1980년대 후반의 이 일화를 돌이켜 본다면, 이 첫걸음이 모더니즘의 토양이 되었던 집단과는 전혀 다른 문화적 뿌리를 가진 집단에 의해 디뎌졌다는 사실은 그리 놀랄 만한 일이 아니다. Cahoone이 지적한 대로, 다문화주의와 포스트모더니즘은 '유사한 경향'(1996: 2)을 공유한다.

그러나 '다르다'는 것만으로 충분한 것은 아닐 수 있다. 진리로서의 모더니티라는 권력과 세상에 대한 그 권력의 행사는 진리 아닌 것과 투쟁하게 된다. 마찬가지 방식으로, 특정 방법이 '최상'이라는 논의는 다수세계 중 일부 국가로 하여금 그 논의와 그 논의가 제공하는 '새로운 방법'을 수용하도록 유도하기도 한다. 예를 들어, 1985년에 태국에서 출판된 『아시아 아동발달과 아동양육의 실제 핸드북(*Handbook of Asian Child Development and Child Rearing Practices*)』에는 다음과 같은 내용이 있다.

> 아시아의 부모는 오랫동안 발전되어 온 문화적 배경을 가지고 있다. 대다수의 부모는 세상의 이치에 순응하는 농부였다. 그래서 그들이 따르는 전통적 신념과 실천은 많은 경우 자녀 양육에 대한 새로운 과학적 지식을 추구하거나 사용하는 데 있어 장애물이 되기도 한다.

> 이 『아동양육 핸드북』은 부모들이 가진 신념, 태도, 가치, 관습, 행동의 많은 부분에 있어 변화를 요구하게 될 것이다. 따라서 필요한 변화에 대한 많은 요구는 약간의 저항을 낳을지도 모른다. 예를 들어, 청소년기에는 아이가 요구하는 독립을 더 허용하고 권위나 힘의 행사는 덜 하라는 요구는 권위주의적인 태도와 실천을 강조하는 아시아 가족의 기반을 뿌리째 흔들게 될 것이다. (Survannathat et al., 1985, Woodhead, 1997: 76, 재인용)

캐나다의 원주민들은 오랫동안 서구식 '최상의 실제'의 수용자였고 동시에 그 뿌리도 흔들려 왔다. 주거지역 학교와 아동복지 실제와 기타 '돕기' 서비스로부터 부모와 아동과 원주민공동체가 받았던 고통에 대한 생생한 통렬의 증언이 수집되었다. 사실, 그 도움이란 주류 사회의 아동과 가족에게 '최상의 관심' 이라 간주되는 것이었다. 고통의 분출은 소위 지배사회인 서구사회의 시각에서 '최상' 이라고 간주되는 것에 대한 불신이었다. '최상' 이라는 것이 대부분의 원주민들에게도 좋은 것은 명백히 아니었다. 원주민들이 자신들의 미래에 대한 주도권을 정치적으로 행사하기 시작했던 시점에서, 그들은 지배사회로부터 나온 '최상의 실제' 나 '개선' 에 대해 조심스러운 입장을 취했다. 원주민공동체 중 일부는 과거 이미지로부터의 혁신이라는 길을 선택하기도 했지만, 또 다른 일부는 새롭게 만들어 갈 길의 아무것도 결정되어 있지 않음을 기꺼이 껴안기로 한 것이다. 즉, 어린이가 '힘든 과업을 물려받을, (중략) 자신의 운명을 스스로 개척하는 존재' 라는 것을 잘 인식하고 있는 그 길이 갖는 불확실성을 있는 그대로 받아들이기로 한 것이다. 미리 결정되어 있는 것을 부과하는 방식이 아니라 구체적인 삶의 현장에 귀를 기울여 새롭게 만들어 가는 방식을 찾아가는 것, 그것이 우리가 경주해야 할 노력의 한 부분이었다.

• 알지 못함의 잠재력

파트너를 찾고 있었던 부족협의회는 결국 부족협의회의 본거지인 대초원과는 거리가 먼 캐나다 남서부 해안에 위치한 빅토리아대학교에 있는 아동 · 청소년보육학부까지 오게 되었다. 아동 · 청소년보육학부에는 원주민 교육과정이 마련되어 있지 않았고, 따라서 처음에는 그 협의회를 만나야 할 이유가 없는 것 같았다. 그러나 부족협의회는 고집을 굽히지 않았고, 첫 미팅에서 부족협의회 총무이사는 원주민공동체 어린이들의 복지에 대해 얼마나 깊이 고민해 왔는지를 설득력 있게 호소했다. 총무이사의 설득이 너무나 명확했기 때문에 부족협의회는 이 출발점에서 '운전석'을 차지했다. 대학 측은 마치 운전사가 탔으면 하고 바라는 승객과 같았지만, 프로젝트의 조종은 부족협의회가 하곤 했다. 대학 측은 부족협의회 측이 보인 고민의 깊이와 원주민공동체에 대한 명확한 책임의식을 매우 중요하며 긍정적인 요소로 보았고, 파트너십이 체결되었다.

이 초기 단계를 돌이켜 보면, 가장 중요했던 것은 아마도 알지 못함의 잠재력을 받아들이는 것이었던 것 같다. 모더니즘의 이분법적 사고에 있어서는, 지식 소유는 '선'과, 소유하지 못함 또는 알지 못함은 '악'과 동일시된다. 현대사회와 소수세계 문화는 모두 '알지 못함'을 '무식'으로 비하한다. 자기의 일이 되지 않도록 피해야 하며, 남의 일이라면 교정해야 할 무엇으로 비하한다. 마찬가지로, '있음' 또는 '존재'는 '있지 않음'에는 결여되어 있는 외현과 용도를 지니는 것으로 여겨진다. '존재하는' 것은 모더니티라는 집을 지을 벽돌이며, 존재는 비존재를 밀어낸다. 그 구조는 물리적 강도는 강할지 몰라도 빛과 공기가 없다. 도교(道敎)에서는 '존재'와 '무존재'란 마치 '벽의 창문'과 '컵 속의 빈 공간'과 같은 것이어서 어느 것이 더 유용하다 할 수 없고 모두 유용한 개념으로 보지만, 서구식 사고는 이러한 사고에 친숙하지 않다. 그런 의미에서, Hall(1996)이 제안한 대로 어떠한 점에서 '전현대가 탈OO'가 될 수 있는지 생각해 본다면, 지구상의 특정 지역에서의 전현대적 이해 방식은 대항담론(포스트모더니즘)에 대한 이해를 증진시키는 데 매우 유용한 기여를 한다고 볼 수 있다.

소수세계 사회에서의 지식은 이렇게 '실물의' 쌓기 벽돌이다. 사람들은 지식을 '존재하는' 것으로 알며, 알지 못함보다 훨씬 높은 가치를 매긴다. 지식을 찾아내거나 위조품과 구별해 내기가 어려울지는 모르나, 가지고 다녀야 하고 팔아야 하고 간수해야 할 일용품과도 같은 것이다. 기관이 지식을 '거래' 하기 위해 세워진다. 교육을 '은행' 에 비유한 Freire(1985)의 지적이 바로 그것이다. 현금 계좌의 부족액은 그 사회경제체제에서 유통되는 '적법한 화폐' 로 채워져야 '재산' 을 늘리고 '명예' 와 '신용' 을 쌓을 수 있다.

지식에 대해 전혀 다르게 접근하는 입장도 있다. 이 입장은 포스트모던 사고와 통하며, 유용한 지식이란 상호작용 또는 프락시스(praxis) 안에서만 존재한다고 본다. 그런 지식은 정적이기보다 동적이며, 그 지식이 창조된 환경에 의해 형태를 가지게 된다. 벽돌이나 돌보다는 물에 가깝고, 계속 변형되어 가는 과정에 있다.

부족협의회 총무이사와의 회의라는 이 사례에서는, 앞으로 나아가게 할 정답에 대한 지식이 등장하지 않았다(우리는 사실 이 지식이 무엇이 될지도 몰랐다). 오히려, 우리가 그러한 *지식을 가지고 있지 않다*는 *것*이 확인되면서 앞으로 나아갈 수 있는 방법을 함께 고민할 기회가 만들어졌다. 각 원주민공동체의 지식기반의 차이와 지식경험의 차이를 모아 어떤 새로운 역동과 새로운 생각의 조합이 창조될 수 있을지를 지켜보고자 하였다. 기존의 종적이 별 의미가 없었다는 것을 이해하자 우리의 이러한 신념의 도약이 일어났다. 새로운 길이 위험하기는 하지만, 많이 가봤던 길로 가봐야 우리가 원하는 곳에 이르지 못했다는 것을 이해한 것이다.

도달점도 방법도 알지 못하는 것을 해 보겠다는 이 합의의 중심에는 서로에 대한 신뢰와 공감이 있었다. 자기 생각을 다른 사람에게 강요할 때 종종 보이는 지식 전수라는 비인격적 접근(즉, 지식 거래의 은행 체제)은 지식 창조에 대한 이러한 *새로운 과정*을 풍요롭게 하는 데 도움이 되지 못할 것이다. 지식 전수라는 접근에서는 공동 창조 또는 공동구성이라는 행위를 위해 일정 수준 요구되는 신뢰와 공유를 거의 찾을 수 없으며 필요하지도 않다. 인격적 소통이나 공감 없이도 가지고 다니고 사고팔 수 있는 일용품으로 지식을 이해함으로써, 학습의 '심장'이 무시되고 변형적 학습(transformational learning)의 기반인 정서의 힘 역시 무시된다. 변형 없는 지식 축적은 포자를 죽이는 살균 과정과도 같다. 그런 가운에 사람들은 부를 축적할 수 있을지는 모르나 부를 창조해 내지는 못한다. 우리가 모더니티라는 한정된 시야를 넘어서는 데 있어 이 두 접근의 차이를 이해하는 것은 매우 중요하다.

파트너십이 체결되고 안정된 재원이 확보되자, 현대라는 땅에 참호를 파지 않을 유아교육 · 보육 종사자들을 훈련할 성인교육 프로그램을 마련하는 것이 무엇보다도 시급한 일이었다. 기성의 보육 · 교육 관련(human service) 성인교육과정을 검토해 보니 선구성된 지식 전수라는 모델에서 벗어난 경우를 거의 찾을 수 없었다. 지식 전수 모델은 다른 분야에서 중요할 수는 있겠으나 *결과가 선결정되어 있지 않은 공동구성이라는 활동*에 학생을 초대하거나 공동체를 초대하는 경우는 거의 없다. 많은 사람들이 우리 접근을 Paulo Freire의 접근에 비유하곤 하는데, 유사한 용어와 개념이 있는 것은 사실이다. 그러나 Freire의 『억압받은 자들을 위한 교육(*Pedagogy of the Oppressed*)』을 읽어 보면, '비판교육학' 이 갈구하는 결과란 혁명적이고 해방적인 것이기는 하지만 선결정된 결과이며 선구성의 무엇이다. 원주민과의 파트너십에서 추구한 접근은 결과가 과정으로부터 출현하는 *미정*(未定)의 공동구성이자 협동적 과정이었다. Freire가 궁극적으로는 객관적인 하나의 생산물이나 결과를 '구상'한다면, 우리는 *과정*에 초점을 둔 '발현'을 강조하는 것으로 구분할 수 있다.

'나타날 무엇'을 열어 놓고 있는 이 프로젝트의 성격으로 인해, 누구에게 강의를 개발하도록 하고 강의를 맡길 것인가와 같은 문제를 포함하여 우리는 어려운 문제에 계속 부딪혔다. 소수세계 식의 사고와 행위에서는, 계획된 목표로서의 학습 결과를 예측가능성에서 찾는다. 미정(未定)이라는 힘을 진정으로 이해하고 인정하는 강의 개발자나 강사를 찾기가 어려웠다. 채용된 개발자나 강사 중 많은 수는 한 종류의 결과만을 마음에 두고 있었고, 때로는 그 결과가 지금 여기의 현 상태를 부정하는 결과인 경우도 있었다. 발생적 모델에서의 결과는 무엇이든 가능하기는 하므로, 지금-여기라는 현 상태를 부정하는 지식과 이해도 여러 가능성 가운데 하나의 결과일 수는 있다. 그러나 그 결과가 기성의 보수적 질서를 뜻하는 것으로 드러나기도 하였다. 예컨대, 북부에 사는 원주민공동체 중 일부에 오랜 역사를 가지고 힘을 행사해 온 천주교회를 지지하는 입장을 들 수 있다.

• 배움을 위한 공간

파트너십 아래 구상하게 된 교육과정이 가지는 특징의 핵심은, 메도우레이크 지역 원주민공동체가 제공하는 정보와 학계가 제공하는 정보와 여타 관련 분야가 제공하는 정보에 대한 개방성과 존중이었다. 저명한 교육학 관련 서적과 성인교육 연수를 검토한 결과, 공동체의 지식과 학계의 지식이 서로 존중하며 함께 제안한 것을 적극적으로 다루어 오지 않았다는 것을 알 수 있었다. 대다수의 교육자들에게 '공동체'는 교실이라는 물리적 배치나 지역사회에서의 학습자로 이해되고 있었다. 그러나 *내용*은 학문에서 *파생되어야 하며* 따라서 학자들의 강의로 채워져야 하는 것이 통념이었다. 이 올가미로는 우리가 지식 전달을 넘어 의미구성 차원으로 갈 수 없었다. 같은 맥락에서, '문화적 민감성'이라는 것도, 대부분의 현장에서 적절하게 다루어지지 않고 있었다. 지배 학문의 사고와 실천에 굳은 뿌리를 두는 중핵 교육과정을 보강하기 위해 서적 몇 권을 분석하거나 일부 '문화 손님'을 초대하는 식의 학문 이론을 탄생시키기는 했지만 말이다. 그러한 학문 이론과 현장 모두에서, 교육과정이 되었건 기대되는 결과가 되었건 그것은 선결정되어 있었다.

비슷한 이유로, 교육과정은 공동체에만 기반할 수도 없으며 공동체로부터만 발현할 수 없다. 교육과정은 채워 있지 않은 공간과 그렇기에 잠재적 가능성으로 채워지는 공간, 그 *사이의 공간인 여백에 떠* 있어야 한다. 서로 다른 생각이 만나고 섞이고 변화할 수 있는 공간 말이다.

이러한 다양한 생각이 어떻게 만나고 변할 수 있는지는 원주민 영아보육센터에서 실습을 하던 몇몇 학생이 일하는 모습을 관찰하면서 그 한 방향이 드러났다. 처음에는, 그곳이 캐나다 주요 도시 외곽 백인 동네의 시설이 아니라는 것을 사람들이 알 수 있는 유일한 요소는 아이들과 스태프의 피부색이었다. 깔끔하게 접힌 이불과 밝은 색의 새 침대, 밀기와 굴리기를 위한 상품화된 완구, 손잡이를 붙여 놓은 기어다니는 공간, 이 모든 것은 탐색적 운동 기능을 위해 준비된 것이었다. 낮잠시간에도 웬만한 자유로운 움직임은 허용되고 있었다. 그러던 중 원로들은 요람받침대(강보에 싼 아기를 고정하도록 고안된 장식받침대) 전통에 대해 이야기하게 되었고, '살랑살랑 흔들리는 술'과 아름다운 조각과 구슬이 달린 받침대 몇 개를 아이들 앞에서 직접 보여 주었다. 몇 주 후 다시 방문했을 때, 침대 안에는 예쁜 받침대가 몇 개 놓여 있고 강보에 싸인 아이들이 그 안에서 평화롭게 자고 있는 것을 보고 나는 깜짝 놀랐다. 아기가 잠에서 깰 때는 아기와 받침대를 같이 침대에서 들어내어 기거나 기어오르며 놀고 있는 아이들 근처에 그 받침대를 놓았다. 그 받침대는 '다른 전통' 이라 불리는 환경[2] 속에서 기능적이면서도 상징적인 것이 되어 가고 있었다. 시간을 두고, 스태프는 다른 시간에 다른 방식으로 그 받침대를 실험했다. 실험하는 과정에서는, 각각의 받침대가 어떻게 다르고 그 가족과 어떻게 결속되어 있는지에 대해서뿐만 아니라, 개별 아이와 각 받침대와의 관계가 어떻게 다른지(어떤 아이들은 그 안에서 가장 편안히 자는 것 같았고 어떤 아이들은 아니었다)에 대해서도 놓치지 않으려 했다. 받침대는 아이와 보육자 사이의 문화적 가교였을 뿐만 아니라 부모와 보육자와 공동체 사이의 가교였다. '문화 사이' 의 만남이라는 공간이 가져올 미정의 결과를 계속 낳으며, 받침대의 용도와 사용법은 점점 다양해졌다.

일곱 개의 발생적 교육과정 프로젝트를 되돌아 보면, 세계에 대한 다양한 이해 방식 *사이의 공간*은 더 많은 풍부함을 양산한 에너지원이라는 것을 알 수 있다. 이 공간을 보호하는 데 있어서 가장 큰 어려움은 미지의 것을 받아들이기보다 두려워하며 채워지지 않은 모든 것을 채우려 하는 많은 개인과 집단의 신념체제였다. 이 공간의 힘은 '알지 못함' , 또는 어떤 특정 집단이나 이념에 의해 '점유되지 않음' 에 있다. 누구나가 이 공간을 사용할 수 있지만, 누구도 이 공간을 차지할 수는 없다. 어린이, 부모, 스태프, 그리고 넓은 지역사회 사이의 상호작용과 대화는 배움이라는 흐름 안에서 다양한 생각을 불러 일으킨다. 이 과정에서 그 자체로 발생적인

---

2) 역자 주: 깔끔한 아기 침대 사용 등 백인 중류 사회의 보육 환경.

성격을 지니는 '차이'가 가치 있게 다루어지고 발생한 것은 시간이 지나면 변할 수 있고 변형될 수 있는, 여백과도 같은 바로 그런 공간이다.

• 원칙을 세워 시작하기

시작 시점에서, 부족협의회-대학팀은 발생적 교육과정이 어떤 것이어야 할지에 대해서 구상할 수 없었다. 물론 '발생적'이라는 용어도 수개월 동안 담론 안에 끼어들지 않았다. 초기 회의에서 우리가 피하고 싶은 것은 무엇이며 껴안고 싶은 것은 무엇인지가 점점 명료해져 갔다. 그러나 시간적 압박이라는 현실은 우리가 3년 안에 전일제-2년 훈련 과정을 위한 교육과정을 개발하고 실행하기 위해서는 행동을 개시해야 한다는 것을 말하고 있었다. 섣불리 교육과정 개발에 착수하기보다 일단은 개발 과정을 인도할 수 있는 일반적인 원칙 목록을 만드는 데 집중하기로 결정했다. 부족협의회-대학 연대 팀은 6개의 원칙을 공동구성했다. 수로도 없는 바다에서의 최소 항해술에 해당하는 이 원칙은 다음 사항에 대한 합의의 결과였다.

- 공동체 중심 상황에서 공동체 주도권을 지원하고 강화하기
- 이중/다중 문화적 존중 유지하기
- 주도권의 기초로서의 공동체와 개인의 강점 드러내기
- 아동을 가족과 공동체의 부분으로 이해하는 폭넓은 생태학적 관점과 의식 다지기
- 학생들의 향후 학업이나 실천에 온전히 활용될 수 있는 수업내용을 보장하는 교육과 인사고가 제공하기
- 당장의 초점은 유아기에 두었지만, 이 훈련은 보다 넓게 아동, 청

소년, 가족, 공동체 훈련과 서비스를 위한 기초를 제공해야 한다는 의식 창조하기

인사고가를 포함하여 몇몇 원칙은 대학 측이 주도적으로 다루어 가야 할 캐나다 성인교육의 구조적 문제를 대표했다. 그러나 대부분은 양측의 파트너 모두에게 함께 요구되는 역할을 담고 있었다.

이 원칙을 개발하기 위한 작업에 임하면서, 팀은 파트너십이 작동하기 위한 조건에 대해서도 깨달아 가고 있었다. 예를 들어, 프로그램이 학문적으로 믿을 만하며 깊이 있게 보여야 할 필요성, 법제화된 자격과 공인 기준을 충족해야 할 필요성, 동시에 특정 공동체 맥락 내에서의 그 지식의 적절성에 대한 확신을 갖도록 하는 것 등이 그것이다. 스톡홀름 프로젝트에서처럼 우리는 '두 다리 위에서 걷기'의 필요성을 알게 되었다. 이런 프로그램은 캐나다가 처음일지 모르지만 다른 원주민의 다양한 상황에도 적합해야 했다. 앞으로의 길은 불확실하지만 지금까지의 길은 부적절한 것이었다. 잃을 것은 거의 없지만 얻을 것은 많았다. 계획 단계에서의 첫 몇 달 동안 생겨난 파트너십은 협동적인 무엇(나중에는 공동구성주의 접근으로 이해한 무엇)이 바람직할 뿐만 아니라 필요하다는 신념을 강화시켜 주었다. 다중의 '진리'가 우리 작업 안에서 존중되고 구현되어야 한다는 입장을 우리 스스로가 합의하였다. 그러한 종류의 지식은 사람들과 분리되어야 하는 것이 아니라 사람들을 통해 나와야 한다는 것을 깊이 인정하게 되었다. 그러면서 파트너십은 합의를 넘어 전제로 발전했다. 우리가 배를 움직이려면 모든 노를 동원해서 저어야 했다. 한쪽 노가 너무 세면 약한 다른 쪽 노를 보완할 방법이 없다는 사실은 비대칭의 리더십을 내부적으로 교정하도록 했다.

• 공동체를 끌어들이기

학생과 성인교육기관이라는 두 가지 주요 요소만 있으면 시작될 수 있는 다른 성인교육과 달리, 발생적 교육과정 모델의 성인교육에서는 능동적인 참여자로서의 학생들이 속한 공동체라는 추가 요소, 즉 제3의 요소가 필요했다. 공동체의 참여는 교육을 위한 '정상적인' 조리법에 또 하나의 미지의 무엇을 더하는 것과도 같았다.

파트너십을 이루기 위해서 원주민공동체가 발언할 수 있는 공간을 교육과정 안에 두어야 한다는 결정은, 프로젝트를 미지의 영역으로 방향 전환할 수 있게 한다는 점에서 현대교육이라는 벽에 굵은 균열을 낳았다. 당시에는 그 결정이 급진적으로 보이기보다 필요하고 현명하게 보였다. 원주민공동체 내의 전통 관습과 가치에 대한 정보를 담는 책이나 활동집 같은 자료가 없었기 때문에, 공동체 구성원 자신들도 이러한 정보로부터 오랫동안 멀어져 있었다. 메도우레이크 지역의 원주민공동체는 공동체의 전통적 삶의 양식에 대해 학생들에게 말해 줄 수 있는 여러 원로들과 존경받는 구성원 몇 명을 선별했다.

처음에는 원로들의 말을 발생적 교육과정상 제1의 발생 요소로 이해했다. 시간이 지나면서 '발생적'이라는 용어에 대한 우리의 이해방식은 변했고 발생적 교육과정 모델이라는 용어를 사용하기 시작했었던 초기의 모델을 다시 개념화해야 한다는 데까지 이르렀다. 초기의 발생적 교육과정 모델은 나선형 구조(Pence et al., 1993)였다. 나선의 각 수준은 다성적 상호작용을 의미했으며, 이전에 반복되어 나타난 소재는 후속 교과목 개설에 반영되도록 하였다. 그러나 이 접근은 현실적 차원에서도 개념적 차원에서도 모두 결함이 있다고 생각되었다.

현실적인 차원에서 볼 때, 발생적 교육과정 모델을 사용하게 될 원주민 공동체는 대체로 작은 규모였기 때문에, 5~6년에 한 번 정도만 동질집단 학생이 모집될 것으로 예상되었다. 매년 또는 정기 모집은 현실적으로 불가능할 것이 분명해졌다. 만약 정기 모집을 하게 된다면, 학생 모집 지역 단위를 지리적으로나 문화적으로 넓게 잡아야 하므로 개별 공동체 중심 접근을 하기보다 지역 훈련 접근에 빠지게 될 것으로 예상되었다. 그런 식의 지역 접근은 불가피하게 원주민공동체의 신념과 이해방식에 대한 범원주민적 연출, 즉 메도우레이크 지역협의회 내의 공동체가 교육 파트너를 찾아나서는 시점에서 기피하고자 했던 그 접근과 다르지 않게 될 것이라는 우려였다.

개념적인 차원에서 볼 때, 나선형 모델은 시간의 흐름에 따라 덜 완전한 것에서 더 완전한 교육과정으로의 이행이라는 모종의 선형성(線形性)을 반영하고 있었다. 처음에는, 과목 운영을 정기적으로 반복함으로써, 더 나은 '교육과정을 수립'하기 위해, 대체로 지금까지 접근하기 어려웠고 (각 공동체의) 향후 활용을 위해 기록되지도 않았던 정보를 '창출'하고자 했던 바람이 이 프로젝트의 가장 큰 목적이었다. 그러나 정기적으로 동질 집단의 입학생을 받을 수 없는 현실적인 한계가 명백해졌고 그에 따라 발생적 교육과정이라는 것 자체가 이리저리 행상하러 다니는 성질이 될 개연성이 높아졌기에, 개념적 모순도 분명해졌다. 나선형 모델은 지식의 '정제(精製)'라는 모던 사고에 가까운 내용 수립과 보다 포스트모던 사고에 가까운 내용 창출이라는 요소의 잡종으로 볼 수 있다는 깨달음이었다. 전자가 대다수의 교육과정이 그랬던 것처럼 완전이라는 상태를 향해 옴짝달싹 못 하고 이동하면서 경직화되는 것이라면, 후자는 언제나 새롭고 독특한 창출을 낳을 수 있는 가능성을 갖는 '살아 있는 교육과정'이다. 초기 모델에서의 '발생적'이라는 용어는, 예컨대 그 공동체가 사용하기 위해 공동체에 의해 창출된 정보라는 의미에서, '결과'를 낳는다는 의미가 강했다. 그러나 프로젝트가 진전되면서 발생적이라는 용어는 발생의 결과물보다는 발생의 과정에 더 가까워졌고, 과정에 대한 강조는 현재까지도 지속되고 있다. 동시에 모델 자체도, 각 단계가 전 단계를 전제로 만들어지는 '나선형 계단' 모델에서 각 반복이 서로 다른 생각과 구성원으로부터 함께 도출되는 새로움과 독특함을 연출하게 되는 '순환적 연출(circular representation)' (Halldorson and Pence, 1995) 모델로 전환되었다. 그 과정이 어떤 결과를 낳을 것인지는 사전에 결코 예측할 수 없으며, 따라서 결과도 단일의 것이 아니라 다중적인 것이 된다. 학생들의 다양성만큼이나 참여하게 될 강사진과 공동체 구성원도 다양해진다. 대체로 그러한 다중적 결과는 그 자체로 가변적이며 잠정적이며 변형적이다. 요람받침대의 경우처럼 말이다. '진리'라기보다는 '가능성'이 발생적 과정으로부터 출현하는 것이다.

• 포럼, 플라자, 아레나, 그리고 빅 하우스

파트너십을 바탕으로 한 토론과 현장에서의 일상 경험을 통해, 배움을 위한 '포럼'이라는 이미지(또는 스톡홀름 프로젝트에서 '깨달음의 아레나'라고 언급한 것)가 나타나기 시작했다. 포럼 또는 아레나, 또는 플라자는 점점 통합되어 갔다. 계획에 따라 원로가 가진 지식과 지혜를 나누기 위해 원로들이 교실로 초대되었는데, 학생들은 이 초대의 형식과 내용 그리고 질문과 대화를 이끌어 가는 데 있어 보다 많은 역할을 담당하기를 점점 더 원했다. 학생들은 유익할 것으로 기대되는 다른 원주민 공동체 구성원을 추천하기도 했으며, 포럼은 더 커져 갔다. 초기 프로젝트 팀이 세웠던 존중과 목소리 듣기라는 원칙이 지켜졌고, 더불어 배려하고 지원하고 통합적인 교육 환경 속에서 가지게 된 그들의 생생한 경험이 공유되었다. 바로, 6장에서 살아 있는 대화와 생각의 평등한 공유를 위해 필요한 조건에 대해 논의한 것이다. 원로, 서적, 원주민공동체 구성원, 강사, 각각의 다른 목소리와 관점을 들으면서, 학생들은 자신의 목소리와 자신들의 관점, 그리고 이 둘이 어떻게 관련되어 있는가를 보다 넓고 깊게 의식하기 시작했다. 강사들도, 이전에 자신들이 들어 보지 못했던 목소리를 들으며, 학생들과 마찬가지로 자극받고 도전받았다. 모두가 학습자이고 모두가 교사가 된 것이다.

• **모두가 학습자, 모두가 교사**

이 프로젝트에 관한 연대기 중 1996년 이전은 생략하기로 하고, 1996년 말에 우리는 발생적 교육과정 모델의 역사 가운데 가장 강력하다고 할 수 있는 경험 중의 하나를 갖게 된다. 발생적 교육과정 경험에 대한 이야기를 나누기 위해 마련된 이틀간의 워크숍을 위해 네 개의 파트너십(메도우레이크지역 부족협의회와의 최초의 파트너십을 포함한)으로부터의 여러 강사들이 모였다. 반복적으로 나온 주제는 강사 자신의 세계관과 그 세계관 속에서의 개인의 삶의 방식에 있어서의 중대한 변화, 즉 변형(transformation)에 대한 것이었다. 참가자들은 서로 다른 목소리와 다양한 세계관이라는 전망과 함께한 자신들의 여행을 돌이켜 보며 즐겁게 웃기도 하고 또 눈가에 눈물을 글썽이기도 했다. 결국, 프로그램에 신규 '강사'를 투입할 때 주의를 기울이는 이 프로젝트만의 특징적인 여러 요소 중 하나로 정착되었다. 자신들의 개인적인 도전과 변화에 대한 이야기를 나누는 것이다. 자신의 학습과 변형에 대해 의식하는 사람이 '학생들'의 학습과 변형을 지원할 가능성이 훨씬 더 높았다. 자신의 배움이 아닌 자신의 가르침에 관심을 두는 사람은 이러한 접근에는 적합하지 않았다.

강사들의 모임에서, 한 강사는 원로들의 이야기가 처음에는 두서가 없고 주제에서 벗어나 있는 것처럼 보였는데, 몇 주 또는 심지어 몇 개월이 지난 후 교과목 토론의 주요 이슈로 등장하기도 했으며, 당시에는 잘 엮이지 않았던 이야기를 학생들이 시간이 지나면서 엮어내기도 했다고 말했다. 비원주민 출신의 또 다른 강사는 자신은 가족관계에 있어 원로들을 존경하지 않았었는데 마치 다른 사람이 된 것처럼 가족 내 노인을 존경으로 대할 수 있게 되었다고 회고했다. 세 번째 강사는 자신이 보기 시작한, 교실 안의 보편적 존재로서가 아닌 교실 밖의 원로들, 학생들, 원주민공동체 구성원의 관계를 하나하나 들어 이야기했다. 다시 말해 포럼이라는 시간과 공간을 초월한 관계의 허구에 대해 이야기했다. 이러한 관계로 말미암아, 어떤 이들은 아이들의 생일이나 양육법이나 가족관계 상의를 위한 현대적인 모임뿐만 아니라 '빅 하우스(big house)' 모임과 같은 전통 모임에도 나가게 되었다고 했다. 사회적 행복과 경제적 행복의 관계에 대한 Robert Putnam의 연구(1993; 1995)에서 풍부한 '사회자본'의 핵심 지표로서의 '볼링 클럽과 가창단'의 출현을 들었듯이, 학생들, 강사들, 원주민공동체 구성원이 새롭고 의미 있는 방식으로 상호작용하며 만들어 가는 이야기는, '만남의 장소'의 중요성을 보여 준다. 뿐만 아니라, 그러한 포럼은 새로운 교육을 창조하는 상황이나 조건(레지오와 스톡홀름의 성인교육 포럼과 유아교육 · 보육기관에서와 같이)이라는 의미를 넘어 개인과 공동체의 삶에까지 영향을 미칠 수 있음을 보여 준다.

• 상아탑과 동화

각자가 자신만의 '진리'와 이해방식을 갖는 이러한 여러 목소리를 '정상' 학문, 또는 정상 학문의 전통적 이미지인 상아탑 또는 요새라는 이미지와 날카로운 대조를 이룬다. 학문을 탐구하는 기관은 비범한 관점의 수호자라는 역할을 오랫동안 지켜왔지만, 이 관점을 수호하기 위해 쌓아온 바로 그 벽이 자신들의 감옥이 되었다. 즉, 다른 이의 진리를 듣고 보고 교류하는 데 있어 장벽이 되어 버린 것이다.

요새/감옥으로서의 대학이라는 비판을 파트너십 팀이 토론을 시작하고 모양새를 갖추는 단계였던 초기부터 마음에 두고 있었던 것은 아니었다. 초기의 노력은 그리 철학적 깊이가 있는 것도 비판적인 작업도 아니었다. 단순히, 원주민공동체가 주도하는 바를 최선을 다해 따르고자 한 팀원들의 노력이었다. 제약조건은 분명히 받아들이면서도 세워진 원칙은 일관되게 지키고자 하였다. 동시에, 그어 놓은 줄 안에서 반드시 색깔을 칠해야 한다는 식의 신념은 유보하고자 하였다. 바꿔 말하면, 초기 노력은 타자, 즉 파트너에게 진심으로 최우선으로 대하고자 했던 현실적 태도이자 마음에서 우러난 희망이었다.

프로젝트의 다른 부분에서도 그랬지만, 파트너에 대한 인정은 후에 훨씬 더 깊은 탐색과 이해를 보장하는 문을 연 것이나 마찬가지였다. 어린이들의 행복을 어떻게 증진시켜 나갈 것인가의 문제는 다양한 원주민 공동체와 개인의 '자아'와 '타인'에 대한 이해방식에 달려 있었다. 이 차이의 깊이와 의미를 이해하고자 하는 것이 장기간에 거쳐 중대사가 되었다. 그러나 시작은 대학이라는 곳이 그러한 지식을 가지고 있지도 그런 식으로 일을 하는 장소도 아니라는 현실적인 이유 때문이었다.

특정 공동체의 지식은 특정 공동체 속에 존재하므로, 그 지식이 드러나기 위해서는 공동체 자체가 배움의 장소 또는 '포럼'으로 들어와야만 한다. "우리의 무엇이 이 안에 있는가?"라는 질문을 심각하게 받아들인다면, 하나의 문화집단이 그 외의 집단의 가치 · 신념 · 실천을 완전하고 적절하게 대표한다는 생각은 할 수 없게 된다. 설사 그 지식의 요소가 한 문화의 단순하고 훤히 알 수 있는 '대상'으로 여겨진다 해도, 그 메시지에 담긴 의미와 메시지를 전하는 매체는 표상의 핵심 요소가 되며 의미 또한 전하고 있는 것이다. 한 문화 안에서도 정보는 다양한 구성원의 다양한 메시지와 다양한 지식과 다양한 형식을 띠며 전해진다.

교육과정(過程)에의 공동체 참여라는 뻔해 보일 수 있는 의미의 벽을 허무는 작업은 유아교육 · 보육 분야가 다중적인 관점을 취하고 통합적 교육실천을 창조할 수 있는 기회를 넓힌다. 통합적이고 다성적인 포럼에 학생들을 노출시키면서 우리는 그들이 실천에 임하게 될 때보다 민감하게 통합적이고 다성적으로 대처하기를 바랐었고, 몇몇 증거들은 우리의 희망이 헛되지 않았음을 보여 주었다. 이런 식의 실천은 '하나의 최선책'이나 권위 있는 유아교육 · 보육 종사자에 의존하려 하지 않았다. 어린 아동과의 교육실천의 의미를 이해하고 구성하며 우리 아이들에게 원하는 바에 대한 진행형의 대화에 참여함에 있어, 아동의 관점, 부모의 관점, 기타 공동체 구성원의 관점을 포함하는 다중적인 관점을 취하려는 입장으로 나타나곤 했다. 발생적 교육과정이 가지는 실천상의 잠재력은 이 장에서 다시 논의될 것이다. 다음에서는 메도우레이크 프로젝트에서 발현된 발생적 교육과정 모델에 대해 좀 더 상세히 기술하고자 한다.

- 배움의 진화

발생적 교육과정을 만들어 가는 초기 단계에서는 이것이 어떻게 확장될 수 있을지를 완벽하게 이해하고 있지는 못했다. 초기의 작업은 공동체의 주도를 따르고 지원하는 것에 집중되었다. 즉, 학계 측인 우리의 견해뿐만 아니라 공동체가 제공하는 것(반드시 제공해 주어야 하는 것)을 존중하고자 하였다. 이를 위해, 원주민공동체가 찾아서 고용한(대학과의 협의 하에) 강사진은 개발팀(대학구성원을 중심으로 하되 원주민공동체 주요 멤버가 포함되었음)에게 학생 활동, 원로들의 발표, 여타 공동체의 참여를 포함한 교육과정 진행상의 모든 측면을 보고하였다. 본질적으로 통합적이며 다성적인 성격의 교육과정의 틀을 만들어 가는 데 있어 이 정보가 무엇보다도 소중했다.

초기에는, 아마도 아이러니하게도, 수업 자료는 상당히 두꺼운 분량의 활자로 만들어지기 시작했다. 수업 자료는 각 원주민공동체마다 한 과목당 100~150쪽 분량이 되었다. 각 과목은 일주일에 3시간씩 13주분의 강의와 과제, 그리고 현장 프로젝트로 구성되었다. 이러한 특징으로만 보면 이 과목들은 인쇄물 중심 또는 원격교육에 쓰이는 현대교육에서의 패키지와 다를 바 없다고도 할 수 있을 것이다. 두께가 두꺼워진 이유는, 일차적으로, 학생과 원주민공동체가 학습에 가지고 들어오는 것에 대해 취했던 발생적 교육과정 모델 특유의 접근 방식에 있었다. 원주민공동체가 중심이 된 정보를 어떻게 끌어내고 뒷받침하고 확장할 수 있을 것인가에 관한 진술과 제안이 교재의 두께를 늘이는 데 의미 있는 큰 몫을 했다. 별 의미는 없었지만, 교재의 부피는 교재 자체의 권위를 높이기도 하였다. 양과 수가 중시되는 캐나다와 같은 사회에서는 텍스트의 두께가 그 쪽수를 세는 사람들에게 중요하니까 말이다. 그러나 발생적 교육과정의 수업 자료는 '전형적인' 것에서 상당히 벗어나 있었다. 과제의 성격이 전혀 달랐고, 강사진의 수, 원로로부터 얻은 정보가 담긴 교재 내용 비율, 학생과 원주민공동체에 대한 정보의 증가라는 점에서 그랬다. 교육과정에 대한 이 '열린' 접근은 후에 교육과정 설계에 있어 '열린 구조(open-architecture)' 접근이라고 부르게 되었다(Pence, 1999).

파트너십 초기에는 원로들에게 듣는 날을 일주일에 1회씩 따로 오후 시간에 마련했다. 처음에는 해당 주 분의 수업 자료를 보완하기 위해 교재 집필자들이 주제를 제시하였다. 예를 들어, 분만 전후 처치를 다루는 수업 주간에는 원로 산파에게 그녀의 이해방식, 경험, 지식에 대해 들었다. 그러나 시간이 지나면서 학생들 스스로 듣고 싶은 주제를 제안하곤 했다. 원로들은 학생들이 잘 알아들을 수 없는 부족 모국어인 크리(Cree)나 딘(Dene)으로 말하는 경우가 많았다. 강사진 중 한 명이나 원주민공동체 구성원 중 한 사람이 그 말을 통역해 주고 필기해 주었다. 1년 정도 프로그램이 진행된 후, 많은 원로들이 캠코더로 녹화되는 별도의 이야기 시간을 할애하는 데 동의해 주었다. 이때 녹화된 테이프는 부족협의회 기록보관소에 마련된 『원로의 말(*Words of the Elder's*)』의 시초가 되었다. 이 프레젠테이션은 발생적 교육과정의 절차를 통해 만들어진 자료로서 부족협의회 출판물로 남겨졌다(Greewood et al., 1994).

파트너십 팀이 개발한 원칙이 지켜지자, 원주민공동체의 말은, 지배소수세계 텍스트를 추종하는 사람들과 모더니즘 관점에 기반하고 있는 강사진을 포함한 여러 입장이 토론을 시작하는 계기를 가져오곤 했다. 이것은 강사진이 실제 수업을 시작하기 전에 발생적 교육과정 접근에 대한 일종의 오리엔테이션을 하려는 프로그램의 의도이기도 했다. 이 두 번째 국면은 지배 문화에서의 '타자(Other)' 세계를 드러내는 것이었다. 타자 세계에서는 전형적인 대학 강좌에서 전수되는 이론과 전략과 이해방식이 '진리' 또는 '최상의 실제'로 소개되지 않는다. 오히려 하나의 방법이자 한 가지 실제일 뿐이다. 즉, 이미 알려진 권위 있는 생각이나 이해방식과 함께 공유되어야 하고, 존중되어야 하고, 고려되어야 하는 생각이다. 어떤 때는 정보 간의 수렴과 상호 보완이 일어나기도 하지만 어떤 때는 일어나지 않는다. 공동체와 개인의 맥락뿐만 아니라 서로 다른 정보가 발현되는 맥락을 인정하려고 노력한다. 최종 동의나 집단 합의는 의도하는 바가 아니다. 대화, 개인의 깨달음과 성찰이 의도하는 바이다. 그것은 *과정*이다. 다양한 관점에 대한 반복적 성찰이라는 *과정*이다. Freire가 '새로운 지식'이라고 불렀던 것을 추구하는 과정이다. 이 과정이 발생적 교육과정 모델의 심장이다. Freire가 '지식의 원(圓)'이라 개념화했던 것은 우리의 모델을 이해하는 데 도움이 될 것이다. "지식의 원은 두 가지의 순간을 지닌다. (중략) 이미 생산된 지식의 존재에 대한 의식의 순간, (중략) 그리고 우리가 새로운 지식을 생산하는 순간, (중략) 두 가지 모두 하나의 원에 있는 순간이다"(1997: 192).

• **원로의 말**

처음에 우리는, 원로들의 진술이 발생적 교육과정에서 원주민공동체의 전통지식과 학문적이며 교재 중심인 지식 사이의 균형을 가져다 줄 것으로 보았다. 추상적인 학문에 기반을 두기보다 공동체에 기반을 둠으로써 보다 맥락적으로 적합한 방식으로 지식을 제공할 것으로 보았다. 언어에 대한 포스트모던 담론과 연결되어 있는 지식에 대한 이러한 접근은 원로들 이야기에서 나타났다. 철학자 David Hall(1996)은 포스트모던 언어에 대해 다음과 같이 말한다.

> 만일 우리가 차이를 불러 일으키는 언어를 가져야 한다면, 새로운 종류의 은유를 찾아야 한다. 용어의 글자 그대로의 의미를 확장할 수 있는 은유라는 세계에서 우리는 '암시적 은유'를 차용해야만 할 것이다. 암시적 은유는 문자 그대로의 혹은 객관적인 기표에 얽매이지 않으므로 표현의 다양성과는 구분된다. 이들은 암시와 제안을 자유롭게 띠우게 된다. 은유적 표현은 암시이다. 표현이 아니다. (705)

학생들과 강사진들은 원로들이 가르침에 임하면서 이야기를 사용하는 방식에 대하여 언급하곤 했다. 당장의 주제와 직접적인 관계는 없어 보여도 언젠가 강력하게 파장을 가져올지도 모르는 방식으로 그 이야기가 작용한다는 것이었다. Hall이 분석한 바대로, 중국의 전현대적 사고나 언어에 대한 포스트모던 관점의 비판과 마찬가지로, 원로들의 이야기는 도교사상인 "이름이 붙여진 것은 더 이상 그것이 아니다."[3]와 맥을 같이 하는 것이었다.

발생적 교육과정 접근은, 포스트모던 관점의 연장선상에서, 지배적인 집단의 지식을 모종의 가정과 경험을 기반으로 하여 구성된 것으로 본다. 부족협의회 입장에서 보았을 때, 이 의미와 가정은 지배적인 소수세계의 이해방식과 행동패턴을 규정하고 알리는 데 도움이 된다. 그러나 동적으로 진화하고 있는 자신들 공동체의 가정, 행동, 이해방식 또한 가치 있는 것이다. 원로들은 발생적 교육과정 모델을 깃털에 비유했다. 깃털에는 양면이 있고, 날기 위해서는 양면이 모두 필요하다는 것이었다.

비상(飛上)은 파트너십 프로젝트에 정말 적절한 유추이다. 많은 북미 인디언원주민 집단은 어려움을 헤치고 날 수 있거나 소망하고 꿈꿀 수 있는 능력을 잃어 버렸다고 믿고 있다. 원주민 젊은이의 자살률은 캐나다 전국 평균의 3~4배에 이르고 있다. 서부의 한 지역에서는 원주민이 인구의 10%에 미치지 못하지만, 원주민 어린이의 3분의 2 이상이 보호가 필요한 것으로 나타났다. 태내알코올효과(Fetal Alcohol Effects)이거나 태내알코올증후군(Fetal Alcohol Syndrome)으로 태어나는 어린이의 수가 상당히 많다(Assembly of First Nations, 1989; Canadian Royal

3) 역자 주: 名可名 非常名.

Commission, 1996). 캐나다 원주민부족 지역에 대한 사회과학 문헌은 그 비통함을 호소하고 있고, 현존하고 있는 문헌 가운데 가장 혼란스럽고 절망스럽다. 북미 인디언원주민공동체가 이 고통과 슬픔을 딛고 날지 못하는 이유를 몇몇 원로들은 전통이라는 한쪽 면이 손상되어 그 힘과 아름다움이 찢겨 버린 깃털에 비유했다.

많은 원주민부족들이 다시 비상할 수 있으려면 이러한 손상은 회복되어야 한다. 그리고 손상을 회복시킬 수 있는 프로그램이나 접근만이 이들에게 지속적으로 비상할 수 있는 힘을 제공할 것이다. 그럼에도 불구하고 소수세계의 사회과학과 교육계는 이들에게 이미 손상이 일어났고, 근본적인 무엇이 깨졌고, 치료되어야 한다고 인식하고 있다. 학회에서 발생적 교육과정 파트너십에 관한 내용이 발표되자, 원주민 문제에 관여하는 학계 인사들은 심각하게 경종을 울렸다. 그러한 경종의 바탕에는 원주민부족 사회가 자신들을 치료할 능력이 없다는 생각이 깔려 있다. 이러한 입장은, 오직 치료해 줄 사람들은 자신들과 같은 전문가들이라는 것을 함의하고 있다. 원주민공동체 사람들보다 지적이며 조직적인 자신들이 그들(원주민공동체)이 원하는 것을 더 많이 알고 있다고 진정으로 믿고 있는 것이다. 전문가들이 해결해 줄 것이라는 믿음 아래 원주민들은 그저 절망에 빠져 넋 놓고 앉아 있으면 된다는 것이다. 이것이 바로 모더니즘적 신념의 권력이다. 이 신념은, 한 집단[4]을 죽음과 절망으로 몰아넣고도 그것을 호의(好意)라고 생각해 왔던 모더니즘의 시대라는 역사의 증거마저도 지워버리려 한다. *이번에는* 다를 것이고, *이번에는* 옳을 것이고, *이번에야말*로 이루어질 것이라고 여전히 그들은 진정으로 믿고 있다.

4) 역자 주: 예를 들면 북미 원주민들.

• 실천적 지혜로서의 평가

프로젝트가 3년째 그러니까 마지막 해로 접어들자 학생들은 2년 과정의 학업을 거의 마칠 즈음이 되었고, 연방정부 지원금이라는 재원의 특징 때문에 메도우레이크 지역부족협의회는 이 프로그램에 대한 공식적인 평가를 받아야 했다. 파트너십과 발생적 교육과정 접근이 효과가 있었는지 소기의 '목적'을 달성하였는지를 결정하기 위해서였다. 이 소기의 목적은 원래 신청 당시 요구되는 부분이었고, 계량화할 수 있는 구체적인 것에 집중되어 있었다(예를 들어 등록 학생 수, 개발된 서비스 내역 등). 부족협의회는 평가 작업의 일환으로 존경받는 원로 한 사람을 임명하였고, 그녀는 메도우레이크지역 출신은 아니지만 그 지역의 원주민공동체를 잘 알고 있는 사람이었다. 그녀는 평가에 임하면서 '예상치 못한 결과'의 중요성에 초점을 두었다.

> MLTC 인디언 아동보육 프로그램의 최대 장점은 여덟 개의 기본 목적에는 포함되지 않은 다른 점에 있다. (중략) 그 부산물은 삶의 방식과 원주민공동체의 정신에 지대한 영향을 미치고 있다. 인디언 아동보육 프로그램에의 원로의 참여, 그리고 그에 따른 지역사회 사건과 일에의 참여는 문화적 자부심과 전통적인 가치 체계를 활성화하도록 만들었다. 이 원로들은 공동체의 삶이라는 한 장의 천을 함께 받드는 역할을 하였다. 이들은 함께 참여하는 것, 자신에 대한 존중, 타인에 대한 존중의 중요성을 깨닫고 있다. 또한 건강한 공동체 환경이 없으면 건강한 공동체 구성원도 없으며, 전통적인 가치와 의식이 현대사회 속에서도 당당히 그 위치를 찾을 수 있다는 것을 깨닫고 있다. (Jette, 1993: 58, 59)

원로 평가자들은 프로젝트에서 의도된 것은 물론 의도되지 않은 결과까지 논의하였고, 앎과 측정에 대한 기존의 방식이 지니고 있는 한계를 멋지게 진술하였다.

> 예상치 못한 결과는 몇 달러 몇 센트의 가치로 환산될 수는 없지만, 이 원주민들에게는 측정 가능하고 외현적 차원의 성취결과보다 더 중요한 것이었다. 메도우레이크 지역부족협의회 구역을 방문했을 때, 새로운 생명력, 문화적 자부심의 부활, 자아존중감을 느낄 수 있었다는 것은 이 프로그램이 성공적이었다는 것을 말한다. (1993: 60)

발생적 교육과정 프로젝트 그 자체인 이 원로 평가자의 말은 포스트모던 어휘로 개념화된 것은 아니라 하더라도 모더니티에 대한 비판이었다. "많은 사회과학자는 '방법'이 철학이 하지 못한 진리로 향하는 길을 밝힐 수 있다고 믿고 있다."고 염려한 Schwandt(1996a)를 대변이라도 하듯, 그녀는 선계획된 목적과 결과로 이루어진 좁은 길 밖으로 지속적으로 발을 돌렸다. 그녀는 권력 구조와 평범한 참여자들 밖의 목소리를 찾고, 이에 귀를 기울였다. 또한 그녀는 이미 결정되어 있는 '최상의 실제'에 끌려다니지 않고, 다양성과 차이에 민감하게 반응했다. 그녀와 프로젝트 자체는 Schwandt가 '실천적인 지혜'라고 명명했던 실용적인 요구, 즉 '진정으로 그 자체가 되기 위한 것'에 따른 결과였다. 외적 혹은 당위적 선험의 재현이 아닌 것이다. 무엇이 '그것 그 자체'인가는 그녀도 프로젝트도 알지 못하며 개방성과 진솔한 관여에서 나온다는 것을 깊이 신뢰하고 있었다. 프로젝트의 출발은 '알지 못함'과 알지 못하는 그곳을 탐험하는 즐거움이었다. 그녀는 재정지원자가 규정한 목적을 조용히 확인하는 것에서 시작했지만, 공동체의 목소리를 들으면서 자신도 무엇을 찾을지는 알지 못한 채 작업의 의미를 찾기 시작했다.

그녀와 이 프로젝트를 주도한 것은 실용적인 요구였지만 이 요구는 본질적으로 근대정신에 터해 있지 않았다. 이 요구는 온전히 이성적이지도 않고, 확고히 고정되어 있지도 않고, 고대 해변에서 비석이 발굴되기를 기다리는 식의 성격의 것도 아니었다. 요구는 그저 일을 하면서 나타났고, 그 순간의 실천의 일부분이었다. 마치 해안선과 같이 파도가 지나간 곳에 흔적을 남긴 것일 뿐이었다. 그녀의 노력은 이러한 흔적을 규명하고, 어디로 갔는지를 보고, 그것에 대해 평하는 것이었다. 이 과정에서 그녀는 모더니스트라기보다는 포스트모더니스트에 가까웠고, '새로운 장소'가 아닌 '오래된' 장소에서 그 과정을 규명하고 있었던 것이다. Hall이 중국의 전현대 사고가 포스트모더니스트와 유사하다고 한 것처럼, 원로 평가자들은 포스트모던 관점과 맥을 같이 하는 오래된 담론을 두드리고 있는 것 같았다.

모더니스트와 포스트모더니스트 사고의 요소는 오랫동안 우리와 함께해 왔다. 이들은 시기마다 다른 옷을 입고 있어서 자신을 숨기기도 하였지만 본질적인 연출은 앎과 알지 못함, 확정성과 불확정성이라는 가장 인간적인 모습 가운데 한 단면을 드러내는 것이다. 예컨대, 유대교, 기독교, 이슬람교와 같은 헤브라이 전통에서는 이러한 인간의 모습을 적대 관계에 있는 양자의 이분법으로 나누어 왔다. 그러나 도교와 같은 또 다른 전통은 이들을 필요충분 그리고 전체의 상승으로 보았다. 도교의 관점을 소수세계를 넘어 다수세계로 확대하면, 포스트모던 사고를 발전시킬 수 있는 이해방식과 사회·철학적 역동으로 이어지는 문을 열게 될 것이다.

발생적 교육과정은 서구학문과 부족사회 공동체라는 서로 다른 두 세계의 융합을 이루어 냄으로써 모더니스트 접근에서 벗어나는 실례를 보여 주었다. 사실, 이러한 특성은 프로젝트가 진행된 그 당시보다도 그 과정을 되돌아 보는 과정에서 명백히 드러났다. 이렇게 하여, 일이 추진되어 나감에 따라, 정상성에 비춘 모더니즘적 방식과는 차별화된 참신한 대안은 또 다른 차원의 자극적인 변화와 새로운 방향을 만들어 냈다. 이 대안적 접근은 또한, 모더니즘은 분명히 아니지만 포스트모더니즘에 입각한 것도 아닌, 그러나 부분적으로 포스트모더니즘과 조화를 이룰 수 있는 고대의 전현대적 이해와 유사한 대안적 세계관의 가능성을 엿볼 수 있게 하였다. 전근대, 탈현대, 기타 등등의 동서 양진영의 접근에 대한 탐색은 이 책의 범위를 넘어서므로, 성인교육 논의를 넘어서 발생적 교육과정 접근이 어떻게 확장되어갔는지에 대해 다수세계에서의 발달 관련 최근 저작과 연결시키면서 간략히 언급하기로 하겠다.

• 파문과 확장

원로 평가자들은 발생적 교육과정이 지역공동체에 미치는 영향에 대하여 많은 평을 하였다. 공동체 구성원 가운데 한 사람은 "지역 안의 모든 다른 프로그램에 영향을 미치는 파문 효과"라 표현하기도 하였다. 되돌아보면 이러한 잔잔한 파문이야말로 이 프로젝트가 원주민공동체에게 의미를 가지게 되는 과정이었다고도 할 수 있다. 예를 들어 원주민공동체 구성원이 공동체의 미래와 그 미래를 이끌어 갈 어린이의 역할 등에 대해 아이디어를 나누는 포럼이나 실천적 대화에 참여하게 되었다. 이것은 부족협의회의 선언문에서 "어린이가 이 어려움을 이어받을 것이다"(Meadow Lake Tribal Council, 1989)라고 표현했던 것과 관련되어 있다. 생각하지 못했던 의외의 결과에 원로들은 평가의 초점을 두었고, 바로 그러한 점이 이 프로그램 개발의 가장 중요한 포인트라는 것을 잃지 않으려 했다. 그럼으로써 대학의 협력팀은 발생적 교육과정 모델을 성인교육 프로젝트의 하나로 이해하던 것에서, 성인교육을 도구로 이용하는 지역공동체발전 프로젝트로 이해하게 되었다. 그리고 그 이후에는 자연스럽게 사전에 예견되지 않았던 결과에 대해 더 주목하게 되었고 팀의 주요 관심 영역이 되었다. 현재 대규모 평가 프로젝트를 통해 이러한 역동을 연구 중에 있다.

평가는 이 프로젝트에의 참여가 무엇을 의미하는지를 원주민공동체로부터 직접 듣는 데 집중되어 있다. 참여하고 있는 학생, 강사 그리고 원로들과의 면담뿐만 아니라 가족 구성원, 부족 행정가, 서비스 제공자, 그리고 타 공동체 구성원과의 면담이 이 평가 작업의 한 부분이다. 이 노력은 여러 공동체 구성원이 하는 말을 우리가 듣도록 할 뿐 아니라 서로의 이야기를 들을 수 있게 하여, 원주민공동체 내부와 공동체 상호 간에 어린이와 가족의 복지에 관한 대화가 지속되고 확장되도록 한다. 이러한 대화가 시작되는 시점부터 일기 시작했었고 시간이 흐르면서는 다양한 파장 간의 상호작용을 이해하는 방향으로 흘렀던 '잔잔한 물결과 같은 이미지'가 바로 이 평가가 의도하는 바였다. 혹자는 이러한 작업을 그 본질상 *생태학적(ecological)*이라고 표현하기도 하는데, 원주민공동체는 *홀리스틱(holistic)*이라는 단어를 더 즐겨 쓴다. 어느 쪽이든 간에 모두, 사전에 선택된 도구를 사용하여, 사전에 결정된 관심을 기초로 하여, 사전에 예견된 결과를 평가하려는 모더니즘 관점과는 거리가 멀다고 할 수 있다.

• 경계를 초월한 세계를 향해

발생적 교육과정 모델이 취하고 있는 접근은 중등 이후 교육의 역할과 실제에 대한 모더니즘의 가정을 깨는 것이었다. 개정하고 재구성하고 공동으로 구성하고자 하는 파트너십의 정신과 공동체의 요구를 매우 중요하게 간주하였고, 이 접근은 수 세기 동안 천명되어 온 진리의 독트린,

즉 모더니티의 진상과 이를 지속해 온 힘의 원천인 독트린에 기대려는 태도를 깨뜨렸다. 다양하며 구성된다기보다 단일하며 밝혀질 수 있는 것으로 진리를 인식하는 한, 타인의 신념과 가치를 담을 수 있는 공간이 남아 있지 않게 된다. 지역공동체의 참여와 대화에 근간을 두는 포럼에서 기성의 가정에 도전하고 맞서야 할 필요성을 강조함으로써, '다양한 진리', 즉 '이해의 다양한 기저'에 대한 존중을 학습자에게 불어 넣는, 교육에 있어서의 포스트모던 모델의 요소를 발생적 교육과정 모델은 보여 준다.

어린이를 대상으로 한 교육실천이 아니라 유아교육자 *훈련*으로 시작한 이 프로젝트는 대안적인 담론으로 나아가는 다양한 통로를 조명해 주었다. 결과 중심보다는 *과정 중심* 접근을 취함으로써, 발생적 교육과정 접근은 효과적인 공동체 지원-참여 실천에 필요한 전략과 절차에 대한 모델을 제공하였다. 모더니즘적인 주류 교육에서는 지역공동체 참여를 고무하는 이러한 전략이 결여되어 있었으며 '무엇과 함께하기'보다는 '무엇을 위해 하기'라는 암묵적 철학을 강화해 왔다. 만약 모더니즘의 틀을 활용했다면, 실천 방향과 전략에 대한 해답을 특정 지역/원주민공동체 내에서보다는 보편적 원리 가운데 찾아가도록 교육자들을 가르치게 되었을 것이고, 그렇게 훈련된 교육자들은 북미 아동과 가족에 대한 서비스를 위한 각 지역사회의 그 많고 다양한 요구에 대해 극히 제한된 대처 능력만을 가지게 되었을 것이다.

메도우레이크 프로젝트와 같은 국가 간 그리고 문화 간 유아기 관련 협력관계와 공동작업은 영감을 이끌어 낼 수 있을 뿐만 아니라 다수세계의 발전 사업을 위해 새로운 접근과 방법을 찾는 이들에게 영향을 줄 수 있을 것이다. Chambers는 농촌지역 개발에 관심을 두고 있으나, 그가 제안하고 있는 도전과 변화는 다수세계, 나아가 다수세계라는 범위를 벗어나는 많은 사회의 유아교육자들에게 요구되는 도전과 잘 맞닿아 있다.

> 실천은 급진적이지만 실천적인 변화를 요구하는 매우 개인적이고 전문적인 일이다. 당연시되는 가치에 질문을 던지고, 자기 비판의식을 가지며, 명료해 보이는 것도 상황에 따라서만 최적인 것으로 보며, 사람들로 하여금 스스로를 분석할 수 있도록 도우며 (중략) … 참여적 접근, 방법, 절차에 실험적으로 도전해 보며, 분산화와 다양성을 고무하고, 사물에 앞서 사람을 먼저 두는, 그런 변화이다. (1994: ix)

발생적 교육과정과 마찬가지로 Chambers의 비판과 제안도 포스트모던 관점으로부터 출발한 것은 아니었다. 그러나 두 접근 모두 모더니즘으로 확연히 이해될 수 있는 접근으로부터 그렇지 않은 접근으로의 이행을 추구하고 있다. "우리가 하고자 하는 바는 세상을 뒤집으려는 것이다."는 부족행정가 Vern Bachiu(1993)의 말과 연결해 본다면, Chambers에게 있어서의 이 이행은 '정상이라 불리는 실천'을 '뒤집어' 존중의 자세로 해당 지역공동체와의 통합을 이루는 것을 뜻한다. 1990년대 초에 Chambers가 주장한 접근이 바로 참여지역평가(PRA: Participatory Rural Appraisal)이다.

> PRA는 사람들로 하여금 삶에 대한 자신의 지식을 나누고, 향상시키고, 분석하여 자신의 삶을 계획하고, 실행하고, 감독하고 평가할 수 있도록 하는 일련의 접근과 방법을 통칭한다. 여러 방면으로 확장되고 있는 일련의 방법에는 지도 그리기나 다이어그램 만들기와 같은 시각적인 것이 포함된다. (Chambers, 1997: 102)
>
> PRA를 실천하는 가운데 외부인은 덜 관여하게 되며, 더 많은 지역 주민들이 관여하게 된다. 주민들은 지도를 그리고, 모델을 만들고, 다이어그램을 만들고, 점수화하고, 관찰하고, 인터뷰하고, 분석하고,

> 계획한다. 남아시아와 동아프리카와 서아프리카와 기타 지역에서 참여지역평가를 실시해 본 결과 지역 주민들이 이러한 활동을 더 잘 수행하는 것으로 나타났다. (중략) 과거에 외부전문가들이 주목하지도 않았고 기대하지 않았던 능력이 발견되는 장면을 우리는 목격하였다. (Chambers, 1994: 97)

Chambers가 원주민의 강점과 능력에 대해 인식하고 있던 것은 Malaguzzi가 100가지 언어를 가지고 태어나지만 99가지를 잃어버리게 되는 어린이에 대해 표현한 것과 유사하다. 문제/한계가 있는 것은 어린이나 지역주민이 아니다. 듣고, 보고, 창조하는 능력이 자신들이 '알고 있는 것' 때문에 막혀 버린 전문가들인 것이다. Malaguzzi나 Chambers 그 누구도, 유아교육이 되었든 농촌지역 개발이 되었든 간에, 전문가가 기여할 역할이 없다고 하지는 않았다. 단지 그 역할은 매우 면밀하고도 심도 있게 탐색되어야 하고, 그 역할 내용에 대한 문제제기가 새롭게 일어야 한다고 보았다. 나아가, 전문가들은 다양한 관점에 입각한 재해석, 예전에는 잘 들으려 하지 않았던 목소리, 그리고 이전과는 전혀 다른 패러다임에 따른 통찰 등에도 개방적인 태도를 가져야 한다고 보고 있다. 이러한 것을 통합하는 일은 실용적이고도 사려 깊은 실천을 토론의 장으로 이끌고 추상적인 것이 '땅'과 연결되는 '두 다리'를 만들어 실천적 판단을 가능하게 하는 힘을 낳을 것이다. 다시 말해 Patte Lather(1991)의 말을 빌리자면, 이러한 통합은 "추상적 이론과 일상적인 실천 사이의 장력(張力)을 높인다."

참여지역평가(PRA: Participatory Rural Appraisal)는 참여학습실행(PLA: Participatory Learning and Action)으로 보완되었다. 그리고 점점 다양하게 확대되어 가는 관련 접근의 집결과 교환의 장으로서 『PLA 노트

(*PLA Notes*)』가 1988년에 출간되기 시작하였다. 『PLA 노트』의 출간은 PLA를 "지역주민들의 요구와 기회에 대한 *학습* 과정과 이를 실현하기 위해 요구되는 *실행*에의 지역 구성원의 완전한 *참여*"라는 대 주제로 집약되게 하였다(PLA 노트, 1996: 표지). 1996년 2월호는 '어린이의 참여'를 주제로 하여 특별호로 기획되기도 하였다. 이 문헌은 어린이와 지역 공동체의 강인함, 총명함, 유능함에 대해 기술하고 있다. 다수세계에서 출간된 이 문헌의 출현[5]으로, 레지오 에밀리아의 Loris Malaguzzi가 채택했던 관점이나 스톡홀름 프로젝트와 메도우레이크 프로젝트에서의 관점 사이에 모종의 공통점이 많다는 것을 우리는 발견할 수 있었다. 이 모든 경우에서 우리는 포스트모더니즘 이론과 실제 사이의 생산적 관계가 어떤 것일 수 있는지에 대해 보기 시작하였다. 농촌지역 개발, 교육실천, 유아교육자 훈련 등 그 맥락이 무엇이었든 간에 가능성의 세계, 즉 잠재력으로 가득 찬 세계를 볼 수 있었다.

이러한 잠재력은 다양성과 복잡성, 다시 말해 다수성과 불확실성을 긍정적으로 소화하는 것(celebration)으로부터 생긴다. 표준화하고, 규범화하고, 단순화하려는 시도로부터 나오지 않는다. 이 다양성과 복잡성은 다양한 사람들의 개별적인 목소리뿐 아니라, Lyotard(1984)가 모더니즘의 '거대담론(meta-narrative)'에 대치되어야 할 것으로 주장했던 지역적 지식의 '작은 서사(little narratives)'로부터 나오게 될 것이다. 보편타당성이라는 꿈은 획일성이라는 악몽일 뿐이요, 유사성의 취약함을 낳을 뿐이다. 창의성의 원천은 유사성이 아니라 다양성이다. 다양성을 줄이려는 것은 가능성을 줄이는 일인 것이다. 그러나 가능성은 다양성이 아이디어

5) 역자 주: 『PLA 노트』는 영국에서 출간되었음.

와 통찰력의 교환, 상호작용과 대화를 기반으로 하는 포럼과 같이 가야만 생길 수 있다. 그럼으로써, 참신하고도 창의적이며 유용한 지식과 이해를 생산해 내는 시민사회에 있어서의 포럼의 잠재력과 지역성의 잠재력이 드러나게 된다. 우리의 초점을 보편타당성이라는 이상으로부터 벗어나 다양성의 잠재력에로 재조정한다면 미래로 향한 문이 상상의 한계를 넘어 열리게 될 것이다.

우리는 유아교육계의 지배적인 언어, 즉 특정 어휘와 특정 유형의 대화와 질문을 만들어 온 언어에 대한 내용으로 이 책을 시작하였다. 그 나머지 부분은 유아기를 다르게 말하고, 다른 언어를 사용하여 말하고, 다르게 대화하고, 다른 질문을 할 수 있는 가능성에 대한 내용에 할애되었다. 풍요로운 어린이, 의미를 공동구성하는 어린이, 시민으로서 어린이에 대해 이야기했다. 시민사회의 하나의 포럼으로서의 유아교육 · 보육기관, 각양각색의 많은 프로젝트가 가능한 어린이와 유아기를 위한 공간으로서의 유아교육 · 보육기관에 대해 이야기했다. 또한 의미구성과 교육적 기록작업, 그리고 발생적 교육과정에 대해 이야기했다. 권력과 자유에 대하여, 대화와 직면과 성찰에 대하여 이야기했다. 복수성, 특이성, 불확실성과 개연성에 대하여 이야기했고, 타자와의 만남과 관계의 윤리에 대해서도 이야기했다. 이런 다른 언어를 사용하고 포스트모던이라는 관점을 취함으로써, 우리는 새로운 이해방식, 실천을 위한 새로운 기회, 새로운 이슈를 탐색할 수 있는 새로운 공간을 발견했다. 그 결과, 이제 유아기를 공부하는 것이 마치 '처음 가 보는 곳'에 관해 알아가는 것과 같이 느껴진다.

분명히 우리는 포스트모던 관점에 서서 노력했기 때문에 얻은 새로운 가능성으로 인해 활력을 얻었다. 그렇지만 어떤 이는 다르게 생각할

지도 모른다. 새로운 가능성 대신 혼란과 위험을 볼 수도 있다. 어떤 측면에서 보면 이들이 맞기도 하다. Foucault가 지적한 바와 같이 어떤 것도 중립적이지 않으며 어느 곳에나 권력이 있으며 불확실성만이 유일하게 확실하므로 '모든 것은 위험' 하기 때문이다.

모더니티는 예측불가능한 복잡한 세계를 두려워하는 사람들을 편안하게 해 준다. 가지성(可知性), 예측가능성, 질서라는 이미지로 불안을 덜어준다. 하지만 Shakespeare가 『템피스트(*The Tempest*)』에서 표현한 것처럼 "이러한 비전의 근거 없는 천(fabric)은 사라질 것이요, (중략) 우리는 꿈이 만들어 낸 그런 존재일 뿐이다." 이제 그 꿈은 이미 끝났다. 어린이의 발달을 이해하기 위해, 질 높은 보육의 요소를 알기 위해, 환경을 평가하기 위해, 어린이에게 드러날 결과를 예측하기 위해, 그 외 모든 일에 있어서의 보편적인 진리와 확실성이라는 무게를 단단히 버틸 수 있는 초석을 만들겠다는 그 꿈은 그저 하나의 꿈에 지나지 않았다. 모더니티의 약속으로 인해 태어난 꿈이었다.

누군가에게는 깨어나는 것이 악몽이겠지만 그렇게 생각할 필요는 없다. 모더니티도 위험이 없었던 적은 없다. 오히려 정반대이다. 포스트모더니즘 역시 만병통치약이지도 않으며 또 될 수도 없다. 그러나 비생산적이지도 않다. 우리를 풍요로운 방향으로 이끌어 주는 이론이 있다. 우리 자신과 세상에 대해 예전과는 다르게 이해함으로써 생겨나는 기회가 있다는 것을 보여 주는 충분한 사례가 있다. 동일한 것으로부터는 더 이상 타진될 수 없지만 그 외의 다른 것에서만 조금씩 타진될 수 있는 거대한 잠재력이 있다는 것을 보여 주고 있다. 우리가 직면하고 있는 위험이란 알려지지 않은 것을 탐색하는 데 있는 것이 아니라 '아는 것'의 편안함에 계속 기대려는 데 있다.

Adorno, T. & Horkheimer, M. (1944, 1997 English ed.). *Dialectic of enlightenment*. London: Verso.

Andersson, A. E. & Sylwans, P. (1997). *Framtidens arbete och liv (Work and life of the future)*. Stockholm: Natur och Kultur.

Apple, M. (1991). Series editor' s introduction to Lather, P.: *Getting smart: feminist research and pedagogy with/in the postmodern*. London: Routledge.

Asplund, J. (1983). *Tid, rum och kollektiv (Time, space and collective)*. Stockholm: Liber.

Assembly of first nations (1989). *Report on the national inquiry into first nations child care*. Ottawa: A.F.N.

Bachiu, V. (1993). *In children are our future, informational booklet for first nations partnerships program*. Victoria, B.C.: University of Victoria.

Balaguer, I., Mesters, J. & Penn, H. (1992). *Quality in services for young children*. Brussels: European Commission Equal Opportunities Unit.

Bank, J. (1992). *The essence of total quality management*. London: Prentice Hall.

Barsotti, A. (1986). *Hoppet över muren (the jump over the wall)*. Stockholm: Mariedamfilm och HB Barsotti.

Barsotti, A. (1997). *D-som i Robin Hoods pilbåge*. Stockholm: HLS Förlag.

Barsotti, C. (1981). *Ett barn har hundra språk men herövas nittionio (A child has got a hundred languages but ninety-nine are lost)*. Stockholm: UR och Mariedamfilm AB.

Barsotti, C. (1986). *Staden och regnet (The town and the rain)*. Stockholm: Mariedamfilm och HB Barsotti.

Barsotti, C. (1994). *Mannen från Reggio Emilia (The man from Reggio Emilia)*. Stockholm: Mandragola Film AB.

Bateson, G. (1998). *Ande och natur: En nödvändig enhet*. Stockholm: Symposium.

Bauman, Z. (1991). *Modernity and ambivalence*. Cambridge: Polity Press.

Bauman, Z. (1993). *Postmodern ethics*. Oxford: Blackwell.

Bauman, Z. (1995). *Life in fragments*. Oxford: Blackwell.

Bauman, Z. (1997). *Postmodernity and its discontents*. Cambridge: Polity Press.

Beck, U. (English ed. 1992). *Risk society: towards a new modernity*. London: Sage.

Bedeian, A. (1993). *Management* (3rd ed.). Fort Worth TX: Dryden Press.

Bell, D. (1987). The world and the United States in 2013. *Daedalus, 116,* 1-31.

Benhabib, S. (1990). Communication ethics and current controversies in practical philosophy. In S. Benhabib & F. Dallmayer (Eds.). *The communicative ethics controversy*. Cambridge, MA: MIT Press.

Benhanbib, S. (1992). *Situating the self*. Cambridge: Polity Press.

Berger, P. & Luckman, T. (1966). *The social construction of reality*. New York: Doubleday.

Berlin, I. (1981). *Against the current: essays in the history of ideas*. Oxford: Oxford University Press.

Bernstein, B. (1990). *The structuring of pedagogic discourse, Volume IV*. London: Routledge.

Boalt-Boethius, S. (1984). *Arbetslag på daghem (Teams in day care centres)*. Stockholm: Institute of Psychology, University of Stockholm.

Bowlby, J. (1969). *Attachment and loss. Volume 1: attachment*. London: Hogarth Press.

Bredekamp, S. (Ed.). (1987). *Developmentally appropriate practice in early childhood programs serving children through birth to 8 years*. Washington, DC: NAEYC.

Bredekamp, S. & Copple, C. (Eds.). (1997). *Developmentally appropriate practice in early childhood programs* (revised ed.). Washington, DC: NAEYC.

Bronfenbrenner, U., Kessel, F., Kessen, W. & White, S. (1986). Towards a critical social history of developmental psychology, *American Psychologist, 41*(11), 1218-1230.

Brophy, J. & Statham, J. (1994). Measure for measure: values, quality and evaluation. In Moss, P. & Pence, A. (Eds.). *Valuing quality in early childhood services*. London: Paul Chapman Publishing, New York: Teachers College Press.

Buber, M. (1970). *I and thou*. New York: Scribners.

Burman, E. (1994). *Deconstructing developmental psychology*. London: Routledge.

Bush, J. & Phillips, D. (1996). International approaches to defining quality. In Kagan, S.

& Cohen, N. (Eds.). *Reinventing early care and education: a vision for a quality system*. San Francisco: Jossey-Bass.

Butler, J. (1993). *Bodies that matter: on the discourse limits of 'sex'*. New York: Routledge.

Cahoone, L. (1996). *From modernism to postmodernism: an anthology*. Cambridge, MA: Blackwell.

Callewært, S. & Kallós, D. (1976). Den rosa vâgen i svensk pedagogik (The rose wave in swedish pedagogy), *Forskning om utbildning, 1*.

Canadian royal commission on aboriginal issues (1996). *Report on the royal commission on aboriginal peoples*. Ottawa: Government of Canada.

Carleheden, M. (1996). *Det andra moderna: om jurgen habermas och den samhällsteoretiska diskursen om det moderna* (Second modernity: jurgen Habermas and the social theoretical discourse of modernity). Göteborg: Bokförlaget daidalos AB.

Carroll, L. (1865, 1961 ed.). *Alice's adventures in wonderland*. London: The Folio Society.

Carroll, L. (1893, 1973 ed.). *Sylvio and Bruno concluded, in Lewis Carroll, the complete works*. London: The Nonesuch Press.

Chambers, R. (1994). *Challenging the professions*. London: Intermediate Technology Publications.

Chambers, R. (1997). *Whose reality counts?* London: Intermediate Technology Publications.

Cherryholmes, C. H. (1988). *Power and criticism: post-structural investigations in education*. New York: Teachers College Press.

Cherryholmes, C. H. (1994). Dialogue, pragmatism, poststructuralism and socially useful theorizing, *Curriculum Inquiry, 24*(2), 194-213.

Clarke, A. (1995). Paradigms and methods: quantity and quality in evaluative research. Paper given at the UK Evaluation Society National Conference, London, September.

Cochran, M. (Ed.). (1993). *International handbook of child care policies and programs*. Westport, CT: Greenwood Press.

Cocks, J. (1989). *The oppositional imagination: feminism, critique and political theory*.

New York: Routledge.

Cohen, J. & Arato, A. (1992). *Civil society and political theory*. Cambridge, MA: The MIT Press.

Cole, M. (1996). *Cultural psychology: a once and future discipline*. Cambridge, MA: The Belknap Press of Harvard University Press.

Dahlberg, G. (1985). *Context and the child' s orientation to meaning: a study of the child' s way of organizing the surrounding world in relation to public institutionalized socialization*. Stockholm: Almqvist and Wiksell.

Dahlberg, G. (1992). The parent-child relationship and socialization in the context of modern childhood: the case of Sweden. In Roopnarine, J. L. and Carter, D. B. (Eds.) *Parent-child relations in diverse cultural settings*. Norwood, NJ: Ablex.

Dahlberg, G. (1995). Everything is a beginning and everything is dangerous: some reflections on the Reggio Emilia experience. Paper given at an international seminar *Nostalgio del futuro* in honour of Loris Malaguzzi, Milan, October.

Dahlberg, G. (1997). Images of the child, knowledge and learning. Lecture given at a Summer Institute of the School of Child and Youth Care. University of Victoria, BC, July.

Dahlberg, G. (1998). From the "home of the people" - folkhemmet - to the enterprise: reflections on the constitution and reconstitution of the field of early childhood pedagogy in Sweden. In Popkewitz, T. (Ed.). *Educational knowledge: changing relationships between the state, civil society and the educational community*.

Dahlberg, G. & Åsén, G. (1994). Evaluation and regulation: a question of empowerment. In Moss, P. & Pence, A. (Eds.). *Valuing quality in early childhood services*. London: Paul Chapman Publishing, New York: Teachers College Press.

Dahlberg, G. & Lenz Taguchi, H. (1994). *Förskola och skola - om två skilda traditioner och om visionen om en mötesplats (Preschool and school - two different traditions and a vision of an encounter)*. Stockholm: HLS Förlag.

Dahlberg, G., Lundgren, U. P. & Åsén, G. (1991). Att utvärdera barnomsorg (To evaluate early childhood education and care). Stockholm: HLS Förlag.

Dencik, L. (1989). Growing up in the postmodern age: on the child's situation in the modern family and the position of the family in the modern welfare state. *Acta Sociologica, 32*, 155-180.

Dencik, L. (1997). Modernization - a challenge to early childhood education. Keynote lecture given at the 7th European Conference on the Quality of Early Childhood Education, Munich, September.

Department for education and employment (England) (1997). *Excellence in schools* (Cmnd.3681). London: Department for Education and Employment.

Derrida, J. (2002 edn.). *Writing and Difference*. London: Routledge.

Deven, F., Inglis, S., Moss, P. & Petrie, P. (1998). *State of the art review on reconciliation of work and family responsibilities and quality in care services (DfEE research report No. 57)*. London: Department for Education and Employment.

Dickson, T. (1995). Quality and beyond: an overview. In Crainer, S. (Ed.). *The FT handbook of management*. London: FT Pitman Publishing.

Docker, J. (1994). *Postmodernism and popular culture: a cultural history*. Cambridge: Cambridge University Press.

Dreyfus, H. & Rabinow, P. (1980). *Michel Foucault: beyond structuralism and hermeneutics*. Chicago, IL: University of Chicago Press.

Edwards, C., Gandini, L. & Forman, G. (Eds.). (1993). *The hundred languages of children*. Norwood, NJ: Ablex.

Elder, G., Modell, J. & Parke, R. (Eds). (1993). *Children in time and place*. Cambridge: Cambridge University Press.

Ellsworth, E. (1989). Why doesn' t this feel empowering? Working through the repressive myths of critical pedagogy. *Harvard Educational Review, 59*(3), 297-324.

Escobar, A. (1997). *Encountering development: the making and unmaking of the third world*. Princeton, NJ: Princeton University Press.

von Euler, G. (1975). Om observationer (on observations). In SOU: 1975 *Utbildning i samspel (Education for relationships)*. Stockholm: Allmänna Förlaget.

European commission childcare network (1996a). *A review of services for young children in the European Union 1990-1995*. Brussels: European Commission Equal Opportunities Unit.

European Commission Childcare Network (1996b). *Quality targets in services for young children*. Brussels: European Commission Equal Opportunities Unit.

Evans, J. (1994). Quality in ECCD: everyone' s concern. *Coordinators' Notebook, 15,* 1-32.

Evers, A. (1997). Quality development - part of a changing culture of care. In Evers, A., Haverinen, R., Leichsenring, K. & Wisow, G. (Eds.). *Developing quality in personal social services: concepts, cases and comments*. Aldershot: Ashgate.

Farquhar, S. (1993). Breaking new ground in the study of quality. Paper given at the NZARE Conference, Hamilton.

Fishman, D. (1995). Postmodernism comes to program evaluation II: a review of Denzin and Lincoln' s Handbook of qualitative research. *Evaluation and Programme Planning', 18*(3), 301-310.

Flax, J. (1990). *Thinking fragments: psychoanalysis, feminism and postmodernism in the contemporary West*. Berkeley and Los Angeles: University of California Press.

von Foerster, H. (1991). Through the eyes of the other. In Steier, F. (Ed.). *Research and reflexivity*. London: Sage.

Foucault, M. (1965 English ed.). *Madness and civilisation: a history of insanity in the age of reason*. New York: Pantheon.

Foucault, M. (1970 English ed.). *The order of things: an archaeology of the human sciences*. New York: Random House.

Foucault, M. (1972 English ed.). *The birth of the clinic: an archaeology of medical perceptions*. New York: Vintage.

Foucault, M. (1974). Human nature: justice versus power. In Elders, F. (Ed.). *Reflexive water: the basic concerns of mankind*. London: Souvenir Press.

Foucault, M. (1977 English ed.). *Discipline and punish: the birth of the prison*. Harmondsworth: Penguin.

Foucault, M. (1980a). *Power/knowledge: selected interviews and other writings, 1972-1977* (Gordon, C. ed.). London: Harvester Wheatsheaf.

Foucault, M. (1980b). Georges Canguilhem: philosopher of error. *Ideology and Consciousness, 7,* 53-54.

Foucault, M. (1980c). 'The subject and power', and afterword. In Dreyfus, H. & Rabinow, P. *Michel Foucault: beyond structuralism and hermeneutics*. Chicago, IL: University of Chicago Press.

Foucault, M. (1983). *M. Foucault: Beyond Structuralism and Hermeneutics, (Second edn.)* (Dreyfus, H. and Rainbow, P. eds), Chicago, IL: University of Chicago Press.

Foucault, M. (1984). 'On the geneaology of ethics: An overview of work in progress', in Rabinow, P. (ed.) *The Foucault Reader*, New York: Pantheon.

Foucault, M. (1986 English ed.). *The care of the self*. New York: Pantheon.

Foucault, M. (1988). *Politics, philosophy, culture: interviews and other writings, 1977-1984* (L. Kritzman ed.), New York: Routledge.

Foucault, M. (1990). 'Qu' est-ce que la critique? *Bulletin de la Société Française de Philosophie, 84*, 35-63.

Freire, P. (1985 English ed.). *Pedagogy of the oppressed*. Harmondsworth: Penguin.

Freire, P. (1996 English ed.). *Letters to christina: reflections on my life and work*. London: Routledge.

Freire, P. (1997 English ed.). *Pedagogy of hope*. New York: The Continuum Publishing Co.

Fromm, E. (1942). *The fear of freedom*. London: Routledge and Kegan Paul.

Garbarino, J. (1996). *Raising children in a socially toxic environment*. San Francisco: Jossey-Bass.

Gaster, L. (1991). Quality and decentralisation - are they connected? *Policy and Politics, 19*(4), 257-267.

Gellner, E. (1992). *Postmodernism, reason and religion*. London: Routledge.

Gergen, K. (1992). Towards a postmodern psychology. In Kvale, S. (Ed.). *Psychology and postmodernism*. London: Sage.

Gergen, K. & Gergen, M. (1991). Toward reflexive methodologies. In Steier, F. (Ed.). *Research and reflexivity*. London: Sage.

Gesell, A. & Ilg, F. (1946). *The child from five to ten*. New York: Harper and Row.

Giddens, A. (1990). *The consequences of modernity*. Cambridge: Polity Press.

Giddens, A. (1991). *Modernity and self-identity*. Cambridge: Polity Press.

Ginsburg, C. (1989). *Ledtrådar, essäer om konst, förbjuden kunskap och dold historia*

(Threads, essays on art, forbidden knowledge and hidden history). Stockholm: Häften för Kritiska studier.

Giroux, H. (1989). *Schooling for democracy: critical pedagogy in the modern age*. London: Routledge.

von Glasersfeld, E. (1991). Knowing without metaphysics: aspects of the radical constructivist position, In Steier, F. (Ed.). *Research and reflexivity*. London: Sage.

Gore, J. (1993). *The struggle for pedagogics: critical and feminist discourses as regimes of truth*. New York: Routledge.

Göthson, H. (1991). *Från gamla svar till nya frågor (From old answers to new questions)*. Stockholm: Socialstyrelsen.

Greenwood, M., Opikokew, L., Opekokew, M. R. & Mcintyre, M. R. (1994). *The elders speak: of the past, of children and families*. Meadow Lake Tribal Council.

Habermas, J. (1983). Modernity: an incomplete project. In Foster, H. (Ed.). *The anti-aesthetic: essays on postmodern culture*. Port Townsend: Washington.

Hall, D. (1996). Modern China and the postmodern West. In Cahoone, L. (Ed.). *From modernism to postmodernism*. Cambridge, MA: Blackwells.

Hall, S. & Jacques, M. (Eds.). (1989). *New times: the changing face of politics in the 1990s*. London: Lawrence and Wishart.

Halldorson, L. & Pence, A. (1995). *Program guidebook to the generative curriculum*. Victoria, BC: University of Victoria.

Hambleton, R. & Hoggart, P. (1990). *Beyond excellence: quality of local government in the 1990s (working paper 85)*. Bristol: School for Advanced Urban Studies.

Harms, T. & Clifford, R. (1980). *Early childhood environment rating scale*. New York: Teachers College Press.

Harvey, D. (1989). *The condition of postmodernity*. Oxford: Blackwell.

Hatch, J. A. (1995). Studying childhood as a cultural invention: a rationale and framework. In J.A. Hatch (Ed.). *Qualitiative research in early childhood settings*. Westport, CT: Praeger.

Haug, P. (1992). *Educational reform by experiment: the norwegian experimental educational program for 6 year olds (1986-1990) and the subsequent reform*. Stockholm: HLS Förlag.

Hedenqvist, J.-A. (1987). *Språklig interaktion I förskolan (interaction in the preschool).* Stockholm: Lärarhögskolan i Stockholm.

Henriques, J., Holloway, W., Urwin, C., Venn, C. & Walkerdine, V. (1984). *Changing the subject: psychology, social regulation and subjectivity*. London: Methuen.

Hultqvist, K. (1990). *Förskolebarnet: en konstruktion för gemenskapen och den individuella frigörelsen (the Swedish pre-school child: a construction for the spirit of community and individual freedom)*. Stockholm: Symposion.

Hutton, W. (1995). *The state we are in*. London: Jonathan Cape.

Israel, J. (1992). *Martin Buber: dialogfilosof och sionist (Martin Buber: dialogoe philosopher and zionist)*. Stockholm: Natur och Kultur.

Jenks, C. (1982). *The sociology of childhood - essential readings*. London: Batsford Academic.

Jensen, C. (1994). Fragments for a discussion about quality. In Moss, P. & Pence, A. (Eds.). *Valuing quality in early childhood services*. London: Paul Chapman Publishing, New York: Teachers College Press.

Jensen, J. (1996). *Men as workers in childcare services*. Brussels: European Commission Equal Opportunities Unit.

Jette, D. I. (1993). Meadow lake tribal council Indian child care program evaluation. Unpublished report to the meadow lake tribal council.

Jowell, R., Curtice, J., Park, A., Brook, L. & Ahrendt, D. (Eds.). (1995). *British social attitudes survey: the 12th report*. Aldershot: Dartmouth.

Kagan, S., Cohen, N. & Neuman, M. (1996). Introduction: the changing context of American early care and education. In Kagan, S. & Cohen, N. (Eds.). *Reinventing early care and education: a vision for a quality system*. San Francisco: Jossey-Bass.

Karlsson, O. (1995). Att utvärdera mot vad? Om kriterie problemet vid intressentutvärdering (To evaluate against what? On the criteria problem in stakeholder evaluations). Stockholm: HLS Förlag.

Katz, L. (1993). What can we learn from Reggio Emilia? In Edwards, C., Gandini, L. & Forman, G. (Eds). *The hundred languages of children*. Norwood, NJ: Ablex.

Kemp, P. (1992). *Emmanual Levinas: en introduktion (Emmanuel Levinas: an introduction)*. Göteborg: Daidolos.

Kessen, W. (1979). The American child and other cultural inventions. *American Psychologist, 24,* 815-820.

Kessen, W. (1983). The child and other cultural inventions. In Kessel, F. & Siegel, A. (Eds.). *The child and other cultural inventions: houston symposium 4*. New York: Praeger.

Kessler, S. A. & Swadener, B. (Eds.). (1992). *Reconceptualising the early childhood curriculum: beginning the dialogue*. New York: Teachers College Press.

Kumar, K. (1995). *From post-industrial to postmodern society: new theories of the contemporary world*. Oxford: Blackwell.

Kvale, S. (Ed.). (1992). *Psychology and postmodernism*. London: Sage.

Lamb, M., Sternberg, K., Hwang, C.-P. & Broberg, A. (Eds). (1992). *Child care in context*. Hillsdale, NJ: Lawrence Erlbaum Associates.

Landers, C. (1989). *Early child development summary report*. New York: UNICEF.

Larner, M. & Phillips, S. (1994). Defining and valuing quality as a parent. In Moss, P. & Pence, A. (Eds). *Valuing quality in early childhood service*. London: Paul Chapman Publishing, New York: Teacher College Press.

Lather, P. (1991). *Getting smart: feminist research and pedagogy with/in the postmodern*. London: Routledge.

Lather, P. (1992). Postmodernity and the human sciences. In Kvale, S. (Ed.). *Psychology and postmodernism*. London: Sage.

Lauridsen, S. (1995). Training of child care and social care workers in Denmark. Paper given at a conference in Madrid, November.

Lenz Taguchi, H. (1997). *Varför pedagogisk dokumentation? (Why pedagogical documentation?)*. Stockholm: HLS Förlag.

Lenz Taguchi, H. (1998). A problematisation of "power", "resistance" and "emancipation" in pedagogical documentation work. Paper given at a research symposium on theoretical spaces, at Stockholm Institute of Education, November.

Liedman, S. -E. (1997). *I skuggan av framtiden (In the shadow of the future)*. Stockholm: Bonnier Alba.

Lind, U. (1998). Loss and meaning in a tradition of representation: on the construction of difference and ambivalence in the process of knowledge. Paper given at a research symposium on theoretical spaces, at Stockholm Institute of Education, November.

Lindensjö, B. & Lundgren, U. P. (1986). Politisk styrning och utbildningsreformer (Political governing and educational reforms). Stockholm: Liber.

Lubeck, S. (1996). Deconstructing "child development knowledge" and "teacher preparation". *Early Childhood Research Quarterly, 11,* 147-67.

Lundgren, U. P. (1990). Educational policy making decentralisation and evaluation. In Granheim, M., Kogan, M. & Lundgren, U. P. (Eds). *Evaluation as policymaking: introducing evaluation into a national decentralised system.* London: Jessica Kingsley.

Lyotard, J.-F. (1984). *The postmodern condition: a report on knowledge.* Minneapolis, MN: University of Minneapolis Press.

Malaguzzi, L. (1993a). For an education based on relationships. *Young Children, 11/93,* 9-13.

Malaguzzi, L. (1993b). History, ideas and basic philosophy. In Edwards, C., Gandini, L. & Forman, G. (Eds). *The hundred languages of children.* Norwood, NJ: Ablex.

Malpas, N. & Lambert, P.-Y. (1993). The Europeans and the family: results of an opinion survey (Eurobarometer 39). Brussels: European Commission.

Mäntysaari, M. (1997). Quality management in Finland - problems and possibilities. In Evers, A., Haverinen, R., Leichsenring, K. & Wisow, G. (Eds.). *Developing quality in personal social services: concepts. cases and comments.* Aldershot: Ashgate.

Marquand, D. (1998). May' s magic still lingers as Blair faces hard choices. *The Guardian, 2,* May.

Maturana, H. (1991). Science and daily life: the ontology of scientific explanations. In Steier, F. (Ed.). *Research and reflexivity.* London: Sage.

Mayall, B. (1996). *Children, health and the social order.* Buckingham: Open University Press.

McGurk, H., Caplan, M., Hennessy, E. & Moss, P. (1993). Controversy, theory and social context in contemporary day care research. *Journal of Child Psychology and Psychiatry, 34*, 3-23.

Meadow lake tribal council (1989). Vision statement, MLTC program report. Unpublished report.

Melucci, A. (1989.) *Nomads of the present: social movements and individual needs in contemporary society*. Philadelphia, PA: Temple University Press.

Miller. P. & Rose, N. (1993). Governing economic life. In Gane, M. & Johnston, T. (Eds.). *Foucault' s new domains*. London: Routledge.

Molteno, M. (1966). *Starting young: principles and practice in early childhood development*. London: Save the Children UK.

Montessori, M. (1967). *The discovery of the child*. New York: Ballantine Books.

Mooney, A. & Munton, A. (1997). *Research and policy in early childhood services: time for a new agenda*. London: Institute of Education, University of London.

Morss, J. (1996). *Growing Critical*. London: Routledge.

Moss, P. & Pence, A. (Eds.). (1994). *Valuing quality in early childhood services*. London: Paul Chapman.

Moss, P. & Penn, H. (1996). *Transforming nursery education*. London: Paul Chapman.

Mouffe, C. (1996a). *Deconstruction and pragmatism*. London: Routledge.

Mouffe, C. (1996b). Democracy, power and difference. In Benhabib, S. (Ed.). *Democracy and difference: contesting the boundaries of the political*. Princeton, NJ: Princeton University Press.

Munton, A., Mooney, A. & Rowland, L. (1995). Deconstructing quality: a conceptual framework for the new paradigm in day care provision for the under eights. *Early Child Development and Care, 114*, 11-23.

Myers, R. (1992). *The twelve who survive: strengthening programmes of early childhood development in the third world*. London: Routledge.

New, R. (1993). Cultural variations in developmentally appropriate practice. In Edwards, C., Gandini, L. & Forman, G. (Eds). *The Hundred Languages of Children*. Norwood, NJ: Ablex.

Nordin-Hultman, E. (1998). To confront the concept of identity within developmental psychology, and to explore an alternative where subjectivity is placed and constructed within situations, in a flow of actions and language. Paper given at a research symposium on Theoretical Spaces, at Stockholm Institute of Education, November.

Pascal, C., Bertram, A. & Ramsden, F. (1994). *The effective early learning research project: the quality, evaluation and development process*. Worcester: Worcester College of Higher Education.

Pence, A. (1989). In the shadow of mother-care: contexts for an understanding of child day care in Canada. *Canadian Psychology, 30*(2), 140-147.

Pence, A. (1992). Quality care: thoughts on R/rulers. Paper given at a Workshop on Defining and Assessing Quality, Seville, September.

Pence, A. (1999). "It takes a village...". and new roads to get there. In Keating, D. & C. Hertzman (Eds.). *Developmental health as the wealth of nations*. New York: Guilford.

Pence, A., Kuehne, V., Greenwood, M. & Opekokew, M. R. (1993). Generative curriculum: a model of university and first nations cooperative. Post-Secondary Education. *International Journal of Educational Development, 13*(4), 339-349.

Pence, A. & Moss, P. (1994). Towards an inclusionary approach in defining quality. In Moss, P. & Pence, A. (Eds.). *Valuing quality in early childhood services*. London: Paul Chapman Publishing, New York: Teachers College Press.

Penn, H. (1997a). Inclusivity and diversity in early childhood services in South Africa. *International Journal of Inclusive Education, 1*(1), 101-114.

Penn, H. (1997b). *Comparing nurseries*. London: Paul Chapman.

Penn, H. & Molteno, M. (1997). Sustainability in early childhood development projects. Unpublished paper for UNICEF.

Phillips, D. (1996). "Reframing the quality issue", In Kagan, S. & Cohen, N. (Eds). *Reinventing early care and education: a vision for a quality system*. San Francisco: Jossey-Bass.

Phoenix, A. & Owen, C. (1996). From miscegenation to hybridity: mixed relationships and mixed-parentage in profile. In Bernstein, B. & Brannen, J. (Eds.). *Children research and policy*. London: Taylor and Francis.

PLA Notes (1996). Special issue on children's participation. *Number 25, February,* International Institute for Environment and Development.

Pollitt, C. (1988). Bringing consumers into performance measurement: concepts, consequences and constraints. *Policy and Politics, 16*(2), 77-87.

Pollitt, C. (1997). Business and professional approaches to quality improvement. In Evers, A., Haverinen, R., Leichsenring, K. & Wisow, G. (Eds.). *Developing quality in personal social services: concepts, cases and comments*. Aldershot: Ashgate.

Popkewitz, T. (1990). Some problems and problematics in the production of evaluation. In Granheim, M., Kogan, M. & Lundgren, U. P. (Eds). *Evaluation as policymaking: introducing evaluation into a national decentralised system*. London: Jessica Kingsley.

Popkewitz, T. (Ed.). (1993). *Changing patterns of power: social regulation and teacher education reform*. Albany, NY: State University of New York Press.

Popkewitz, T. (1994). Systems of ideas in historical spaces: Vygotsky, educational constructivism and changing problems in the regulation of the 'Self', Manuscript, University of Wisconsin.

Popkewitz, T. (1997). A changing terrain of knowledge and power in educational research: a social epistemology. In Popkewitz, T. (Ed.) *Critical theory and educational discourse*. Johannesburg, SA: Heinemann.

Popkewitz, T. (1998a). *Struggling for the soul: the politics of schooling and the construction of the teacher*. New York: Teachers' College Press.

Popkewitz, T. (1998b). The culture of redemption and the administration of freedom in educational research. *The Review of Educational Research,* Spring issue, 1-35.

Popkewitz, T. & Brennan, M. (1998). Restructuring of social and political theory in education: Foucault and a social epistemology of school practices. In Popkewitiz, T. & Brennan, M. (Eds.). *Foucault's challenge: discourse, knowledge and power in education*. New York: Teachers' College Press.

Porter, T. (1995). *Trust in numbers*. Princeton, NJ: Princeton University Press.

Priestley, M. (1995). Dropping "E's": the missing link in quality assurance for disabled people. *Critical Social Policy, 44/45*, 7-21.

Prout, A. & James, A. (1990). A new paradigm for the sociology of childhood? In James, A. & Prout, A. (Eds.). *Constructing and deconstructing childhood:*

contemporary issues in sociological study of childhood. Brighton: Falmer Press.

Putnam, R. (1993). *Making democracy work: civic traditions in modern Italy*. Princeton, NJ: Princeton University Press.

Putnam, R. (1995). Bowling alone: America' s declining social capital. *Journal of Democracy, 6,* 65-78.

Qvortrup, J., Bardy, J., Sgritta, G. & Wintersberger, H. (Eds.). (1994). *Childhood matters: social theory, practice and politics*. Aldershot: Avebury.

Rabinow, P. (Ed.). (1984). *The Foucault reader*. New York: Pantheon.

Ransom, J. (1997). *Foucault' s discipline*. Durham, NC: Duke University Press.

Readings, B. (1996). *The university in the ruins*. Cambridge, MA: Harvard University Press.

Reeder, J. (1997). Tolkandets gränser (The boundaries of interpretation). Paper given at the Research Conference, Reggio Emilia, June.

Richardson, V. (Ed.). (1997). *Constructivist teacher education*. London: Falmer Press.

Rinaldi, C. (1993). The emergent curriculum and social constructivism. In Edwards, C., Gandini, L. & Forman, G. (Eds.). *The hundred languages of children*. Norwood, NJ: Ablex.

Rinaldi, C. (1994). Observation and documentation. Paper given at the *Research Conference,* Reggio Emilia, June 1995.

Rodari, G. (1988). *Fantasins grammatik (The grammar of fantasy)*. Göteborg: Korpen.

Rogoff, B. & Chavajay, P. (1995). What' s become of research on the cultural basis of cognitive development? *American Psychologist, 50*(10), 859-877.

Rorty, R. (1980). *Pilosophy and the mirror of nature*. Oxford: Blackwell.

Rorty, R. (1982). *Consequences of pragmatism*. Brighton: The Harvester Press.

Rorty, R. (1989). *Contingency, irony and solidarity*. Cambridge: Cambridge University Press.

Rubenstein Reich, L. (1993). *Samling i förskolan*. Lund: Almqvist and Wiksell.

Said, E. (1993). *Culture and imperialism*. London: Chatto and Windus.

Scarr, S. (1998). American child care today. *American Psychologist, 53*(2), 95-108.

Schwandt, T. (1996a). Farewell to criteriology. *Qualitative Inquiry, 2*(1), 58-72.

Schwandt, T. (1996b). The landscape of values in evaluation: chartered terrain and unexplored territory. Paper given at the Annual Meeting of the American Evaluation Association, Atlanta, GA, November.

Schweinhart, L., Barnes, H. & Weikart, D. (1993). *Significant benefits: the high/scope perry preschool study through age 27*. Ypsilanti, MI: The High/Scope Press.

Schyl-Bjurman, G. & Strömberg-Lind, K. (1977). *Dialogpedagogik (dialogue pedagogy)*. Köpenhamn: Fremad.

Selander, S. (1984). *Textum institutionis: den pedagogiska väven (The pedagogical web)*. Stockholm: Gleerup.

Serpell, R. (1993). *The significance of schooling: life journeys in an African society*. Cambridge: Cambridge University Press.

Shadish, W. (1995). Philosophy of science and the quantitative-qualitative debates: thirteen common errors. *Evaluation and Programme Planning, 18*(1), 63-75.

Shanin, T. (1997). The idea of progress. In Rahmena, M. & Bawtree, V. (Eds.). *The post-development reader*. London: Zed Books.

Shotter, J. (1992). "Getting in touch" : the meta-methodology of a postmodern science of mental life. In Kvale, S. (Ed.). *Psychology and postmodernism*. London: Sage.

Singer, E. (1993). Shared care for children. *Theory and Psycholoy, 3*(4), 429-449.

SOU (1972). *Förskolan del 1 och 2 (The preschool, volumes 1 and 2)*. Stockholm: Allmänna Förlaget.

SOU (1975). Utbilding i samspel (education for relationships). Stockholm: Allmänna Förlaget.

Spanos, W. (1987). *Repetitions: the postmodern occasion in literature and culture*. Baton Rouge, LA: Louisiana State University Press.

Stafseng, O. (1994). *Den historiske konstrucktion av moderne ungdom (The historical construction of the modern youngster)*. Oslo: Cappelen Akademisk Förlag.

Stedman, P. H. (1991). On the relations between seeing, interpreting and knowing. In Steier, F. (Ed.). *Research and reflexivity*. London: Sage.

Steier, F. (Ed.). (1991). *Research and reflexivity*. London: Sage.

Stephens, S. (Ed.). (1995). *Children and the politics of culture*. Princeton, NJ: Princeton

University Press.

Suvannathat, C., Bhanthumnavin, D., Bhuapirom, L. & Keats, D. M. (Eds). (1985). *Handbook of Asian child development and child rearing practices*. Bangkok: Srinakharinwirot University, Behavioural Science Research Institute.

Tobin, J. (1995). Post-structural research in early childhood education. In Hatch, J. A. (Ed.). *Qualitiative research in early childhood settings*. Westport, CT: Praeger.

Tobin, J. (1997). The missing discourse of pleasure and desire. In Tobin, J. (Ed.). *Making a place for pleasure in early childhood education*. New Haven, CT: Yale University Press.

Tobin, J., Wu, D. & Davidson, D. (1989). *Preschool in three cultures: Japan, China and the United States*. New Haven, CT: Yale University Press.

Toulmin, S. (1990). *Cosmopolis: the hidden agenda of modernity*. Chicago, IL: University of Chicago Press.

UNICEF (1998a). UNICEF regional workshop on early childhood care and development (ECCD). Unpublished report from a Workshop held in Karachi, Pakistan, March.

UNICEF (1998b). UNICEF futures group: early childhood care and development. Unpublished report from a meeting held in Wye College, Britain, April.

Vadeboncoeur, J. (1997). Child development and the purpose of education. In Richardson, V. (Ed.). *Constructivist teacher education*. London: Falmer Press.

Walkerdine, V. (1984). Developmental psychology and the child-centred pedagogy: the insertion of Piaget into early educaion. In Henriques, J., Holloway, W., Urwin, C., Venn, C. & Walkerdine, V. *Changing the subject: psychology, social regulation and subjectivity*. London: Methuen.

Wallin, K. (1996). *Reggio Emilia och de hundra språken (Reggio Emilia and the hundred languages)*. Lund: Liber.

Wallin, K., Maechel, I. & Barsotti, A. (1981). *Ett barn har hundra språk. Om skapande pedagogic på kommunala daghemmen I Reggio Emilia, Italien (A child has got a hundred languages: on creative pedagogy in the scuola comunale,*

Reggio Emilia, Italy). Stockholm: Utbildningsradion.

Walzer, M. (1992). 'The civil society argument'. In Mouffe, C. (Ed.). *Dimensions of radical democracy: pluralism, citizenship, community*. London: Verso.

Weiler, H. (1990). Decentralisation in educational governance: an exercise in contradiction. In Granheim, M., Kogan, M. & Lundgren, U.P. (Eds.). *Evaluation as policymaking: introducing evaluation into a national decentralised system*. London: Jessica Kinsley.

Weisner, T.S. & Gallimore R. (1977). My brother's keeper: child and sibling caretakers, *Current Anthropology, 18*(2), 169-180.

Williams, P. (1994). *Making sense of quality: a review of approaches to quality in early childhood services*. London: National Children's Bureau.

Woodhead, M. (1996). *In search of the rainbow: pathways to quality in large scale programmes for young disadvantaged children*. The Hague: Bernard van Leer Foundation.

Woodhead, M. (1997). Psychology and the cultural construction of children's needs. In James, A. & Prout, A. (Eds.). *Constructing and deconstructing the child: contemporary issues in the sociological study of childhood*. London: Falmer Press.

Woodill, G., Bernhard, J. K. & Prochner, L. (Eds). (1992). *International handbook of early childhood education*. New York: Garland.

Young, M. E. (1996). *Early child development: investing in the future*. Washington DC: The World Bank.

Young, R. (1990). *White mythologies: writing history and the West*. London: Routledge.

Ziehe, T. (1989). *Kulturanalyser: ungdom, utbildning, modernitet (Cultural analysis: youngsters, education and modernity)*. Stockholm: Norstedts Förlag.

Zuckerman, M. (1993). History and developmental psychology, a dangerous liaison: a historian's perspective. In Elder, G., Modell, J. & Parke, R. (Eds.). *Children in time and place*. Cambridge: Cambridge University Press.

인명 색인

J

K

L

M

O

P

R

S

T

V

W

Y

Z

내용 색인

ㅈ

저자 약력

Gunilla Dahlberg
스톡홀름대학교 사범대학 아동 · 청소년학과 교수

Peter Moss
런던대학교 사범대학 유아교육학 교수

Alan Pence
캐나다 빅토리아대학교 아동 · 청소년학부 아동보육학 교수

역자 약력

(가나다 순)

김희연 세종대학교 교수

신옥순 경인교육대학교 교수

염지숙 건국대학교 교수

유혜령 영남대학교 교수

정선아 숙명여자대학교 교수

재개념화 시리즈 ❻ 〈제3판〉

포스트모던 유아교육:
새로운 이해와 실천을 열어가기
–평가의 언어 –

초 판 1쇄 발행 2007년 4월 4일
초 판 4쇄 발행 2016년 1월 20일
제3판 1쇄 발행 2016년 5월 20일

지 은 이 | Gunilla Dahlberg, Peter Moss and Alan Pence
옮 긴 이 | 김희연 · 신옥순 · 염지숙 · 유혜령 · 정선아
펴 낸 이 | 김기섭
책임편집 | 이윤미
펴 낸 곳 | 창지사 www.changjisa.com
우) 08589 서울시 금천구 가산디지털 1로 83 파트너스타워 1차 9층
전화 (02) 719-2211~3
팩스 (02) 701-9386
등 록 | 1977년 4월 28일 · 제1-421호

ISBN 978-89-426-1111-9 (93370)

값 17,000원

「 이 도서의 국립중앙도서관 출판예정도서목록(CIP)은 서지정보유통지원시스템 홈페이지(http://seoji.nl.go.kr)와 국가자료공동목록시스템(http://www.nl.go.kr/kolisnet)에서 이용하실 수 있습니다.(CIP제어번호: CIP2016012383)」